은혜언약

하늘이 열리다

은혜언약

하늘의 보물창고가 열리다

초판 1쇄 발행 2022년 12월 25일

지은이 | 리처드 얼라인 / 조셉 얼라인
옮긴이 | 박홍규
발행인 | 배성식
발행처 | 도서출판 언약
편 집 | 김균필
등 록 | 제 2021-000022호
주 소 | 경기도 고양시 덕양구 동세로 138 삼송제일교회 1층(원흥동)
전 화 | 010-2553-7512
이메일 | covenantbookss@naver.com

I S B N | 979-11-978793-3-3 (03230)

디자인 | 참디자인

하늘의 보물창고가 열리다

은혜언약

지은이
리처드 얼라인 · 조셉 얼라인
옮긴이
박홍규

covenant of grace

언야
THE PURITAN HERITAGE

이 책이 나오기까지 번역비로 섬겨주신

신동훈, 정민정 집사님 부부께

감사의 마음을 전합니다.

서문

하늘에서 온 좋은 소식! 지극히 높은 곳에서 아침을 알리는 소식이 이 어두운 세상을 찾아왔다. 죄와 비참함의 홍수 이후에 구름 속에 나타난 무지개를 보라. 주 하나님이 새 언약을 만드시고 세우셨다. 하나님은 잃어버리고 타락한 어두운 상태에 있는 인간들에게 최초의 빛을 비춰주시고, 생명과 불멸의 빛을 주셨다. 이 언약은 죄인들의 소망이며, 성도들의 부요함이며, 하나님 나라의 대헌장이다. 곧 그것은 파기되었던 영원한 계약이 갱신된 것이며, 하나님이 정당한 조건으로 죄인들에게 생명을 부여하시고, 자기 성도들에게 영원한 기업으로 세우신 선물이었다.

들으라, 스스로 자신들을 영원한 속박에 팔고, 자신들의 모든 영광을 망가트렸으며, 스스로를 영원한 비참함으로 도장을 찍은 너 버려진 포로들이여! 너희는 너희의 죄로 말미암아 죽었다. 너희는 하나님 앞에서 죄인이며, 그분의 진노와 저주 아래 있으며, 영원한 복수에 묶여있다. 그러나 보라, 이 일에 대해 이스라엘 안에 아직 소망이 있다. 주 하나님이 너희를 긍휼히 여기셔서, 이 모든 비참함과 속박에서 벗어날 수 있는 길을 열어주셨다. 늘어뜨린 손을 들고 떨리는 무릎에 힘을 주라. 하나님이 홍수에서 구원을 받을 수 있는 방주를 준비하셨다. 하나님이 새 언약을 만드시고 세우셨다. 만약 너희가 이 언약을 붙잡는다면, 이 언약이 너희가 잃어버린 모든 것을 회복시킬 것이다. 너희를 죽음에서 구속할 것이고, 너희를 지옥에서 구원해 줄 것이다. 또한, 너희를 너희가 떨어졌던 본래의 상태보다 더 확실하고 복된 상태로 인도할 것이다. 이것이 죄인들의 소망이요 주님의 종들의 유산이다.

참으로 영광스러운 소식이며 복된 소식이다. 이 언약은 무엇인가? 그 안에서 제공되고 인정된 것은 무엇인가? 그 안에는 하늘과 땅이 제공할 수 있는 모든 것이 들어있고, 필요하고 바라는 모든 것이 들어있다. 이것들은 견고하고 신실하게 이 언약을 붙잡는 모든 사람에게 확실히 주어진다.

특별히 하나님은 자신의 언약 안에서 자신과 자기 아들과 자기 영과 땅과 빛의 천사들과 어둠의 권세들과 죽음과 나라를 – 구원의 모든 수단을 인정하시고 넘겨주셨다.

목차

제 1 장
언약 안에서 하나님

주 하나님은 "나는 그들의 하나님이 될 것이다"(렘 31:33)라는 언약 안에서 자신을 주셨다. 이것은 위대하고 포괄적인 약속이다. 나는 하나님이고 나의 있는 그대로, 곧 나 자신과 모든 영광스러운 속성들과 전능과 전지와 지혜와 의와 거룩과 나의 모든 것이 모두 그들의 것이다. 나는 나 자신을 영원히 그들의 것이 되도록, 곧 그들의 친구와 그들의 분깃과 그들의 해와 그들의 방패가 되도록 그들에게 양도할 것이다.

I. 친구 되신 하나님

나는 적대자인 그들에게 분노했고, 그들과 다투었지만, 이제 화목하게 되었다. 대속물을 발견했기 때문이다. 그러므로 나의 다툼이 그치고 나의 진노는 달래졌으며, 나는 그들의 친구가 되었다. "내가 그들의 악행을 사하고 다시는 그 죄를 기억하지 아니하리라"(렘 31:34). 내가 그들의 악행을 제거하고 그들을 은혜로 받아줄 것이다. "내가 그들의 반역을 고치고 기쁘게 그들을 사랑하리니 나의 진노가 그에게서 떠났음이니라"(호 14:4). 진노는 이제 더는 내 안에 없다. 도리어 그들은 내 안에서 호의와 우정과 사랑과 선의를 기대할 수 있다. "높은 곳에서는 하나님께 영광이 있고, 땅에서는 사람들을 향해 평화와 선의가 있다!"

죄인들이여, 진노하시는 하나님 이외에 두려워하고 무서워할 것이 무엇인가? 하나님의 진노에서 우리의 슬픔과 고뇌가 나오고, 그 진노에서 기근과 역병과 칼이 나오고, 그 진노에서 죽음과 지옥이 나온다. 모든 역경과 영원한 지옥의 모든 복수를 보지 못하는 사람은 하나님의 진노가 무엇을 의미하는지 알지 못할 것이다. 당신을 사로잡는 모든 공포와 고통, 당신에게 일어나는 모든 상실과 고난을 겪을 때, 당신은 그것을 하나님의 진노라고 생각할지도 모른다. 그러나 주께서 당신에게 "진노가 없다"라고 선언하신 것은 "공포가 더 이상 너를 사로잡지 않을 것이다"라고 말씀하시는 것과 같다. 주께서 "나는 너희의 친구이다"라고 말씀하실 때, 사망과 지옥은 사라지고, 새벽은 밝아오고, 어둠은 달아난다. 이것이 "나는 그들의 하나님이며 그들의 친구이다"라는 약속에 포함된 것이다.

II. 분깃이 되신 하나님

진노와 공포는 사라지고, 대신에 우정과 호의와 생명이 주어졌다. 영혼은 무엇을 의지해서 살아야 하는가? 하나님은 사람을 결코 스스로 충족하는 존재로 만들지 않으셨다. 사람은 자기 존재를 지속하기 위해서 자신 밖에 있는 무엇인가를 의지해야만 하는 존재로 창조되었다. 사람의 영혼은 온 세상에 비해서 너무 큰 존재이므로, 노아의 비둘기처럼 하늘 아래에서 안식을 찾을 수 없다. 그러면 사람의 영혼은 어디에서 안식을 찾을 수 있는가? 안식은 어디에 있는가?

하나님은 자기 친구들을 굶기지 않으실 것이다. 그들의 생명을 구원하신 하나님은 그들이 살아갈 수 있도록 하실 것이다. 하나님이 친히 영원히 그들의 분깃이 되시고, 그들을 유지시키시고, 그들의 유산이 되실 것이다. 그들의 구원이 하나님께로부터 나오기 때문에, 그들은 그분을 의지할 것이다. 하나님은 그들의 실체이시며, 그들의 존재는 그분께 달려있다. 그분은 자신을 "야곱의 분깃"으로 기록하시며(렘 10:16), 그의 성도들은 그분을 자신의 분깃으로 받아들인다. "여호와는 나의 산업과 나의 잔의 소득이시니 나의 분깃을 지키시나이다"(시 16:5). 그분은 그들의 떡이시고, 그들의 물이시며, 그들의 비축물이시고, 그들의 창고이시다.

하나님은 자기 원수에게도 분깃을 주시는 분이시다. 하나님은 어린 까마귀들뿐 아니라, 늙은 사자와 호랑이에게도 분깃을 주신다. 사람 중 가장 악한 자들에게도 하나님은 먹을 것을 주신다. 그들은 "이 세상에 살아있는 동안 분깃을 받았으며, 자신들이 숨겨놓은 재물을 가지고 자신들의 배를 채운다"(시 17:14). 그들은 자신들의 몫을 가진다. 그들 중 누군가는 성안에 자신들의 몫을 가지기도 하며, 밭에서 몫을 가지기도 한다. 하나님은 어떤 이들에게는 금을 몫으로 주시고, 다른 사람들에게는 세상적인 영광을 몫으로 주시고, 또 다른 사람들에게는 쾌락을 몫으로 주신다. 하나님은 탕자의 아버지처럼 이 모든 것으로 그들의 몫을 주시고 그들을 보내신다.

하나님이 그들에게 세상에 속한 몫을 주실 때, 자기 백성들에게는 하나님 자신을 그들의 몫으로 주신다. 하나님은 성도들의 유산으로 자신을 영원히 주신다. 하나님 안에 그들에게 공급해주시는 충만함이 있으므로, 그들은 절대로 부족하지 않을 것이다. 하나님 안에 그들을 구원하실 능력이 있어서, 그들은 결코 궁핍에 처하지 않을 것이다. 하나님은 그들의 모든 부족을 채우실 수 있는 원천이시다.

주님은 그들의 분깃이실 뿐만 아니라, 충분한 분깃이시다. "진실로 생명의 원천이 주께 있사오니 주의 빛 안에서 우리가 빛을 보리이다"(시 36:9). "주께서 생명의 길을 내게 보이시리니 주의 앞에는 충만한 기쁨이 있고 주의 오른쪽에는 영원한 즐거움이 있나이다"(시 16:11). 주 하나님은 그들에게 모든 것이다. 나의 아버지의 집에는 먹을 것이 풍족하고 남아돈다.

하나님 외의 모든 것을 가지고 있지만, 하나님을 가지고 있지 않은 사람은 아무것도 가지지 못한 사람이다. 하나님 이외에 아무것도 가지고 있지 않지만, 하나님을 가지고 있는 사람은 모든 것을 가진 사람이다. 그 사람은 충분하고 남아돌며, 가득 차고 넘쳐흐른다. 그 사람은 필요한 것보다 더 많이 가진 것이다. 영혼은 충분한 것보다 더 많이 가질 때까지 결코 충분하지 않으며, 차고 넘칠 때까지 결코 충분하지 않다. 영혼이 자신이 가지고 있는 모든 것을 측량하고 셀 수 있다면, 결코 충분하지 못한 것이다. 하나님 안에는 가득 채우고 넘쳐흐를 만큼 충분한 것이 들어있다. 하나님 안에는 그들의 모든 영혼의 기능을 가득 채우기에 충분한 것이 들어있다.

하나님께는 우리의 눈을 말할 수 없는 즐거움으로 가득 채우는 무한히 아름답고 완벽한 속성들이 있다. 그러나 우리가 이 속성들을 아무리 끝까지 바라보고 탐구하고 강하게 생각해도 이 속성들의 끝에 도달할 수 없다. 우리가 아무리 보고 또 보고, 우리가 더 이상 볼 수 없는 데까지 보아도 여전히 그 너머에 있는 빛과 찬란한 보화들에 우리는 감탄하지 않을 수 없다. 우리의 이해는 찬미로 충만하고 넘쳐흐른다. 우리의 이해가 더 이상 도달할 수 없는 곳에서 우리의 이해는 여전히 그 너머에 있는 것을 바라보며 인식한 것에 놀라게 된다.

사도는 육체로 오신 하나님을 제시하는 복음 안에 높이와 깊이와 길이와 넓이를 가지고 있다고 우리에게 말한다(엡 3:18). 그의 말에 더하자면, 그것은 꼭대기가 없는 높이이며, 바닥이 없는 깊이이고, 한계가 없는 길이이며, 경계가 없는 넓이라고 말할 수 있다. 그것들은 무한하며 측량할 수 없으므로, 탐구할 수 있는 영역을 넘어서는 영광이다. 눈먼 세상은 하나님과 하나님의 모든 것을 깊이가 없는 낮은 것으로 여기고 성도들의 분깃을 조롱하고 비난하지만, 그것을 탐구하는 사람들에게는 바닥이 없는 "하나님의 깊은 것들"(고전 2:10)로 발견될 것이다. 성도들이 하나님을 볼 때 그들이 누리는 영광스러운 즐거움의 모든 황홀함과 희열이 그들을 뚫고 들어온다.

하나님의 완벽한 속성들 안에는 그들의 의지와 감정을 채우기에 충분한 것들이 들어있다. 그곳에는 무한한 선하심과 다 이해할 수 없는 사랑과 놀라운 인자하심과 말할 수 없는 즐거움과 영광스러운 기쁨이 있다. "주를 두려워하는 자를 위하여 쌓아두신 은혜 곧 주께 피하는 자를 위하여 인생 앞에 베푸신 은혜가 어찌 그리 큰지요"(시 31:19). "주의 선하심(은혜)이 어찌 그리 큰지요!" 이것은 말로 표현하고 상상하기에 너무 큰 것에 대한 감격과 찬미의 소리이다. "기록된 바 하나님이 자기를 사랑하는 자들을 위하여 예비하신 모든 것은 눈으로 보지 못하고 귀로 듣지 못하고 사람의 마음으로 생각하지도 못하였다 함과 같으니라"(고전 2:9). 이것은 자기 성도들을 위해 쌓아두신 하나님의 영광을 소망하면서 마음이 즐거움으로 뛰는 소리이다. 어디에 쌓아두셨는가? 하나님 자신 안에 쌓아두셨다. 그 안에 샘이 있고, 그 안에 보화가 있다. 그 안에 사랑과 즐거움이 있으며, 그 안에 만족이 있다. 우리의 삶은 하나님 안에서 그리스도와 더불어 숨겨져 있다.

오, 너희 모든 성도들아, 주를 사랑하라! 오, 너희 모든 성도들아, 주를 축복하라! 전능하신 이가 너희를 위해 위대한 일을 행하셨도다. "주 외에는 자기를 앙망하는 자를 위하여 이런 일을 행한 신을 옛부터 들은 자도 없고 귀로 들은 자도 없고 눈으로 본 자도 없었나이다"(사 64:4). 이 구절의 난외 주는 "주 외에 자기를 기다리는 자를 위하여 이런 일을 행한 신을 들은 적도 본 적도 없나이다"라고 말하고 있다.

그 안에는 우리의 시간을 가득 채우기에 충분한 것들이 들어있다. 그 안에는 영원히 경배하고 찬미해야 할 것이 들어있다. 그 안에는 영원히 먹고 살며, 영원히 찬양하며, 영원히 기뻐하며, 영원히 즐거워할 수 있는 사랑스럽고 즐거운 것들이 들어있다. 그 안에 우리의 모든 수고에 대해 보답하고, 우리의 모든 비용에 대해 지불하기에 충분한 것들이 들어있다. 그 안에 충분한 보답이 있다. "아브라함아 두려워하지 말라 나는 네 방패요 너의 지극히 큰 상급이니라"(창 15:1).

그리스도인이여, 당신이 주를 섬길 때, 그분은 당신에게 보답해 주실 것이다. 당신이 옥수수와 포도주와 양과 소를 위해, 이 세상의 왕관과 나라를 위해 하나님을 섬긴다면, 그것들은 하나님이 보답해 주시는 것 중 지극히 작은 것일 뿐이다. 이것들은 당신이 고용된 대가가 아니다. 영원하신 하나님이 당신의 보상이다. 그것은 당신의 생각을 넘어서는 것이다. 온 세상도 그의 호혜에 비하면 너무 작다. 무(無)보다 더 작은 것으로도 당신의 수고를 충족시킬 수 있지만, 하나님 자신보다 더 작은 그 어떤 것으로도 그분의 사랑을 충족시킬 수 없다. 영원하신 하나님께서 당신의 보상이 되실 것이다.

오, 세상에서 가장 가난한 성도들이라도 얼마나 측량할 수 없는 부를 가지고 있는가! 가난하다고? 하지만 하나님을 가지고 있지 않은가! 부족하다고? 무엇이 부족한가! 모든 것을 가지고 있지 않은가!

그분이 당신의 하나님이시지만, 당신은 여전히 궁핍 가운데 있는가? 당신은 양 떼와 소 떼와 포도원과 과수원이 당신을 부자로 만들어주기를 바라는가? 하나님은 당신을 이 땅 가운데 거지로 남겨두실 수 있다고 생각하지 않는가? 진주가 조약돌보다 더 가치 있다고 생각하는가? 사람들은 먹고 마시는 것이 전부이며, 옷과 친구들과 땅, 즉 이 땅에 속한 눈에 보이는 것들만이 실제로 모든 것이라고 말하고는 한다. 그러면 하나님이 돈보다 더 가치가 없으신가? 틀림없이 그런 사람은 자기가 가진 금을 향해 "네가 나의 신이다"라고 말한다. 그는 "하나님이 나의 하나님이시며 당신이 나의 길입니다"라고 말할 수 없다.

　당신은 하나님을 가지고 있지만 가난한가? 아니, 더 나아가서, 당신이 이 땅의 기름진 것과 하늘의 충만한 것 둘 다를 가지고 있다면 당신에게 충분하겠는가? 이 땅에서 옥수수와 포도주와 집과 쾌락뿐 아니라 이후의 영생까지 당신을 만족시키기를 바라는가? 이 모든 것에 만족하는 것처럼 오직 하나님으로 만족할 수는 없는가? 당신은 해를 소유하면서 별빛을 원하는가? 바다가 바다로 흐르는 강들보다 더 충만하지 않은가? 이 모든 강이 멈추고 마른다고 할지라도 바다에 부족함이 있겠는가? 강들이 바다에 기여할 수 있겠는가? 스스로 충분하신 전능하신 하나님이 가련한 벌레를 충족시키기에 충분하지 않으신가? 스스로 복되신 하나님 안에서 당신은 복될 수 없는가? 하나님이 채우실 것보다 더 못한 것을 생각하는 사람은 영혼을 이해하지 못하는 것이다. 하나님이 채우실 것보다 더 나은 것을 생각하는 사람은 하나님을 이해하지 못하고 있는 것이다. 오직 하나님만이 주의 종들의 유산이며 그들의 분깃이시다.

만약 하나님을 소유한 것이 충분하지 않다고 생각된다면, 잠시 이 축복에 들어온 당신이 어디에서 왔는지 바라보고 생각하라. 당신에게 어떤 변화가 일어났는가! 당신은 여물통에서 헤매고 있던 탕자였으며, 쓰레기통을 뒤져 쓸 만한 물건을 찾고 있던 거지였다. 그곳이 당신이 속한 운명이었다. 오, 당신은 어떤 세상에서 떠나왔는가? 당신은 헛된 것을 복되다고 여기고, 그림자들과 환영들을 기뻐하고, 가짜 불에 몸을 데우고, 바람을 잡고, 아무것도 아닌 것을 즐거워했었다. 당신은 세상의 찌르는 가시들과 아첨하는 쾌락들과 더불어 뒹굴고, 술 마시고, 춤추었으며, 세상의 개들과 창기들과 어울리고 있었다. 당신은 이것들을 즐거워하면서 이에 대한 분깃인 불과 유황 구덩이를 향해 서둘러 가고 있었다.

가라지와 알곡이 어떻게 비교될 수 있으며, 낮과 밤이 어떻게 비교될 수 있는가! 아이들의 비누방울과 지속되는 부가 어떻게 비교될 수 있고, 존재하지 않았던 것들과 그 이름이 스스로 존재하는 자이신 분이 어떻게 비교될 수 있는가! 오, 한때 당신의 유산이었던 사망과 진노와 저주가 당신의 분깃이신 하나님 안에서 소유하고 있는 생명, 사랑, 평화, 즐거움, 영광과 어떻게 비교될 수 있는가!

당신이 한때 당신의 것이라고 불렀던 죄와 수치와 비참함 이외에 아무것도 가지지 않았을 때, 당신은 얼마나 가련하고 비천한 존재였는가! 당신이 죄라고 부르는 것들이 당신의 것이었고, 화도 당신의 것이었으며, 사망과 무덤과 저주와 구덩이도 당신의 것이었다. 그것들만이 당신이 가지고 있던 전부였다. 당신이 의지해서 살았던 좋은 것들은 아무리 가치가 있더라도 당신의 것이 아니었다. 당신의 집도, 땅도 당신의 것이 아니다. 당신의 금도, 은도, 당신의 재산도 당신의 것이 아니다. 그것들은 모두 단지 빌린 것이거나, 청지기로서 당신에게 잠시 맡겨진 것이며, 언젠가는 모두 포기해야 하는 것들이다. 당신은 그것들을 어떻게 사용했는지 셈을 해야만 한다. 당신은 가련하고 비참한 존재였으며, 아무것도 가지고 있지 않았다. 당신이 가진 모든 것은 당신의 것이 아니기 때문이다.

그러나 이제 하나님이 당신의 것이 되었다. 그분의 존재 그 자체가 당신의 것이다. 그분이 가지고 계신 모든 것은 당신의 것이다. 당신은 집이든, 아내이든, 자녀이든, 몸이든, 영혼이든, 소유했던 것에 대해 지금 당신의 하나님께 할 수 있는 것과 같은 권리를 결코 주장할 수 없다. 당신이 당신 자신인 것처럼 하나님은 틀림없이 당신의 것이다. 당신이 사람인 것처럼 확실하게 당신은 하나님을 가지고 있다.

자, 그리스도인이여, 지금 여기에 당신의 분깃이 있다. 하나님은 당신의 눈의 등불이시며, 당신의 머리를 들어 올려주시고, 당신의 마음에 즐거움이 되시며, 당신의 뼈를 강하게 하시고, 당신의 재산과 보화이시고, 당신의 생명과 건강이시고, 당신의 평강과 안식이시고, 당신의 모든 것이시다. "하늘에서는 주 외에 누가 내게 있으리요 땅에서는 주 밖에 내가 사모할 이 없나이다 내 육체와 마음은 쇠약하나

하나님은 내 마음의 반석이시요 영원한 분깃이시라"(시 73:25-26). 여기에 당신의 분깃이 있다. 그것을 당신의 선으로 알고, 당신의 것으로 받아들이라. 그것에 의지해서 살고, 그것에 부응하여 살라.

1. 분깃에 의지해서 살라

여기에서 당신은 먹을 수 있고, 즐길 수 있으며, 영원히 당신 자신을 복되게 할 수 있다. "땅에서 자기를 위하여 복을 구하는 자는 진리의 하나님을 향해 복을 구할 것이요"(사 65:16). 강한 자로 하여금 자기를 의지해서 살게 하라. 지혜로운 사람으로 하여금 자신의 지혜를 의지해서 살게 하라. 부자로 하여금 자신의 땅을 의지해서 살게 하라. 그러나 당신은 당신의 하나님을 의지해서 살라. 당신의 영혼 안에 계신 하나님을 즐거워하라. 하나님 안에 있는 당신의 영혼을 즐거워하라. 당신은 하나님 자신을 소유하고 있다. 당신이 열매 맺는 것을 방해하는 것이 무엇인가? 열매를 맺으려면 세 가지, 곧 지식과 즐거움과 만족이 필요하다.

(1) 지식

우리는 어떤 선에 대한 우리의 인식의 정도에 따라 그것에 대한 즐거움이나 위로를 더 누릴 수도 있고 덜 누릴 수도 있다. 그러므로 하나님에 대해 완전한 열매를 누리는 것은 우리가 하나님을 온전히 알게 될 마지막 때까지 일어나지 않는다. 이곳에서 우리는 단지 거울로 보는 것처럼 희미하게 본다. 우리는 단지 부분적으로 알며, 그러므로 부분적으로 사랑하고, 즐거워한다. 우리의 시각이 흐린 것이 우리의 즐거움을 감소시킨다. 장막이 걷히고 우리가 얼굴을 맞대고 보게 될 그때, 우리는 하나님을 가지는 것이 무엇인지 완전히 느끼게 될 것이다. 그리스도인이여, 당신은 하나님을 아는가? 당신이 더 많이 알수록 더 많이 가지게 된다.

육적인 세상은 하나님을 전혀 즐거워하지 않는다. 하나님은 그들의 장막에서 알려지지 않으신다. 하나님은 이스라엘 안에서 알려지시며, 시온에 그의 거처가 있다. 그러나 해와 별이 나타나지 않는 어두운 지역인 에돔이나 암몬이나 아말렉이나 애굽에서 하나님은 어떻게 하셨는가? 그들은 거름더미에서 만든 신들을 섬기고 그들이 택한 상수리나무들을 섬겼다.

주님은 당신 앞에 계신다. 그것을 선으로 여기고 하나님을 연구하라. 당신의 입속에서 달콤한 음식을 음미하는 것처럼 당신의 마음속에서 그분의 달콤함을 음미하라. 하나님을 있는 모습 그대로 보고, 그 안에서 당신이 가진 것이 무엇인지 보라. 날마다 그의 영광스러운 이름들을 묵상하라. 그의 임재의 방과 그의 영광스러운 속성들을 통과해서 걸으라. 그의 능력의 방을 들여다보고, 그중에서 당신이 무엇을 가지고 있는지 살펴보라. 그의 지혜의 방으로 들어가서 그것이 당신에게 무엇을 줄 수 있는지 살펴보라. 그의 선하심과 자비하심와 신실하심과 거룩의 방을 들여다보고, 이 각각의 방 안에 당신을 위해 어떤 보물이 쌓여있는지 보라. 당신의 방들로 들어가라. 그것들은 모두 당신의 것이다. 당신의 눈이 그곳에 머물러 있게 하라. 당신의 묵상이 그곳에 머물러 있게 하라. 당신의 영혼이 날마다 거기에 머물러 있게 하라. 그곳에 당신의 분깃이 있다. 당신의 선을 위해 그것을 탐구하고 그것을 알라.

(2) 즐거움

열매를 맺으려면 우리가 가지고 있는 것을 즐겨야 한다. 우리는 우리가 사랑하지 않는 것을 즐길 수 없으며, 사랑은 즐거움을 함축한다. "또 여호와를 기뻐하라"(시 37:4). "내가 그 그늘에 앉아서 심히 기뻐하였다"(아 2:3). 만약 하나님의 그늘이 그토록 기뻤다면, 하나님의 햇빛은 얼마나 기쁠 것인가? "너희는 여호와의 선하심을 맛보아 알지어다"(시 34:8). 우리의 감각은 우리의 이해를 돕는다. 우리가 꿀의 달콤함에 대해 아무리 합리적인 논의를 한다고 해도 꿀을 맛보기 전에는 달콤함을 인식할 수 없다. "그 열매는 내 입에 달았도다." 주의 빛 가운데 거하라. 당신의 영혼이 언제나 그의 사랑으로 젖어있게 하라. 당신의 분깃이 당신에게 주는 기름진 것을 먹으라. 어리석은 자들이 당신의 밝음과 비교할 때 자신들의 빛이 얼마나 어두운지 배우게 하라.

하나님 안에서 누리는 당신의 즐거움이 순결하고 혼합되지 않은 즐거움이 되게 하라. 당신의 영을 하나님으로 가득 채우고 육적인 즐거움을 넘어서라. 그래서 당신의 영이 하나님 이외에 어떤 것도 가지지 않게 하라. 이 땅의 호흡들로 오염되지 않은 평화로운 공기 속에서 위의 것을 바라보며 살라. 병든 육체와 영혼은 너무 깨끗한 공기 속에서 살 수 없다. 영적인 기쁨과 즐거움이 당신에게 적합하고 충분할 수 있도록 당신이 전적으로 영적이 되라. "나는 포도주와 수확의 즐거움을 원한다. 나는 신랑과 신부의 즐거움을 원한다. 나는 물레방아 소리와 촛불이 나를 위로하기를 원한다"라고 말하지 말라. 주를 즐거워하는 것이 당신의 힘과 생명이 되게 하라. 선지자와 더불어 "비록 무화과나무가 무성하지 못하며 포도나무에 열매가 없으며 감람나무에 소출이 없으며 밭에 먹을 것이 없으며 우리에 양이 없으며 외양간에 소가 없을지라도 나는 여호와로 말미암아 즐거워하며 나의 구원의 하나님으로 말미암아 기뻐하리로다"(합 3:17-18)라고 말하라.

(3) 안식

열매 맺는 것은 그 분깃 안에서 영혼이 평안하게 안식하는 것이다. 그러므로 스콜라 학자들은 오직 마지막 목적이 열매 맺는 것의 적합한 대상이라고 말한다. 육적인 세상은 사람들이 설령 신으로 의지하며 산다고 하더라도 그것을 즐기고 있다고 적합하게 말할 수 없다. 그들이 끌리는 것이 그들의 신이며, 그들의 부와 쾌락이 그들의 신이다. 그들은 그것들에게 분향을 하지만, 그것들을 즐길 수 없다. 그들의 신 안에는 그들을 위한 어떤 안식도 없기 때문이다.

"여호와를 경외하는 자 누구냐 그의 영혼은 평안할 것이다"(시 25:12-13). 원어로는 "그의 영혼은 선 안에 거할 것이다"라는 뜻이다. 영혼은 부족할 때는 결코 평안할 수 없다. 영혼은 안식을 얻을 수 없는 곳에서 결코 머물 수 없다. 하지만 하나님을 경외하는 자의 영혼은 평안할 것이며, 하나님의 선 안에 머물 것이다. 우리가 우리의 침상에서 평안을 발견할 때 우리는 우리의 침상을 즐긴다. 당신의 영혼은 하나님 안에 거하고 있는가? 당신이 거하고 있는 것을 즐기라. "내 영혼아 네 평안함으로 돌아갈지어다 여호와께서 너를 후대하심이로다"(시 116:7). 교회와 모든 성도들로 하여금 "이것이 나의 안식이라. 여기에서 내가 영원히 거할 것이다"라고 말하게 하라. 당신은 가장 안식이 없는 상태에서도, 지치게 하는 세상에서도, 황량한 광야에서도, 폭풍이 치는 바다에서도 하나님 안에서 안식할 수 있다.

선지자가 환상 중에 본 것처럼, 바람이 일어났을 때 하나님은 바람 안에 계시고, 바람이 일어난 후 지진이 일어났을 때 하나님은 지진 안에 계시며, 지진이 일어난 후 불이 났을 때 주 하나님은 불 안에 계시고, 당신이 하나님을 발견하는 곳이라면 어디든지 안식을 발견할 수 있다. 당신이 광야에서 하나님을 발견한다면, 광야에서 안식할 수 있고, 지진이나 폭풍이나 불 속에서 하나님을 발견한다면, 당신의 영혼은 심지어 그곳에서도 안식할 수 있다. 당신이 당신의 침상이나 집이나 땅에서 안식할 수 없을 때에도 당신은 여전히 당신의 하나님 안에서 안식할 수 있다.

그리스도인이여, "내 영혼아 네 평안함으로 돌아갈지어다 여호와께서 너를 후대하심이로다"라고 다시 말하라. 비록 내가 의지하는 것들이 도움이 되지 못하고, 나의 친구들이 나를 실망시키고, 나의 육체와 나의 마음이 상해도, "하나님은 나의 마음의 힘이시며, 영원히 나의 분깃이시다. 이것이 나의 안식이다. 여기에서 내가 영원히 거할 것이다"라고 말하라.

(4) 분깃의 사용

자신이 가지고 있는 것을 사용하는 사람이 그것을 즐기는 사람이다. 매사에 우리가 가지고 있는 것을 사용할 수 있는 힘과 마음을 가질 때 우리의 몫을 즐길 수 있다. "영혼아, 나는 너의 것이다. 와서 나를 네가 원하는 대로 사용하라. 너는 자유롭게 사용할 수 있다. 너를 위하지 않는 것은 아무것도 가지고 있지 않다. 너는 자유롭게 나의 창고에 올 수 있다. 더 자주 올수록 더 환영한다."

당신은 당신 옆에 아무런 목적도 없이 누워계신 하나님을 가진 것이 아니다. 당신이 가진 하나님을 겉모습만 보여주는 다른 신들처럼 취급하지 말라. 당신이 하나님을 가지고 있다는 것은 단지 이름만 가지고 있는 것이 아니다. 하나님이 자신을 친구로 가지도록 허락하셨으므로 날마다 하나님을 사용하라. 하나님이 너의 모든 부족한 것을 채워주실 것이다. 당신이 하나님을 가지고 있는 동안 결코 부족하지 않을 것이다. 당신이 하나님을 가지고 있는 동안 결코 두려워하거나 낙심하지 말라. 당신의 보물창고에 가서 당신이 필요한 것은 무엇이든지 취하라. 그곳에 곡식과 옷이 있으며, 건강과 생명이 있고, 당신이 필요한 모든 것이 있다.

오, 그리스도인이여, 하나님을 당신의 모든 것으로 만드는 신적인 기술을 배우라. 당신의 하나님 안에서 떡과 물과 건강과 친구들과 평안함을 발견하라. 하나님이 당신에게 이 모든 것을 공급해주실 수 있다. 혹은 그분이 이 모든 것 대신에 당신의 양식과 옷과 친구와 생명이 되실 수 있다. 하나님은 당신에게 "나는 너의 하나님이라"라는 한마디 말로 이 모든 것이 당신의 것임을 말씀하셨다. 그러므로 당신은 다음과 같이 말할 수 있다. 나는 남편이 없지만, 과부가 아니다. 나의 조성자가 나의 남편이시다. 나는 아버지와 친구가 없지만, 아버지와 친구가 없지 않다. 나의 하나님이 나의 아버지이시며 나의 친구이시다. 나는 자녀가 없지만, 그가 나에게 열 자녀보다 더 낫지 않으신가? 나는 집이 없지만, 집을 가지고 있다. 나는 지극히 높으신 분을 나의 거처로 삼았다. 나는 홀로 남겨졌지만, 혼자가 아니다. 나의 하나님은 나에게 좋은 친구이시다. 나는 그와 함께 걸을 수 있고, 그에게 달콤한 조언을 받을 수 있으며, 달콤한 안식을 누릴 수 있고, 눕거나 일어날 때, 집 안에 있거나 거리를 걸을 때 나의 하나님은 계속해서 나와 함께 계신다. 나는 그와 함께 여행하고 거하며 머물러 살고 영원히 살 것이다.

2. 특권에 맞게 살라

당신의 계급과 품격에 맞게, 하나님 안에서 당신을 위해 쌓아두신 당신의 부에 맞게 살라. 이 세상의 부자는 부자처럼 산다. 그들은 자신들의 품격에 맞는 사람들과 어울리고, 왕들의 뜰에 머물고, 왕궁에서 일을 한다. 당신은 그들이 살아가는 방식에서 그들의 재산이 얼마나 큰지 읽을 수 있다. 그들은 재산을 짊어지고 다니고, 그 재산으로 자신들의 식탁을 꾸미고, 화려하게 살며, 우아하게 식사를 한다.

그리스도인들이여, 재와 껍데기를 먹지 말라. 당신은 더 나은 양식을 가지고 있다. 당신은 우유와 꿀과 알곡과 숨겨진 만나와 하늘에서 온 떡과 생명의 물을 가지고 있다. 당신은 복된 특권과 값진 약속과 살아있는 소망과 살아있는 위로와 영광스러운 즐거움과 당신의 영혼을 먹일 수 있는 생명의 샘을 가지고 있다. 친구들이여, 와서 먹으라. 사랑하는 이여, 마시라. 마시되 풍성히 마시라. 매일 화려하게 식사를 하는 부자보다 더 화려하게 식사를 하라. 당신은 이런 삶을 유지할 수 있는 충분한 것을 가지고 있다. 날마다 즐거운 날이 되게 하고, 당신에게 축제의 날이 되게 하라.

먹는 것에 맞게 옷을 입으라. 주 예수로 옷을 입으라. 왕의 딸들과 아들들은 자신들에게 맞는 모든 영광을 누린다. 그들의 옷은 금으로 장식되어 있다. 겸손으로 옷을 입어라. 사랑으로, 자비한 심령으로, 온유함으로, 온순함으로 옷을 입으라. 구원의 옷을 입으라. 옷에 맞게 사귐을 갖고 대화를 하라. 탁월한 자들 가운데 살라. 의인들의 세대 가운데 살라. "장자들의 총회와 교회"에 맞게, "셀 수 없는 천사들의 무리와 완전하게 된 의인들의 영들"에 맞게 살라. 위대하신 왕의 뜰에 살고, 그의 얼굴을 보며, 그의 보좌 앞에서 시중을 들고, 그의 이름을 간직하며, 그의 미덕을 보여주고, 그를 찬미하며 그의 명예를 높이고, 그가 관심을 갖고 있는 것을 붙잡으라.

악한 사람들과 악한 길은 눈으로 보는 것도 꺼리라. 그들과 친구가 되지 말고 오히려 더 경계하라. 심령을 거룩한 상태로 유지하기를 배우라. 그들 무리의 비난과 아첨과 찡그림을 개의치 말라. 그들이 즐거워하는 것을 즐거워하지 말고, 그들이 두려워하는 것을 두려워하지 말고, 그들이 염려하는 것을 염려하지 말고, 그들이 탐하는 것을 탐하지 말라. 그들에게서 떠나서 정결하지 않은 것은 들어갈 수 없는 나라로 들어가라. 믿음으로, 성령의 능력으로, 거룩한 아름다움으로, 복음에 대한 소망으로, 하나님을 즐거워하며, 위대하신 왕의 자녀답게 품위 있게 살라.

III. 해(Sun)가 되신 하나님

하나님은 성도들에게 그들의 분깃의 부요함과 영광을 나타내실 것이다. 하나님은 그들에게 자신을 분깃으로 주셨으며, 자신이 어떤 분깃인지 계시하시고 나타내실 것이다. 하나님은 그들이 자신 안에서 즐길 축복뿐 아니라, 축복에 이르는 길도 나타내시며, 또한 그 길에 놓여있는 위엄들도 제시하실 것이다. "주 하나님은 그들의 해이시다"(시 84:11). 해는 세상의 빛이다. 해는 그 자신과 다른 모든 것을 드러내고 있다. 만약 해 자체가 가진 빛이 없다면 우리는 해의 영광을 볼 수 없다. 만약 해가 그 빛을 철수한다면, 달도 행성들도 하늘도 이 낮은 세상의 모든 것도 사라질 것이다. 아름다움과 추함도, 안전함과 위험도, 올바른 길과 잘못된 길도 모두 햇빛으로 모습을 드러낸다. 해는 낮을 만들고, 해가 질 때 밤이 세상을 덮는다. 마찬가지로 하나님은 해처럼 영광스럽다. 그러나 이 영광이 비치지 않았다면 누가 자랑할 수 있겠는가? "주의 빛 안에서 우리가 빛을 보리이다"(시 36:9).

왜 영광스러운 하나님께서 그토록 적은 사람들에게만 받아들여지고 알려지며 찬미를 받고 계시는가? 하나님이 보이지 않으시기 때문이다. 해가 그들 위에 떠오르지 않았고, 그들 위에 비치지 않는다. 그들은 달빛과 별빛과 해의 영광이 희미하게 반영된 것들을 이차적으로 가지고 있지만, 해를 보지 못한다. 진리와 거짓이, 선한 것과 악한 것이, 실체와 그림자가, 썩어질 것과 영원한 것이 더 잘 구분되지 않는 이유는 무엇인가? 사람들이 자신들의 판단과 자신들의 길에서 그토록 실수하고 잘못 선택하는 이유는 무엇인가? 그들이 그토록 자신들의 축복을 잃어버리고 방황하는 이유는 무엇인가? 사람들이 자신들의 불빛과 자신들의 육적인 번영과 자신들의 쾌락과 자신들의 영광을 그토록 경배하고 찬미하는 이유는 무엇인가?

오, 그들은 해를 보지 않는다. 하나님이 눈에 보이지 않아서이다. 여기에서 그들의 모든 어리석은 실수와 잘못이 나온다. 하나님은 자기 성도들에게 해가 되실 것이다. 성도들은 이 영광스러운 해가 주는 위로에 대한 권리를 가진다. 하나님은 자신의 얼굴을 그들에게 보여주시고 자신의 영광을 나타내실 것이다. 하나님은 자신의 광채로 그들을 자신에게로 인도하실 것이다. 하나님은 그들에게 그들의 목적을 보여주시고, 목적에 도달하는 수단과 길도 보여주실 것이다. 하나님은 그들에게 선하고 올바른 길을 보여주실 것이다. 하나님은 그들에게 자신의 빛으로 선한 것과 악한 것, 죄악된 것과 해야 할 것, 실체와 환영, 도움이 되는 것과 방해가 되는 것, 위험한 것과 이익이 되는 것, 함정과 구원하는 것을 모두 보여주실 것이다.

선택했지만 무엇인지 알지 못하고, 가고 있지만 어디로 가는지 모르고, 방황하고 막혀있지만 어떻게 해야 할지 모르고, 보이지 않는 세계의 모든 영광과 즐거움을 볼 수 없고, 그 가치를 알 수 없다고 불평하고, 쭉정이와 쓰레기가 불멸의 모든 부요함보다 당신에게 더 큰 즐거움을 준다고 느끼고, 하나님과 위의 것들을 생각하고 선택하고 사랑하고 맛보고 싶지만 할 수 없는 너 가련하고 어두운 영혼이여, 들으라! 너는 하나님과 위의 것들을 거의 보지 못하므로 그것들에 마음이 끌리지 않는다. 당신은 찾지만 길을 잃고, 가고자 하는 길에서도 어둠 속에 있다. 들으라, 영혼이여! 하나님이 너를 부르고 계신다. "나에게 오라. 나를 보라. 내가 너의 해가 될 것이다. 내가 너에게 모든 영광과 그곳에 이르게 할 올바른 길을 보여줄 것이다. 내가 너의 해가 될 것이라고 약속한다. 나를 신뢰하라. 내가 너에게 빛이 될 것이다."

IV. 방패 되신 하나님

"주 하나님은 해시며 방패이시다"(시 84:11). 땅의 신들은 "땅의 방패들"이라고 불린다(시 47:9). 그렇다면 영광의 하나님은 얼마나 더 땅의 방패이시겠는가! 믿음은 방패라고 불린다. "모든 것 위에 믿음의 방패를 가지고 이로써 능히 악한 자의 모든 불화살을 소멸하고"(엡 6:16). 이것은 "하나님은 방패이시다"라는 것과 같다. 믿음으로 영혼은 하나님을 하나님으로 여긴다. 이것은 영혼이 하나님을 붙잡고, 하나님이 영혼에 적용되는 은혜이다. "아브라함아 두려워 말라 나는 너의 방패니라"(창 15:1). "이는 그 약속을 그 모든 후손에게 굳게 하려 하심이라"(롬 4:16). 이생에서 그리스도인들의 상태는 전투하는 상태이며, 역경들과 위험들로 가득 찬 상태이다. 이런 이유로 그들은 풍성히 가지고 있을 때도 모든 것을 잃지 않을까 두려워한다.

성도들은 영적인 대적들을 두려워한다. 그들은 자신들의 영혼과 싸우며, 자신들을 시험하고 미혹하여 하나님에게서 멀어지게 하고, 하나님에게서 자신들의 마음을 훔쳐서 하나님을 훔칠 기회를 엿보고 있는 영적인 대적들이 있다. 그들은 이런 대적들을 만나고 종종 큰 의심에 빠지게 된다. 성도들은 일시적인 공격도 두려워한다. 그들의 이름이 공격을 받고, 그들의 자유가 침해를 당하며, 그들의 재산이 먹이가 될 위험에 처하게 된다. 오늘 그들은 칭찬을 받지만, 내일 그들은 비난을 받을 수 있다. 오늘 그들은 충만하고 풍성하지만, 내일 그들은 아무것도 남지 않을 수 있다. 그들은 날마다 죽는다. 그들은 "온종일 죽임을 당한다." 그러나 그들의 위험과 두려움이 어떤 것이든 하나님이 그들의 방패라는 것이 모든 것을 충분히 이기게 한다.

그리스도인이여, 당신은 충분히 가지고 있다. 그리고 당신이 가지고 있는 모든 것이 안전하다. 당신은 방패로 둘러싸여 있고, 모든 손에서 안전하며, 어떤 것도 당신에게 해를 끼칠 수 없다. 어떤 공격을 받더라도 하나님은 해가 미치지 못하도록 막아주는 당신의 방패이시다. 당신을 방어하고 있는 것은 구리나 쇠 방패가 아니다. 강하신 하나님이 당신을 방어하신다. 믿음이 적은 자여, 왜 의심하는가? 그리스도인이지만 두려워하고, 날마다 스스로의 힘으로 생활하고, 염려와 두려움으로 화를 내고, 자신의 존재가치를 잃어버리고 있지 않은가? 당신의 하나님은 어디에 계시는가? 하나님이 소들과 나귀들과 당신의 모든 소유를 돌보시지 않는가?

그러나 오, 이것이 당신에게 의미가 있는가? 당신은 스스로의 힘으로 위험에서 벗어나려고 하고, 당신의 하나님에게서 등을 돌리고, 고통에서 스스로 자신을 지키고, 죄악을 성소로 삼고 있지 않은가? 당신은 고난에서 벗어나기 위해 오히려 하나님께서 보호하시는 방패를 버리고 있지는 않은가? 하나님은 "내 앞에서 행하여 완전하라"라고 말씀하셨다. 그런 다음 하나님은 "아브라함아 두려워 말라 나는 너의 방패니라"라고 말씀하셨다(창 15:1, 17:1). 이것이 "나는 너희의 하나님이라"라는 최초의 위대한 은혜언약이다.

제 2 장
언약 안에서 그리스도

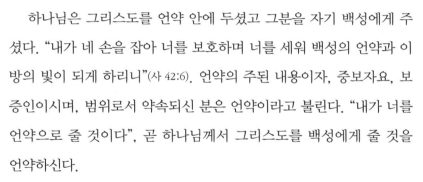

하나님은 그리스도를 언약 안에 두셨고 그분을 자기 백성에게 주셨다. "내가 네 손을 잡아 너를 보호하며 너를 세워 백성의 언약과 이방의 빛이 되게 하리니"(사 42:6). 언약의 주된 내용이자, 중보자요, 보증인이시며, 범위로서 약속되신 분은 언약이라고 불린다. "내가 너를 언약으로 줄 것이다", 곧 하나님께서 그리스도를 백성에게 줄 것을 언약하신다.

당신은 "그리스도가 없다면 하나님께서 주시는 어떤 열매도 내게 축복이 될 수 없다. 나와 하나님 사이에는 넘어갈 수 없는 큰 간격이 있고, 올라갈 수 없는 높은 분리벽이 세워져 있다. 나를 대적하는 계명이 세워져 있기 때문에, 하나님 안에 있는 모든 것은 나에게 아무런 유익이 없다. 이 하나님이 나의 하나님이시라면, 그것으로 충분할 것이다. 부자이든 가난하든, 칭찬을 받든 비난을 받든, 수고하고 고통을 받더라도 하나님이 나의 하나님이라면, 그 모든 것은 문제가 되지 않는다. 그러나 어떻게 내가 이 하나님을 얻을 수 있는가? 누가 나를 하나님께로 데려갈 것인가"라고 묻는다.

이 질문의 답으로서 주 하나님은 자기 아들을 준비하시고 그 아들이 자신에게 오는 길이 되도록 그분을 당신에게 주셨다. "그러므로 형제들아 우리가 예수의 피를 힘입어 성소에 들어갈 담력을 얻었나니 그 길은 우리를 위하여 휘장 가운데로 열어놓으신 새로운 산 길이요 휘장은 곧 그의 육체니라"(히 10:19-20). 예수 그리스도는 새벽별이시며, 의의 해이시고, 보이지 않는 하나님의 형상이시며, 모든 피조물보다 먼저 나신 자이시며, 그로 말미암아 모든 만물이 존재했고, 처음이시며, 죽은 자들 가운데서 처음 나신 분이시고, 신성이 충만하게 육체로 거하시며, 자기의 십자가의 피로써 평강을 이루셨고(골 1-2장), 그의 이름은 "기묘자요 모사요 전능하신 하나님이시요 영존하시는 아버지시요 평강의 왕이시다"(사 9:6). 이 예수가 당신을 하나님께로 데려오기 위해 언약 안에서 당신에게 주어졌다. 이 복되고 영광스러운 목적을 위해 그분은 생명의 빛으로, 주 우리의 의로, 우리의 주와 왕으로, 우리의 머리와 남편으로 나타나셨다.

I. 생명의 빛

"이방을 비추는 빛이요 주의 백성 이스라엘의 영광이니이다"(눅 2:32). "그 안에 생명이 있었으니 이 생명은 사람들의 빛이라"(요 1:4). "나는 세상의 빛이니 나를 따르는 자는 어둠에 다니지 아니하고 생명의 빛을 얻으리라"(요 8:12). 파괴하고 사망과 정죄를 가져오는 빛이 있다. 그것은 율법의 빛, 죽이는 문자이다. 사도는 그것에 대해 "계명이 이르매 죄는 살아나고 나는 죽었도다 생명에 이르게 할 그 계명이 내게 대하여 도리어 사망에 이르게 하는 것이 되었도다"(롬 7:9-10)라고 말한다. 그러나 그리스도는 생명과 불멸의 빛을 가져오신다. 잃어버려서 도달할 수 없는 천국의 영광과 보이지 않는 하나님이 예수 그리스도의 얼굴에서 발견된다.

"어두운 데에 빛이 비치라 말씀하셨던 그 하나님께서 예수 그리스도의 얼굴에 있는 하나님의 영광을 아는 빛을 우리 마음에 비추셨느니라"(고후 4:6). 그분은 보이지 아니하는 하나님의 형상이시며, 아버지의 영광의 광채이시고, 반사를 통해 해를 보게 하는 거울이시다. "주여 아버지를 우리에게 보여 주옵소서 그리하면 족하겠나이다 빌립아 내가 이렇게 오래 너희와 함께 있으되 네가 나를 알지 못하느냐 나를 본 자는 아버지를 보았거늘 어찌하여 아버지를 보이라 하느냐"(요 14:8-9). 그분은 생명의 빛이시다. "영생은 곧 유일하신 참 하나님과 그가 보내신 자 예수 그리스도를 아는 것이니이다"(요 17:3).

II. 주 우리의 의

주 우리의 의는 그분의 이름이다. "그의 이름은 여호와 우리의 공의라 일컬음을 받으리라"(렘 23:6). 그분은 우리에게 다음과 같은 목적으로 주어지셨다.

1. 우리를 화목하게 하시는 희생제물

"우리의 죄를 위한 화목제물"(요일 2:2). "그리스도 우리의 유월절"(고전 5:7). "죽임을 당하신 어린양"(계 13:8). 그분은 정의를 충족시키시고, 진노를 달래시고, 저주를 감당하신 우리의 값이시며 우리의 대속물이시다. 그분은 손으로 쓴 것을 도말하시고, 막힌 담을 허셨으며, 허물과 죄를 사하셨으며, 죄악으로 멀어진 하나님과의 관계를 화목하게 하셨고, 영원한 의를 가져오셨으며, 우리를 하나님께로 데려가셨다. 당신의 길에 어떤 어려움이 있든지, 당신의 죄와 죄책과 가난 때문에 어떤 의심이 일어나든지, 당신의 무능력과 두려움이 어떤 비난을 쏟아내든지 어린양의 피가 이 모든 것을 해결하실 것이다. 우리의 유월절이신 그리스도께서 우리를 위해 희생제물이 되셨다.

2. 자비롭고 신실한 대제사장

그분은 대제사장으로서 이 땅에서 우리의 죄를 속량하셨고, 하늘에서 우리를 위해 나타나신다(히 2:17). 그분은 우리를 위해 화해를 이루셨고, "우리를 위하여 하나님 앞에 나타나시고"(히 9:24) 중보하신다. 우리는 그리스도의 모형인 아론이 지성소에 들어갈 때 하나님 앞에서 계속 기억하기 위해 자기 두 어깨와 판결 흉배 위의 돌에 이스라엘의 자녀들의 이름을 새긴 것을 본다(출 28:11-12 참조). 우리 주님은 하늘에 가서서 하나님 앞에서 기억하기 위해 자기 두 어깨와 자기 가슴에 우리의 이름을 새겨서 나타나신다. 성도 중 가장 작은 자의 이름도 그곳에 새겨져 있다.

"여기에 나의 대속물이 있습니다. 내가 대속한 자들을 보십시오. 여기에 나의 값과 내가 값으로 산 것과 내가 구속한 사람들이 있습니다. 송사하는 자들이 송사를 하든, 그들을 향해 어떤 비난을 하든, 그들에게 어떤 죄책이 있든, 그들이 해야 할 모든 것을 짊어지고 그들이 빚진 모든 것을 갚은 이 두 어깨가 있습니다. 이 두 어깨 위와 가슴에서 당신은 그들의 모든 이름을 읽으실 수 있습니다. 그때 내가 그들을 위해 한 일을 기억하셔서 그들의 죄를 사하여 주시고, 그들을 영원히 받아주시옵소서. 이 눈의 눈물과 이 등의 채찍과 이 얼굴의 수치와 이 몸의 탄식과 이 영혼의 고뇌와 이 심장의 피를 기억하옵소서. 당신이 기억하실 때 당신이 이 가슴과 두 어깨 위에 새겨진 어떤 이름을 발견하시든지 그들은 이 모든 것이 드려진 사람들입니다. 그들이 어떤 사람들이든지, 당신에게 어떤 모습으로 받아들여졌든지, 내가 한 것을 그들의 것으로 여겨주옵소서. 만약 그들이 당신으로부터 거절된다면, 나 또한 당신으로부터 거절된 것입니다. 만약 그들이 악한 자들로 여겨진다면, 나를 의로운 자로 결코 여기지 마옵소서. 만약 그들이 나의 의로 의롭게 되지 않는다면, 그들은 틀림없이 자신들의 죄로 말미암은 책임을 지게 될 것입니다. 내가 그들을 위해 한 것은 무엇이든지, 내가 그들을 위해 충족시킨 것은 무엇이든지 모두 그들의 것입니다. 내가 그들을 위해 간구합니다. 내가 그들을 위해 기도합니다. 나의 눈물과 채찍과 상처와 탄식과 고뇌와 내가 취한 모든 것은 그들을 위한 것입니다. 아버지, 그들을 용서하여 주옵소서. 아버지, 그들을 받아주옵소서."

모든 호소 중에서 피의 호소보다 더 강력한 호소는 없다. 죄책이 있는 자를 향해 반대하는 것이든 찬성하는 것이든 그 소리는 위에까지 들릴 것이다. "네 아우의 핏소리가 땅에서부터 내게 호소하느니라"(창 4:10). 그 호소에 뒤이어 따라온 것은 무엇인가? 피가 반대하여 호소하는 자들에게는 저주가 따라올 것이지만, 피가 찬성하여 호소하는 자들에게는 용서와 자비가 따라올 것이다. 용서와 자비를 받은 영혼들은 복이 있다.

그리스도인이여, 이 피는 당신을 위한 것이다. 그 피는 "아벨의 피보다 더 나은 것들을 말하고 있다"(히 12:24). 그것은 당신 위에 놓여있는 모든 책임에서 당신을 벗어나게 해달라고 간청하고 호소하고 있다. 그리스도의 피가 당신을 위해 호소하는 것은 당신을 대적하여 호소하는 것들이 많기 때문이다. 사탄이 호소하고, 당신의 죄들이 호소하고, 당신의 마음과 양심이 당신을 거슬러 호소하고 있다. 당신은 그들이 내는 두려운 소리에 놀라고 있다. 그러나 하나님이신 어린양의 피가 당신을 위해 호소하고 있는 것을 보라. 당신은 기소하는 자를 가지고 있지만, 당신에게는 용서하시는 분도 있다. 당신은 대적자를 가지고 있지만, 대언자도 있다. "우리에게 대언자가 있으니 곧 의로우신 예수 그리스도시라"(요일 2:1). "누가 능히 하나님께서 택하신 자들을 고발하리요 의롭다 하신 이는 하나님이시니 누가 정죄하리요 죽으실 뿐 아니라 다시 살아나신 이는 그리스도 예수시니 그는 하나님 우편에 계신 자요 우리를 위하여 간구하시는 자시니라"(롬 8:33–34).

아니, 더 나아가서 당신은 희생제물로 드려지고, 그것을 당신을 위해 제공하고자 하는 의로우실 뿐 아니라 자비로우신 대제사장을 가지고 있다. 당신의 이름은 그분의 두 어깨뿐 아니라 그분의 마음에도, 그분의 등뿐 아니라 그분의 가슴에도 새겨져 있다. 그분은 당신을 위한 고귀한 피와 자비로운 마음을 가지고 계신다. 그분은 비천한 자들에게 연민과 긍휼을 베푸실 수 있다(히 5:2). 만약 그리스도가 자기의 영혼을 당신에게로 향하게 하는 근거를 찾으실 수 없다면, 당신에게 미친 화와 당신이 처한 비참함에서 충분히 그 근거들을 찾으실 수 있다.

그리스도는 자비로우시며, 그분의 자비는 온유한 자비이다. 그분은 긍휼히 여기시며, 그분의 긍휼은 온유한 긍휼이다. 당신은 주께서 긍휼히 여기시는 것처럼 아내와 자녀들을 긍휼히 여길 수 없다. 당신은 주께서 긍휼히 여기시는 것처럼 당신의 육체나 당신의 눈동자나 당신 자신의 영혼을 긍휼히 여길 수 없다. 그분의 영이 당신을 향해 움직이고, 당신을 향해 녹는다. 그분은 당신의 상처를 위해 피 흘리고, 당신의 슬픔을 위해 고통을 받는다. 그분의 눈은 눈물을 흘리고, 그분의 마음은 당신의 깨어지고 상한 상태를 보고 부서진다. 그분이 당신을 잊으실까 두려워하지 말라.

그리스도는 자비로우시며 신실하신 대제사장이시다. 그분이 당신에게서 아무리 멀리 떨어져 있다고 할지라도, 그분이 높임을 받으셔서 당신이 가까이할 수 없는 위엄을 갖고 계신다고 할지라도, 그분은 자기 친구들을 잊으실 수 없다. 그분은 하늘로 올라가셨고, 그곳에서 모든 정사와 권세를 훨씬 넘어 찬미를 받으시고 하나님의 오른편에 앉아 계신다. 그분은 올라가셨지만, 영원한 기념으로 당신의 이름을 지니고 계신다. 당신은 주님께 신실하지 못하여 부끄러울 때가 많다. 당신은 돌아설 때마다 당신의 주님을 잊어버린다. 모든 일어나는 일과 모든 고통이, 모든 쾌락과 모든 궁휼이 당신의 주님을 잊어버리게 하고, 그분의 사랑과 당신의 의무를 잊어버리게 한다.

오, 얼마나 작은 것이 당신의 마음을 주님에게서 훔치고, 그분을 향해 폭동과 반역을 일으키게 하는가! 날마다 당신이 받는 위로와 소망과 필요가 주님을 기억하게 하는 것은 아니다. 당신은 주님을 잊어버리지만, 그분은 당신을 잊지 않으신다. 비록 당신은 많은 부분에서 신실하지 못하지만, 그분은 어떤 일에서도 신실하시다. "우리는 미쁨이 없을지라도 주는 항상 미쁘시니 자기를 부인하실 수 없으시리라"(딤후 2:13). 만약 그분이 자신에게 신실하지 않으시다면, 그분은 자신에게 진실하실 수 없을 것이다. 그분의 관심은 당신에게 있다. 당신은 그분의 것이며, 그분의 소유이며, 그분의 몸의 지체이다. 그러므로 두려워하지 말라. 만약 그분이 당신의 영혼에 신실하지 않으시다면, 그분은 자신의 몸에도 신실하지 않으실 것이다. 만약 당신의 사정을 도울 수 있다면, 만약 당신을 대신하여 할 수 있는 것이 있다면, 만약 그분이 가진 모든 것, 그분의 피와 의와 그분이 아버지와 함께 가지고 계신 것이 당신을 돕기에 충분하다면, 그분은 당신을 위해 그것을 얻으셔서 획득하실 것이다. 당신을 부르시고 그 일을 행하시는 분은 신실하시다.

이분은 우리를 위해 땅에서 고난을 받으시고 하늘로 가셔서, 그의 가슴과 두 어깨 위에 자신이 구속하신 자들의 이름을 새기고, 붉은 글씨로 용서와 평화와 용납이 새겨진 피로 물든 영광스러운 흰옷을 입고 서 계신 우리의 화목제물로서, 우리의 자비로우시고 신실하신 대제장으로 우리에게 주어진 예수님이시다. 이분은 주 우리의 의이신 예수님이시다.

III. 우리의 주와 왕

우리의 왕이신 그리스도는 우리를 의로 다스리실 것이다. "시온의 딸아 크게 기뻐할지어다 보라 네 왕이 네게 임하시나니"(슥 9:9). "그의 어깨에는 정사를 메었고"(사 9:6). 하나님은 자기 성도들에 대한 통치를 성도들 대신에 그리스도의 어깨에 둠으로 그들을 돌보신다. 그들의 왕이 그들에게 있지 아니한가? 그리스도는 그들을 모으는 왕이시고, 그들을 다스리는 왕이시며, 그들을 방어하고 구원하는 왕이시다. 그분은 그들을 폭력을 행하는 자들과 악한 세상 사람들로부터 구원하실 뿐 아니라, 영적인 원수들과 그들의 죄에서 구원하시는 분이시다. "아들을 낳으리니 이름을 예수라 하라 이는 그가 자기 백성을 그들의 죄에서 구원할 자이심이라"(마 1:21).

우리가 왕의 통치와 보호 아래 있는 것은 자비이다. 이스라엘에 왕이 없었다면 우리에게 무슨 일이 일어났겠는가? 왕이 없는 곳에서는 모두가 왕이 되려 하고 백성들보다 왕이 더 많게 될 것이다. 사탄이 왕이 될 것이고, 모든 정욕도 왕노릇 할 것이다. 우리의 마음이 통제받지 않는다면 어떻게 될 것인가? 교활하며 능력이 큰 원수들이 우리를 얼마나 쉽게 파괴할 것인가? 죄가 우리 안에서 얼마나 왕 노릇 하고, 밖에서 얼마나 잔인하게 우리를 공격할 것인가? 우리는 얼마나 방황하겠으며, 평화와 질서와 안정이 어떻게 유지될 수 있겠는가? 우리에게 어떤 왕도 없다면 우리를 변호하고 보호하고 구원하는 도움은 어디에서 오겠는가?

왕의 통치 아래에 있는 것, 지혜롭고 능력이 있으신 왕, 온유하시고 자비로우신 왕, 거룩하시고 의로우신 왕의 통치 아래에 있는 것은 자비가 아닌가! 오, 얼마나 놀라운 자비인가! "시온의 딸아 크게 기뻐할지어다 예루살렘의 딸아 즐거이 부를지어다 보라 네 왕이 네게 임하시나니 그는 공의로우시며 구원을 베푸시며 겸손하여서 나귀를 타시나니 나귀의 작은 것 곧 나귀 새끼니라"(슥 9:9). 그분은 의로우셔서 구원하실 수 있으며, 제사장으로서 구원을 값을 주고 사셨으며, 왕으로서 구원을 부여하신다. 그분은 얻기 위해 오신 것이 아니라 주기 위해 오셨다. 그분은 그들의 죄를 사하심으로써 자기 백성에게 구원을 주시고, 왕처럼 종려나무와 왕관과 보좌를 주신다.

아, 이 반역한 세상은 얼마나 감사하지 않으며, 얼마나 어리석은가! 그들은 통치를 받지 않으려 멍에를 벗어버리고 의무와 징계 아래에서 신음한다. "우리는 이 사람으로 우리를 다스리게 하지 않을 것이다." 그렇다면 누가 당신을 구원할 것인가? 엄격한 법과 심한 징계 아래에서 그리스도인으로 사는 것은 힘들고 자유가 없지 않은가? 그리스도인이여, 자유가 없고 오직 비참할 뿐이라고 하는 것이 당신의 불평인가? 그러나 만약 내가 그리스도의 것이라면, 나는 행복할 것이다.

어리석은 자들로 하여금 그들 자신의 어리석음을 상속하게 하고, 이스라엘로 하여금 자신을 조성하신 분을 기쁘게 하라. 시온의 자녀들로 하여금 자신들의 왕을 즐거워하게 하라. 하나님이 자기 백성을 기뻐하시고, 온유한 자들을 구원으로 아름답게 하실 것이기 때문이다. 문들아, 너희 머리를 들지어다. 영원한 문들아, 들릴지어다. 영광의 왕이 들어가시리로다. 영광의 왕이 누구시냐? 만군의 여호와, 우리의 의의 하나님이시로다. 그분은 영광의 왕이시다. 주는 우리의 재판장이시며, 주는 우리에게 법을 주시는 분이시며, 우리의 왕이시고, 우리를 구원하실 것이다.

주를 찬양하라. 너 모든 니므롯이여, 너 이 땅의 강한 사냥꾼들이여, 오라! 너 모든 아낙의 자손들이여, 너 거인들의 후손이여, 오라! 벨리알의 모든 아들이여, 너 음란한 자의 후손이여, 오라! 너 모든 이스마엘 사람들과 암몬 사람들이여, 너 모압 사람들과 하갈의 자손들이여, 그들과 연합하여 계략을 꾸미고, 혀로 비방을 일삼고, 이를 갈고, 뿔로 들이받고, 발길질하는 자들이여, 오라! 너 모든 지옥의 문들이여, 어둠의 권세자들이여, 너의 모든 군대들과 모든 불화살과 죽이는 도구들과 함께 오라! 너 공포의 왕이여, 너의 모든 치명적인 화살과 함께 오라! 처녀 딸 시온이 너희 모두를 경멸하고 너희를 비웃었도다. 예루살렘의 딸이 너희를 향해 고개를 흔들었도다. 그의 왕이 그 안에 계시며, 주가 그의 왕이시며, 주가 그를 구원하실 것이다.

IV. 우리의 머리와 남편

모든 것의 머리로서 주어지신 그리스도는 교회의 머리로(엡 1:22-23), 특별히 모든 지체의 머리로 주어지셨다(고전 11:3). 성도들은 모두 주님과 연합되어 있다(고전 6:17). 그들은 그리스도 안에서 동료 지체들과 연합되어 있으며, 그들의 머리이신 그리스도께 연합되어 있다. "온몸이 머리로 말미암아 마디와 힘줄로 공급함을 받고 연합하여 하나님이 자라게 하시므로 자라느니라"(골 2:19). 그들은 그리스도와 결혼했다. "내가 너희를 정결한 처녀로 한 남편인 그리스도께 드리려고 중매함이로다"(고후 11:2). 이 연합을 통해 그리스도의 영향이 전달되고 그리스도께서 획득한 것들과 결합할 수 있다.

1. 그리스도 안에 있는 은혜의 전달

"공급함을 받고." 우리의 머리이신 그리스도는 우리의 생명샘이시다. 우리의 머리는 우리의 심장이며, 생명이다. 그분으로 말미암아 우리가 살며, 영양을 공급받고, 삶을 유지할 수 있다. 그분은 우리의 요셉이시며, 거룩한 땅의 모든 보화가 그분과 함께 있다. "그 안에 지혜와 지식의 모든 보화가 감추어져 있다"(골 2:3). "아버지께서는 모든 충만으로 예수 안에 거하게 하시고"(골 1:19). 그분은 하나님의 독생자이시며 은혜와 진리가 충만하시다.

그리스도 안에 어떤 은혜가 있는지 주목하라.

(1) 연합의 은혜

그리스도의 인성은 신성 안에서 두 번째 위격과 연합되도록 은혜와 호의를 받았다. 이 연합 덕택에 신성의 충만함이 그 안에 육체와 위격으로 거하신다. 또한, 하나님이 모형 안에 거하시는 것으로 언급된 구약의 모형들과 그림자들과는 반대로 실체로 거하신다. 하나님은 장막에, 언약의 법궤에, 신전에 거하신다고 언급되었다. 그러나 이런 것들 안에서 하나님은 단지 그리스도의 인성의 모형들과 그림자들로 거하신 것이었다. 그리스도 안에서는 하나님이 모형이 아니라 위격과 실체로 거하신다. 그리스도가 단지 그림자였던 구약의 모형들과는 반대로 몸이라고 불리셨을 때처럼(골 2:17), 모형이 아니라 위격으로 거하는 것을 의미한다. 그리스도는 그림자가 아니라 몸이시다. 하나님은 육체로, 곧 그림자가 아니라 실체로 거하신다.

(2) 습관적인 은혜

그리스도의 본성의 거룩 안에 모든 도덕적인 완전한 성품들이 존재한다. 하나님에 대한 사랑과 경외, 겸손과 온유와 인내가 하나님의 형상과 전체적인 뜻과 완벽하게 일치한다. "이러한 대제사장은 우리에게 합당하니 거룩하고 악이 없고 더러움이 없고 죄인에게서 떠나 계시고 하늘보다 높이 되신 이라"(히 7:26).

(3) 교회의 머리로서 주어진 명예

그리스도께서 어떻게 은혜와 진리가 충만한지 주목하라. 여기에는 두 가지 은혜의 충만함이 있다. 하나는 은혜 그 자체와 관련된 충만함이다. 어떤 사람이 모든 은혜를 가장 탁월하고 완벽하게 가지고 있을 때 은혜가 충만하다고 언급된다. 또 다른 하나는 은혜를 가지고 있는 사람과 관련된 충만함이다. 가질 수 있는 만큼 많은 은혜를 가지고 있는 사람이 은혜가 충만하다고 언급된다. 그리스도는 이 두 가지 차원 모두에서 은혜가 충만하시다. 그 안에 있는 은혜는 가장 크고 완벽하며 무한히 충만하다.

그리스도의 충만함이 우리의 것이며 우리를 위한 것임을 주목하라. "우리가 다 그의 충만한 데서 받으니 은혜 위에 은혜러라"(요 1:16). "너희 생명이 그리스도와 함께 하나님 안에 감추어졌음이라"(골 3:3). 당신의 영원한 생명과 영광이 그 안에 감추어져 있다. "또 증거는 이것이니 하나님이 우리에게 영생을 주신 것과 이 생명이 그의 아들 안에 있는 그것이니라"(요일 5:11).

우리의 생명은 세 가지 관점에서 그리스도 안에 있다고 언급된다. ① 원인 안에 있는 결과로서 그리스도 안에 감추어져 있다. 가지들의 생명이 뿌리에 감추어져 있는 것처럼 그리스도인의 생명은 그리스도 안에 감추어져 있다. 그분은 우리의 뿌리이시다. ② 우리의 생명은 그리스도 안에 저장되어 있다. 그것은 그리스도와 함께 보관되어 있고, 그분의 감찰과 보호에 맡겨져 있다. 그것은 그분께 안전하게 확보되어 있고, 그분의 안전한 손에 맡겨져 있다. ③ 우리의 생명의 시혜가 그리스도께 맡겨져 있다. 우리의 생명은 그분의 기뻐하심을 따라 그분에게서 우리에게 전달된다. 우리는 그분의 충만한 데서 받는다. 아들은 자신 안에 생명을 가지고 있어서, 자신이 원하는 사람에게 원하는 때에 원하는 정도로 주신다.

그리스도인이여, 당신은 당신 자신이 아무것도 가지지 않았다고 생각하는가? 당신은 예수 안에서 충분히 가지고 있다. 당신은 어두운가? 그분은 빛의 원천이시다. 당신은 죽어있는가? 그분은 생명의 원천이시다. 당신은 가난하고 비천하며 지식과 믿음과 사랑과 인내가 부족한가? 그분은 모든 은혜의 보화이시다. 그분은 있는 모습 그대로 당신을 위해 존재하신다. 그분은 지혜로우신가? 그분은 당신을 위해 지혜로우시다. 그분은 거룩하신가? 그분은 당신을 위해 거룩하시다. 그분은 온유하시고, 자비로우시며, 겸손하시고, 인내하시는가? 그분은 당신을 위해 그러하시다. 그분은 강하신가? 그분은 부요하신가? 그분은 충만하신가? 그것은 모두 당신을 위한 것이다. 그분이 당신을 위해 비우시고, 당신을 위해 약해지시고, 당신을 위해 가난해지신 것처럼, 당신을 위해 강하시고, 부요하시며, 충만하시다. 당신이 당신의 가난과 연약함에 대해 탄식하는 대신에 그분의 부요함과 의와 힘 안에서 당신 자신을 복되게 하라.

2. 그리스도와 성도의 연합

머리와 몸, 남편과 아내가 서로 연관되어 있는 것처럼 그리스도와 성도들은 서로 연관되어 있다. 따라서 그들은 함께 부하거나 가난하고, 서고 넘어지며 죽는다. 남편이 아내에게 자신이 가진 것에 대한 자격을 주는 것처럼, 아내가 남편이 가지고 있는 것에 대한 권리를 가지고 있는 것처럼, 그리스도와 교회 사이도 마찬가지이다. 성도들은 그리스도를 통하지 않고는 아무것도 가지지 않는다. 그들 전체의 유업은 머리되신 그리스도 안에 있다. 그리스도의 것은 무엇이든지 그들의 것이다. 그리스도의 하나님은 그들의 하나님이시다. 그분의 아버지는 그들의 아버지이시다. 그분의 피와 공로와 영과 승리와 그분이 얻으신 모든 업적과 생명과 재산이 모두 그들의 것이다. 그리스도는 그들을 위해 순종하셨고 고난을 받으셨으며 사셨고 죽으셨으며 부활하셨고 승천하셨으며 하나님의 우편에 영광 중에 앉으셨다. 그리스도는 그들의 이름으로 그들을 위해 값을 주고 사신 유업을 소유하셨다. 이분은 하나님과의 언약에서 우리에게 주어지시고, 모든 성도에게 인정되시고 양도되신 예수님이시다.

제 3 장

언약 안에서 성령

하나님은 자기 영, 곧 전능하시고 영원하신 영이자 영광과 하나님의 영을 언약 속에 두셨다. 이 거룩하시고 영원하신 영은 그리스도를 우리의 구속주가 되도록 기름을 부으셔서 그 위대한 사역을 감당할 수 있도록 우리의 머리이신 주 예수께 먼저 부어지셨다. "주 여호와의 영이 내게 내리셨으니 이는 여호와께서 내게 기름을 부으사 가난한 자에게 아름다운 소식을 전하게 하려 하심이라"(사 61:1). "그의 위에 여호와의 영 곧 지혜와 총명의 영이요 모략과 재능의 영이요 지식과 여호와를 경외하는 영이 강림하시리니"(사 11:2). 하나님의 영은 그리스도의 각 지체에게도 약속되셨다. "또 내 영을 너희 속에 두어 너희로 내 율례를 행하게 하리니 너희가 내 규례를 지켜 행할지라"(겔 36:27). 이 모든 구절에서 성령은 지혜와 계시의 영이자 거룩과 성화의 영, 진리와 안내의 영이자 위로와 위안의 영으로서 인정되신다.

성령은 그들에게 빛을 주사 그들의 어두운 눈을 열어주시고, 그들의 마음에 빛을 비추셔서 부르심의 소망이 무엇이며 성도 안에서 그의 유업의 풍성함이 무엇인지 알 수 있도록 예수 그리스도의 얼굴에 있는 하나님의 영광을 아는 지식을 주셨다. 또한, 영광의 복음의 빛이 그들에게 비치지 못하도록 사람들의 눈을 어둡게 하는 이 세상의 영과 싸워서 이기게 하신다(고후 4:4-6).

성령을 통해 아버지께서는 우리를 "어둠에서 그의 놀라운 빛으로" 불러내셨다(벧전 2:9). 이 영이 가져오는 빛은 세 가지 관점에서 놀라운 빛이다.

1. 어두운 영혼들에게 비추인 빛

태어날 때부터 보지 못하고, 이 세상의 신이 오랜 세월 동안 어두움 아래 사로잡고 있던 사람들의 눈이 열리는 것은 놀라운 일이다. 우리 주 예수께서 육신으로 계시는 동안 보지 못했던 자들의 눈을 열어주셨을 때, 사람들은 함께 달려와서 그들이 보는 것을 보고 놀랐다. 설령 돌이 살아나는 것을 보더라도, 설령 죽은 물체나 마른 뼈가 일어나서 거리를 걷고 있는 것을 보더라도, 설령 나무나 집이나 산이 눈으로 가득 차 있는 것을 보더라도, 눈이 멀었던 죄인들이 볼 수 있게 된 것보다 더 놀라운 일은 아니다. 당신은 전에 어둠 속에 있었지만, 이제 주 안에서 빛을 보고 있지 않은가? 일어서서 당신이 치유된 것을 놀라움으로 바라보라.

2. 복음을 비추는 빛

그런 눈이 볼 수 있게 된 것은 놀라운 일이다. 오, 그들은 기적을 보고 있다. 복음은 놀라운 것들로 가득 찬 신비이다. 그곳에는 측량할 수 없는 높이와 깊이와 길이와 넓이가 있다. 우리는 오늘 기이한 일들을 본다. 우리는 복음 안에서 기이한 사랑과 은혜와 놀라운 지혜와 연민과 인내와 자비와 놀라운 섭리와 구원과 다 이해할 수 없는 탁월성과 말할 수 없는 즐거움과 영광을 본다. 우리의 눈앞에서 매일 그런 일들이 일어나는 것은 놀라운 일이다. 우리는 지금까지 이것들을 볼 수 없었다. 그러나 전에는 보지 못했어도 지금 이것들을 보는 것은 놀라운 일이다.

우리는 지금 우리가 경멸하고 조롱하고 모욕하고 비방하고 단지 어리석고 환상적인 것으로 여겼던 것들을 보고 찬미하며 심지어 놀라고 있다. 유대인들에게는 거치는 돌이요 이방인들에게는 어리석은 것으로 여김을 받던 예수가 부르심을 받은 사람들에게는 하나님의 지혜요 능력이시다. 오, 하나님의 깊은 것들이여! 오, 모든 것을 측량하시는 하나님이 성도들에게 계시하신 측량할 수 없는 그리스도의 부요함이여! 오, 그들이 지금 이 깊은 광산에서 발견하고 있는 숨겨진 보물들이여! 믿는 당신에게 그리스도는 소중하고 찬송과 영예이시며 모든 아름다움과 영광이시다. 당신은 은혜와 진리가 충만하신 하나님 독생자의 영광으로서 그의 영광을 보았다.

이 빛으로 말미암아 선한 것들뿐 아니라 놀랍게도 악한 것들도 보게 된다. 죽음의 방에 숨겨진 모든 어둠, 곧 사람의 악한 마음에 자리 잡고 있는 은밀한 죄악이 드러나게 된다. 죄는 구원을 받고 조명을 받은 영혼을 놀라게 하며, 죄악되고 사악한 것으로 나타난다. 모든 죄 안에는 사망과 지옥과 마귀와 멸시와 불평과 어리석음과 적대감과 반역과 악의와 칠흑 같은 어둠이 있다. 한때 쾌락이나 즐거움이나 아름다움으로 나타났던 것이, 적어도 악하지만 사소하고 아무것도 아닌 것처럼 보였던 것이, 역병과 공포와 속박과 쓴 것과 수치와 슬픔이 된다. 전에는 죄에 대한 처벌이 너무 심하고 잔혹하다고 원망하고 불평했던 사람이, 이제 그런 적대감과 불평에도 불구하고 오래 전에 온 세상을 지옥으로 바꾸지 않으신 하나님의 관용과 인내와 오래 참으심을 보고 놀라게 된다.

그리스도인이여, 당신은 볼 수 없고 느낄 수 없다고 탄식한다. 당신 위에 놓인 모든 죄책에도 불구하고 당신의 마음이 강퍅하여 부서지지 않고, 당신의 눈이 메마르다고 탄식한다. 그러나 눈물도 탄식도 한숨도 당신에게서 이 모든 악을 제거하지 못할 것이다. 오, 눈멀고 어리석은 생각이여! 오, 이 감각 없이 죽어있는 마음이여! 내가 무엇을 할 수 있겠는가? 내가 무엇을 해야 나의 심령을 녹이고 탄식하고 부서지게 할 수 있겠는가? 그러나 나는 피 흘리고 부서지게 할 수 없다.

오, 성령의 빛을 간구하라. 성령께서 당신에게 주실 죄악에 대한 시각이 당신의 마음을 찢어 돌이키게 하고, 당신의 모든 수문을 열어 탄식하게 하고, 당신의 영혼을 수치와 슬픔으로 한숨 쉬게 하지 못한다면, 당신은 실망하게 될 것이다. 그러나 낙담하지 말라. "이 바위는 절대 깨어지지 않을 것이다. 이 쇠는 절대 녹지 않을 것이다. 내가 아무리 한숨을 쉬고, 눈물을 흘리고, 탄식하고, 탄식에 탄식을 거듭해도 모든 것이 헛수고일 뿐이다. 절대 마음이 깨뜨려지는 일이 일어나지 않을 것이다. 내 마음은 슬프지 않다. 회개가 내 눈앞에서 숨어버렸다"라고 말하지 말라. 스스로 낙심하지 말고 성령을 기다리라. 이 영에 마음을 열라. 그러면 빛이 비쳐서 당신이 얼마나 수치스럽고, 얼마나 보잘것없고, 얼마나 비천하고, 얼마나 혐오스러운지 깨닫게 되고 눈물이 하염없이 흐르게 될 것이다.

3. 성도들에게 비추인 빛

성도들이 속해 있던 어두운 세상과 과거에 보았던 것과 비교할 때, 놀랍도록 분명하게 계시된다. 그들은 놀라운 하나님의 영광과 아름다움의 실체를 보게 된다. "우리가 그의 영광을 보았다"라고 사도는 말한다(요 1:14). 우리 구주 하나님의 친절하심이 나타나셨다. "우리가 다 수건을 벗은 얼굴로 거울을 보는 것 같이 주의 영광을 본다"(고후 3:18). 시온에서 그리스도는 완벽한 아름다움으로 나타나셨다.

성경은 믿지 않는 세상이 그리스도를 볼 때 그 안에 있는 아름다움을 보지 못할 것이라고 예언하고 있다(사 53:2 참조). 그리스도가 아름다움의 최고봉이심에도 그 안에서 아무런 아름다움을 보지 못하는 것이 참으로 이상한 일이다. 사람들은 그를 보지만, 보지 못하는 것과 같아서 다음과 같이 묻는다. "당신이 사랑하는 이가 다른 사랑하는 이보다 나은 것이 무엇인가? 그리스도는 다른 사람보다 무엇이 더 나으신가? 복음은 다른 이야기들보다 무엇이 더 나은가? 성령은 무엇인가? 진리는 무엇인가? 이 믿음과 사랑 안에는 무엇이 있는가? 이 거룩과 의 안에는 무엇이 있는가? 이 양심의 평화와 성령의 즐거움 안에는 무엇이 있는가? 그들 안에는 어떤 실재가 있는가? 그들의 영광과 탁월함은 어디에 있는가? 주의 영은 그리스도로부터 당신에게 어떤 방식으로 오셨는가?"

산들이 당신 위로 떨어지고, 바위들로 하나님과 어린양의 얼굴에서 당신을 감추어 주도록 요청할 그 날에 당신은 누구를 믿는지 알게 된다. 우리는 그리스도를 안다는 것을 알게 된다. 우리는 아는 것을 말하고 본 것을 증거한다. 우리는 거룩하신 분에게서 기름부음을 받아서 모든 것을 안다. 하나님은 자기의 영으로 우리에게 모든 것을 계시하신다. 성령은 모든 것, 곧 하나님의 깊은 것들을 아시기 때문이다. 이제 우리는 이 세상의 영을 받지 않고, 하나님께 속한 영을 받아서 하나님께서 우리에게 값없이 주시는 것들을 안다. 우리는 분명하고 확실히 보게 된다. 우리는 우리의 눈을 반쯤 떠서 사람들을 걸어 다니는 나무처럼 보는 것이 아니다. 우리는 충만한 빛과 증거로 인하여 사람을 사람으로, 그리스도를 그리스도로, 진리를 진리로 본다. 우리는 이것을 보고 증거하고, 속이거나 속지 않는다. 우리는 이것을 지혜롭고 신중하다고 하는 자에게는 숨기시고 어린아이에게 나타내신 아버지께 감사한다.

성도들은 진리와 거룩과 선함을 영광과 아름다움으로 보는 것처럼, 어리석음과 거짓과 죄를 추함과 일그러진 모습으로 본다. 죄는 죄로, 어리석음은 어리석음으로, 거짓은 거짓으로 나타난다. 성도들은 사람을 사람으로, 그리스도를 그리스도로, 진리를 진리로, 거룩을 거룩으로 본다. 그들은 짐승을 짐승으로, 바보를 바보로, 죄를 죄로, 마귀를 마귀로, 지옥을 지옥으로 본다. 성도들은 모든 것을 있는 그대로, 시험을 시험 그대로, 망상을 망상 그대로 본다. 그들은 죄와 시험 아래에 있는 것들, 즉 먹이 아래 감추어진 낚싯바늘과 전갈의 꼬리에 있는 독침과 찡그리는 얼굴 아래 일어나는 마귀와의 전쟁을 본다. 그들은 마귀의 계략에 무지하지 않다.

죄인들이여, 성도들에게 일어난 놀라운 일들을 보는 것을 멈추라. 성도들을 보고 놀라는 것을 멈추고, 와서 그들과 함께 놀라운 일들을 경험하라. 그들이 당신처럼 말하지 않고, 당신처럼 살지 않고, 당신처럼 똑같이 어리석고 헛된 것들을 추구하지 않는다고 해서 놀라지 말라. 오, 만약 당신이 성도들이 보는 것을 보게 된다면, 당신은 당신 자신에게 놀라움이 될 것이다. 그들이 받은 복을 모욕하지 말라. 그들의 눈은 보기 때문에 복되다. 보지 못하는 자는 부러워하지만, 보는 것을 경멸하지 않는다. 성도들이 꿈을 꾸고 있거나, 술에 취했거나, 미쳤다고 말하지 말라. 주의하라. 성령을 모독하지 말라. 성령의 빛을 어둠이라고 부르지 말고, 당신의 어둠을 빛으로 가장하지 말라. 이 사람들이 보고 들었다고 증거할 때, 그들이 제정신인지 정신이 나간 것인지 알고 싶은가? 와서 보라. 당신은 멀리서 볼 수 없다. 가까이 오라. 들어오면 볼 것이다.

당신이 빛을 보려고 한다면, 먼저 당신의 눈멀었음을 인정하라. 오, 당신의 어둠을 탄식하고 빛을 찾으라. 그러면 볼 것이다. "네가 무엇을 원하느냐?"는 주의 음성에 "다윗의 자손이여, 나에게 자비를 베푸소서. 내가 보기를 원하나이다"라고 말하라. 이것이 당신의 외침이 되기를 바라는가? 당신의 눈먼 영혼을 불쌍히 여기라. 보게 해 달라고 기도하라. 보는 자들은 보지 못하는 자들을 긍휼히 여기라. 눈먼 자들이 보게 하옵소서. 어두운 영혼에 빛을 비추소서. 어둠 속에 거하는 자들에게 당신의 위대한 빛을 보게 하옵소서. 죄인들이여, 당신이 핍박하는 자가 당신을 불쌍히 여기고, 당신을 위해 "주여, 그들의 눈을 열어주시옵소서"라고 기도하고 있다. 당신은 그들의 기도에 아멘이라고 말하겠는가? 아니면 "하나님, 그들의 말에 괘념치 마시옵소서. 우리는 당신의 도에 대해 알고 싶지 않습니다"라고 말할 것인가?

그리스도인이여, 놀라운 사람이 되라. 놀라운 것을 본 당신은 놀라운 사람이 되어야 한다. 당신의 빛을 비치게 하고, 당신의 마음에 비친 빛이 당신의 모든 길을 비추게 하라. 당신 안에 있는 빛의 영이 당신 위에 머무를 영광의 빛이 되게 하라. 당신은 전에는 어둠이었지만, 지금은 주 안에서 빛이 되었다. 빛의 자녀처럼 행하라. 왜곡된 세상 속에서 거룩하고 흠이 없고 책망 받을 것이 없는 하나님의 자녀가 되라. 세상 가운데서 빛을 비추라.

구름으로 가려진 그리스도인이여, 당신은 계속 보지 못하고 있으며, 빛이 어둠 가운데 있는 당신에게 비추어졌음에도, 당신의 어둠이 그 빛을 붙잡지 못한다고 계속해서 탄식하며 신음하고 있다. 당신의 눈은 그리스도에 대해 거의 보지 못하고 있다. 해가 불꽃처럼 보여서 산처럼 큰 죄도 두더지가 쌓은 작은 더미처럼 보이고, 분명하지도 어둡지도 않고, 밤도 완벽한 낮도 아니라고 계속해서 불평하고 있다. 당신은 오래전부터 당신의 눈에 비늘이 떨어져 가리고 있던 것이 제거되기를 바랐지만, 비늘은 제거되지 않고 여전히 당신에게 머물러 있다. 당신은 어둠을 밝힐 빛을 기다리지만, 희미하게 보고 있다. 당신은 밝음을 기다리지만, 어둠 속을 걷는 중이다. 당신은 계속해서 어둠에 어둠을 더하고 있고, 보이지 않아 어두운 슬픔이 쌓이고 있다. 당신은 복음이 당신에게 감추어졌다고, 아직 당신에게 정오가 오지 않았으므로 여전히 밤이라고 두려워한다.

그러나 들으라. 당신은 그리스도를 사랑하는 만큼만 그리스도를 의지하고 바라볼 것이다. 그리스도를 조금 사랑한다면 그리스도를 조금만 의지할 것이다. 당신은 죄를 혐오하고 죄와 싸우지 않는다면 죄에 대해 그만큼만 미워하는 것이다. 당신이 참된 빛을 적게 가지고 있다면 어둠 속에서 걷고 있는 것과 마찬가지이다. 당신은 빛을 사랑하고 열망하고 기다리고 간구하고 있는가? "당신의 빛과 진리를 보내주옵소서. 당신의 얼굴의 빛을 들어 올리옵소서. 의의 해이시여, 나에게 비추옵소서. 당신의 마차 바퀴는 오는 데 왜 이렇게 오래 걸리십니까? 주여, 언제 오시렵니까? 나의 사랑하시는 이여, 서두르시옵소서. 오, 해가 산을 바라보는 것처럼 내가 당신의 얼굴을 볼 수 있겠습니까?" 이것이 당신의 소리인가? 이것이 당신의 영혼의 호흡인가? 안심하라. 이것은 이미 당신을 어둠에서 구원하시고, 당신을 자신의 놀라운 빛으로 데려오실 당신 안에 있는 성령이 탄식하시는 것이다. 만약 당신이 계속해서 하나님을 알아가고자 한다면, 당신은 그분을 알게 될 것이다. "일어나라. 빛을 발하라. 당신의 빛이 이르렀고, 주의 영광이 당신 위에 떠올랐다." 비록 당신의 감각에 아직 분명하지도 어둡지도 않고, 밤도 완벽한 낮도 아니지만, 빛이 비칠 것이다.

II. 거룩과 성화의 영

성령은 거룩한 영, 거룩하게 하시는 영으로 주어지신다. 그러므로 성화는 "성령이 거룩하게 하시는 것"으로 불린다(살후 2:13). 성령은 우리를 자신의 본성으로 변화시키시고, 자신의 거룩에 참여하게 하려고 오신다. 그는 우리 본성의 더러움과 부패를 정화시키고 깨끗하게 씻어내는 연단하시는 자의 불과 표백하시는 자의 잿물이시다(말 3:2). 그는 시온의 딸들의 더러움을 제거하시며, 예루살렘의 피를 그 중에서 정결하게 하시는 "심판하는 영과 소멸하는 영"으로 언급된다(사 4:4 참조). 성령은 "심판의 영"으로서, 이스라엘의 지도자들에게 역사하셔서 정의와 심판을 행함으로 피의 죄책이 제거되게 하신다. 또한, 그는 "소멸하는 영"으로서, 이스라엘 사람들의 마음에 역사하셔서 그들 마음의 내적인 정욕을 소멸하시고 파괴하셔서 그들 중에 그런 죄악이 더는 범해지지 않도록 하신다.

성령과 교회와의 관계는 성령과 모든 성도와의 관계와 같다. 성령은 모든 성도에게 판단하시는 영으로서 그들의 정욕에 대해 선고하시고, 그들의 정욕을 불로써 정죄하신다. "정욕을 불로 보내라. 그것을 제거하라. 너 여종의 아들들이여, 그리로 가라. 너희는 자유한 여자의 아들들과 함께 상속자가 될 수 없다." 주의 영은 먼저 죄를 발견하게 하시고, 깨닫게 하시고, 빛과 어둠, 은혜와 죄를 판단하시고 선고를 내리신다. "이 정욕들을 제거하라. 그것들은 살지 못할 것이다." 선고를 집행하시고 그것을 불 속에서 소멸하시는 것은 소멸의 영이시다. 성화의 영은 죽이는 영이시다. "만약 너희가 성령을 통해 육체의 행실을 죽이면 너희가 살 것이다"(롬 8:13). 죄를 죽이는 것은 영이시며, 육체는 아무런 유익을 주지 못한다.

성령은 영혼을 그리스도 안에 심으시고, 영혼으로 그리스도의 죽음에 참여하게 하여 죽음의 영향 아래 있게 하신다. 죄를 죽이는 것은 그리스도의 죽음이다. 강도들은 그리스도와 함께 십자가에 못 박힌다. "우리의 옛 사람이 예수와 함께 십자가에 못 박힌 것은 죄의 몸이 죽어 다시는 우리가 죄에게 종노릇하지 아니하려 함이니"(롬 6:6). 지옥은 그리스도를 십자가에 못 박았을 때 그들이 무엇을 했는지 몰랐다. 죽음과 그의 모든 군대가 죽음과 함께 사망에 처해진 것이다.

성령은 영혼이 죄를 대적하여 싸울 수 있도록 은혜를 데려오신다. 은혜는 죄와 싸울 뿐 아니라, 그 본질상 죄를 죽인다. 겸손은 교만을 죽이며, 온유는 죄악된 고집을 죽이고, 인내는 성급함을 죽인다.

성령은 영혼으로 죄와 싸우게 하시고, 죄를 거슬러 기도하게 하신다. 은혜의 영은 간구의 영으로서, 암몬 사람들을 파괴하려고 하늘에서 우박과 번개를 내리시며, 죄에 대해 경계하게 하신다. 또한, 영혼을 압박하여 죄를 지혜롭게 다루게 하시고, 육체에서 나오는 모든 소욕을 차단하여 죄를 제한하시고, 죄를 마음에 간직하게 하는 모든 육적인 대상에게서 떨어지게 하시며, 죄를 굶겨 죽게 하신다. 우리에게 있는 가장 큰 지혜와 경계와 절제와 자기부정과 모든 외적인 수단으로는 한 가지 정욕을 죽이기에도 부족하다. 죽이는 것은 성령이시며, 육체는 성령이 없이 아무런 이익도 얻지 못한다. 육체를 죽이려고 하는 모든 외적인 시도는 단지 육체를 죽이려는 모양새일 뿐, 실제로 육체를 죽이지는 못한다. 그러나 만약 당신이 성령 안에서 기도하고 깨어있으며, 성령을 통해 육체를 계속해서 억제하며, 언제나 성령의 도우심을 바라면서 육체를 죽인다면 육체는 죽을 것이다.

그리스도인이여, 당신은 당신을 지치게 하는 땅에서 당신을 지치게 하는 삶을 살고 있다. 가시들과 엉겅퀴들이 당신과 함께 있고, 가나안 사람들이 아직 이 땅에 있다. 당신은 메섹에 머물러 있고, 게달의 장막에서 살고 있다. 당신은 당신 안에 메섹과 게달을 가지고 있다. 당신 안에 당신의 영혼과 싸우는 육체의 정욕의 군대들이 있다. 당신은 억압자, 곧 당신의 마음 안에서 당신의 지체들과 전쟁을 일으키는 영적인 사악함 때문에 날마다 탄식을 한다. 당신은 자주 신음하여 하나님께 외친다. "자유, 자유, 구속, 구속. 오, 이 교만한 마음이여! 오, 이 헛된 마음이여! 오, 이 세상에 속한 것이여! 오, 나의 마음의 법과 하나님과 거슬러 싸우는 이 육적이고 나태하며 적대적이고 반역하는 것이여! 내가 선을 행하고자 하지만, 악이 나와 함께 있도다. 나는 내가 원하는 것들을 할 수 없다. 나는 하나님과 나의 영혼을 평안하게 섬기거나 즐길 수 없다. 나의 의무는 방해를 받거나 오염되어 있으며, 나의 위로는 낭비되거나 없어지고 사라져버린다. 나는 하나님을 섬기고자 하지만, 나의 욕구나, 나의 교만이나, 나의 친구들을 섬기곤 한다. 나의 영혼이 날개를 달고 높은 곳을 향해 살짝 올라가지만, 곧바로 다시 땅에 떨어지고 만다. 오, 나의 묶여있고 갇혀있는 영혼이여! 화로다, 나여! 나는 얼마나 비천한가! 누가 나를 이 사망의 몸에서 건져낼 수 있는가!"

그러나 당신의 마음을 위로하라. 원수가 당신에게 홍수처럼 밀려오지만, 주의 영이 그를 향해 깃발을 드실 것이다. 당신은 당신의 금이 찌꺼기가 되었다고 불평한다. 그러나 그가 자신의 손으로 당신을 만지시며, 당신의 찌꺼기를 정화시키시고, 당신 안에 있는 모든 주석을 제거하신다. 비록 당신 안의 가시들과 엉겅퀴들이 성령과 전쟁을 하지만, 그는 이것들을 헤치고 불태우실 것이다. "나는 포도원에 대하여 노함이 없나니 찔레와 가시가 나를 대적하여 싸운다 하자 내가 그것을 밟고 모아 불사르리라"(사 27:4).

당신의 옷은 더럽혀졌고, 당신의 영광은 얼룩졌으며, 당신의 아름다움은 망가졌고, 당신에게 있는 하나님의 형상은 매우 일그러져서 여기저기에 오직 점만 남아있다고 불평한다. 주님이 "너는 어여쁘고 어여쁘다"라고 말하지만, 당신은 "나는 전적으로 망가졌나이다. 나의 주님"이라고 외친다. 당신은 주님 앞에서 거룩하고자 하지만, 범죄하고 만다. 거룩은 여전히 당신이 간절히 바라고 사랑하는 소원이지만, 당신에게서 달아나버린다. 당신은 당신의 일그러진 모습에 대해 슬퍼하지만, 그 모습을 제거할 수 없다. 당신의 죄악은 여전히 하나님 앞에 있다. 설령 당신 안에 약간의 은혜가 있더라도, 은혜의 힘줄이 연약하고, 은혜의 얼굴은 창백해서 살아있는 것 같지 않다. 혹은 설령 살아있더라도 그것이 번창하거나 잘 자랄 것이라는 소망은 얼마나 작은가!

그러므로 당신은 불평하고 탄식하며 신음하고 낙담하며 시름에 빠져서 이제 절망적인 기도를 한다. "주여, 불쌍히 여기소서. 주여, 나의 슬픔과 나의 죄를 바라보소서. 주여, 나를 씻어주옵소서. 주여, 나를 도우소서." 주 하나님이 당신에게 왜 도움을 보내셨으며, 시온에서 힘을 주셨는가? 영원하신 성령은 육체와 싸우시고, 당신의 죄악을 극복하시고, 당신 안에 일어나는 이 모든 것을 발로 밟으시려고 내려오셨다. 만약 당신이 당신의 팔로 일격을 가해서 원수들이 제압될 것이라고 생각한다면, 당신은 당신 자신에 대해서도, 당신의 원수들에 대해서도 착각하고 있는 것이다. 이런 유는 "힘으로도 권세로도" 더욱이 당신 육체의 어떤 연약한 시도로도 일어나지 않는다. 그것은 오직 나의 영으로 말미암는 것이라고 주님은 말씀하신다. 그런 마음을 구원하고 깨끗하게 하며, 지옥을 천국으로 바꾸는 것이 하나님께서 하시는 일이다.

보라, 당신이 육체를 통해 약하여 할 수 없는 그것을 그분이 당신을 위해 하시려고 내려오신다. 당신은 당신의 연약함을 이미 알고 있다. 이제 영원한 힘을 얻으려고 시도하라. 그분은 문밖에 서서 두드리고 계신다. 문밖에서 두드리고 계시는 그의 소리를 들으라. 정결하게 되기를 바라는가? 온전하게 되기를 바라는가? 구원받기를 바라는가? 그에게 문을 열라. 그와 함께 구원이 온다. 그가 당신을 위해 물을 요동하게 하시려고 연못에 서 계신다. 당신의 저는 영혼을 연못에 던져서 당신의 모든 병을 치료받으라. "주여, 당신이 원하시면 나를 깨끗케 하실 수 있나이다"라고 그에게 말하라. 그러면 당신은 곧 "내가 깨끗케 할 것이다. 깨끗하라"라는 대답을 들을 수 있을 것이다.

III. 진리와 안내의 영

"그러나 진리의 영이 오시면 그가 너희를 모든 진리 가운데로 인도하시리니 그가 스스로 말하지 않고 오직 들은 것을 말하며 장래 일을 너희에게 알리시리라"(요 16:13). 성령은 성도들을 자신의 조언으로 안내하실 것이다. 성령은 그들이 가야 할 길로 이끄실 것이다. 그들이 오른쪽이나 왼쪽으로 치우치려고 할 때, "이것이 바른 길이다. 이 길로 가라"라고 그들 뒤에서 말씀하시는 소리를 들을 수 있다(사 30:21). 성령은 실수를 막기 위해 그들을 모든 진리 가운데로 이끄실 것이며, 잘못 가는 것을 막기 위해 모든 의 가운데로 인도하실 것이다. 아니, 더 나아가 그는 그들의 별이 되실 뿐 아니라 그들의 힘이 되실 것이다. 성령이 그들을 계속해서 인도하시며, 계속해서 도우실 것이다. 성도들은 성령의 안내를 받으며, 성령 안에서 묶여있고, 성령 안에서 압박을 받을 것이다. 그들은 성령의 능력으로 그들이 가야 하는 길을 갈 수 있도록 도움을 받고, 그 길을 갈 수 있게 될 것이다.

성령은 그들에게 주의 계명을 따라 행하게 하실 것이다. 아무리 당신이 길에서 벗어나 방황하고 있어도, 아무리 당신이 연약하고 변덕스러워도 성령의 안내가 승리할 것이다. 아무리 당신 앞에 거짓된 빛과 거짓된 길이 놓여있어도, 아무리 당신이 올바른 길에서 벗어나게 하는 시험을 당하여도 성령이 확실한 길로 인도할 것이다. "나는 언젠가 길에서 멀어져 마침내 잃어버린 양이 될 것이다"라고 아무리 마음에 의심이 일어나도 성령이 당신을 자신의 조언으로 인도하셔서 당신을 영광에 이르게 하실 것이다. 그가 자신의 양들을 자기 팔로 모으시고, 자신의 가슴에 안으셔서 온유하게 이끄실 것이다.

IV. 위로와 위안의 영

"내가 떠나가지 아니하면 보혜사가 너희에게로 오시지 아니할 것이요 가면 내가 그를 너희에게로 보내리니"(요 16:7). 구속주가 계시지 않을 때에도 성령이 그들에게 오셔서 그들과 함께 계시고, 그들이 고난을 받을 때 그들을 도와주시고, 그들의 양자됨을 증거하시고, 구속의 날까지 그들을 인치시고, 그들의 기업의 보증이 되실 것이다(엡 1:13-14). "그가 내 영광을 나타내리니 내 것을 가지고 너희에게 알리시겠음이라"(요 16:14). "그가 내 것을 가지고" 곧 내 안에 있는 진리와 지혜와 보화뿐 아니라, 나의 사랑과 나의 의와 나의 거룩과 내 안에 쌓여있는 은혜와 자비의 모든 보화를 가지고 너희에게 줄 것이다. 너희에게 도움이 된다면 내 안에 있는 어떤 것이든 너희를 위로하기 위해 줄 것이다. 내가 너희에게 보낼 보혜사가 그것을 너희에게 줄 것이다. 성령이 나의 피와 나의 피가 너희를 위해 값 주고 산 용서와 내 안에 있어서 너희를 향해 역사하는 나의 긍휼과 내가 너희를 위해 제공하는 나의 기도와 간구를 가지실 것이다. 그가 너희를 위해 쌓아놓은 나의 은혜와 영원한 위로의 모든 보화를 가지실 것이다. 그가 나의 것을 가지고 그것을 너희에게 보여 주실 것이다. 너희를 고통스럽게 하고 놀라게 하는 것이 세상에 아무리 많아도, 너희가 너희를 위로해 줄 수 있는 것이 아무리 적어도, 내가 너희를 새롭게 하기 위해 가진 것을 그가 너희에게 보여주실 것이다.

오, 그리스도인들이여! 우리의 슬픔과 공포와 칠흑 같은 어둠 속에서 그리스도를 바라보는 것이 우리에게 얼마나 밝은 빛을 가져다 줄 것인가! 당신이 당신의 마음을 바라보며, 당신 안에 들끓게 역사하는 어둠과 강퍅함과 가난과 텅 빔과 죄책과 사악함과 교만과 불평과 악한 생각과 악한 감정과 더러운 욕망을 발견하여 놀라고 혼란스러울 때, 성령께서 그리스도 안에 있는 것을 보여 주신다. 세상이 당신을 대적하고 있는 악의와 간교함과 권세와 당신을 향해 쏟아내는 분노와 비방과 적대적이고 폭력적인 모습 때문에 낙담하고 죽고 싶을 때, 성령께서 당신이 주님 안에 가지고 있는 것을 제시하신다. 너, 영혼이여! 예수께서 당신에게 보내신 것, 그의 눈에서 나오는 시선과 그의 마음에서 나오는 사랑과 그의 식탁에서 나오는 음식을 보라. 이 모든 것은 당신을 향해 "내가 너를 잊지 않는다. 내가 너를 향해 가지고 있는 관심과 내가 너의 사랑과 보답과 너의 신실함을 격려하기 위해 가지고 있는 보화를 보라"라고 말한다. 오, 이것이 당신의 모든 어둠을 떠나게 하며, 사망의 그림자를 아침으로 바꾸게 될 것이다.

그러므로 성령은 그 빛으로 그들의 죄를 죽이시고, 그들의 길을 안내하시고, 그들의 마음을 안정시키시고, 그들의 은혜를 지탱해주시고, 그들의 평화를 유지하시고, 그들의 원수와 그들의 공포를 정복하게 하신다. 성령은 그들을 시험에서 지켜주시거나 시험을 받을 때 오히려 이기게 하시고, 그들이 받은 비방을 제거하시거나 그 비방을 오히려 그들의 면류관으로 만드시고, 그들의 병을 치료하시거나 그들의 병이 오히려 그들을 치료하는 것이 되게 하신다. 성령은 그들의 연약한 것들을 도우시고, 그들의 일을 성취하게 하시고, 그들의 멍에를 쉽게 하시고, 그들의 짐을 가볍게 하시고, 그들의 한숨을 노래가 되게 하시고, 그들의 탄식이 기도가 되게 하시고, 그들의 기도를 그들의 주께 보내셔서 응답을 가져오시고, 그들의 마음을 위로하시며, 그들이 회초리를 향해 죄를 범하거나 복음의 소망에서 떠나지 않도록 그들의 마음을 세우시고 강화시키시고 정착시키려고 성도들에게 주어지셨다.

제 4 장
언약 안에서 땅

하나님은 땅과 언약을 맺으셨다. 비록 성도들은 이후에 더 나은 유업을 가지고 있지만, 이 세상 또한 그들의 것이다. "온유한 자는 복이 있나니 그들이 땅을 기업으로 받을 것임이요"(마 5:5). "지금 것이나 장래의 것이나 다 너희의 것이요"(고전 3:22).

I. 이 땅의 선한 것들

"현세에 있어 집과 형제와 자매와 어머니와 자식과 전토를 백 배나 받되"(막 10:30). "그 오른손에는 장수가 있고 그의 왼손에는 부귀가 있나니"(잠 3:16). 당신은 "집과 전토"와 "부와 명예"가 어디에 있느냐고 말한다. 이 세상에서 가난한 자들과 집이 없는 자들과 피난처가 없는 자들과 친구가 없는 자들이 누구인가? 누가 화와 궁핍과 수치와 슬픔을 당하고 있는가? 누가 낯선 자들이며, 나그네들이며, 장막에 거하는 자들이고, 궁지에 몰렸으며, 이 땅의 산들을 피하기 위해 방황하는가? 굶주림과 목마름과 추위와 헐벗음이 누구에게 있는가? 그러한 것들은 이 땅의 온유한 자들에게 오히려 있지 않은가? 이것이 땅을 유업으로 받는 것인가? 아무것도 없는데 모두가 그들의 것이라고 하는 것은 무슨 의미인가? 그러나 그들은 땅을 유업으로 받을 것이고, 그 이유는 다음과 같다.

1. 땅은 하나님께 속한 것

성도들은 충분히 받을 것이며, 그것은 모든 것을 받는 것과 같다. 그들은 부족해도 되는 것 외에 어떤 것도 부족하지 않을 것이다. 하나님은 당신이 얼마나 필요한지 아신다. 충분한 것 이상으로 많이 가지는 것은 해악이다. 많은 사람들은 너무 많이 가지고 있다. 그들은 너무 많은 돈과 너무 많은 명성과 너무 많은 친구와 그들이 감당할 수 있는 것보다 더 많은 것을 가지고 있다. 그들이 가지고 있는 만큼 그들은 침몰되어 지옥에 떨어질 수 있다. 그러나 그리스도인들은 충분히 가질 것이다. 그들은 이 땅에서 그들에게 필요한 것이라면 궁핍한 상태에 있지 않을 것이다. 땅은 하나님의 것이며, 땅의 충만한 것도 하나님의 것이다. 하나님은 자기를 찾는 자들은 선한 것에 부족하지 않을 것이라고 말씀하셨다. "젊은 사자는 궁핍하여 주릴지라도 여호와를 찾는 자는 모든 좋은 것에 부족함이 없으리로다"(시 34:10). 만약 온 세상이 그들에게 공급할 수 있는 창고가 있다면, 그들은 공급을 받을 수 있을 것이다.

2. 하나님의 약속으로 주어진 것

성도들은 세상에 있는 어떤 사람들보다 자신들이 가지고 있는 것에 대해 더 나은 자격을 가지고 있다. 그들이 가지고 있는 것은 단지 섭리가 아니라 약속으로 그들에게 내려온 것이다. "이 모든 날 마지막에는 아들을 통하여 우리에게 말씀하셨으니 이 아들을 만유의 상속자로 세우시고 또 그로 말미암아 모든 세계를 지으셨느니라"(히 1:2). 그리스도는 만유의 상속자이시며, 그들은 그리스도와 동일한 상속자들이다. 작은 것이라 할지라도 그것이 약속에서 온 것이면, 일반적인 섭리로 말미암은 가장 풍성한 것보다 더 많은 것을 가지고 있다.

약속에서 온 것은 축복과 함께 온다. 설령 단지 한 줌만 가지고 있어도, 당신은 당신의 손에 축복을 가지고 있는 것이다. 설령 단지 모서리만 가지고 있어도, 당신은 당신의 모서리에 축복을 가지고 있는 것이다. 조금일지라도 그것이 사랑에서 나온 것이라면 그것은 큰 축복이다. 당신은 음식 조금과 마시는 물 한 방울에도 하나님을 가지고 있다. 하늘에서 내려오는 한 방울의 축복이 당신의 겨를 가장 훌륭한 가루가 되게 할 것이며, 당신의 물을 포도주가 되게 할 것이다. 성도들은 세상에서 얼마나 평화롭고 조용한 삶을 살고, 얼마나 근심이 없는 삶을 살 수 있는가!

이생에서의 염려가 아니면 우리의 등을 휘청하게 하는 짐은 무엇이며, 우리의 살을 찢는 찔레는 무엇이며, 날마다 우리의 마음을 찌르는 가시는 무엇인가? "내가 무엇을 먹을까? 내가 무엇을 마실까?

내가 무엇을 입을까? 내가 어디에 거할까? 나는 오늘 얼마나 부족하며, 내일과 그 이후는 어떨 것인가? 나는 가지고 있는 것을 어떻게 안전하게 지킬 수 있을까? 이 모든 것이 사라진다면 나는 어디에서 공급을 받을 수 있을까?" 우리는 이처럼 많은 슬픔으로 우리 자신을 계속해서 찌른다. 공급에 대한 염려가 우리가 가지고 있는 모든 것을 삼켜 버린다. 우리의 생각은 우리가 부족한 것보다 더 깊이 파고든다.

당신은 왜 염려하는가? "땅도, 그 안에 충만한 것도 주의 것이다." 주님은 "이 모든 것이 너의 것이다. 너는 아무것도 부족하지 않다"라고 말씀하신다. 당신은 삶을 이끌고 계시는 섭리뿐 아니라, 당신 앞에 약속도 가지고 있다. 그 안에 모든 것이 있다. 모든 것이 당신의 것이다. "내가 내일 무엇을 가질까? 그 이후에 무엇을 가질까?"라고 염려하는가? 약속은 무엇이라고 말하고 있는가? "내가 어려서부터 늙기까지 의인이 버림을 당하거나 그의 자손이 걸식함을 보지 못하였도다"(시 37:25).

당신은 당신에게 보장된 나라를 가지고 있으면서 부족할 수 있는가? 당신은 먹을 것이 가득하면서 다음 식사를 염려할 필요가 있는가? 당신은 충만한 약속 아래 살면서 다음 식사를 걱정할 필요가 있는가? 얼마나 많은 그리스도인이 기독교 정신을 잃어버리고 마음을 졸이며 염려하는 삶을 살고 있는가? 당신은 믿지 않는다. 당신은 당신의 언약의 권리에 대해, 당신이 언약에 참여한 것에 대해, 믿음으로 사는 것에 대해 말하지만, 그런 것들은 어디에 있는가? 당신은 당신의 영혼에 대해 하나님을 신뢰하면서 당신의 육체와 당신의 자녀들에 대해 하나님을 신뢰할 수 없는가? 믿으라. 그러면 당신은 약속 안에 있는 적은 돈에도, 약속 안에 있는 한 끼의 식사에도, 약속 안에 있는 집 한 채에도 만족할 수 있다. 당신은 이 모든 근심으로 무엇을 얻을 수 있는가? 누가 염려함으로 자신의 키를 한 뼘이라도 더할 수 있으며, 자기 창고에 조금이라도 물건을 더할 수 있는가? 염려해봤자 눈물과 고통과 근심만 더해질 뿐이다. 조용히 있으라. 그러면 아무것도 당신을 괴롭히지 않을 것이다. 어떤 역경도 오기 전에 당신을 찌르지 못하게 하라. 당신이 부족하기 전에 부족하게 여기지 말라. 아직 여름일 때 겨울의 서리가 당신을 할퀴지 못하게 하라.

당신은 충분하다는 것을 알고 만족하라. 모든 것이 당신의 것이다. 당신이 당신의 하나님을 유업으로 받았다면 땅도 유업으로 받은 것이다. 당신에게 필요하다면 창고에 있는 어떤 것도 감추어지지 않을 것이다. 다만 당신 자신을 조각가로 여기지 말라. 하나님이 당신에게 필요한 것을 조각하실 것이다. 당신이 가지고 있는 것을 충분하게 여기라. 당신은 결코 부족하지 않을 것이기 때문이다. 오히려 당신은 작은 것으로 충분하다고 말할 수 있을 것이다.

당신이 삶의 갈증을 포도주로 보상받고, 곡식이 부족한 것을 더 많은 양식으로 보상을 받는다면 어떻게 되겠는가? 당신이 하늘에서 내려온 기쁨을 이 땅에서 먹을 때 삶은 축제가 된다. 병 안에 있는 작은 기름이 언약의 축복으로 우리의 삶에 부어질 때 우리는 기뻐할 수 있다. 만약 하늘의 샘이 우리에 심령에 풍성하게 흐른다면, 땅 아래 있는 샘이 약해지더라도 괜찮다. 세상의 물질적인 것들을 작게 여기라! 하늘의 약속이 당신의 모든 것이 되게 하라.

오, 나의 하나님! 제가 당신과 더불어 먹게 하옵소서. 그러면 저는 저의 품삯이 얼마이든지 불평하지 않겠나이다. 저의 분깃이 당신의 식탁에서 나오게 하옵소서. 그것이 아무리 작든 크든 저로 하여금 "나는 너의 것이다. 나와 함께 모든 것이 너에게 주어졌다"라는 당신의 음성을 듣게 하옵소서. 저는 당신이 허락하신 것으로 만족하겠나이다. 당신의 선물이 확실히 저의 것이 되게 해 주옵소서. 저의 자녀들의 이름을 그곳에 두옵소서. 그러면 저는 제 자신이나 그들을 위해 더 이상 구하지 않겠나이다. 염려하는 나의 영혼이여, 평강을 유지하고 불평을 그치라. 네게 충분하다는 것을 알라. 아무것도 염려하지 말라. 주께서 가까이 계신다.

II. 이 땅의 악한 것들

"만일 그의 자손이 내 법을 버리며 내 규례대로 행하지 아니하며 내 율례를 깨뜨리며 내 계명을 지키지 아니하면 내가 회초리로 그들의 죄를 다스리며 채찍으로 그들의 죄악을 벌하리로다"(시 89:30-32). 언약은 그 안에 십자가를 가지고 있다. 복음의 교리는 십자가의 교리이며, 복음의 설교는 십자가의 설교이다(고전 1장). 십자가에 달린 예수와 그의 십자가에 달린 성도들에 대한 신비가 신약성경 전체를 가득 채우고 있다. 십자가는 성도들에게 짐으로 주어질 뿐 아니라, 그들에게 유산으로 부여된다. 십자가는 그들에게 명예와 특권으로 주어진다. "그리스도를 위하여 너희에게 은혜를 주신 것은 다만 그를 믿을 뿐 아니라 또한 그를 위하여 고난도 받게 하려 하심이라"(빌 1:29). 십자가는 가장 영광스러운 선물, 곧 믿음의 선물과 결합되어 있다. 그것은 단순히 믿는 것보다 더 큰 선물이다. 믿음 안에서 참는 것은 단순히 믿는 것보다 더 큰 것이다. 언약 덕택에 십자가는 축복인 것이다. "의를 위하여 박해를 받은 자는 복이 있나니 천국이 그들의 것임이라 나로 말미암아 너희를 욕하고 박해하고 거짓으로 너희를 거슬러 모든 악한 말을 할 때에는 너희에게 복이 있나니"(마 5:10-11). 그렇다면 이 복은 어디에 있는가? 십자가가 저주와 분리되는 것이 복이다. 또한, 목적에 맞게 십자가가 거룩하게 하고, 당신의 필요와 힘에 맞게 십자가가 조율하는 것에 복이 있다. 십자가를 질 때 받는 특별한 위로도 복이 된다.

1. 저주와 구분되는 십자가

십자가 안에는 쓰라린 무엇인가가 있다. 그러나 가장 아픈 고통 속에서도 이 고통은 전갈처럼 찌르는 것이나 저주인 것이 아니라 단지 십자가일 뿐이다. 우리 주님은 십자가와 저주를 모두 참으셨으며, 저주가 주님의 잔을 더 쓰게 만들었다. 그러나 이제 주님은 십자가와 저주를 나누셨다. 주님은 죄인들에게는 저주를 남겨두셨지만, 자기 성도들에게는 오직 십자가만을 남겨두셨다. 버림받은 죄인들의 고통은 모두 저주이다. 모든 고통이 저주이다. 그들의 모든 고난에는 진노가 있다. 모든 화살에는 복수가 있고, 모든 회초리는 그들에게 뱀과 같은 저주이다. 그리스도를 대적하는 원수에게 속해 있는 당신은 주님이 당신에게 와서 데려가실 때 슬픔 속에 있을 당신에게 위로의 말을 해 주시기를 바랄 것이다. 그러나 주님은 단 한 마디 위로의 말도 하지 않으신다. 오히려 회초리와 같은 화살을 쏘는 것처럼 당신은 느끼게 될 것이다. 회개하지 않은 자들의 고난은 모두 저주이다.

그러나 성도들의 저주는 모두 십자가가 된다. 비록 사람들은 저주하지만, 하나님은 저주하지 않으신다. 어떤 고통이 당신에게 오더라도, 비록 그 고통 안에 식초가 있더라도, 그 안에 어떤 복수도 없다. 비록 그 고통 안에 고뇌가 있지만, 그 안에 저주는 없다. 비록 그 고통이 좋지 않게 보여도, 그 안에 어떤 나쁜 뜻도 없다. 그것은 나쁜 의도로 오지 않으며 어떤 악한 쟁점도 없다. 의인이 치는 것이 시편 기자에게 향기로운 기름처럼 여겨졌던 것처럼 악인이 치는 것도 당신에게 향기로운 기름처럼 여겨진다. "의인이 나를 칠지라도 은혜로 여기며 책망할지라도 머리의 기름같이 여겨서 내 머리가 이를 거절하지 아니할지라"(시 141:5). 당신은 "악인이 혀로나 악한 주먹으로 나를 치게 하라. 그럴지라도 그것이 나의 머리를 부서뜨리지 못할 것이며, 더욱이 나의 마음을 부서뜨리지 못할 것이다. 오히려 그것은 나에게 친절을 베푸는 것이며 탁월한 기름이 될 것이다"라고 말할 수 있다.

2. 거룩하게 하는 십자가

십자가는 거룩하고 탁월한 목적을 많이 갖고 있으며, 그 목적들은 반드시 성취될 것이다. 십자가는 때때로 성도들의 신앙을 입증하며,

성도들을 책망하고, 겸손하게 하여 그들을 정결하게 하려고 주어진다. 십자가가 어떤 목적으로 성도들에게 주어졌든 헛되게 돌아가지 않을 것이다. 말씀이 하나님의 뜻을 성취하는 것처럼 회초리도 하나님이 보내신 뜻을 성취한다. 이로 말미암아 야곱의 죄악이 정결하게 되는 것이다.

3. 성도들의 필요에 맞춘 십자가

"내가 법에 따라 너를 징계할 것이요 결코 무죄한 자로만 여기지는 아니하리라"(렘 30:11). 섬길 수 있는 만큼 섬기면 충분할 것이다. 지혜로운 의사는 환자의 필요와 능력 모두를 고려한다. "내가 영원히 다투지 아니하며 내가 끊임없이 노하지 아니할 것은 내가 지은 그의 영과 혼이 내 앞에서 피곤할까 함이라"(사 57:16). 사도는 성도들에게 인내가 필요하다고 말한다. "너희에게 인내가 필요함은 너희가 하나님의 뜻을 행한 후에 약속하신 것을 받기 위함이라"(히 10:36). 성도들은 그들이 인내하기 위해 무엇인가가 필요하다는 것을 경험적으로 알게 되는데, 그 필요는 사람마다 다르다. 어떤 사람들은 더 많은 것이 필요하고, 다른 사람들은 더 적고 부드러운 것이 필요하다. 고집이 센 아이는 더 많이 매를 맞는다. 어떤 사람에게는 회초리를 드는 것이 다른 사람들보다 더 큰 역할을 한다. 같은 정도는 아닐지라도 모두가 각자의 형편과 상황에 따라 무엇인가가 필요하다. 오직 죄가 없는 사람만 수치도 슬픔도 필요 없을 것이다. 하나님은 결코 지나치게도, 부족하게도 하지 않으실 것이다. 모두가 자기 짐을 질 것이고, 그들이 견딜 수 있는 것보다 더 지지도 않고, 그의 필요가 요구하는 것보다 덜 지지도 않을 것이다. 하나님은 자기 자녀들의 눈물을 기뻐하지 않으시며, 그들에게 의도적으로 고통을 주시거나 슬프게 하지 않으신다. 오히려 하나님은 그들을 멸망시키기보다는 울기를 바라신다.

그리스도인들이여, 당신의 온유하신 하나님이 당신에게 고통을 주시고, 그 고통이 매우 날카롭고 아플지라도 놀라지 말라. 하늘 아버지는 이 모든 것이 필요하다는 것을 아신다. 그분이 징계하시는 것이 자비이다. 하나님이 당신을 찢으신 것은 축복을 베푸시기 위함이다. 그분이 상하게 하신 것은 당신을 치료하기 위함이다. 하나님은 필요한 만큼만 고통을 주시고 그 이상은 주지 않으신다. 그러므로 당신은 하나님께서 행하신 어두운 섭리들을 돌이켜 살펴보고, 그분이 당신을 엄격하게 다루시면서도 그 안에 있는 지혜와 온유함을 볼 때 시편 기자처럼 "여호와여 내가 알거니와 주의 심판은 의로우시고 주께서 나를 괴롭게 하심은 성실하심 때문이니이다"(시 119:75)라고 인정할 것이다.

오, 나의 하나님! 저에게 당신의 지팡이와 막대기가, 친구와 원수가, 고요함과 폭풍이, 음식과 약이 부족하지 않게 하옵소서. 저의 육체가 견딜 수 있는 것보다 저의 병이 더 강하다면 제게 더 강한 약을 주시옵소서. 저의 방탕한 마음이 길들여지지 않는다면 더 많은 멍에를 씌우시고, 더 무거운 짐을 지우소서. 제가 병에서 치료를 받을 때까지 치료제를 싫어하지 않게 하옵소서. 제가 정욕의 손으로 멸망을 하기보다 마귀의 손으로 고통을 받게 하옵소서. 주여, 당신이 이로 말미암아 저의 모든 원수를 멸하시기까지 당신의 종에 대한 징계를 없애지도 멈추지도 마옵소서. 평안함과 소유의 많음이 얼마나 정욕적이고 하나님을 대적하게 할 수 있는가! 그런 평화를 나는 가지지 않을 것이다. 그런 조건으로 평화를 누리기보다는 고통을 받고, 부족한 편이 더 나을 것이다. 주여, 제가 삼켜져 버리지 않도록 당신의 판단으로 나를 바로잡아 주옵소서.

4. 성도의 참된 위로가 되는 십자가

"찬송하리로다 그는 우리 주 예수 그리스도의 하나님이시요 자비의 아버지시요 모든 위로의 하나님이시며 우리의 모든 환난 중에서 우리를 위로하사 우리로 하여금 하나님께 받는 위로로써 모든 환난 중에 있는 자들을 능히 위로하게 하시는 이시로다 그리스도의 고난이 우리에게 넘친 것 같이 우리가 받는 위로도 그리스도로 말미암아 넘치는도다 우리가 환난을 당하는 것도 너희가 위로와 구원을 받게 하려는 것이요 우리가 위로를 받는 것도 너희가 위로를 받게 하려는 것이니 이 위로가 너희 속에 역사하여 우리가 받는 것 같은 고난을 너희도 견디게 하느니라 너희를 위한 우리의 소망이 견고함은 너희가 고난에 참여한 자가 된 것 같이 위로에도 그러할 줄을 앎이라"(고후 1:3-7).

십자가의 위로는 종종 성도들이 이 땅에서 맛볼 수 있는 것 중에서 가장 달콤하며 가장 충만하고 왕관과 같은 것이다. 십자가는 처음에는 무거울 수밖에 없다. 그것은 길들여지지 않은 목에 거는 무거운 멍에와 같다. 그것이 고통스럽지 않다면 치료되지 못할 것이다. 어린아이를 길들일 수 있는 것은 회초리가 아프기 때문이다. 처음 짐을 졌을 때 당신의 짐이 가벼울 것이라고 생각하지 말라. 짐을 아직 지지 않았다면 가벼울 것이라고 생각하지 말라. 시험과 처음하는 투쟁은 당신의 생각보다 당신을 더 힘들게 할 수 있다. 그것이 후에 유익이 되기 위해서는 그럴 수밖에 없다.

환난은 인내를 낳는다. 그러나 환난이 당신을 괴롭히지 않는다면 인내를 낳을 수 없다. 십자가가 인내를 낳는다고 하지 않고, 십자가의 찌르는 것이나 십자가가 주는 고통이 인내를 낳는다고 말하는 것에 주목해야 한다. 이것은 육체가 우리에게 주는 고통을 조용히 인내하는 것이다. 가시와 사슬의 침이 우리의 영혼에 들어와서 우리를 찌르고 아프게 할 때, 우리의 영혼을 유익하게 하는 것이다. 십자가는 처음에는 무겁다. 감옥이나 광야도 처음에는 끔찍할 것이다. 그러나 주님이 당신을 찾아오시면 십자가는 달콤함과 즐거움이 된다. 첫 단계에서 고통이 클수록 후에 더 많은 입맞춤을 기대할 수 있다.

그리스도는 자기 백성들을 사탄의 공격으로부터 보호하시며 늘 함께 동행하신다. 성도들의 삶에는 고난이 있다. 하지만 성도는 그 고난 속에서 하늘의 음성을 듣고 위로를 받는다. 거기에서 성도들은 만족한다. 많은 성도들은 그리스도를 만나고 위로받기를 원하지만, 고난 속에서 그리스도를 떠나거나 고난의 현실에 슬퍼한다. 죄의 끔찍한 장면을 보라. 그리스도를 향해 대적한 모든 죄, 감사하지 않음, 신실하지 않음, 친절하지 않음에 대한 모든 대가를 치르게 될 것이다.

그리스도인들이여! 이제 죄에 대해 알라. 죄가 역경의 날에 당신을 만날 것이다. 십자가가 지금까지 행한 모든 것을 당신에게 말해줄 것이다. "나는 오늘 나의 잘못을 기억한다. 이제 나는 즐거웠던 모든 것, 나의 안식일, 나의 규례, 나의 자유, 내가 한때 즐거워했지만 대수롭지 않게 여기며 낭비했던 사귐을 기억한다. 오, 나의 교만과 방탕함과 게으름과 세속성과 위선이여! 왜 너는 나를 두렵게 하고 괴롭게 하는가? 주여, 내가 지금 어디에까지 왔습니까? 이곳은 얼마나 끔찍한 곳입니까? 이곳이 내가 즐거워해야 하는 나의 감옥입니까? 이것들이 내가 위로를 받아야 하는 나의 감옥입니까? 이런 것들과 함께 머무는 것은 나에게 얼마나 힘든 일입니까? 쑥과 쓸개가, 어두운 거처와 쓴 잔이 지금 나에게 주어졌습니다. 이것이 십자가의 위로입니까? 이것들이 말씀하신 달콤한 것들입니까?"

그러나 사탄이 당신을 거칠게 다루고, 죄 가운데 넘어지게 할지라도 낙심하지 말라. 그것이 오래가지 않을 것이기 때문이다. 고통 후에 천사들이 와서 시중들 것이다. 당신이 달콤한 것을 못 찾는다고, 충분히 깊은 물을 마시지 못한다고 해서 불평하지 말라. 곧 주님을 만날 것이기 때문이다. 그리스도와의 만남의 기쁨은 모든 고난을 잊을 만큼 충분하다.

그리스도를 위하여 우리가 고난을 겪을 때 받는 특별한 위로를 더 구체적으로 살펴보고자 한다. 하지만 먼저 그리스도의 고난이라고 할 때 그것이 의미하는 바가 무엇인지 말하고 싶다. 그리스도를 위해 고난을 받는다는 것은 우리가 그리스도인으로서 그리스도의 진리를 위해 고난을 받고, 거룩하고 의롭기 때문에 고난을 받는 것을 의미한다. 주님이 우리를 위해 십자가를 만들어서 우리에게 짊어지게 하실 때 우리는 그리스도를 위해 고난을 받는다. 그리스도께서 우리에게 고난을 받을지 죄를 지을지 선택하게 하신다. 우리의 육신이나 양심이 고난을 받아야 할 때, 그리스도는 우리를 고난으로 부르신다. "누구든지 나를 따라오려거든 자기를 부인하고 자기 십자가를 지고 나를 따를 것이니라"(마 16:24).

그리스도는 성도들의 자기 부인을 귀하게 보신다. 그리스도인들은 그들의 삶을 낭비하지 말아야 한다. 성도들의 삶은 그리스도의 것이다. 그들의 재산도, 이름도, 자유도 모두 그리스도의 것이며, 성도들은 청지기로서 맡겨주신 것들을 어떻게 사용했는지에 대해 셈을 해야 한다. 당신이 "당신의" 십자가라고 부르는 것이 전부 십자가는 아니다. 우리는 우리의 방식대로 십자가를 찾으려고 하지 말아야 한다. 그리스도께서 그리스도인이 지어야 할 자기 십자가를 주신다. 우리가 그리스도께서 주시는 십자가의 길에 서게 될 때, 저항을 하든지, 돌아가든지, 순종하든지 해야 할 것이다. 그리스도께서 인도하시는 십자가가 바로 우리가 순종해야 할 십자가이다. 이 십자가의 길에 순종하는 자들에게 그리스도께서 "이 십자가를 지고 가라"라고 말씀하신다. 당신 앞에 어떤 십자가의 길이 놓여있든지, 당신이 자신을 부인하지 않고 죄를 지으며 가고 있다면, 그것은 십자가의 길이 아닌 것이다.

여기에서 그리스도인들이 조심해야 할 것이 있다. 비록 복음을 위해 고난을 받는 것이 큰 명예이지만, 하나님께 부르심을 받은 사람을 제외하고 누구도 이 명예를 스스로 져서는 안 된다. 비록 그리스도를 위해 언제나 기꺼이 고난을 받는 것이 은혜받은 영혼의 증거이고, 그리스도께서 "누가 나와 함께 가며, 누가 나의 십자가를 질 것인가?"라고 요구하실 때, "주여, 제가 가겠습니다. 제가 십자가를 지겠습니다"라고 기쁘게 대답해야 하지만, 그분이 우리를 보내시기 전에 달려가지 말아야 한다. 내가 겪는 고통이 나 자신을 위한 것이 되지 않도록 하늘의 부르심이 없이 감옥에 가지 않아야 한다. 만약 그리스도께서 감옥이나 추방된 곳에 찾아오셔서 나에게 "친구여, 네가 어찌하여 여기에 있느냐?"라고 물으신다면, "주여, 당신이 나를 이곳에 보내셨나이다"라고 말할 수 있어야 한다. 나의 양심이여, 나의 의무가 나를 이곳에 데려온 것이 맞는가?

그러나 여기에서 주의해서 이해해야 할 것이 있다. 고난의 주요 원인이 그리스도를 위한 것이라면, 비록 부르심이 의심스러워도 고난받는 사람이 주의 깊게 하나님의 생각을 묻고, 변화된 양심이 지시하는 것들을 따르고, 신실하게 그리스도와 그의 복음의 명예를 바랐다면, 하나님은 그의 준비된 마음을 받아주실 것이다. 또한, 고통을 피할 수 있었음에도 죄를 범할까 두려워서 고통을 선택했다면, 하나님은 틀림없이 그의 고난을 자신의 고난으로 여기실 것이다. 그러나 여전히 주의하지 않거나, 의도적으로 잘못을 범하는 것을 주의하라. 당신이 스스로 십자가의 못을 준비하고, 당신의 머리와 가슴에 가시나 창으로 찌르고 채찍으로 때리는 것을 주의하라. 고통받는 상태를 어떻게 피하는지, 혹은 그것을 어떻게 옹호하는지 둘 다 주의하라.

부주의하게 실수하여 고통의 상태로 들어가지 말아야 한다. 더욱이 육적인 계획에 따라 고통의 상태로 들어가지 말아야 한다. 당신의 교만이나 겉치레나 육적인 편견이 당신을 때리는 채찍과 징계의 집으로 인도하지 못하게 하라.

그리스도인들이여! 이 문제에서 무엇인가 불편하고 잘못된 것들이 없는지 생각하라. 규칙에 따라 걷는 것을 제외하고 다른 이유 때문에 비난을 받고 책망을 받는 것이 그리스도께 속한 자들의 운명인지 생각하라. 하나님이 죄를 짓지 않으면서 피할 수 있는 길을 열어 놓으셨는데도 스스로 고통받는 상태에 들어가지 말라. 다른 차원에서 더 위험하고 더 일상적인 오류가 있다. 곧 고통이 인정사정없이 날카롭게 물어뜯어서 큰 시련이 올 때, 보장 없이 고통을 향해 달려가기보다 죄를 짓더라도 고통에서 벗어나려고 하는 경향이 그것이다. 그러나 또한 이쪽에도 오류가 없는지 생각하라.

원인이 똑같을 때 정황에 따라 어떤 사람에게는 의무인 것이 다른 사람에게는 죄가 될 수 있다. 또한, 죄가 될 수 있는 것이 같은 사람에게 어느 때는 의무일 수 있다. 인식하는 것이 다르고 사건을 식별하는 것이 어려워서 주의 깊게 하나님의 뜻을 알고 행하려는 그리스도인들조차 사건과 상황이 거의 같음에도 불구하고 고통에 대한 자신들의 부르심을 다르게 판단하는 경우가 많다. 그러므로 누구도 자신의 판단에 따라 형제들이 십자가를 지는 것에 대해 억압적으로 되지 않도록 하라. 서로 무자비한 요구를 함으로써 하나님이나 친구들과의 평화를 깨뜨리지 않도록 하자. 다른 생각을 하는 사람들을 판단하거나 그들과 싸우지 말고 우리 자신의 빛을 신실하게 따르도록 하자.

잔인하게 행동하는 것을 조심하며 양심에 잔인하게 굴지 말라. 이와 같은 문제로 혀로 비방하지 말고, 악한 생각이 마음에 일어나지 않게 하라. 그렇지 않으면, 화살이 뒤돌아서 얼굴로 날아올 것이다. 형제의 자유를 비방하여 당신의 고통에 흠집을 내지 말라. 어떤 사람이 조심하는 것을 비겁한 것으로 여기거나, 다른 사람들이 앞서가는 것을 교만하거나 위선적인 것으로 여기지 말라. 오히려 겸손으로 옷을 입자. 자신을 돌아보고 우리 형제들에게 자비를 베푸는 정신으로 옷을 입자. 이런 그리스도인의 정신이 더 신중하게 유지되도록 하자. 우리가 다르게 인식하기 때문에 서로 다르게 실천하는 것으로 인하여 서로를 정죄하고 불편한 분열과 다툼을 일으키지 않도록 하자.

이제 십자가의 특별한 위로가 무엇인지 보여줄 것이다. 당신의 고통받는 상태는 십자가가 주는 위로로 달콤해질 것이다.

(1) 십자가의 은혜

은혜는 위로를 준다. 은혜가 풍성할 때보다 성도들에게 더 좋은 것은 없다. 수확의 기쁨은 은혜의 기쁨과 비교할 수 없다. 은혜의 꽃들이 아름답게 피었을 때 기뻐할 수 없는 사람은 그리스도인이 아니다. 풍성한 믿음과 사랑에는 영광스러운 즐거움이 있다. "예수를 너희가 보지 못하였으나 사랑하는도다 이제도 보지 못하나 믿고 말할 수 없는 영광스러운 즐거움으로 기뻐하니"(벧전 1:8).

은혜의 원천은 죽음으로부터의 부활이다. 소나기가 온 이후에는 샘이 넘치게 된다. 오, 소나기가 온 이후에 초목들은 얼마나 푸른가! 시들은 꽃들이 고개를 든다. 서리가 내리는 밤보다 더 많은 별이 보이고 빛이 더 밝게 비치는 때는 없다. 속박의 집이나 나그네의 땅에 있을 때보다 성도가 더 성도다운 때는 없다. 겨울 날씨가 우리의 심장을 더 따뜻하게 만든다. 우리 겉사람이 낡아질 때 우리 속사람은 날로 새로워진다(고후 4:16). 핍박은 생명을 낳는 시간이다. "우리 살아 있는 자가 항상 예수를 위하여 죽음에 넘겨짐은 예수의 생명이 또한 우리 죽을 육체에 나타나게 하려 함이라"(고후 4:11). 부패한 영혼이여, 당신의 마음을 위로하라. 십자가가 오고 있으므로 당신은 살고 회복될 것이다. 오랫동안 날개를 내리고 있던 믿음과 사랑과 인내와 용기여, 이제 고개를 들라. 당신에게 구원의 날이 도래했다. 이 밤이 당신에게 소망의 날이다.

(2) 십자가의 사랑

"주여, 나를 사랑하십니까? 그것으로 충분합니다. 나에게 당신의 목소리를 듣게 하옵소서. 나에게 당신의 얼굴을 보여주옵소서. 나에게 당신의 입맞춤으로 입 맞춰 주옵소서. 당신의 사랑스러운 친절은 생명보다 더 낫습니다. 당신의 빛과 진리를 보내주심으로 나를 사랑하신다는 것을 알게 하옵소서. 당신의 가련한 신부는 사랑으로 병들었나이다. 오, '내가 너를 사랑하는 것을 네가 안다'라고 말씀해 주옵소서!"

하나님께서 나에게 십자가를 지게 하시는 이유는 무엇일까? 그것은 시든 나무가 들판에 있는 모든 푸른 나무들보다 더 사랑을 꽃피우기에 적합하기 때문이다. 우리 주님께서 십자가에 달리셨을 때, 모든 죄가 못 박혔고, 저주가 제거되었으며, 사망이 정복되었고, 용서와 평화와 기쁨과 영광이 공개적으로 드러났다. 이 모든 것이 우리를 향한 그리스도의 사랑을 증거한다. 가서 그분을 붙잡으라. 당신이 주님과 함께 세례를 받고, 그분의 잔을 마시는 것을 두려워하지 말라. 이 잔은 또한 그리스도의 피를 전달하는 것이다. 주님은 "나와 함께 광야로 가자. 그곳에서 내가 너에게 평안하게 말할 것이다. 나의 사랑이 가장 궁핍할 때 너는 그 사랑을 가장 가치있게 여길 것이고, 내가 그곳에서 너에게 그 사랑을 줄 것이다"라고 말씀하신다.

우리 하나님은 자신의 사랑이 가볍게 취급받는 것을 좋아하지 않으신다. 배가 부른 영혼은 꿀송이를 좋아하지 않는다. 당신은 주님 외에 사랑하는 것들이 아직 너무 많아서 주님을 환영하지 않는다. 하나님은 당신의 포도주가 모두 떨어질 때까지 최고의 포도주를 간직하고 계시다가 당신의 포도주가 모두 떨어진 다음에야 그 포도주를 제공할 것이다. 그의 기름은 당신의 상처들을 위한 것이다. 아이가 아프거나 어려움을 겪을 때, 부모는 아이를 향하여 동정의 마음을 가장 크게 갖는다. 그때는 모든 시선이 사랑이고, 모든 말이 긍휼과 동정이다. 오, 자신의 고난받는 자녀들을 향한 그리스도의 긍휼하심과 동정은 얼마나 큰가! 당신이 미움받을 때 주님의 사랑을 알기 위해 십자가를 바라보라. 당신이 핍박을 받을 때, 당신이 버림을 받고 사람들의 발에 밟혔을 때, 주님이 당신을 데려오시고 당신을 소중하게 하실 것이다.

(3) 십자가의 영광

갈보리는 성도들이 주를 영광중에 볼 수 있는 다볼산이 된다. 골고다는 그들이 요단을 넘어 약속의 땅을 바라볼 수 있는 비스가산이 된다. 당신은 지금 천국에 대해 잘 알지 못하는가? 그것은 당신의 영혼이 아직 깊은 곳에 있지 않기 때문이다.

최초의 복음 순교자인 스데반은 "성령 충만하여 하늘을 우러러 주목하여 하나님의 영광과 및 예수께서 하나님 우편에 서신 것을"(행 7:55) 보았다. "공회 중에 앉은 사람들이 다 스데반을 주목하여 보니 그 얼굴이 천사의 얼굴과 같더라"(행 6:15). 스데반은 천사라고 말해질 정도로 얼굴에서 놀라운 광채와 평안함이 빛났다. 오, 스데반 안에 있는 천국이 얼마나 영광스러웠기에 그의 얼굴에서 그런 신적인 광채가 빛났던가! 그 즐거움이 스데반의 마음에 너무 커서 그의 얼굴에 드러나지 않을 수 없었다. 그렇다. 그의 역경이 하나님의 영광을 보게 한 것이다.

스데반은 고개를 들어 하늘이 열린 것을 보았다. 스데반이 아래를 내려다보았을 때 지옥이 열려서 자기를 괴롭히던 주변의 모든 사람을 사망의 입으로 삼키려 하는 것을 보았을 것이다. 그러나 고개를 들었을 때 그는 천국이 열리고 예수님께서 하나님의 오른편에 서 계신 것을 보았다. "오, 그곳에 주님이 계시도다. 그를 위해 이 모든 것이 있도다. 나의 사랑하는 이가 저기 계신다. 나를 표류하게 하는 이 어둠의 폭풍 가운데서 빛의 영토를 보라!" 지옥과 천국이 만나지만, 결국 빛이 어둠을 삼킨다. 지옥은 지옥이기를 그치고, 그곳에서 천국이 천국으로 나타난다. 이것이 고통받는 성도들의 분깃이다. 당신이 앞서갔던 순교자들에 대해 기록된 것을 읽을 때―그들이 말로 할 수 없이 즐거워하고, 그 용기가 시들지 아니하고, 담대하여 칭찬받을 만하고, 친구들을 격려하고, 적들을 혼란하게 하며, 채찍에 맞을 때 기뻐하고, 착고에 채워져 있을 때 찬송하고, 사슬에 묶여있을 때 뛰고, 결박에 대해 자랑하고, 화형대에 입 맞추고, 화염을 끌어안고, 승리하여 불병거를 타고 올라가고, 믿음에 대해 후회하지 않고, 목숨을 구걸하지 않은 것에 대해 읽을 때― 그들이 믿음의 눈으로 그리스도께서 자신들보다 앞서가신 곳을 바라보았다는 것을 알게 된다. 오, 누가 그분과 함께 있기를 바라지 않겠는가? 누가 고통을 두려워하겠는가?

영혼아, 무엇을 두려워하는가? 너는 어디로 달려가는가? 너는 무엇에서 네 자신을 숨기려고 하는가? 너의 평안함이나 자유가 무엇인가? 왜 이 해안가에서 벗어나기를 싫어하는가? 깊은 곳으로 가라. 속박의 집으로 들어가는 것을 두려워하지 말라. 네가 그곳에서 고개를 들어 바라보라. 그러면 너는 천국에 있게 될 것이다. 이것이 그리스도의 고난이고 언약의 십자가이다.

(4) 그리스도의 임재

"내가 너와 함께 있어 너를 구원할 것이라"(렘 30:11). "네가 물 가운데로 지날 때에 내가 너와 함께 할 것이라 강을 건널 때에 물이 너를 침몰하지 못할 것이며 네가 불 가운데로 지날 때에 타지도 아니할 것이요 불꽃이 너를 사르지도 못하리니"(사 43:2). 당신은 불과 물을 지나가야 한다. 뜨거운 불과 깊은 물을 통과해야 부요한 땅으로 갈 수 있다. 그러나 당신이 가는 곳마다 그리스도께서 함께 가실 것이다. 떨기나무에 불이 붙었을 때 하나님은 떨기나무 가운데 계셨다. 세 친구가 풀무불 속에 있었을 때 하나님의 아들이 그들과 함께 계셨다. "그들의 모든 환난에 동참하사 자기 앞의 사자로 하여금 그들을 구원하시며 그의 사랑과 그의 자비로 그들을 구원하시고 옛적 모든 날에 그들을 드시며 안으셨으나"(사 63:9). 비록 모두가 나를 버렸지만, 주님이 나와 함께 계셨고 나에게 힘을 주셨다. "내가 처음 변명할 때에 나와 함께 한 자가 하나도 없고 다 나를 버렸으나 그들에게 허물을 돌리지 않기를 원하노라 주께서 내 곁에 서서 나에게 힘을 주심은 나로 말미암아 선포된 말씀이 온전히 전파되어 모든 이방인이 듣게 하려 하심이니"(딤후 4:16-17).

성도들은 그들이 감옥에 있었을 때, 하나님이 그들을 방문하지 않으셨다고 하나님을 향해 불평하지 않는다. 왜냐하면, 하나님은 그들과 계속해서 함께 계시면서 그들의 짐을 들어 주시고, 그들의 어깨를 가볍게 해 주시며, 그들의 입장을 변호해 주시고, 그들의 무죄를 주장해 주시며, 그들의 맞은 부위를 씻어 주시고, 그들의 눈물을 닦아 주시며, 그들의 상처를 치료해 주시고, 그들의 부러진 뼈를 감싸 주시며, 그들의 지친 영혼을 소생시켜 주시고, 그들의 감옥을 향기 나게 하시며, 그들의 지하 감옥을 밝혀주시고, 그들이 방황할 때 이끌어 주시며, 그들이 고독할 때 대화해 주시기 때문이다. 하나님은 하늘의 미소와 영적인 즐거움과 가장 사랑스러운 사랑의 확신과 가장 부드러운 돌보심과 은혜로운 용납을 위로부터 내려 주시고, 자신의 영광스런 임재 앞에 그들이 흠이 없이 드러날 때까지 자신의 은혜에서 떨어지지 않도록 보호해 주신다. 오, 어느 곳에 있든지 그리스도와 함께 있는 것은 좋은 것이다.

"나의 영혼이 사랑하는 이여, 당신이 어디에서 양 떼를 먹이시며 정오에 어디에서 쉬게 하시는지 나에게 말해 주십시오." "당신이 어디에서 먹이시는지," 당신이 먹이시든 먹이시지 않든, 즐거워하시든 탄식하시든 어디에 계시는지 나에게 말해 주십시오. "당신이 정오에 당신의 양 떼를 어디에서 쉬게 하시는지," 당신이 당신의 양 떼를 밤에 어디에 흩어놓으시는지 나에게 말해 주십시오. 당신은 양 떼가 있는 곳에서 멀리 떨어져 있지 않으십니다. 당신이 어디에 있는지 나에게 말해 주십시오. 나의 사랑하는 이는 백합화 속에서 먹이시지만, 때때로 가시밭에서도 먹이십니다. 가시밭 속의 백합화를 먹이는 것이 그의 사랑이라면 그곳에서도 먹이십니다. 주님은 자기 양 떼를 먹이십니다. 어둠과 황량함과 마귀와 사망이 그들을 삼키려고 할 그때에도 주님은 그들을 먹이시며 돌보십니다.

오, 나의 주님이 어느 곳에 계시든지 그곳에 나의 운명도 있게 하옵소서. 백합화 속에서 주님과 함께 있을 수 있다면 나로 가시밭에도 있게 하옵소서. 내가 방황하는 어느 곳이든지 주님이 나와 함께 계신다면, 이 산 저 산을 헤매는 것을 두려워하지 않게 하옵소서. 내가 채찍에 맞게 하옵소서. 주님이 나를 치료하실 것입니다. 내가 울게 하옵소서. 주님이 나의 눈물을 닦아주실 것입니다. 나에게 부어질 기름이 있는 한 상처를 두려워하지 않을 것입니다. 너 모든 도둑과 강도여, 오라. 나는 너희를 두려워하지 않는다. 나의 사랑스러운 사마리아 사람이 오실 것이다. 오라, 너 바산의 수소들이여, 너 숲의 곰들이여. 나의 사랑하는 이가 나에게 입 맞추게 하라. 그러면 나는 네가 아무리 발길질을 해도 개의치 않을 것이다. 나의 주여, 나를 당신이 먹이시는 곳으로 이끄소서. 나를 당신의 얼굴 앞에서 살게 하옵소서. 나의 마음으로 당신의 미소를 느끼게 하옵소서. 내가 당신을 사랑하게 하옵소서. 나에게 나를 사랑한다고 말씀해 주시옵소서. 나를 기억하시고, 불쌍히 여겨 주시고, 용납해 주시고, 돌보아 주시옵소서. 나의 상태와 나의 거처를 선택하여 주시옵소서.

낙심하고 있는 그리스도인들이여, 너희의 눈을 들고 너희의 마음을 위로하라. 여기에 당신을 두렵게 하고 괴롭히는 것이 있다. 그러나 저 무시무시한 십자가 안에는 달콤함이 있고, 저 어두운 구름의 반대편에는 빛이 있으며, 당신의 마음에 상처 내고 고통을 주는 덤불에도 밝은 면이 있다. 두려워 말라. 강하고 담대하라. 그러나 당신은 계속해서 말한다. "나에게 화가 있을지어다. 나는 그런 것을 찾을 수 없습니다. 아, 주 하나님이시여, 당신은 비유로 말씀하지 않으셨습니까? 오, 나에게 그런 일이 일어날지 내가 확신할 수 있습니까?" 왜 염려하는가? 당신은 언약 안에 있지 아니한가? 믿으라. 그러면 모든 것이 당신의 것이 될 것이다. 나는 믿기 때문에 말할 수 있다. 하나님의 구원을 보게 될 것을 믿으라. 십자가가 당신의 것이 틀림없는 것처럼 십자가의 모든 위로도 당신을 위해 세워졌음이 분명하다.

당신의 눈앞에 주어진 모든 은혜로운 말씀을 읽으라. 당신 앞에서 걸어갔던 고난 받은 성도들의 모든 예를 살펴보라. 그들에게 이 선한 말씀은 하나님의 은혜를 놀랍도록 증진시키고, 하나님의 사랑을 특별히 발견하게 하며, 하나님의 영광을 가장 분명하고 충만하게 드러내고, 하나님의 임재를 친밀하게 느끼게 하며, 비방하고 모함하고 결박하고 추방하고 고문하고 죽음에 이르게 하는 가장 극심한 갈등의 상황에서 그들의 심령을 깨우고 격려하고 후원하는 역할을 하였다. 믿음의 선조들의 이러한 삶의 모습은 우리가 낙심한 상황에서 성경의 위로를 통해서 소망을 가질 수 있다는 교훈을 준다.

이사야 51장을 읽으라. "의를 따르며 여호와를 찾아 구하는 너희는 내게 들을지어다 너희를 떠낸 반석과 너희를 파낸 우묵한 구덩이를 생각하여 보라"(1절) "나 여호와가 시온의 모든 황폐한 곳들을 위로하여 그 사막을 에덴 같게, 그 광야를 여호와의 동산 같게 하였나니 그 가운데에 기뻐함과 즐거워함과 감사함과 창화하는 소리가 있으리라"(3절). "너희는 하늘로 눈을 들며 그 아래의 땅을 살피라"(6절). "의를 아는 자들아, 마음에 내 율법이 있는 백성들아, 너희는 내게 듣고 그들의 비방을 두려워하지 말라 그들의 비방에 놀라지 말라 옷같이 좀이 그들을 먹을 것이며 양털 같이 좀벌레가 그들을 먹을 것이나 나의 공의는 영원히 있겠고 나의 구원은 세세에 미치리라"(7-8절).

"이르시되 너희를 위로하는 자는 나 곧 나이니라 너는 어떠한 자이기에 죽을 사람을 두려워하며 풀 같이 될 사람의 아들을 두려워하느냐 하늘을 펴고 땅의 기초를 정하고 너를 지은 자 여호와를 어찌하여 잊어버렸느냐 너를 멸하려고 준비하는 저 학대자의 분노를 어찌하여 항상 종일 두려워하느냐 학대자의 분노가 어디 있느냐"(12-3절). "학대자의 분노가 어디 있느냐"라는 질문에 당신은 이렇게 항변한다. "학대자의 분노가 없는 곳이 어디 있는가? 그의 분노가 집과 밭에, 성과 마을에, 나의 소 떼와 지갑과 나의 육신과 자녀들과 친구들에 머물러 있지 않은가? 학대자의 분노가 없는 곳이 도대체 어디인가?" 그러나 당신이 당신의 조성자이신 하나님과 그분의 맹세와 약속과 언약과 임재와 보호와 위로를 기억할 때 "학대자의 분노가 어디 있는가"라고 고백하게 될 것이다.

제 5 장

언약 안에서 빛의 천사들과 어둠의 권세들, 죽음과 천국

I. 언약 안에 있는 빛의 천사들

"모든 천사들은 섬기는 영으로서 구원받을 상속자들을 위하여 섬기라고 보내심이 아니냐"(히 1:14). 우리 주님은 친히 섬기려고 내려오셨지만, 그분의 종들은 섬김을 받으려고 하는 것을 보라. 그러나 천사들은 그들을 섬기는 자로 보내심을 받았다. "그가 너를 위하여 그의 천사들을 명령하사 네 모든 길에서 너를 지키게 하심이라"(시 91:11). 천사들은 책무를 받았으며, 그것을 감당할 수 있는 큰 능력을 가지고 있다.

1. 강함

"능력이 있어 여호와의 말씀을 행하며 그의 말씀의 소리를 듣는 여호와의 천사들이여 여호와를 송축하라"(시 103:20). 천사 한 명이 군대보다 더 강하다. 주의 천사 한 명이 하룻밤에 유다를 대적하여 진을 쳤던 십팔만오천 명의 앗수르 군인들을 죽였다(사 37:36 참조). 이는 사실 천사 한 명이 감당하기에 힘든 일은 아니었다.

2. 수가 많음

"하나님의 병거는 천천이요 만만이라"(시 68:17). "수많은 천군"(눅 2:13). 한 명의 천사는 한 군대보다 더 많다. 그렇다면 천군은 얼마나 많겠는가?

3. 신실함

그들은 충성스러워서 하나님의 명령을 행하여 성도들을 위해 많은 것을 할 수 있다. "능력이 있어 여호와의 말씀을 행하며 그의 말씀의 소리를 듣는 여호와의 천사들이여 여호와를 송축하라"(시 103:20). 하나님은 천사들에게 자기 양 떼를 지키라고 명령하시고 그들은 충성스럽게 그의 양 떼를 지킨다. 우리는 "하나님의 뜻이 하늘에서 이루어진 것처럼 땅에서 이루어지도록" 기도하고, 우리가 하나님의 천사들처럼 신실해야 함을 배운다.

4. 사랑을 받는 자

그들은 하나님의 얼굴을 보고 그분의 임재 안에 머문다. 그들은 하나님 앞에 서도록 받아들여지고 하늘에서 호의를 받고 있다. 그러므로 그들은 땅에서 매우 강력한 힘을 가지고 있다. "삼가 이 작은 자 중의 하나도 업신여기지 말라 너희에게 말하노니 그들의 천사들이 하늘에서 하늘에 계신 내 아버지의 얼굴을 항상 뵈옵느니라"(마 18:10). 나의 기름부음 받은 자들, 나의 소자들을 만지지 말라. 그들을 공격하는 것에 주의하라. 그들의 천사들이 나의 아버지 앞에 있고, 그들은 천사들의 도움을 받아 구원을 이룰 수 있는 강력한 힘이 있다.

오, 성도 중 가장 작은 자도 얼마나 안전한가! 이 셀 수 없이 많고, 강력하며, 신실하고 하늘의 사랑을 받는 하나님의 거룩한 천사들이 모두 성도들을 돌보고 방어하도록 하나님께 책임을 부여받았다. "기도하여 이르되 여호와여 원하건대 그의 눈을 열어서 보게 하옵소서 하니 여호와께서 그 청년의 눈을 여시매 그가 보니 불말과 불병거가 산에 가득하여 엘리사를 둘렀더라"(왕하 6:17). 힘이 있는 왕이 자기 백성을 능력 있고 신실한 부하에게 맡기면서 다음과 같은 명령을 내렸다고 하자. "이 사람을 살피라. 그를 안전하게 지키라. 그가 해를 입지 않는지 보라. 누가 공격을 하든지 그를 방어하라. 그가 어디에 가든지 그와 함께 가라. 그가 어디에 머물든지 그 집 주변을 경계하라. 그가 잠을 자는 동안 깨어서 그를 지키라. 그가 부족한 것은 없는지 보라. 그에게 어떤 해도 미치지 못하게 하라." 만약 이것이 당신의 경우라면, 당신은 얼마나 안전하겠는가! 그러나 오, 사람들이 지키는 것과 천사들이 지키는 것이 어떻게 비교될 수 있겠는가? "두려워 말라. 작은 자들이여." 하늘에서 하나님의 얼굴을 보고 있는 너희 천사들이 땅에서 너희 주위에 장막을 치고 있음을 잊지 말라.

우리는 본래 사탄에게 속박되어 있으며 사탄에게 사로잡혀서 그의 뜻을 좇고 있었다(딤후 2:26 참조). 우리는 그의 죄수들이자 노예들이며 봉신들이었다. 그러나 하나님은 언약의 피로써 사로잡힌 자들을 해방시키시고, 갇힌 자들을 풀어주시고(슥 9:11 참조), 정사들과 권세들을 꺾으셨다. 이 언약 안에 갇힌 자들의 구원이 있고, 그들을 사로잡고 있던 감옥과 그들을 붙잡고 있던 간수로부터의 구원이 있다. 그들은 이 세상 신에 묶인 채로 약탈당하고, 추방되고, 버림받은 상태에서 구원을 받는다. "음부의 권세가 이기지 못하리라"(마 16:18). 세상의 권세는 옛적부터 큰 힘이 있으며, 그들 안에는 그들의 모든 관심거리를 계획하고 운영하는 큰 위원회들이 있다. "음부"는 어둠의 세력, 곧 사탄과 그의 모든 군대가 속해 있는 모든 것을 의미한다. "음부의 권세"는 사탄과 그의 전체 무리의 힘과 계획들이 결합된 것을 의미한다. 이런 음부의 권세는 교회와 교회의 머리와 어떤 지체도 이기지 못할 것이다. 그들이 "이기지 못한다"라는 것은 두 가지로 나누어 생각해 볼 수 있다.

1. 교회를 대적하는 음부의 권세

그들은 모두 연합해서 교회를 대적하고 교회와 전쟁을 한다. "헐어버리라. 헐어버리라. 기초까지 헐어버리라. 뿌리와 가지까지 제거하라. 존재하지 않게 하라. 하늘 아래에서 이름까지 사라지게 하라."

마귀와 마귀, 헤롯과 빌라도 사이에 그들만의 싸움이 있을 수 있다. 그러나 이런 연기 나는 부지깽이들은 하나님과 그분의 기름 부은 자들을 대적하기 위해 그들끼리 연합한다. 그들이 아무리 자신들의 싸움을 포장하거나 그럴듯하게 가릴지라도 그들의 모든 계획과 교묘한 책략은 드러날 수밖에 없다. 그들의 목적은 이 땅에서 영혼들을 속이고 경건한 자들을 뿌리 뽑고 영원히 파괴하려는 것이다.

2. 성도들의 최후 승리

그들이 교회를 대적하여 싸울 때, 최종적으로는 이기지 못할 것이고, 결국 성도들이 승리하게 될 것이다. 예루살렘은 "모든 민족에게 무거운 돌이 될 것"이다(슥 12:3). 이 돌은 음부의 세력들이 들어 올릴 수도, 제거할 수도 없다. 이 돌은 거센 파도가 밀려와서 부딪힐 때도 움직이지 않는 반석처럼 굳게 서 있을 것이다. 교회를 흔드는 자들은 이 돌을 견딜 수 없을 것이고 결국 그들은 멸망하게 될 것이다. 교회는 교회를 대적하여 일어난 자들의 등을 칠 것이다. 비록 온 땅과 지옥이 교회를 대적하여 함께 모일지라도 그것들은 산산조각이 날 것이다. 그것은 사탄과 그에게 참여한 자들이 꾸민 헛된 계획일 뿐이다. "어찌하여 이방 나라들이 분노하며 민족들이 헛된 일을 꾸미는가"(시 2:1). 그것은 헛될 뿐 아니라 그들 자신에게도 치명적인 계획이다. "네가 철장으로 그들을 깨뜨림이여 질그릇같이 부수리라"(9절).

영광의 빛이 죄의 어둠 가운데 비칠 때 여자의 후손이 뱀의 머리를 밟을 것이라고 약속되었다. "내가 너로 여자와 원수가 되게 하고 네 후손도 여자의 후손과 원수가 되게 하리니 여자의 후손은 네 머리를 상하게 할 것이요 너는 그의 발꿈치를 상하게 할 것이니라"(창 3:15). "이제 이 세상에 대한 심판이 이르렀으니 이 세상의 임금이 쫓겨나리라"(요 12:31). 어디에서 쫓겨난다는 것인가? 자기 나라에서 쫓겨나고, 자기 보좌와 통치에서 쫓겨난다. 그의 감옥은 부서져서 사로잡혔던 자들이 풀려나며, 그들의 먹이였던 자들이 그들의 손아귀로부터 벗어나게 될 것이다.

그러나 당신은 여전히 이렇게 말한다. "그리스도의 죽음으로 이러한 일들이 정말로 일어났는가? 사탄은 계속 왕노릇하고 있지 않은가? 사탄은 여전히 이 세상의 신이며 공중의 권세 잡은 자가 아닌가? 그가 이 땅에 있는 성도들을 아직도 얼마나 붙잡고 있는가? 그는 그들에게 어떠한 폭군인가? 그는 얼마나 그들을 얽어매고 수렁에 빠뜨리는가? 그는 성도들의 양심에 얼마나 큰 혼란을 일으키고, 그들을 지배하고, 욕망과 시험으로 그들을 사로잡고 있는가? 그는 그들 안에서 얼마나 강하게 역사하며, 그들의 하나님을 대적하며, 그들의 영혼을 어둡게 하는가! 그는 슬프게도 성도들의 은혜와 평강을 얼마나 훼방하고 있는가! 그들은 그 때문에 밤이든 낮이든, 떠나 있든 집에 있든, 혼자 있든 함께 있든 안식할 수 없다. 그는 계속해서 성도들을 따라다닌다. 그들이 어디로 가든지 마귀가 그들 뒤에 있다. 그들은 기도할 수도, 성경을 읽을 수도, 하나님에 대해 생각할 수도, 하나님을 바라볼 수도, 하나님께 한숨을 쉴 수도 없다. 사탄이 그들을 저항하고 방해하려고 서 있다. 그는 그들의 목에 얼마나 무거운 멍에를 지우고 있으며, 그는 그들의 등에 얼마나 무거운 짐을 올려놓고 있는가! 사탄이 그들을 괴롭힐 때마다 그들의 영혼은 얼마나 탄식하고 있는가! 그들은 고통 속에서 얼마나 신음하고 괴로워하며, 한숨을 쉬면서 자신들의 구속을 기다리는가! 그렇다면 어떻게 이제 그가 쫓겨났다고 말할 수 있는가?"

사탄이 쫓겨났다고 말할 수 있는 분명한 이유는 그가 자기 심판을 받았기 때문이다. "이 세상 임금이 심판을 받았음이라"(요 16:11). 비록 사탄이 여전히 성도들을 상처 내고 그들을 맴돌고 있더라도, 이제는 사탄을 향한 치명적인 공격이 이루어졌고 뱀의 머리가 부서졌다. 그가 우리 주님을 향해 가했던 공격은 그의 머리로 다시 돌아왔다. 비록 그가 하나님처럼 행세하고 뱀으로 자신을 가렸어도, 당신은 이제 이 뱀을 밟을 수 있고, 뱀은 당신을 해칠 수 없다. 강한 자가 이제 결박당했다. 그가 신이라면 결박을 당한 신이며, 사슬에 묶인 왕이다. 그가 당신의 머리카락 한 올이라도 만지려면 반드시 당신의 하나님께 허락을 구해야 한다. 그는 하늘로부터의 허락이 없다면 당신을 시험할 수도, 당신을 대적하여 둑을 쌓을 수도, 당신을 향해 화살을 쏠 수도 없다. 그는 제약을 받고 버림을 받았다. 당신은 주님의 이름으로 그를 내쫓을 수 있다. 당신은 주님의 뜻에 따라 마귀에게 사로잡힌 많은 영혼을 그의 덫에서 회복하도록 회개에 이르게 하는 도구가 될 수 있다. 그는 적대자이지만 대적할 수 있는 적대자이다. "너희는 믿음을 굳게 하여 그를 대적하라"(벧전 5:9). 당신이 그를 대적한다면 그는 달아날 것이다. "마귀를 대적하라 그리하면 너희를 피하리라"(약 4:7).

그는 정복을 당한 적일 뿐만 아니라, 더 나아가 당신의 종이 될 것이다. 이 뱀은 자신의 독에 대항할 수 있는 약을 당신에게 제공하고, 그가 무는 것들은 탁월한 기름이 될 것이다. 그가 당신을 뒤흔들기 위해 보낸 자들과 당신의 육체를 찌른 가시들은 더 큰 악을 예방하는 것이 될 것이다. 그가 당신에게 가져오려고 했던 파괴가 오히려 당신을 구원하게 할 것이다. 그의 바람이 쭉정이를 날려 보내고, 그의 홍수가 오물을 씻어낼 것이며, 그의 지진이 감옥 문을 열 것이고, 그의 폭풍이 항구로 인도할 것이다. 어떤 사람들은 파선에서 구원받기 위해 폭풍이 필요하기도 하다.

한 걸음 더 나아가 사탄은 아직 충분히 낮아지지 않았다. 앞으로 그는 더 낮아질 것이다. 당신은 사탄이 최종적으로 패배할 것이라는 확신이 있다. "평강의 하나님께서 속히 사탄을 너희 발 아래에서 상하게 하시리라"(롬 16:20). "또 그들을 미혹하는 마귀가 불과 유황 못에 던져지니 거기는 그 짐승과 거짓 선지자도 있어 세세토록 밤낮 괴로움을 받으리라"(계 20:10). 사탄이 자기 일을 마치고 자기 자리에 보내질 때까지 단지 잠시 시간이 걸릴 뿐이다. 그는 그곳에 갇힐 것이고, 그 위에 인이 쳐져서 그곳에서 더는 영원히 나오지 못할 것이다. 그는 너희를 더 이상 시험하지 못할 것이고, 더 이상 성가시게 하지 못할 것이며, 더 이상 속이지 못할 것이고, 더 이상 파괴하지 못할 것이며, 더 이상 괴롭히지 못할 것이다. 그는 던져질 것이며, 사슬에 묶일 것이다. 괴롭히던 자가 결국에는 밤낮으로 영원히 괴롭힘을 당할 것이다.

그리스도인들이여, 굳게 서서 꾸준히 당신의 일을 하라. 당신의 거룩한 고백과 거룩한 길을 유지하라. 당신의 마음을 지키는 갑옷을 입고 있으라. 부패를 다스리고 시험을 이기라. 고통을 참으라. 믿음을 지키고 인내하라. 당신의 원수들과 대적하여 싸우라. 지금 이 시간 주님과 함께 깨어 있으라. 보라, 오실 자가 오실 것이다. 그가 속히 오신다. 세상에 있는 자가 그의 입의 호흡으로 소멸될 것이며, 주님이 나타나실 때 빛나는 광채로 파괴될 것이다. 그가 쫓겨날 것이고 던져질 것이며 영원히 다시 일어나지 못할 것이다.

III. 언약 안에서의 죽음

"바울이나 아볼로나 게바나 세계나 생명이나 사망이나 지금 것이나 장래 것이나 다 너희의 것이요"(고전 3:22). 우리는 생명을 가질 뿐 아니라 죽음도 가지게 된다. 죽음은 큰 대가를 치르고 살만한 가치가 있다. 죽음이 가져오는 이익은 다음과 같다.

1. 변화된 죽음의 사명
전에는 "간수장이여, 그를 데려가라. 그와 함께 가라. 그를 감옥으로 데려가라. 그곳에서 큰 심판 날까지 머물러 있게 하라"라는 명령이 내려졌다. 그러나 이제는 "문지기여, 그를 데려가라. 짐꾼이여, 그를 데려가라. 그를 들여보내라. 그를 주님의 즐거움 안에 들어가게 하라"라고 말한다. 죽음은 신부가 준비되었을 때 그녀를 데려가서 신랑되신 그리스도의 방에 머물게 한다. 그러므로 죽음은 사도의 열망이 된다. "내가 그 둘 사이에 끼었으니 차라리 세상을 떠나서 그리스도와 함께 있는 것이 훨씬 더 좋은 일이라"(빌 1:23).

2. 죽음의 정복

이것은 무슨 뜻인가? 당신의 적은 당신의 것이 된다. 당신의 적은 당신에게 달려있다. 정복된 적은 속국이 된다. 죽음은 무장해제되고 그 쏘는 것을 잃는다. 뱀이 그 쏘는 것을 잃으면 당신은 뱀을 당신의 가슴에 둘 수 있다. "사망아, 너의 쏘는 것이 어디에 있느냐?"라고 말할 수 있는 사람은 "나에게 승리를 주시는 하나님께 감사하리로다"라는 말을 더할 수 있다. 죽음을 이겼다는 하늘에서 보내진 소식은 고귀한 증거이다. 오라, 그리스도인들이여! 용기를 내라. 이 두려움의 왕의 목을 너의 발로 밟으라.

3. 모든 대적과의 영원한 작별

일단 죽음이 성도들을 향해 할 일을 마쳤을 때 에돔이나 암몬이나 아멜렉이나 애굽과 작별이다. 찌르는 엉겅퀴와 고통을 주는 가시와도 작별이다. 죄와 슬픔과도 영원히 작별이다. 그들은 자신들이 오늘까지 보고 두려워했던 애굽 사람들을 영원히 다시 보지 않을 것이다. 죽음은 그들을 파괴시킴으로써 성도의 마지막 적인 죽음 그 자체를 파괴시킨다. 죽음은 죽음의 환영을 받는 동시에 죽음과 작별한다. "환영하노라. 죽음이여!" "영원히 작별하노라. 죽음이여!" 죽음은 성도들과 함께 죽는다. 한 번 죽으면 그들은 영원히 죽지 않는다. 그들의 유한성은 생명에 삼켜지고, 죽음은 불못에 던져진다. 그곳이 죽음의 영토이다. 그곳에서 영혼은 죽고, 죽고, 거듭해서, 영원히 죽는다. 그러나 성도들에게 죽음은 죽음이 갈 수 없는 저 좋은 땅의 입구까지 데려다준다. 우리 주님은 자신의 죽음뿐 아니라 우리의 죽음으로 "죽음이 무서워 일평생 속박에 매여 있는" 사람들을 구원하셨다.

그리스도인들이여, 당신은 인내할 뿐 아니라 열망을 가지고 공포의 왕의 죽음을 기대할 수 있다. "환난과 핍박과 기근과 헐벗음과 역경과 칼이 나와 함께 죽을 수 있는가? 슬픔과 공포와 유한성이 나와 함께 죽을 수 있는가? 죄가 나와 함께 죽을 수 있는가? 그렇다면 죽음을 환영하라. 주여, 이 일에서 저에게 힘을 주시옵소서. 나로 하여금 블레셋 사람들과 함께 죽게 하옵소서." 당신은 당신의 아버지와 함께 있는 것이, 당신의 신랑의 품에 있는 것이, 당신의 주와 사랑이 있는 방에 있는 것이 좋은가? 더 이상 울지 않고, 더 이상 두려워하지 않고, 더 이상 고난받지 않고, 더 이상 시험받지 않고, 더 이상 죄를 짓지 않고, 더 이상 부패로 옷 입지 않고, 불멸과 썩어지지 않는 것으로 옷 입는 것이 당신에게 자비인가? 그렇다면 죽음을 환영하라. 축복받은 영혼들이여, 당신이 해안가에 와서 다른 쪽에 있는 빛과 사랑과 즐거움과 안식과 영광을 볼 때 당신은 "죽음은 당신의 것이다"라는 것이 무엇을 의미하는지 더 완전히 이해할 것이다. "그리스도의 사랑 안에 얼마나 달콤한 고통과 즐거운 괴로움이 들어 있는지 나는 당신에게 말할 수 없다. 나는 현재 병든 삶과 많은 고통과 그리스도를 향한 사랑의 병을 가지고 있다. 주님의 가슴에서 나의 지친 영혼이 안식하게 하려면 나는 무엇을 해야 하는가? 결혼식이 시작되려면 얼마나 오래 기다려야 하는가? 오, 달콤한 주 예수여, 발걸음을 크게 내디뎌 주시옵소서. 한걸음에 산을 넘어오소서. 오, 나의 사랑하는 이여, 사슴처럼 노루처럼 가로막고 있는 산을 넘어오소서. 오, 그가 하늘을 오래된 망토처럼 접으시고, 삽으로 시간과 날들을 길에서 제거하시고, 속히 오신다면 얼마나 좋겠는가!"라고 말하는 사람은 언약 안에 있는 사람이다.

IV. 언약 안에서의 천국

"천국이 그들의 것임이요"(마 5:3). "적은 무리여 무서워 말라 너희 아버지께서 그 나라를 너희에게 주시기를 기뻐하시느니라"(눅 12:32). 오, 너 하나님의 도성이여! 너에 대해 영광스러운 것들이 언급되어 있다. 나는 이 땅에서 이 나라의 영광에 대해 확대해서 묘사할 수 있다. 그러나 내가 모든 것을 다 말한 후에도 그것을 장막 안에 남겨두어야 한다. 그러므로 "하나님이 자기를 사랑하는 자들을 위하여 예비하신 모든 것은 눈으로 보지 못하고 귀로 듣지 못하고 사람의 마음으로 생각하지도 못하였다 함과 같으니라"(고전 2:9)라고 사도가 한 말을 당신에게 말할 것이다. 지혜와 계시의 영으로 당신의 이해의 눈이 열렸을 때 당신은 "그의 부르심의 소망이 무엇이며 성도 안에서 그 기업의 영광의 풍성함이 무엇"(엡 1:18)인지 알게 될 것이다.

제 6 장

언약 안에서 새 마음

하나님은 언약 안에 구원의 모든 수단, 우리가 영원한 나라를 얻는 데 필요한 모든 것을 두셨다.

- 구원의 모든 외적인 수단들

규례들: 말씀, 성례, 기도

직분자들: 복음전도자들, 목사들, 교사들(엡 4:11-12, 고전 3:22)

- 구원의 모든 내적인 수단들

모든 은혜와 모든 의무, 우리가 은혜를 획득하고 의무를 행하는 것,
이것들은 "그들의 나의 백성이 될 것이라"는 약속에 모두 포함되어
있다.

이 약속에는 다음 두 가지가 포함된다. 첫째는 "내가 너희를 나의 것으로 여기고 간주하리라"라는 것이다. 너희는 나의 백성의 특권과 축복을 가질 것이다. 내가 모든 족속과 열방 중에서 너희를 구별하

여 나에게로 분리시킬 것이며, 너희를 나의 분깃과 특별한 소유로 삼을 것이다. 내가 너희를 나의 눈동자처럼, 나의 마음과 나의 팔에 도장처럼 새길 것이다. 내가 너희를 나의 사랑의 백성으로 구별할 것이다. 내가 너희를 돌볼 것이며, 너희를 후원할 것이다. 나의 기쁨이 너희와 함께 있어 내가 너희를 기뻐할 것이다. 내가 너희와 함께 거할 것이며, 너희는 영원히 나와 함께 거할 것이다.

다른 하나는 "내가 너희를 나의 백성으로 삼을 뿐 아니라, 너희가 나에게 동의하고, 나를 받아들이고, 나를 소유하고, 나를 따르고, 나를 의지할 수 있도록 내가 너희를 위해 행하리라"라는 것이다. 내가 너희를 나에게로 분리시킬 뿐 아니라, 너희를 나를 위해 조성할 것이다. 내가 너희를 거룩하게 하고, 너희를 안내하며, 너희를 가르치고, 너희를 도울 것이다. 내가 너희 안에서 나의 모든 선한 뜻을 이룰 것이다. 내가 너희 안에서 너희 모든 일을 행할 것이다. 내가 너희를 나의 백성으로 여기고, 너희가 나를 너희의 하나님으로 여길 것이다. 너희가 나를 사랑하고, 나를 두려워하고, 나에게 순종할 것이다. 너희가 떨어지지 않도록 내가 지킬 것이며, 너희가 나의 나라에 도달할 수 있도록 끝까지 지킬 것이다.

특별히, 하나님은 그들에게 새 마음, 하나님을 아는 마음, 한 마음, 살과 같은 마음, 하나님을 사랑하는 마음, 하나님을 경외하는 마음, 순종하는 마음을 약속하셨다.

새 마음

"또 새 영을 너희 속에 두고 새 마음을 너희에게 주되 너희 육신에서 굳은 마음을 제거하고 부드러운 마음을 줄 것이며"(겔 36:26). 이 새 마음은 이어지는 장들에서 주목되는 모든 은혜를 포괄하는 주제이다. 새 마음은 본질과 관련하여 육체적으로 새로운 것이 아니라, 자질과 관련하여 오직 도덕적으로 새로운 것이다.

이 새 마음은 '다른 마음'과 '더 탁월한 마음' 둘 다를 의미한다. 갈렙은 다른 마음을 가지고 있다고 언급되어 있다(민 14:24). 이 다른 마음은 나머지 사람들보다 더 탁월한 마음이라고 선포된다. 그들이 주를 따르지 않거나, 단지 머뭇거리며 따르는 동안 갈렙은 온전히 주를 따랐다. "명철한 자는 탁월한 심령을 가지고 있다"(잠 17:27).

새 마음이 아닌 다른 마음도 있다. 느부갓네살은 다른 마음을 가지고 있었지만 새 마음을 가지고 있지 않았다. 곧 그는 사람의 마음에 짐승의 마음을 가지고 있었다. 점점 더 악해지는 악한 마음은 새 마음이 아니라 점점 더 낡아지는 옛 마음이다. 우리는 사울이 왕으로 기름부음을 받았을 때 하나님이 그에게 다른 마음을 주셨다는 것을 알고 있다(삼상 10:9). 이것은 그가 전에 가지고 있던 것보다 더 탁월한 마음이었지만, 여기에서 약속된 마음은 아니었다. 하나님은 그에게 다른 마음, 곧 통치할 수 있는 심령, 개인의 마음이 아니라 왕의 마음, 더 공적이고, 더 크고 강한 마음, 왕의 신분과 임무에 맞는 왕의 마음을 주셨다.

이 새 마음의 탁월성은 자연적인 것이 아니라 영적인 탁월성이다. 이런 탁월성은 그리스도인들이 그리스도인들로서 가지는 새로운 상태와 새로운 일과 새로운 보상에 적합한 것이다.

1. 새로운 상태

그리스도인들은 하나님의 자녀와 영예로운 그릇과 왕같은 제사장과 거룩한 나라와 특별한 백성이 된다. 하나님은 그들에게 위에서 부르신 위엄에 맞는 마음을 주신다.

2. 새로운 일

그리스도인들은 다른 사람들보다 더 나은 일을 가진다. 다른 사람들의 일은 모두 여기 이 땅에, 그들의 밭과 포도원에 속해 있지만, 그리스도인들의 일은 하나님과 예수님과 위에 속해 있으며, 내적으로 더 귀하고 불멸하는 것에 속해 있다. 그들의 일은 영적이며, 그들에게 주어진 마음 또한 영적이다.

3. 새로운 보상

하나님은 그들에게 더 나은 것들, 이 땅에서 더 나은 분깃과 더 나은 소망과 위로와 즐거움과 이후에 더 나은 유업을 주시고자 하신다. 하나님은 그들이 이 더 나은 것들을 받을 수 있는 더 나은 마음을 그들에게 준비시키신다. 하나님은 낡은 부대에 새 포도주를 붓지 않으실 것이다.

이 새 마음의 탁월성은 다음과 같이 세 가지로 요약될 수 있다.

① 성도들의 상태의 위엄과 그들의 일의 영적인 성격과 그들의 보상의 영광을 발견하게 하는 새 빛

② 성도들을 위해 조성된 모든 일에 맞는 의지와 성향과 적합함을 주는 새 법이나 심령의 경향성 : 마음이 법에 순종하기에 적합하게 되는 것

③ 성도들로 새로운 일을 할 수 있게 하는 새 힘

이 모든 것이 언급되어 있는 성경의 한 구절은 다음과 같다. "하나님이 우리에게 주신 것은 두려워하는 마음이 아니요 오직 능력과 사랑과 온전하게 생각하는(절제하는) 마음이니"(딤후 1:7). 온전하게 생각하게 하는 새 빛이 있다. 사랑하게 하는 새 법이나 성향이 있다. 이 모든 것과 더불어 능력이 있다.

요약하면 이 새 마음은 신적인 본성이며, 새롭게 된 하나님의 형상이고, 새롭게 태어난 하나님의 생명이며, 그들 안에 형성된 그리스도이다. 하나님을 닮게 하고, 하나님을 섬기고 즐거워하는 능력을 주시는 성령의 모든 은혜를 포함하는 하나님 자신의 마음을 따르는 마음이다. 이것은 하나님이 주시는 마음이다. "내가 너희에게 새 마음을 줄 것이다."

이 모든 영광스러운 것들에 대항하여 다음과 같이 반대할 수 있다. "약속된 나라! 인정된 영광과 명예와 영원한 축복! 아, 이 모든 것이 나에게 무슨 의미인가? 그것은 누구에게 약속되었으며 어떤 조

건으로 약속되었는가? 내게 요구되고 있는 것을 고려할 때 그것은 마치 아무것도 약속되지 않은 것과 같다. 이 축복에 이르는 길은 너무 좁고, 그 문은 내가 들어가기에는 너무 협착하다. 어떤 왕관을 쓰든지 그리스도인의 삶은 엄격하고 잔혹하다. 그것을 바라보는 것만으로도 나는 혼란스럽다. 새로운 삶을 살고, 나를 부인하고, 나의 십자가를 지고, 그리스도를 따르고, 금식하고 기도하고 애통해하면서 나의 세월을 보내고, 규칙에 따라 살고, 모든 발걸음과 모든 말과 모든 생각을 살피라는 이 모든 것이 나와는 맞지 않는다. 설령 새 생명, 새 삶이 주어지더라도 나는 감당할 수 없다. 이런 혹독한 조건 이외에 다른 조건으로 얻을 수 없다면 나에게 약속된 그리스도도, 복음도, 나라도 없는 것과 같다. 나는 지금처럼 주저앉아 내가 얻을 수 없는 것을 바라면서 위험을 감수하는 편이 낫다.

설령 내가 천국을 향해 조금이라도 움직인다고 해도, 거센 물결이 나를 다시 잡아당길 것이다. 설령 내가 이 새로운 삶의 길을 가기 위해 조금이라도 생각하고, 결심하고, 발걸음을 내디뎠다고 해도, 나의 옛것들이 나의 발꿈치를 잡는 것을 발견한다. 나의 옛 관습들과 나의 옛 친구들과 나의 옛 쾌락과 편안함과 자유가 나를 잡아당긴다. 내가 어떻게 해야 하는가? 나는 실패자이다. 나는 잃어버리고 정죄 받은 죄인이다. 나는 행복해지고 싶지만, 거룩할 수 없다. 나는 종종 그리스도와 그의 복음의 축복을 잃는 것을 생각하면 두려워서 떤다. 그러나 이 비참한 마음은 나에게 너무 힘들고, 극복되지 못할 것이다. 나는 부끄럽고, 내가 무엇을 잃을지, 내가 얼마나 보잘것없는지 생각하며 괴로워한다. 나는 어쩔 수 없다. 이 길은 나의 어리석은 마음이 견딜 수 없는 것이다."

오, 들으라. 영혼이여. 당신을 이 새 과정으로 부르는 하나님께서 당신에게 새 마음을 주실 것이다. 거룩한 삶에는 당신에게 요구하는 짜증스럽고 반대되는 어떤 것도 없을 것이다. 이 새 마음이 거룩한 삶에 적합하게 되어서 거룩한 삶이 당신에게 평안할 것이다. 거룩한 삶의 고통은 즐거움으로 바뀔 것이며, 거룩한 삶의 엄격함은 자유가 될 것이며, 거룩한 삶의 고됨은 큰 기쁨이 될 것이다. "나의 하나님이여 내가 주의 뜻 행하기를 즐기오니 주의 법이 나의 심중에 있나이다 하였나이다"(시 40:8). 새롭게 된 영혼에 대해 "오직 여호와의 율법을 즐거워하여 그의 율법을 주야로 묵상하는도다"(시 1:2)라고 언급된다. 원어로 볼 때 이것은 그의 뜻과 그의 마음이 율법에 있다는 의미이다. 율법이 그의 마음에 있고, 그의 마음이 율법에 있다. 하나님의 뜻과 그의 뜻이 똑같다. 하나님이 성도에게 하라고 요청하시는 것은 무엇이든지 그의 마음이 그에게 하라고 요청하고, 그의 마음은 결코 하지 않겠다고 말하지 않을 것이다. 율법을 즐거워하는 자는 결코 율법의 명령을 행하는 것을 불평하지 않을 것이다. 명령을 받는 것이 즐거울 때 복종하는 것은 고통이 아니다. 율법이 성도에게 명령하는 것은 무엇이든 그는 그 일을 사랑한다.

성도에게 기도할 것을 요청하라. 그에게 깨어있을 것을 요청하라. 그에게 자기 하나님과 더불어 겸손하게 행하라고 요청하라. 그것들은 성도가 사랑하는 일이다. 그것을 하는 것은 그의 마음에 있다. 성도에게 어떤 의무이든 하나님께 가까이 가라고 요청하라. 그것은 마치 배고픈 사람에게 먹으라고 요청하거나, 목마른 사람에게 마시라고 요청하거나, 벌거벗은 사람에게 옷을 입으라고 요청하거나, 거지에게 구걸을 하라고 요청하거나, 가난한 노동자에게 하루 일을 하라고 요청하는 것과 같다. 그리스도인에게 자기를 부인하거나, 자기 육체를 십자가에 못 박으라고 요청하라. 그것은 그에게 자기 원수를 부인하고 자기 원수에게 복수하라고 요청하는 것과 같다. 그런 복수는 달콤한 것이다. 그가 주님의 빛 안에서, 사랑 안에서, 즐거움 안에서 위를 바라보며 찬양하는 삶을 사는 것은 얼마나 기쁘겠는가! 하나님 안에 놓여있는 영적이며 하늘에 속한 즐거움의 영원한 보화를 찾고 연구하고 들여다보고 찬미하며, 하나님의 얼굴을 보고, 그의 임재 가운데 살며, 그의 얼굴의 빛에 거하는 것은 그에게 얼마나 기쁘겠는가!

마음이 새롭게 되지 않고 여전히 육적이라면 아무리 달콤한 종교의 일이라고 해도 어렵고 싫을 수 있다. "나를 부인하라. 정욕을 죽이라, 나의 친구들을 버리라. 죄악에서 멀리하라. 왜 그렇게 해야 하는가? 이것이 나의 손을 자르고, 나의 눈을 뽑고, 나의 살을 찢는 것이 아니라면 무엇인가? 하나님과 함께 걸으라. 그의 얼굴을 구하라. 그의 임재 안에 거하라! 그것은 나에게 캄캄한 곳에서 밥을 먹고, 산에서 헤매며, 광야에 머물라고 요청하는 것과 같다." 당신이 육적인 상태에 있다면, 주 하나님과 그의 모든 길은 당신에게 광야이며 어둠의 땅이다. 그러나 당신이 이 새 마음을 가지고 있는 만큼 여기에서 평안함과 즐거움을 찾을 것이다.

절망하는 영혼이여, 당신은 여전히 주의 길에 대해 무지하고 거의 알지 못한다고 말한다. 그러나 당신을 이끄는 새 빛을 보라. 당신은 아직 육적이며, 당신의 마음은 반대하고, 계속해서 하나님과 싸우고 있다. 그러나 새 본성이 이 다툼을 끝낼 것이다. 당신은 약하고 무능하다. 이 일은 당신에게 너무 힘들다. 당신이 아무리 이 일을 사랑한다고 해도, 위로부터 임하는 능력으로 무장되지 않는다면 어떻게 이 일을 감당할 수 있겠는가?

오, 친구여! 당신은 정말로 새 삶을 살고 싶은가? 그렇다면 새 마음을 얻으라. "그러나 어려움이 있다. 내가 어디에서, 어떻게 새 마음을 얻을 수 있는가?" 왜 어렵게 생각하는가? 언약을 이용하라. 언약 안에서 당신은 새 마음을 얻을 수 있다. "그러나 내가 어떻게 언약에 들어갈 수 있는가?" 왜 고민하는가? 하나님이 새 마음을 당신에게 주시겠다고 약속하지 않으셨는가? 그의 입에서 나온 말씀을 붙잡고 그 말씀을 당신의 것으로 받으라. 약속의 말씀을 기도로 바꾸라. 하나님이 "내가 주겠다"라고 말씀하지 않으셨는가? 당신의 영혼으로 "주여, 주시옵소서. 내게 새 마음을 주시옵소서. 주여, 나는 지쳤나이다. 당신도 또한 이 악한 마음에 지치셨을 것입니다. 즉시 당신과 나를 평안하게 해주시옵소서. 이 악한 마음을 제거하옵소서. 내게 더 나은 마음을 주시옵소서"라고 외치라. 약속의 말씀을 기도로 바꾸라. 그런 다음에 기도의 말을 믿음의 말로 바꾸라.

하나님은 "내가 줄 것이다"라고 말씀하신다. 당신의 믿음으로 "당신이 주시니 제가 받겠습니다. 당신이 말씀하신 대로 당신의 종도 또한 담대하게 당신이 주실 것이라고 말할 수 있습니다. 당신이 저에게 더 나은 마음을 주실 것입니다. 안녕, 나의 옛 죄와 정욕과 친구들이여! 안녕, 나의 옛 쾌락과 길이여! 이제 보증이 되어있는 천국을 위해 좁은 길과 새롭고 살아있는 길을 환영하라. 옛것은 지나가고 모든 것이 새로워질 것이다"라고 말하라. 약속의 말씀을 기도로 바꾸라. 당신의 기도를 믿음의 말로 바꾸라. 그러면 하나님이 믿음의 말을 명령의 말로 바꾸실 것이다. "당신의 말씀대로 하옵소서. 새 빛을 비추어 주시옵소서. 새 법을 주시옵소서, 새 능력을 주시옵소서. 이 마음에 더 이상 두려움이 없게 하시고, 능력과 사랑과 건전한 생각을 주시옵소서." 하나님이 이 위대한 세상을 창조하실 때 "빛이 있으라," "해와 달이 있으라"라고 말씀하실 때 그대로 되었던 것처럼, 하나님이 당신의 작은 세상을 새롭게 창조하실 때 빛이 있으라, 사랑이 있으라, 능력이 있으라고 말씀하실 때, 우리가 우리의 형상을 따라 우리 모양대로 사람을 다시 만들자고 말씀하실 때, 그대로 될 것이다. 하나님이 "내가 줄 것이다"라고 말씀하셨다. 그렇다면 당신의 기도로 "주여, 행하옵소서"라고 말하라. 당신의 믿음으로 "주께서 행하시겠다고 말씀하셨으니 내가 그대로 될 줄 믿습니다"라고 말하라.

제 7 장
하나님을 아는 마음

"내가 그들에게 나를 아는 마음을 줄 것이다"(렘 24:7). 하나님을 아는 것은 새 마음이 가지는 첫 번째 탁월성이다. 옛 창조에서처럼 새 창조에서도 앞에서 말한 것처럼 첫 번째 말씀은 "빛이 있으라"라는 것이다. 하나님에 대해 무지했던 것에 비해 하나님을 아는 것은 마치 밤과 찬란한 낮의 영광이 대조되는 것과 같다. 지식이 없는 영혼은 해가 없는 궁창이나 눈이 없는 몸과 같다. 여기에 약속되어 있는 하나님을 아는 지식은 우리가 그 대상과 그 대상의 행위를 고려할 때 알 수 있다.

1. 지식의 대상이신 하나님

하나님은 본질적으로 완전하시고 영광스러우시며 무한하시고 영원하시며 전능하시다. 본질과 성품이 동등하신 삼위로 존재하시는 하나님이시며, 그리스도 안에 계신 하나님, 언약 안에 계신 하나님이시다. 하나님의 전체 생각과 뜻, 하나님이 우리의 의무나 행복으로 우리에게 계시하신 모든 것이다.

마음으로 하나님을 알게 되면 성경 전체가 열린다. 율법이 열리고, 복음이 열리고, 의무들과 위로들과 특권들이 드러난다. 그리스도가 그의 고난과 충족과 그의 영광의 모든 풍성함 속에서 열린다. 경건의 모든 신비가 나타난다. 마음이 열리고, 마음의 모든 깊은 것들과 모든 사악한 것들과 마음의 모든 기능과 능력과 활동과 성향이 알려진다. 하늘이 열리고, 왕관과 나라가 알려진다. 영원한 안식과 영광과 명예와 불멸이 밝히 보인다. 지옥이 열리고, 죄가 알려지고, 마귀가 알려지고, 진노와 시험과 저주와 영원한 불이 알려진다. 이 모든 것, 하나님 존재의 모든 것과 그분이 말씀과 행위로 계시하신 모든 것이 이 지식의 대상이다.

2. 하나님을 아는 실제적인 지식

이 지식은 하나님과 하나님의 행위를 파악하고 이해하는 것이다. "자랑하는 자는 이것으로 자랑할지니 곧 명철하여 나를 아는 것과 나 여호와는 사랑과 정의와 공의를 땅에 행하는 자인 줄 깨닫는 것이라"(렘 9:24). "능히 모든 성도와 함께 지식에 넘치는 그리스도의 사랑을 알고 그 너비와 길이와 높이와 깊이가 어떠함을 깨달아 하나님의 모든 충만하신 것으로 너희에게 충만하게 하시기를 구하노라"(엡 3:18-19). 하나님에 대한 이런 이해는 우리가 단지 하나님에 대한 지적이고 형이상학적인 개념들과 그 안에 있는 진리들을 아는 것을 의미하는 것이 아니라 다음과 같이 실제적인 것을 의미한다.

(1) 하나님에 대한 인식

하나님의 탁월한 성품들을 인정하고 좋아하는 것. "내가 기도하노라 너희 사랑을 지식과 모든 총명으로 더 풍성하게 하사 너희로 지극히 선한 것을 분별하며"(빌 1:9-10).

(2) 하나님을 소유함

하나님을 나의 하나님으로, 나에게 선하신 분으로, 나에게 지혜로 우신 분으로, 나의 주와 나의 하나님으로 아는 것이다. 그리스도 안에서, 그리스도를 통해 화해하시고, 그리스도를 통해 화목하게 하시는 하나님을 아는 것, 이것이 구원받는 지식이다. 알고도 소유하지 않는 것, 보고도 먹지 않는 것, 분노하시고 진노하시는 하나님을 알면서도 하나님을 잃어버리는 것은 정죄받은 자들에게 일어나는 일이다. 그들은 하나님의 선하심과 자비와 인애와 긍휼이 충분하심을 알면서도 "이것이 나에게 무슨 의미인가? 이것은 나에게 속한 것이 아니다"라는 식의 의문을 갖는다. 그들은 하나님을 알면서도 소유하지 않기 때문에 죽을 수밖에 없다.

(3) 하나님을 사랑함

"주의 이름을 아는 자는 주를 의지하는 것"(시 9:10)처럼, 주의 이름을 아는 자들은 주를 사랑하고, 주를 경외하고, 주 안에서 기뻐하고,

주의 이름을 찬송한다. 하나님을 알고 미워하는 것, 하나님을 알고 정죄하는 것, 하나님을 알고 도망치는 것, 하나님을 알고 하나님을 모욕하고 저주하는 것, 이것은 마귀들이 하는 일이다. 그들은 알면서도 두려움에 떤다.

그러나 특별히 이런 구원받는 지식과 일반적인 지식은 그 능력과 맛을 아는 것으로 구분한다.

I. 하나님을 아는 지식의 능력

하나님에 대한 지식은 강력하다. 나의 설교는 약할 수 있지만 당신 안에 참된 하나님을 아는 지식이 있을 때 강해진다. "이는 그리스도께서 내 안에서 말씀하시는 증거를 너희가 구함이니 그는 너희에게 대하여 약하지 않고 도리어 너희 안에서 강하시니라"(고후 13:3). 하나님을 아는 지식은 다음과 같은 능력을 가지고 있다.

1. 변화시키는 능력

"우리가 다 수건을 벗은 얼굴로 거울을 보는 것 같이 주의 영광을 보매 그와 같은 형상으로 변화하여 영광에서 영광에 이르니 곧 주의 영으로 말미암음이니라"(고후 3:18). "너희는 이 세대를 본받지 말고 오직 마음을 새롭게 함으로 변화를 받아 하나님의 선하시고 기뻐하시고 온전하신 뜻이 무엇인지 분별하도록 하라"(롬 12:2). 이 변화는 마음을 새롭게 하며, 더 나아가 영혼 전체에 영향을 미친다. 이 새 빛은 새로운 피조물이 되게 하며, 이전 것은 지나가고 새것이 되게 한다. 이곳에서 마음은 구원받을 수 있도록 조명을 받게 된다.

우리는 하나님과 연합되어 있고, 우리의 마음은 그리스도의 형상으로 가득 차 있다. 하나님에 대한 지식은 모든 은혜와 의무를 포괄하고, 생명을 불어넣는다. 동일한 은혜가 지성에는 빛으로, 마음에는 사랑과 거룩한 열망과 거룩한 두려움과 거룩한 즐거움으로 나타난다. 우리의 감정은 모든 감각 기관과 분리될 수 없다. 눈은 느끼면서 보고, 귀는 느끼면서 듣고, 미각은 느끼면서 맛보고, 코는 느끼면서 냄새 맡는다. 이처럼 지식은 모든 은혜와 관련되어 있다. 믿음은 알면서 믿으며, 자비는 알면서 사랑하고, 절제는 알면서 자제하며, 인내는 알면서 참고, 겸손은 알면서 낮추며, 회개는 알면서 탄식하고, 순종은 알면서 행하고, 긍휼은 알면서 불쌍히 여기며, 소망은 알면서 기대하고, 확신은 알면서 즐거워한다. 그러므로 우리는 알기 때문에 믿고 사랑하고 순종하고 소망하고 즐거워한다.

하나님은 우리가 지식에 넘치는 그리스도의 사랑을 알고 하나님의 모든 충만함으로 충만해질 수 있도록 믿음의 눈을 통해 이 지식을 주신다. 하나님은 이 눈을 통해 자신의 모든 권세와 영광과 함께 들어오신다. "그 너비와 길이와 높이와 깊이가 어떠함을 깨달아 하나님의 모든 충만하신 것으로 너희에게 충만하게 하시기를 구하노라"(엡 3:19). 낮의 빛은 달과 별처럼 반사를 통해 받는 이차적인 빛이 아니다. 해가 우리 마음에 떠오르는 때가 낮이다. 의의 해가 마음에 떠오를 때 생명의 빛이 있다. 하나님은 이 빛 안에 존재하시며 거하신다.

하나님이 거하시는 곳에 모든 더러운 것이 사라진다. 어둠이 해와 함께 거할 수 있을까? 사망이 생명과 함께 거할 수 있을까? 우리 안에 하나님이 나타나시는 정도에 따라 죄는 필연적으로 사라지게 된다.

만약 당신이 당신을 창조하신 분의 형상을 따라 전인적으로 새롭게 되지 않는다면, 당신은 단지 시체에 불과할 뿐이다. 당신 안에 있는 빛은 어둠이고, 당신 안에 있는 생명은 사망이다. 만약 그리스도가 당신의 마음 안에서 형성되지 않고, 만약 주 예수의 사랑과 겸손과 온유함과 인내와 긍휼과 거룩이 당신 안에서 생성되지 않는다면, 당신은 알아야 할 것을 아무것도 알지 못하고 있는 것과 같다. 만약 당신이 모든 지식을 가지고 있지만 자비를 가지고 있지 않다면, 만약 당신이 모든 지식을 가지고 있지만 겸손과 온유와 거룩을 가지고 있지 않다면, 당신은 단지 소리나는 구리와 울리는 꽹과리와 같을 뿐이다.

무지에 대해 불평하고 탄식하며, 하나님을 알지 못하는 것을 두려워하는 그리스도인이여, 그의 영광이 머물러 있는 위를 바라보라. 당신의 눈을 들어 보라. 혹시 볼 수 없다면 마음의 눈을 들어 보라. "주여, 어디에 계십니까? 나로 당신의 얼굴을 보게 하옵소서. 나에게 당신의 영광을 보여 주시옵소서, 눈먼 자를 불쌍히 여기시옵소서. 나의 보지 못하는 눈을 열어주시옵소서. 나의 혀가 풀려 당신을 찬미하게 하옵소서." 위를 보라. 당신의 하나님을 보지 못한다면 당신의 내면을 들여다보라. 당신 안에서 그의 얼굴을 볼 수 있는가? 주의 영광을 보고, 그의 형상으로 바뀌는 것을 발견할 수 있는가? 그렇다면 당신의 마음을 위로하라. 당신이 아무리 근시안적인 것처럼 보여도, 당신의 촛불이 아무리 희미해도, 하나님에 대한 지식에서 아무리 부족하다고 불평해도, 당신은 하나님을 보고 있다. 어둠을 향해 빛이 있으라 명령하셨던 하나님이 당신의 마음에 빛을 비추셨고, 당신에게 예수 그리스도의 얼굴에 있는 그분의 영광을 아는 지식을 주셨다.

2. 열매를 맺게 하는 능력

이 하나님을 아는 지식의 빛은 열매를 맺는 토지를 만든다. 사도는 "너희로 하여금 모든 신령한 지혜와 총명에 하나님의 뜻을 아는 것으로 채우게 하시고 주께 합당하게 행하여 범사에 기쁘시게 하고 모든 선한 일에 열매를 맺게 하시며 하나님을 아는 것에 자라게 하시고 그의 영광의 힘을 따라 모든 능력으로 능하게 하시며 기쁨으로 모든 견딤과 오래 참음에 이르게 하시고"(골 1:9-11)라고 성도들을 향한 자신의 열망을 말한다. 사도는 또한 "예수 그리스도로 말미암아 의의 열매가 가득하여 하나님의 영광과 찬송이 되기를 원하노라"(빌 1:11)라고 기도한다. 곧 그는 그들이 빛으로 가득 차고, 사랑과 믿음과 인내와 겸손으로 가득 차고, 모든 선한 일에서 열매를 맺도록 기도한다.

예수님은 "선한 사람은 그 쌓은 선에서 선한 것을 내고 악한 사람은 그 쌓은 악에서 악한 것을 내느니라"(마 12:35)라고 말씀하셨다. 선한 사람은 자신 안에 선한 보화, 곧 하늘의 지혜와 신적인 진리의 보화와 빛의 보화를 가지고 있다. 하나님이 그의 마음에 빛을 비추셨고, 그는 하나님의 모든 충만함으로 충만하게 된다. 그는 자신 안에 쌓아둔 것을 밖으로 드러낸다. 악한 사람은 악한 보화를 가지고 있다. 사탄이 그의 마음을 가득 채우고 있다. "어찌하여 사탄이 네 마음에 가득하여 네가 성령을 속이고 땅 값 얼마를 감추었느냐"(행 5:3). 어둠의 보화들이 그 안에 있다. 정욕과 거짓말의 보화가 그곳에 있다. 거짓과 어리석음이 그와 함께 발견된다. 안에 있는 이런 어둠의 보화들이 어둠을 낳는다. 어두운 영혼들이 어두운 삶을 야기한다. 그들의 길은 어둡고, 그들의 행위 또한 어둡다. 오, 죄인들의 삶의 열매가 얼마나 악한가! "곧 모든 불의, 추악, 탐욕, 악의가 가득한 자요 시기, 살인, 분쟁, 사기, 악독이 가득한 자요 수군수군하는 자요 비방하는 자요 하나님께서 미워하시는 자요 능욕하는 자요 교만한 자요 자랑하는 자요 악을 도모하는 자요 부모를 거역하는 자요 우매한 자요 배약하는 자요 무정한 자요 무자비한 자라"(롬 1:29-31).

그들의 입은 저주로 가득 차 있으며, 그들의 눈은 정욕으로 가득 차 있고, 그들의 손은 폭력으로 가득 차 있으며 모든 불의로 가득 차 있다. "오, 독사들이여, 악한 너희가 그런 마음을 가지고 어떻게 선한 것을 말할 수 있는가?" 너희에게서 나오는 모든 것이 악하다. 어떻게 다른 것이 나오겠는가? 마음에 가득한 것을 입으로 말한다. 마찬가지로, 오 신자들이여, 선한 너희가 어떻게 선한 것들을 내지 않을 수 있겠는가? 너희의 마음에 어떤 선한 샘도 솟아나지 않을 때 너희 심령 안에 은혜, 보화, 빛의 샘이 있다고 말할 수 있겠는가? 영적인 결핍의 상태는 마음속에 풍성함이 없다는 것이다. 당신 안에 있는 진리는 말씀의 씨앗이며 그리스도께서 뿌려놓으신 좋은 씨앗이다. 좋은 땅에 뿌려진 좋은 씨앗은 풍성한 수확과 열매를 맺는다. 반대로 좋은 땅이 아닌 곳에서는 열매가 형편이 없으며, 그 밭에 뿌려진 씨앗 또한 좋지 못했다는 것을 증거한다.

"우리가 그의 계명을 지키면 이로써 우리가 그를 아는 줄로 알 것이요"(요일 2:3). 우리는 하나님을 안다. "그러나 당신이 그것을 확신할 수 있는가? 당신이 실수할 수도 있지 않은가?" 그렇지 않다. 우리는 실수하지 않는다. 우리는 그분을 안다는 것을 안다. "그러나 당신이 어떻게 그것을 아는가?" 어떻게 나무를 알 수 있는가? 당신은 그 열매를 보고 나무를 알 수 있다. "당신은 이것이 참으로 하나님을 아는 지식의 나무라는 것을 어떻게 알 수 있는가?" 그곳에 어떤 열매가 맺혔는지 보라. 우리가 계명들을 지킴으로 순종이 자라고 있다. 또한, 거룩과 의와 자비가 있다. 그렇다면, 의심할 것 없이 이것은 올바른 나무이다. 모든 계명이 이 나무의 가지에 걸려있고, 이것들이 깨어지지 않고 지켜지는 것을 볼 수 있기 때문이다. 반면에, 순종과 믿음과 사랑과 겸손과 인내가 열매 맺지 않는 나무라면 이 나무는 지식의 나무가 아니다. "우리는 그의 계명을 지키기 때문에 그를 안다는 것을 안다." 이 지식의 나무는 또한 생명의 나무이다. 이 둘은 하나이다. "지혜는 그 얻은 자에게 생명 나무라 지혜를 가진 자는 복되도다"(잠 3:18). 이런 열매들이 발견되지 않는 나무는 오직 불의와 다툼과 분쟁과 탐욕과 정욕 등만 열매 맺고, 그곳에는 무지가 가득하다.

그리스도인이여, 당신이 가지고 있는 것을 자랑하지 말고, 당신이 무엇을 행하고 있는지를 생각하라. 당신의 사랑으로 당신의 빛에 대해 판단하고, 당신의 사랑을 당신의 삶으로 판단하라. 당신의 행위가 사람들 앞에서 빛나고 있지 않다면, 하나님이 당신의 마음에 빛을 비추셨다고 말하지 말라. "의인의 길은 돋는 햇살 같아서 크게 빛나 한낮의 광명에 이르거니와"(잠 4:18).

참된 경건은 오직 참된 지식에서 나온다. 불의로 진리를 붙잡고 있는 사람은 그 안에 진리가 있는 것이 아니다. 당신은 주님을 안다고 말하지만, 당신의 행위도 그것을 증거하는가? 행위는 사람의 내면에 대한 가장 훌륭한 해석가이다. 당신의 심장의 맥박을 느껴보라. 당신의 지식은 거룩한 삶을 만들어 내고 있는가? 여전히 육체 가운데 행하고 있으면서 성령을 가지고 있다고 하지는 않는가? 당신의 마음에 하늘이 있다고 하지만, 사실 당신의 손에는 오직 땅만 있지 않은가? 당신의 마음에 진리가 있다고 하지만, 당신의 입으로는 거짓을 말하고 있지 않은가? 당신의 마음에는 거룩과 영광이 있다고 하면서, 당신의 혀에는 더러운 것이나 비방하는 것이 있는가? 마음은 은혜로 가득 차 있는데 삶은 그렇지 않은가? 어떻게 이런 일이 있을 수 있는가? 당신의 마음에 있는 참된 지식의 빛이 당신의 마음을 주장하고 있는가? 당신의 혀는 반역하고 당신은 뒷발로 차고 있는데 당신의 마음이 복종할 수 있겠는가?

죄인들은 죄악된 삶으로 충만해 있지만, 성도들은 진리가 다스리는 삶으로 충만한가? 죄인들은 자신들의 거짓의 아버지와 함께 본 것을 말하고 있지만, 성도들은 아버지와 함께 본 것을 말하고 있는가? 그들의 입에는 거짓 맹세와 신성모독과 비방과 저주가 가득하지만, 우리의 입에는 진리와 선함과 거룩과 축복과 찬송이 있는가? 그들의 입술에는 많은 괴사가 가득하지만, 우리의 입술에는 은혜가 있는가? 그들의 거주지는 폭력과 억압과 탐욕으로 가득 차 있지만, 우리의 거주지에는 자비와 의와 정숙함으로 가득 차 있는가? 오, 그렇지 않은 그리스도인들에게 화가 있을지어다.

우리가 주님의 촛불을 밝히는 촛대가 되기는커녕 그 빛을 감추고 있는 것에 대해 화가 있을지어다. 오, 우리의 촛불이 얼마나 많은 어두운 영혼들을 더 밝은 빛되신 그리스도께로 인도했는가? 이스라엘 안에 있는 빛이 애굽으로 하여금 고센을 향하도록 할 수 없었는가? 그리스도인이여, 말하라. 당신이 본 것을 말하고, 당신이 믿는 것을 말하라. 당신이 가진 보화를 내놓으라. 어두운 세상을 불쌍히 여기거나, 적어도 서로에게 더 도움이 되도록 하라. 당신이 교육을 받은 대로 가르치라. 당신이 확신한 대로 확신을 시키라. 당신이 하나님께 위로를 받은 대로 위로하라. 죄인들을 능가하라. 그들의 입이 저주로 가득 찬 것보다 당신의 입이 축복으로 더 가득 차게 하라. 그들의 입이 신성모독으로 가득 찬 것보다 당신의 입술이 당신의 주로 더 가득 차게, 은혜로 더 가득 차게 하라. 선한 말은 바람이 아니다. 당신의 선한 말을 잎이 아닌 열매로 보여야 한다. 당신이 하나님의 일을 행하고 있을 때 하나님의 뜻을 드러내고 있는 것이다.

말을 가장 많이 하는 사람들이 언제나 가장 행동을 잘하는 사람들은 아니다. 그러나 아무것도 말하지 않는 사람도 결코 행동하는 사람이 아니라는 것도 사실이다. 말하는 것이 우리의 행동인 경우도 있다. 자랑을 함으로 우리 자신을 높이려고 하는 말도 있다. 그것을 조심하라. 우리 형제들을 세우려고 하는 말도 있다. 그것은 그들을 가르치고, 깨닫게 하고, 깨우고, 격려하는 것이다.

그리스도인들이여, 당신이 아는 것들을 자주 말하라. 그러나 당신의 삶으로 말하고, 입으로만 말하지 말 것을 부탁한다. 만약 당신이 헛되게 말하고 말로만 하는 사람이 되지 않으려면, 당신의 손과 발로 말하게 하라. 당신의 행위와 당신의 길로 하나님의 놀라운 것들을 말하게 하라. 당신이 받은 것을 삶으로 증명하라.

그리스도인이여, 선한 열매로 가득 채우라. 그러면 당신은 당신의 지혜가 위로부터 왔다는 것을 충분히 증명할 수 있을 것이다. "너희가 이것을 알고 행하면 복이 있으리라"(요 13:17). 하나님에 대해 거의 알지 못하고, 빛이 당신 안에 비추었는지 의심하는 연약한 그리스도인이여, 당신은 당신이 가진 작은 빛 안에서 걷고 있는가? 당신은 세상에서 빛을 비추고 있는가? 당신은 진리의 능력 아래 살고 있는가? 당신은 하나님을 경외하고 그의 종들의 목소리에 순종하는가? 그렇다면 하나님을 신뢰하고 하나님께 머물러 있으라. 비록 당신이 떨리는 마음으로 어둠 속을 걷고 있지만, 당신은 빛의 자녀이다. 비록 그리스도를 보지 못했지만, 당신은 그리스도를 사랑하며, 믿고 말로 할 수 없는 즐거움으로 즐거워하며 영광으로 가득 찰 수 있다.

II. 하나님을 아는 지식의 향기

"항상 우리를 그리스도 안에서 이기게 하시고 우리로 말미암아 각

처에서 그리스도를 아는 냄새를 나타내시는 하나님께 감사하노라"(고후 2:14). 하나님에 대한 지식은 달콤한 향기가 난다. 이 지식은 가는 곳마다 향기를 풍긴다. 이 지식은 감사한 마음을 주고, 성도들의 감각에 달콤한 인상을 남긴다. 그들은 하나님의 의로우심을 맛본다. 성도들의 호흡은 달콤한 향의 연기처럼 위로 올라가고, 하나님의 광채가 그들에게 달콤하게 내려온다. 주의 이름은 "쏟아진 기름과 같다." "네 기름이 향기로워 아름답고 네 이름이 쏟은 향기를 같으므로 처녀들이 너를 사랑하는구나"(아 1:3). 그의 이름이 무엇인가? "여호와라 여호와라 자비롭고 은혜롭고 노하기를 더디하고 인자와 진실이 많은 하나님이라 인자를 천대까지 베풀며 악과 과실과 죄를 용서하리라"(출 34:6-7). 오, 여기에 얼마나 많은 몰약 꾸러미들과 향신료들이 포함되어 있는가! 이것은 감각이 살아나 선과 악을 구분하게 된 사람들에게 얼마나 달콤한 향기를 주는가!

주님의 이름은 값진 기름이며, 하나님에 대한 지식은 이 기름이 쏟아진 것이다. 하나님이 영혼에 알려지시는 곳에서 그의 달콤한 향기가 부어진다. 하나님에 대한 생각은 귀하다. 하나님의 길은 그 길을 이해하는 사람에게 기쁘다. 그의 열매는 달콤하다. 오, 말로 표현할 수 없는 즐거움이여! 육적인 세상은 그것을 맛이 없는 것으로 여긴다. 세상 사람들은 그 맛을 느낄 수 없지만, 그것은 이상한 일도 아니다. 그들은 하나님의 일을 보지 못하고 볼 수도 없는데, 그것은 영적으로라야 식별되기 때문이다. 그러나 하나님이 영혼 안에 풍성하게 알려지신다면, 당신은 그의 지식의 향기가 무엇인지 알 수 있다.

이 빛은 달콤하다. 해를 보는 것은 즐거운 일이다. 오, 나의 영혼이여, 주님이 계시는 정원에 거닐고 머물라. 해가 비치게 하라. 그러면 그의 향기가 너에게 날라 올 것이다. 오, 나의 주님! 당신의 달콤한 기름을 부으소서. 당신의 옷의 향기가 나의 영혼을 새롭게 하옵소서. 나로 하여금 맛보게 하옵소서. 그러면 내가 주님의 의로우심을 맛볼 것입니다.

모든 육적인 쾌락과 감각적인 즐거움을 버리라. 이것들은 장미의 꽃봉오리를 썩게 하고, 당신의 정원의 꽃들을 시들게 하며, 죽은 파리들이 당신의 기름에 들끓게 할 것이다. 주님의 빛나는 영광이 당신의 모든 영광을 어둠으로 바꾸어 버릴 것이다.

주님을 아는 사람은 그에 대한 지식의 정도에 따라 그 향기와 달콤함을 더 받거나 덜 받는다. 그는 자신이 받은 것을 사람들 앞에 보낸다. 그는 달콤한 향기를 받으며, 그 자체로 달콤한 향기가 된다. 설교자들처럼 경건을 실천하는 사람들도 하나님께 그리스도의 달콤한 향기이며, 하나님의 향기를 사람들에게 보낸다. 그들은 향기 나는 입술을 가지고 있고, 향기 나는 삶을 산다. 그들의 은혜의 향기는 그리스도의 교회들 안에서 발산된다.

그러나 육적인 마음은 달콤한 향기 대신에 악취를 뿜어낸다. 그것은 모두 썩어있고 무덤의 악취만을 가지고 있다. 그것의 길과 말과 호흡은 썩은 마음에서 나오는 악취를 낸다. 그렇다. 그것이 가지고 있는 가장 좋은 것도, 즐거움도, 옷도, 용맹함도, 화장품과 향수도, 달콤한 냄새도 교만하고 헛되고 감각적인 마음에서 나오는 냄새를 풍기고 있다. 오, 그들의 맹세와 저주와 비난과 거짓말은 어떤 냄새를 내고 있는가! 죄인들이여, 하나님을 알기를 배우라. 그러면 이것은 빠르게 당신의 냄새를 바꿀 것이다. 하나님에 대해 어떤 것을 알고 있더라도 당신의 영혼이 그 지식을 받아들여서 당신의 길이 하나님에 대한 지식의 향기를 낼 때까지 당신의 지식이 구원받는 지식이라고 생각하지 말라.

하나님을 아는 마음의 이런 두 번째 징표, 곧 이 지식의 달콤한 향기와 이 지식이 영혼에 가져오는 즐거움은 혼자 있을 때는 불확실하게 여겨질 수 있다. 하나님에 대한 일반적인 지식에서 나오는 약간의 즐거움과 기쁨이 있을 수 있으며, 때때로 참된 지식이 있는 곳에서도 즐거움이 거의 없을 수 있다. 그러나 변화시키고, 열매를 맺게 하고, 향기를 내는 지식을 모두 함께 찾으라. 그러면 당신은 이 지식이 하나님에 대한 구원받는 지식이라는 것에 만족하고 안식하게 될 것이다. 하나님께서 "내가 나를 아는 마음을 그들에게 줄 것이라"라는 약속을 주셨기 때문이다.

오, 우리는 이 약속이 성취되기를 얼마나 간청하며 바라고 기다려야 하는가! 오, 우리 중에 건전한 지식이 얼마나 적게 발견되는가! 하나님에 대해 오랫동안 배운 어떤 사람들은 지식이 부족함에도, 하나님에 대해 배우지 않는다. 하나님은 계속해서 그들을 가르치셨지만, 그들은 하나님에 대해 배우지 않았다. 그들은 좋은 선생을 가지고 있지만, 배우는 데 형편이 없다. 그들은 이해가 낮은 연약한 사람들이다. 오, 신앙을 고백하는 사람 중에 비록 다른 사람들의 선생이지만,

하나님 계명의 첫 번째 원리를 배워야 하는 연약한 영혼들이 얼마나 많이 있는가! 어떤 사람들은 하나님에 대한 지식을 가지고 있지 않으며, 이것은 그들의 수치이다. "깨어 의를 행하고 죄를 짓지 말라 하나님을 알지 못하는 자가 있기로 내가 너희를 부끄럽게 하기 위하여 말하노라"(고전 15:34).

연약한 지식이든 많은 지식이든, 지식을 가지고 있지만, 향방을 모르는 사람들이 있다. 그들은 많은 지식을 가졌지만 그 지식은 힘이 없으며, 그들의 정욕은 그들의 빛에 비해 너무 강하다. "여호와께서 강한 손으로 내게 알려주시며 이 백성의 길로 가지 말 것을 내게 깨우쳐 이르시되"(사 8:11). 만약 하나님이 이들에게 말씀하셨지만, 하나님의 손이 그들에게 교훈을 주지 않았다면, 못이 충분히 깊이 들어가지 않은 것이며, 단지 머리에만 머물고 그들의 마음에 도달하지 못한 것이고, 눈으로 보지만 마음으로 충분히 하나님을 알지 못한 것이다.

그들의 지식은 그들을 하나님께로 이끌지 못하였으며, 오히려 하나님 대신에 그들 자신을 섬기고 있다. 그들의 지식은 그들을 안내하거나 이끌지 못하고, 그들로 변절하게 하며 그들의 이익과 교만, 탐욕을 섬기게 한다. 하나님에 대한 그들의 지식은 오히려 그들을 마귀로 만든다. 그 지식은 그들로 위선자가 되게 하고, 다른 사람들과 자신의 영혼을 속이는 자가 되게 한다. 그 지식은 그들로 영적인 언어를 말하게 하고, 그들의 입으로 기도하게 하고, 그들의 입술로 찬양하게 하며, 그들에게 그럴듯한 대화를 하도록 하고, 이치에 맞게 의무를 감당하게 한다. 그들은 입으로는 하나님의 영광과 영혼들의 선을 위한다고 말하지만, 진실은 오직 자신들의 정욕의 희생물에 불과하다.

하나님에 대한 지식은 겸손하게 하지만, 이 지식은 교만하게 하고 자신을 높인다. 이 지식은 자신들의 생각 속에서 그들을 교만하게 하고, 다른 사람들의 생각 속에서 그들을 높인다. 그들은 이 지식으로 그리스도 교회 안에서 분열을 일으키고, 논쟁을 지속하며, 다투고 싸우고, 구분하고 당을 짓고, 하나의 종교에서 스무 가지의 종교를 만들어 내는 일을 한다. 이 지식은 그들이 하려고 발을 내딛는 모든 일에 사용된다.

사도는 "하나님을 알지 못하는 자가 있기로 내가 너희를 부끄럽게 하기 위하여 말하노라"(고전 15:34)라고 말하였지만, 나는 "하나님을 안다고 말하는 자가 있기로 내가 너희를 부끄럽게 하기 위하여 말하노라"라고 말할 수 있다. 하나님을 안다고 하면서 겸손이 없는 것이 무엇 때문인가? 하나님을 안다고 하면서 자비가 없는 것은 무엇 때문인가? 나는 당신을 부끄럽게 하려고 이것을 말한다. 사람들에게 보이려고 그리스도에 대한 믿음을 가졌는가? 분파를 위해 하나님에 대한 지식을 가졌는가? 하나님을 안다고 하면서 하나님께 속한 사람들을 구분하고 흩어버리고 혼란스럽게 하는가? 작은 문제를 가지고 싸우면서 "하나님은 여기 계시지만, 그곳에 계시지 않는다. 우리와 함께 계시지만 너희와 함께 계시지 않는다"라고 주장하고 있는가? 그런 사람들이 하나님을 아는 척하면 할수록 그들의 수치는 더욱 커질 뿐이다.

친구들이여, 어둠을 사랑하지 말고 어둠을 빛이라고 부르지 말라. 하나님에 대한 지식이 아닌 것을 하나님에 대한 지식이라고 부르지 말라. 하나님에 대한 지식을 남용하지 말라. 당신은 아무런 지식도 가지지 않았는가? "내가 그들에게 나를 아는 마음을 주며, 그들이 모두 나를 알리라"라는 약속이 당신 앞에 놓여 있다. 보지 못하는 눈을 열어주며, 어둠에서 빛으로 바꾸는 복음이 당신 앞에 있다. 죄인이여, 당신의 입을 열라. 그러면 하나님이 당신의 눈을 열어주실 것이다. "구하라 그러면 주실 것이요 찾으라 그러면 찾을 것이라." 당신 주위를 비추고 있는 빛을 향해 눈만 깜박이지 말고 보라. 죽음을 사랑하지 않는다면 어둠을 사랑하지 말라. "하나님을 아는 것이 영생이다." 그렇다면 무지는 무엇인가? 당신의 눈에 빛이 없다면 당신의 마음에 죽음이 있는 것이다.

당신은 지식을 가지고 있는가? 감사하고 겸손하라. 높은 데 마음을 두지 말고 두려워하라. 그 지식을 소중하게 여기며 남용하지 말라. 당신은 진리의 지식을 받았는가? 당신이 알고 있는 진리의 능력 아래서 살라. 진리가 그 변화시키는 힘으로 당신을 다스리게 하라. 진리가 역사하여 당신을 그리스도의 형상으로 바꾸게 하라. 새 빛이 다스리는 능력으로 당신을 새사람이 되게 하라. 이 빛이 당신을 가르치고 당신을 다스리게 하라. 이 빛이 권위 있는 것으로 가르치게 하라. 이 빛이 당신의 모든 원수를 당신의 발로 밟을 때까지, 모든 생각과 모든 사상과 모든 높아진 것이 낮아지고, 그리스도께 사로잡힐 때까지 다스리게 하라.

주님의 빛이 도우심으로 당신이 마귀의 일을 하지 않게 하라. 그 빛으로 말미암아 당신에게 주어진 재능이 하나님과 당신에게 후회하는 것이 되지 않게 하라. 그 빛이 하나님에게 손실이 되지 않게 하고, 당신의 영혼에 영원한 손실이 되지 않게 하라. 이 땅에 빛으로 나타나셨던 그리스도께서, 하나님을 알지만 그리스도의 복음에 순종하지 않는 사람들을 심판하시기 위해 화염으로 하늘에서 나타나실 것이다. 알지도 못하고 순종하지도 않는 자들에게는 화가 있을 것이다. 그렇다면, 알지만 순종하지 않은 자들에게 어떤 일이 있겠는가?

그리스도인이여, 하나님을 알라. 알고 두려워하라. 알고 섬기라. 하나님을 알고 그분을 영광스럽게 하라. 하나님을 알고 당신 자신과 당신의 죄와 당신의 비참함과 당신의 위험과 당신의 시험을 알라. 알고 탄식하라. 깨어서 싸우고 이기라. 하나님을 알고 그분의 뜻과 당신의 의무와 당신의 길과 당신의 특권과 기회와 당신의 신분과 당신의 왕관을 알라. 알고, 행하고, 달리고, 고난받고, 기다리고, 소망하고, 하나님의 영광의 소망 가운데 기뻐하라. 하나님을 알라. 그러나 그리스도 안에서 하나님을 알라. 그리스도를 통해 화해하시고, 용서하시고, 사하시고, 받아주시는 하나님을 알라. 알고, 믿고, 받아들이고, 의탁하고, 내려놓고, 당신을 그분께 맡기라. 당신의 하나님을 알고 하나님을 바라보라. 당신의 하나님을 그분의 능력과 지혜와 거룩과 선하심과 인애와 자비 안에서 바라보라. 그분의 말씀과 행위와 섭리와 그분의 성도들과 당신의 영혼과 그의 아들 안에서 그분을 바라보라. 그분을 당신의 눈앞에 세우고, 바라보고, 당신이 그분의 형상으로 바뀌고, 그분의 모양으로 만족할 때까지 그분을 바라보는 것을 결코 멈추지 말라. 당신이 이렇게 되었을 때 "내가 그들에게 나를 아는 마음을 줄 것이다"라고 말씀하신 것을 이루신 것이다.

제 8 장

한 마음

"내가 그들에게 한 마음을 주고"(겔 11:19). 우리는 "에브라임은 어리석은 비둘기같이 지혜가 없어서 애굽을 향하여 부르짖으며 앗수르로 가는도다"(호 7:11)라는 말씀을 읽는다. 그는 자신의 하나님을 향해 마치 아무것도 없는 것처럼 전혀 아무런 마음도 가지고 있지 않다. 우리는 이스라엘이 두 마음, 곧 하나 이상의 마음을 가지고 있던 것에 대해 읽는다(시 12:2). 그러나 하나님은 그들에게 마음을 주시며, 그것은 오직 한 마음이라고 말씀하신다.

이 본문이 그리스도인들 전체를 의미하는 것이 아니더라도, 각각의 그리스도인과 관련하여 이 본문을 생각해 보자. 여기에서 "한 마음"은 흔들리며, 분열되고, 두 마음을 가지는 것과 반대되는 것으로 이해할 수 있다.

1. 흔들리고 불안정한 마음이 아님

"의심하는 자는 마치 바람에 밀려 요동하는 바다 물결 같으니......두 마음을 품어 모든 일에 정함이 없는 자로다"(약 1:6, 8). 흔들리는 마음을 가지고 있는 사람들은 사는 날이나 만나는 일들 만큼이나 많은 마음을 가지고 있다. 그들은 결심했다가 후회하고, 선택했다가 바뀌고, 바다의 파도처럼 바람에 따라 흔들리는 마음을 가지고 있다. 당신이 이런 마음을 원한다면 많은 마음이나 마음이 없는 것으로 부를 수 있다. 그러나 그리스도인의 한 마음은 고정되어 있고 세워져 있으며 결심한 마음이다. "마음은 은혜로써 굳게 함이 아름답다"(히 13:9). 은혜는 전에는 흔들렸던 마음을 고치고 세우고 은혜에 맞게 일치시킨다.

2. 분리된 마음이 아님

"그들은 두 마음을 품었으니 이제 벌을 받을 것이라 하나님이 그 제단을 쳐서 깨뜨리시며 그 주상을 허시리라"(호 10:2). 두 마음은 두 개로 나뉘어진 마음, 갈라진 마음이다. 한편으로는 하나님을 향하고 다른 한편으로는 죄를 향하고 있다. 한편으로는 그리스도를 향하고 다른 한편으로는 이 세상을 향하고 있다. 마음 속 작은 모퉁이에 하나님을 가지고 나머지는 죄와 마귀를 향하고 있는 마음이 바로 분리된 마음이다. 반면에, "한 마음"은 마음 전체이며, 모든 힘이 그 마음 안에 연합되어 있다. 하나님은 마음 전체를 모두 소유하신다. "내 영혼아 여호와를 송축하라 내 속에 있는 것들아 다 그의 거룩한 이름을 송축하라"(시 103:1). 그 모든 원천은 한 마음 안에 있고, 그곳에서 모든 샘이 흘러나온다.

3. 이중적인 마음이 아님

"그들이 이웃에게 각기 거짓을 말함이여 아첨하는 입술과 두 마음으로 말하는도다 여호와께서 모든 아첨하는 입술과 자랑하는 혀를 끊으시리니"(시 12:2-3). 한 마음은 이중적인 마음, 곧 하나는 가슴에 있고, 다른 하나는 혀에 있는 마음과 반대된다. 우리의 외면은 우리의 내면에 대한 표현으로 간주된다. 우리는 마음에 있는 것을 행동으로 표현한다. 말하는 것은 마음에 있는 것을 혀로 표현하는 것이고, 눈물을 흘리는 것은 마음에 있는 것을 눈으로 표현하는 것이고, 일하는 것은 마음에 있는 것을 손으로 표현하는 것이고, 걷는 것은 마음에 있는 것을 발로 표현하는 것이다. 그러나 위선자들은 그렇지 않다. 그들은 자신의 마음과 다른 것을 말하고 행동한다. 그들은 자신의 혀와 자신의 가슴에 서로 다른 마음을 가지고 있다. 그의 삶은 실제 그의 모습과 다르다. 그러므로 "한 마음"은 하나의 마음이나 분명한 마음을 의미한다.

이 모든 것을 요약하면, 한 마음은 한 가지 목적에 고정되어 있고, 오직 해야 할 한 가지 일이 있고, 그 한 가지 일을 행하는 마음이다.

하나님이 한 마음의 목적이시다. 여기에서 이 마음은 실재를 드러
낸다. "나는 주의 것이오니"(시 119:94). 마음은 오직 하나님 안에서 안
식을 얻는다. "주여 이제 내가 무엇을 바라리요 나의 소망은 주께 있
나이다"(시 39:7). 하나님은 이 마음의 일이며 삶이다. 하나님을 기쁘
시게 하는 것이 이 마음이 하는 일이다. 하나님을 즐거워하는 것이
이 마음의 행복이다. 하나님을 영화롭게 하고 즐거워하는 것이 이 마
음의 특징이며, 이 마음이 하는 모든 활동의 범위이다. 성도들은 주
님께서 그 마음을 사로잡아주시기를 열망하고 계획한다. 특별히 이
마음은 하나님께 이 마음의 최고 목적의 자리와 힘을 돌린다.

1. 한 마음의 최고 목적의 자리

하나님은 이 마음의 첫째이며 마지막이다. 하나님은 이 마음이 보
는 첫째 대상이며, 그 외 다른 것을 보지 않는다. 이 마음은 하나님을
최고의 목적으로 여길 뿐 아니라, 어떤 의미에서는 유일한 목적으로
여긴다. 이 마음은 어떤 다른 하나님도 가지지 않으며, 따라서 하나
님 이외에 다른 어떤 목적도 가지지 않을 것이다. 이 마음은 다른 모
든 것을 오직 하나님을 섬기는 것에 복종시킨다. 떨어져 있으라. 이
것이 하나님을 대신하거나 그의 길에 서 있는 모든 것을 향하여 이
마음이 하는 말이다. 악인들은 그들이 하나님을 위해 어떤 일을 하는
척하더라도, 하나님을 종으로 만들 뿐이다. 그들은 종교를 붙잡지만,

그것은 오직 자신들의 이익을 섬기고, 자신들의 육적인 목적을 이루려는 것일 뿐이다. "이같은 자들은 우리 주 그리스도를 섬기지 아니하고 다만 자기들의 배만 섬기나니"(롬 16:18). "그들의 마침은 멸망이요 그들의 신은 배요 영광은 그들의 부끄러움에 있고 땅의 일을 생각하는 자라"(빌 3:19).

그들은 하나님을 자신들과 같은 종으로 만든다. 그들은 자신들의 감각적인 욕구를 섬기고, 그들의 종교도 똑같은 욕구를 섬기게 한다. 대부분의 사람들이 그렇듯이 종교를 자신의 필요에 따라 생각하는 사람은 하나님을 더 이상 자신의 하나님이 아니라 자신의 종으로 삼는다. 신실한 그리스도인은 하나님을 보좌 위에 세우며, 다른 모든 것을 그의 종이나 발등상으로 여길 것이다. 섬기지 않는 것은 무엇이든지 발에 밟힐 것이다. 하나님을 더 높이 세우는 것을 제외하고 그 어떤 것도 받아들여지지 않을 것이다.

2. 한 마음이 가진 목적의 힘

이 목적은 네 가지 힘을 가지고 있다. 그것은 성도들을 이끌고, 안내하고, 다스리고, 성도들에게 보상을 준다.

(1) 성도들을 하나님께로 이끎

하나님은 그리스도인의 목적이기도 하지만 또한 그리스도인의 시작이기도 하다. 우리가 천국을 향해 내딛는 첫 번째 발걸음은 우리에게 주어지는 천국의 영향을 받아 시작된다. "너는 나를 인도하라 우리가 너를 따라 달려가리라"(아 1:4). "나를 보내신 아버지께서 이끌지 아니하시면 아무도 내게 올 수 없으니"(요 6:44). 하나님을 제외하고 어떤 것도 영혼을 하나님께로 이끌 수 없다. 죄의 쾌락과 불의의 삶은 계속해서 영혼을 하나님에게서 멀어지게 하는 형편없고 보잘것없는 미끼이다. 이것들로부터 영혼을 하나님에게로 이끌 수 있는 것은 하나님 이외에 아무것도 없다. 하나님이 그렇게 하실 것이다. 하나님은 목적을 통해 영향을 미침으로써 영혼을 이끄신다. 목마른 영혼이 물을 보고 샘에 이끌리는 것처럼, 하나님은 효율성뿐 아니라 연민으로 영혼을 자신에게로 이끄신다.

마음을 하나님께로 이끄는 분은 하나님이시다. 그분의 말씀과 사역자들과 같은 도구들도 있고, 하나님이 이끄시는 논증들도 있지만, 도구들이든 논증들이든 이 일을 행하시는 분은 하나님이시다. 하나님을 사람들 앞에 세우는 것이 아니라면 말씀이나 사역자들의 일이 무엇인가? 사실 도구들은 하나님이 설교자가 되지 않으신다면 아무것도 할 수 없다. 논쟁도 하나님이 그 안에 계셔서 함께 하지 않으신다면 아무것도 할 수 없다. 사람들이 사울을 따라갔던 것처럼 "하나님이 마음을 감동시키신 사람들"만이 하나님을 따른다(삼상 10:26 참조). 마음을 천국으로 이끄는 것은 사람이 아니라, 하나님이시다. 하나님께서 마음을 만지셨기 때문이다. 사람의 말은 다른 사람의 귀에만 이르지만, 마음을 만지는 분은 오직 하나님이시다. 하나님이 만지실 때 마음이 따라온다. 자석을 바늘에 가까이 댈 때 바늘이 자석에 따라온다. 하나님이 만지시는 마음이 하나님께 끌려오는 것은 바늘이 자석에 끌려오는 것처럼 자연스럽다. "내 사랑하는 자가 문틈으로 손을 들이밀매 내 마음이 움직여서"(아 5:4). 하나님은 그녀의 마음을 만지셨고, 그녀의 마음은 하나님을 느꼈고, 하나님을 향하여 움직였다.

오, 그리스도인들이여! 당신이 기도 가운데 하나님을 섬기거나 복음을 듣거나 어떤 영적인 의무나 규례를 행할 때 "하나님이 나의 마음을 만지셨는가? 나의 혀를 만지셨는가? 나의 귀를 만지셨는가? 나의 마음은 감동이 되었는가? 내 안에 내 영혼을 하나님께로 이끄시는 하나님께로부터 나온 힘이 있는가?"를 생각하라. 때때로 하늘에서 온 메시지나 방문으로 하나님은 우리의 입술에서 선한 말이 나오게 하시고, 우리의 눈에서 눈물이 나오게 하신다. 그러나 오, 하나님은 영혼을 만지시고, 마음을 자신에게 향하게 하시는, 영혼을 은혜로 이끄시는 유일한 자석이시다.

사람들은 많은 마음을 가지고 있고, 이끄는 것들을 많이 가지고 있다. 모든 마음은 각자가 자기만의 신을 가지고 있다. 한 사람에게 여러 신이 있을 수 있는데, 그것은 그만큼의 마음이 있기 때문이다. 쾌락이 그들의 신이며, 이익이 그들의 신이고, 그들의 배가 그들의 신이며, 그들의 아내나 자녀들이 그들의 신이다. 신들의 숫자만큼 목적들이 있다. 모든 목적은 그들을 이끄는 자석이다. 모든 마음은 각자의 신을 따를 것이다. 오직 한 마음을 가지고 있는 그리스도인은 오직 한 하나님을 가지고 있고, 이 마음을 이끄시는 분은 하나님이시다.

당신은 하나님이 당신의 하나님이시며, 하나님을 당신의 하나님으로 소유하고 있고, 당신의 하나님으로 선택했다고 말한다. 그러나 당신이 선택한 당신의 하나님은 당신의 마음에 무슨 일을 하고 계시는가? 당신이 하나님을 바라보거나, 하나님을 사랑하거나, 하나님을 소망하는 것이 당신에게 어떤 일을 하고 있는가? 그것은 당신을 어디까지 데려가는가? 당신의 마음은 어느 길로 달려가는가? 당신은 어떤 방식으로 당신의 길을 가고 있는가? 당신은 당신의 하나님이 당신을 이끌고 계시는 것을 느끼는가? 당신의 마음은 그를 향해 달려가고 있는가? 달려가는 것은 빠르거나 격렬하게 움직이는 것을 의미한다.

성경은 하나님이 이끄시는 마음이 하나님을 향해 달려가는 것을 다양한 방법으로 표현하고 있다.

① **하나님을 열망하는 것.** "여호와여 주께서 심판하시는 길에서 우리가 주를 기다렸사오며 주의 이름을 위하여 또 주를 기억하려고 우리 영혼이 사모하나이다 밤에 내 영혼이 주를 사모하였사온즉 내 중심이 주를 간절히 구하오리니"(사 26:8-9). 열망은 영혼이 하나님을 향해 움직이는 것이다. 그들의 열망이 그분을 향하고, 그 열망은 마음속 깊은 곳에서 나온다. "주여 나의 모든 소원이 주 앞에 있사오며 나의 탄식이 주 앞에 감추이지 아니하나이다"(시 38:9). 그는 용서를 바라고, 평화를 바라고, 도움을 바라고, 자기 상처의 치료를 바란다. 그러나 이 모든 것은 단지 하나의 열망이다. 하나님 한 분을 바라는 것이다. "내가 여호와께 바라는 한 가지 일 그것을 구하리니 곧 내가 내 평생에 여호와의 집에 살면서 여호와의 아름다움을 바라보며 그의 성전에서 사모하는 그것이라"(시 27:4).

② **하나님을 목말라하는 것.** "내 영혼이 하나님 곧 살아 계시는 하나님을 갈망하나니 내가 어느 때에 나아가서 하나님의 얼굴을 뵈올까"(시 42:2). 목말라하는 것은 열망의 극단을 표현한다. 배고픔과 목마름은 열망의 욕구가 높아지되 격렬하고 고통스러운 상태까지 높아진 것을 의미한다. 나의 영혼은 목이 마르고 이 목마름이 만족되기 전까지 고통을 느낀다.

③ **하나님을 갈망하는 것.** "하나님이여 주는 나의 하나님이시라 내가 간절히 주를 찾되 물이 없어 마르고 황폐한 땅에서 내 영혼이 주를 갈망하며 내 육체가 주를 앙모하나이다"(시 63:1). 갈망하는 것이 충족되지 않는다면 고뇌와 고통을 일으킨다. "주의 규례들을 항상 사모함으로 내 마음이 상하나이다"(시 119:20). "내 심장이 뛰고 내 기력이 쇠하여 내 눈의 빛도 나를 떠났나이다"(시 38:10).

④ **하나님을 부르는 것.** "내 의의 하나님이여 내가 부를 때에 응답하옵소서"(시 4:1). 하나님을 부르는 것은 열망의 목소리이다. 열망하는 영혼은 침묵하지 않을 것이다.

⑤ **하나님을 향해 울부짖는 것.** 이것은 영혼의 목마름에 대응하는 표현이다. 울부짖는 것은 격정적이고 간청하며 기도하는 것이다. "여호와여 내가 전심으로 부르짖었사오니 내게 응답하옵소서 내가 주의 교훈들을 지키리이다"(시 119:145).

⑥ **하나님을 향해 부르짖는 것.** 이것은 갈망하는 영혼의 방법이다. 부르짖는 것은 사랑의 발현이나 영혼의 고뇌로 말미암아 단지 크게 열망하거나 바라는 것 이상을 의미한다. "내 영혼이 궁정을 사모하여 쇠약

함이여 내 마음과 육체가 살아계시는 하나님께 부르짖나이다"(시 84:2).

⑦ **하나님을 가까이 따르는 것.** "내 영혼이 주를 가까이 따르니 주의 오른손이 나를 붙드시거니와"(시 63:8). 이 표현은 더 포괄적이다. 그것은 영혼 안에서 일하고, 발산하고, 호흡하는 모든 것뿐 아니라, 외적인 수단을 부지런히 사용하여 하나님을 갈망하는 것을 의미한다. 성도는 이런 모든 수고와 열망과 활동으로, 이런 모든 거룩한 침노로 하나님 나라에 들어가고자 한다.

이 모든 것을 합치라. 그러면 당신은 하나님이 자신을 따르도록 거룩한 영혼들에 부여하신 능력과 영향을 볼 수 있을 것이다. 그들은 천국을 향해 움직이며, 하나님을 열망하고, 목말라하고, 갈망하고, 부르고, 울고, 부르짖고, 가까이 따른다. 무엇이 이 영혼들을 괴롭히고 있는가? 그들의 문제는 무엇인가? 그들은 무엇을 가지기를 원하는가? 단 자손들은 미가에게 "네가 무슨 일로 이같이 모아 가지고 왔느냐?"라고 말했다. "무엇이 문제인가?" 너희가 나의 신들을 빼앗아 갔으니 "이제 내게 남은 것이 무엇이냐"(삿 18:23). 이런 울부짖고, 갈망하고, 달려가는 사람들의 문제가 무엇인가?

그들이 울부짖는 대상은 그들의 하나님이시다. 그들이 달려가는 대상은 그들의 하나님이시다. 엘리야 선지자는 자신이 겉옷을 던졌던 엘리사를 향해 돌아가라고 말했다. "엘리야가 그에게 이르되 돌아가서 내가 네게 어떻게 행하였느냐 하니라"(왕상 19:20). 하나님이 무엇을 행하셨는가? 그것은 나로 하여금 돌아가지 않도록 하기에 충분하였다. 그 겉옷에는 힘이 있다. 그 겉옷은 그의 등뿐 아니라 그의 마음에 떨어졌으며, 그의 마음으로 선지자를 따르게 하였다. 만약 누군가 당신에게 "돌아가라, 영혼이여! 너의 하나님을 따르는 데서 돌아가라. 그가 네게 무엇을 하였느냐?"라고 묻는다면, "그가 나의 마음을 가지셨기 때문에, 나는 돌아갈 수 없다. 그는 나의 하나님이시다. 내가 더 이상 무엇을 가지겠는가?"라고 대답할 수 있는가?

(2) 성도들을 안내함

"주여 영생의 말씀이 주께 있사오니 우리가 누구에게로 가오리이까?"(요 6:68).

(3) 성도들을 다스림

목적과 다스림 받는 것은 연결되어 있다. 죄인들의 궁극적인 목적이 그들을 다스린다. 이 목적이 그들로 일을 하게 하고, 길을 가게 한다. 이 목적이 그들에게 일을 붙잡게 하고, 계속해서 길에 있게 한다. 그들의 정욕이 어떤 속박과 사슬에 묶여있어도, 그들을 속박하는 것은 자신들의 육적인 목적이다. 이런 목적이 그들을 지배한다. 그러므로 죄인이 자신의 목적을 바꿀 때까지 그의 길을 철저히 바꾸도록 설득하는 것은 불가능하다. 그의 목적을 바꾸기 위해서는 죄인이 회심해야 한다. 그가 자신과 자신의 육신과 세상에 속해 있는 것과 세상적인 행복을 추구하는 것을 멈추고, 하나님을 자신의 분깃과 행복으로 알고, 하나님에게 자신을 드리고 헌신할 때 회심이 일어난다. 죄는 우리가 하나님에게서 돌아서는 것이며, 회심은 우리 하나님께로 돌아가는 것이다.

사랑하는 자여! 당신이 어떻게 살아야 할지 뿐 아니라 무엇을 위해 살아야 할지를 생각하라. 당신이 무엇을 할지 뿐 아니라 무엇을 가질지를 생각하라. 하나님이 당신의 마음과 눈에 있을 때까지 결코 당신 자신을 참으로 경건하다고 생각하지 말라. 먼저 하나님을 선택하고, 따라서 경건한 삶을 선택하고, 하나님을 선택한 열매로 삶의 경건이 나오는 사람이 경건한 사람이다.

하나님은 우리의 왕으로, 우리의 목적으로 다스리신다. 하나님은 우리의 왕으로는 그의 주권과 법으로 다스리신다. 하나님은 우리의 목적으로는 그의 탁월성과 선하심과 사랑으로 다스리신다. 사랑은 우리의 길을 발견하게 할 것이며, 우리가 방황할 때 길을 보여 줄 것이다. 또한, 우리의 죄에 대해 깨닫게 할 것이며, 우리의 모든 수고를 달콤하게 할 것이다. 그뿐만 아니라, 우리로 부지런하게 하고, 우리의 삶에서 겪는 위험과 어려움을 극복하게 할 것이며, 우리의 목적의 열매에 도달할 때까지 우리의 길을 가게 할 것이다. 그러므로 사도는 "율법은 옳은 사람을 위하여 세운 것이 아니요"(딤전 1:9)라고 말하고 있다. 사랑은 율법에서 수고를 덜어줄 것이다. "율법은" 비록 옳은 사람을 위해 세운 것이지만, 그 강제력에 있어서는 "옳은 사람을 위해 세운 것이 아니라" 죄인들을 위해 세운 것이다. 사랑의 통제는 율법의 강제력을 훨씬 능가할 것이다.

(4) 성도들에게 보상을 줌

"그들은 이미 자기 상을 받았느니라"(마 6:2). 곧 그들은 자신들의 목적을 가지고 있다. 경건하고 자비로운 사람들이라는 명성은 그들의 헌신과 자비의 목적이었다. 그런 명성을 얻는 것이 그들의 보상이었다. 그들은 다른 목적으로 기도하고, 금식하고, 구제하지 않았다. "진실로 너희에게 이르노니 그들은 자기 상을 이미 받았느니라"(마 6:2).

하나님이 성도들의 보상이시다. "나는 네 방패요 너의 지극히 큰 상급이니라"(창 15:1). "참으로 나에 대한 판단이 여호와께 있고 나의 보응이 나의 하나님께 있느니라"(사 49:4). 하나님은 그들이 받을 보상이시며, 그들이 받기를 바라는 보상이다. 모세는 "상주심을 바라보았다"(히 11:26).

성도들은 다음과 같은 두 가지 점에서 이 세상 사람들과 크게 다르다. 하나는 그들은 자신의 의무를 나중으로 기꺼이 미루려고 하지 않는다. 다른 하나는 그들은 이 세상에서 자신들의 보상을 받는 것을 두려워한다. 그들은 신속하게 자신들의 일을 하려 하고, 자신들의 삶에 대해서는 기꺼이 신탁한다. 반면에, 죄인들은 자신들의 보상을 당장 손에 쥐려 하고, 이곳에서 행복하기를 바란다. 그들은 될 수 있으면 거룩하게 되는 것을 미루려고 하고, 나중에 천국에서 성도가 되는 것으로 충분하다고 생각한다. 그러나 오, "여기에 너희를 위한 좋은 것들이 있다. 그것들을 가지라. 이것들이 너희의 보상이다"라는 것은 성도들에게 두려운 말이다. 이것들은 그들의 목적이 아니다. 그러므로 성도들은 그것들을 자신들의 보상으로 취할 수 없다.

가련하고 어리석은 세상 사람들이여! 당신은 얼마나 많은 주인을 섬기고 있는가! 당신은 얼마나 많은 문제에 대해 고민하며 지치는가! 그것에 대한 당신의 보상은 무엇인가? 당신은 밭과 소들이 주는 것을 그 보상으로 가지고 있으며, 당신의 침대나 집이나 옷이 주는 것을 그 보상으로 가지고 있다. 당신은 보상을 여기에서 조금, 저기에서 조금 가지고 있다. 당신의 침대는 당신에게 평안함을 주고, 당신의 집은 안식처를 주며, 운동과 사귐은 즐거움을 주며, 당신의 식객들은 명예를 준다. 당신은 조금씩 이곳저곳에서 취할 수 있다. 이것이 당신의 보상이다. "진실로 너희에게 이르노니 그들은 자기 상을 이미 받았느니라." 불행한 영혼들이여! 당신은 아무것도 아닌 것을 위해 수고하고 염려한다. 그러나 그 모든 것보다 단 한 가지가 필요하다. 당신이 지혜롭다면, 당신에게서 얻을 수 없는 좋은 부분을 선택하라.

II. 해야할 일이 하나인 마음

"형제들아 나는 아직 내가 잡은 줄로 여기지 아니하고 오직 한 일 즉 뒤에 있는 것은 잊어버리고 앞에 있는 것을 잡으려고"(빌 3:13). 이 한 가지 일에 필요한 모든 것이 들어있다. 성도가 해야 할 일이 아무리 많아도, 그 모든 것은 결국 하나로 귀결된다. 그가 의도하는 모든 것은 결국 하나님이다. 새롭게 된 마음은 하나님을 바라보며, 그가 하는 모든 일에서 하나님을 향한다. 그가 어떤 여행을 하든지 하나님이 그의 집이다. 그가 어떤 경주를 하든지 하나님이 그의 목표이며 상급이다. 그가 육체와 피, 정사들과 권세들과 어떤 싸움을 하든지 이 모든 싸움에서 그가 뚫고 가고자 하는 곳은 자신의 하나님이다.

성도는 무엇을 하든지 하나님을 위해 한다. 그는 어떤 고난을 받든지 하나님을 위해 고난을 받는다. 그가 듣거나 금식하거나 기도할 때 그것도 또한 모두 하나님을 위한 것이다. 너희가 금식할 때 나를 위해 금식했느냐? "네. 당신을 위해 했습니다"라고 그리스도인은 말할 수 있다. 그는 기도하고 금식해야 할 제목들이 많을 수 있다. 빵과 옷과 친구들과 건강과 안전을 위해 기도하며, 기도할 수 있는 자유도 가지고 있다. 다른 무엇보다도 그는 하나님께 기도한다. 그는 자신이 가지고 있는 모든 것을 하나님께 돌리고, 하나님을 목표로 삼으며, 자신이 가지고 있는 모든 것에서 하나님을 보고 즐거워한다. 그는 자신을 하나님께로 데려다주지 않는 것을 자비로 여기지 않을 것이다. 그러므로 그가 자신을 위해 무엇을 간구하든, 그것은 그가 하나님을 위해 얻기를 바라는 것이다.

그가 주는 것은 하나님께 주는 것이다. 그가 누구를 용서하든, 그것은 하나님을 위한 것이다. 그는 먹든지, 마시든지, 일하든지, 사든지, 팔든지, 무엇을 하든지 이 모든 것을 하나님의 영광을 위해 한다 (고전 10:31). 그는 하나님을 위해 기도하고 수고한다. 그는 하나님을 위해 고난을 받는다. 그는 하나님을 위해 살고 죽는다.

"이는 내게 사는 것이 그리스도니 죽는 것도 유익함이라"(빌 1:21). "나의 간절한 기대와 소망을 따라 아무 일에든지 부끄러워하지 아니하고 지금도 전과 같이 온전히 담대하여 살든지 죽든지 내 몸에서 그리스도가 존귀하게 되게 하려 하나니"(빌 1:20). 이것이 그가 의도하는 하나의 일이다. 이것이 그가 모든 것 안에서 찾고 있고, 자신의 삶의 전 과정에서 찾고 있는 하나의 일이다. 사도처럼 "나는 아직 내가 잡은 줄로 여기지 아니하고 오직 한 일 즉 뒤에 있는 것은 잊어버리고 앞에 있는 것을 잡으려고 푯대를 향하여 그리스도 예수 안에서 하나님이 위에서 부르신 부름의 상을 위하여 달려가노라"(빌 3:14)라고 말한다.

III. 그 하나의 일을 행하는 마음

1. 정직한 마음으로

한 마음을 가지고 있는 사람은 단 하나의 길을 간다. 마음과 삶이 함께 간다. 그는 자신의 마음을 따라 곧장 발걸음을 내디딘다. 그는 자신의 목표를 바라볼 뿐 아니라, 그 목표를 향해 걸어간다. 그는 야곱과 같이 솔직한 사람이고, 솔직하게 거래하는 사람이다. 그 안에는 궤사가 없다. 그는 자신의 내면을 그대로 밖으로 표출한다. 그의 삶은 그의 마음을 가리는 망토가 아니라 그의 마음을 드러내는 주석(註釋)이며, 그 내면의 강해서(講解書)이다. 그의 목적은 그의 마음 안에 있으며, 그의 마음은 그의 얼굴과 혀와 그의 의무들과 그의 모든 길에 있다. 그는 육적인 지혜를 가진 정치적인 장사꾼이 아니다. "우리가 세상에서 특별히 너희에 대하여 하나님의 거룩함과 진실함으로 행하되 육체의 지혜로 하지 아니하고 하나님의 은혜로 행함은 우리 양심이 증언하는 바니 이것이 우리의 자랑이라"(고후 1:12).

　그의 신앙은 단순한 자들을 속이고, 눈을 가리는 것이 아니다. 그는 순전하며 행하는 모든 일에서 성실하다. 그는 보이는 것과 똑같은 일을 한다. 그가 기도하는 것은 진정으로 기도하는 것이다. 그가 금식하고 구제하는 것은 진정으로 금식하고 구제하는 것이다. 그의 고백 그 자체가 실천이다. 그는 실제로 믿지 않으면서 믿는 척하고 다른 사람들을 믿게 하지 않는다. 그는 사람들의 칭찬을 구하지 않으며 하나님께 인정받는 것을 구한다. 그의 계획은 다른 사람들의 양심이 분명히 증거하겠지만, 그들이 자신에 대해 좋은 견해를 가지도록 하는 것이 아니다. 그는 거짓말하거나 속이지 않는다. 그는 모든 거짓말을 혐오하며, 다른 무엇보다도 종교적인 거짓말을 혐오한다. 그는 하나님을 위해 거짓말하지 않으며, 더욱이 하나님을 거슬러 거짓말을 하지 않는다. 그런 거짓말은 하나님의 신성을 모독하는 것과 같다. 그는 외형을 사랑하지 않는다. 그는 자신의 모든 실천에서 마음을 다하기를 바란다. 영혼이 없는 기도와 마음이 없는 제사와 종교적인 허식은 그에게 가증한 것이다. 그는 종교와 같은 귀한 매체가 육체를 섬기는 천한 목적을 이루는 데 사용되지 않기를 바란다.

　그는 시대를 따르고, 먹을 것을 탐하고, 자신이나 사람들을 기쁘게 하고, 의지나 오락이나 정욕을 따르는 대신에 해야 할 다른 것이 있다. 그에게는 영혼과 양심과 하나님이 있다. 그는 오직 해야 할 한 가지 일, 섬겨야 할 한 주인이 있다. 그가 통치자라면 하나님을 위해 통치한다. 그가 목사라면 하나님을 위해 설교한다. 그가 부모라면 하나님을 위해 교육한다. 그가 주인이라면 하나님을 위해 다스린다. 그는 자신과 자신의 집을 하나님께 맡긴다. 그는 자신의 집 문 위에 "이 집은 벧엘이다", "이 집은 오직 하나님의 집이다"라고 써놓는다. 그가 자녀이거나 종이라면 주 안에서 복종하며 주를 위해 복종한다.

그는 모든 일에서 하나님과 관계를 맺고 있다는 것을 안다. 그는 소명이나, 오락이나, 모든 행위에서 사람들과 친구들과 가족을 상대할 때 하나님과 관계를 맺고 있다. 그는 하나님이 즐거워하실 것 이외에 어떤 것에서도 위로를 얻을 수 없다. "당신은 죄악을 즐거워하지 않는다. 당신은 내면으로 진리를 사랑한다." 아무리 외적으로 진리가 있는 것처럼 보여도 마음과 혀와 길이 일치하지 않는다면 내면의 진리는 살아있지 못하다. 행위가 악할 때 "나의 마음은 선하다"라고 말하는 것은 헛된 것이다. 속이는 혀와 사악한 길은 마음의 거짓을 드러낼 것이다. 하늘로부터 오는 미소를 가지지 않은 것은 어떤 것도 오래 존속할 수 없다.

하나님과의 교제가 그의 생명이며, 그의 모든 것이 하나님 안에 있다. 그의 마음은 하나님과의 교제의 샘이 멈출 때 죽는다. 만약 그가 하나님 앞에서 정결함과 담대함을 가질 수 없다면, 그는 더 이상 자신을 바라볼 수 없고, 수치로 고개를 숙일 것이다. 그는 사람들의 칭찬도 비난도 가치있게 여기지 않는다. 그는 오직 하나님만을 자신을 받아주신 것에 대한 증인으로 삼는다. "오 주여, 당신은 나에게 관심을 가지고 계십니까? 나를 받아주시겠습니까?" 이것으로 충분하다. 온 세상이 그에게 "어리석은 자여, 바리새인이여, 위선자여"라고 부르더라도 하나님이 "나의 자녀이다"라고 말씀하신다면, 그것으로 만족한다. 세상은 "그것은 거짓이다. 어리석은 것이다. 믿을 수 없는 것이다. 교만한 것이다. 특이한 것이다. 보잘것없는 것이다"라고 소리친다. 나의 영혼아! 그들이 무슨 말을 하든 내버려 두라. 나는 주 하나님이 말씀하시는 것과 나의 양심이 말하는 것을 들을 것이다. 하나님이 "너는 충성되다"라고 말씀하시고, 양심이 "잘했다"라고 말한다면, 다른 모든 사람으로 하여금 자신들이 원하는 대로 말하게 하라. 단순하고 경건하고 신실하게, 세상에서 육체의 지혜가 아니라 하나님의 지혜로 살아가는 것이 내가 유일하게 즐거워하는 것이며, 나의 양심이 증거하는 것이다.

2. 선한 의지로

그는 하나의 목적으로 자신의 모든 일을 한다. 죄인들이 "두 손으로 부지런히" 악을 행하는 것처럼(미 7:3) 그는 부지런히 의를 행한다. 그는 선하고 진실하게 신앙생활을 하며, 선하고 진실하게 기도하며, 선하고 진실하게 말씀을 듣고, 선하고 진실하게 행한다. 그의 영혼의 능력은 모두 한곳으로 모여져 더 강하게 발휘된다. 시편 기자는 "일심으로 주의 이름을 경외하게 하옵소서"라고 기도한다(시 86:11). 나의 마음이 당신을 향해 하나 되게 하셔서 전심으로 주를 향해 달려가게 하옵소서. 나의 마음이 하나 되어 주의 이름을 경외하게 하옵시고, 나의 마음이 하나 되어 주의 이름을 사랑하게 하옵소서. 나의 마음이 하나 되어 주를 섬기고, 주를 위해 살게 하옵소서.

그는 마치 "나의 하나님, 나의 마음이 분열되고 흐트러져서 내가 어디에 있는지 모르겠습니다. 쾌락도 나의 마음의 한 부분을 차지하고 있고, 재산도 나의 마음의 한 부분을 차지하고 있고, 친구들도 나의 마음의 한 부분을 차지하고 있고, 가족도 나의 마음의 한 부분을 차지하고 있고, 하나님을 위해 남아있는 것은 거의 없습니다. 나는 두려워하는 것이 너무 많고, 사랑하고 관심이 있는 것도 너무 많고, 섬기고 따라야 할 것도 너무 많아서 주님을 따르는 것이 방해를 받습니다. 주여, 나의 모든 힘을 모아주옵소서. 모든 힘이 연합되어 당신을 섬기게 하옵소서"라고 말하고 있는 것 같다.

"그러므로 너희 마음의 허리를 동이고 근신하여 예수 그리스도께서 나타나실 때에 너희에게 가져다주실 은혜를 온전히 바랄지어다. 너희가 순종하는 자식처럼 전에 알지 못할 때에 따르던 너희 사욕을 본받지 말고 오직 너희를 부르신 거룩한 이처럼 너희도 모든 행실에 거룩한 자가 되라"(벧전 1:13-15). 당신의 마음의 허리를 동이라. 허리를 동이고 근신하라. 허리를 동이고 온전히 바라고 순종하며 거룩하라. "그런즉 서서 진리로 너희 허리띠를 띠라"(엡 6:14). 여기에서 허리를 동이지 않고는 축복을 받지 못하며, 거룩할 수 없다는 것은 진리이다. 허리를 동이는 것은 사명을 할 수 있도록 마음을 힘있게 모으는 것이다. 허리띠를 풀지 말고 언제나 허리띠를 동인 채로 서 있으라. 당신의 마음을 모으고 다잡으라. 언제나 모든 의무를 감당할 수 있는 준비를 하고, 모든 시험에 대항할 수 있는 준비를 하라.

오, 우리는 얼마나 느슨한가! 우리는 얼마나 느슨하게 기도하고, 느슨하게 듣고, 느슨하게 묵상하고, 느슨하게 걷는 것에 스스로 만족하는가! 우리의 마음은 진리를 찾고 있지만, 우리의 생각과 감정은 우리의 마음과 따로 놀고 있다. 우리는 진리를 어디에서 찾아야 하는지 모르고, 우리를 열매를 맺지 못하고 있다. 우리는 믿음의 열매를 맺지 못하는 것에 대해 많은 장애물이 있고, 맡은 일이 어렵다고 변명한다. 하지만, 진정한 어려움은 우리가 허리를 동이지 않았으며, 우리의 마음이 우리의 일과 연합되어 있지 않으며, 그 일을 완수하려는 의도가 없다는 데 있다.

하나님과 그의 영원한 일이 마음 속 깊이 묵상될 때, 영원히 존재하는 것들에 대한 무게감이 육적인 대상들을 압도하고, 우리의 영혼이 영원한 것을 추구하도록 명령받는 것을 느낄 때, 우리는 계속해서 앞을 향해 나아가며 진보한다. 이런 일은 "한 마음"과 함께 일어난다. 단지 마음에 가벼운 접촉만으로는 이런 일이 일어나지 않는다. 하나님이 영원히 그 안에 깊이 새겨져야 하는 것이다. "하나님이 나의 전부이다. 하나님은 내가 묵상하거나 이루어야 하는 전부이다"라고 마음은 말한다. 나의 소망, 위로, 생명, 영혼, 이 모든 것이 이 한 가지에 달려있다. 만약 내가 이 길로 잘 나아간다면, 나는 영원히 살 것이다.

애굽의 길에서 내가 무엇을 해야 하는가? 시홀의 물을 마셔야 하는가? 내가 앗수르로 가는 길에서 무엇을 해야 하는가? 이곳에서 나를 위해 초막을 짓거나, 터진 웅덩이에서 물을 마셔야 하는가? 내가 이 육체에 얼마나 관심을 적게 두어야 하는가? 나는 어떠한가? 나는 어느 길로 가고 있는가? 나의 하나님과 나의 영혼에만 유일한 관심을 가지라. 사탄아, 내 뒤로 물러가라. 죄악된 육체여, 잠잠하라. 세상의 염려여, 침묵하라. 나를 방해하지 말라. 나로 하여금 너에게 귀를 기울이게 하지 말라. 너 악을 행하는 자들아, 나에게서 떠나가라. 나는 하나님의 계명을 지킬 것이다. 육체를 따르는 자들로 하여금 그들이 원하는 것을 하게 하고, 그들이 가고 싶은 곳으로 가게 하고, 그들이 섬기고 싶은 존재를 선택하게 하고, 그들이 따르고 싶은 것을 따르게 하라. 그러나, 나의 영혼아! 너는 주를 따르라. 너의 허리를 동이고 거기서 떠나라. 다른 세상을 향해 가라. 서두르고 머무르지 말라. 육신을 따르는 사람들은 그들이 원하는 대로 머물러 있게 하라. 당신의 영혼의 생명을 위해 도망하라. 뒤를 돌아보지 말고 산으로 가라. 그러면 살 것이다.

반대. 한 마음? 왜 하나라고 말하는가? 마음은 계속해서 둘로 나뉘어 있다. 새 사람과 옛 사람 두 마음이다. 두 나라에 속해 있고 두 자아가 있다. 모든 성도의 배 속에는 쌍둥이같이 짝을 이루는 두 자아가 있는 것이다. 경건하지 않은 자들은 전적으로 죄와 지옥에 속하고, 돌 하나로 남을 정죄하며 죽일 수 있을 만큼 전적으로 어둡고, 강퍅한 자아뿐만 아니라 더 많은 자아를 가지고 있는 것 같다.

대답. 그러나 오직 성도들만이 이 '한 마음'을 소유한다. 그들에게 붙어있는 옛 마음은 '마음'이 아니며, 옛 자아는 '자아'가 아니다. 이 옛 사람은 이제 그가 아니다. 한 마음은 사람 안에서 다스려지고 지배되고 있는 마음이다. 새 마음은 지배력을 가지고 있다. 비록 에서가 장자였지만, 동생을 섬겨야 했던 것처럼, 옛 사람은 죽고 새 마음을 섬겨야 한다. "이는 너희가 죽었고 너희 생명이 그리스도와 함께 하나님 안에 감추어졌음이라"(골 3:3). "너희는 죽었다." 곧 당신의 옛 사람은 죽었고, 당신의 죄는 그리스도와 함께 죽임을 당하여 십자가에 못 박혔다. 당신의 죄가 죽었을 때 당신은 이제 당신의 죄가 존재하지 않는다고 말할 수 있다.

이 의미는 분명하게 하나님이 그들에게 한 마음, 곧 단일하고, 신실하고, 올바른 마음을 주셨다는 것이다. 그들은 더 이상 위선자가 되지 않을 것이다. 설령 그들 안에 위선적인 것이 남아 있어도, 그들은 더 이상 위선자라고 불리지 않을 것이다. 그들의 마음은 하나님 앞에서 올바르다고 여겨질 것이다. 우리의 최고선과 최종적인 목표로서 하나님을 선택하고, 우리의 마음을 하나님께 드릴 때 신실함이 드러난다. 하나님이 우리의 전부일 때 완전함이 드러난다. 하나님이 우리의 전부일 때, 즉 세상이 우리의 영혼을 미혹하여 세상으로 끌고 갈 수 있는 것이 우리 안에 아무것도 남아 있지 않고, 하나님이 우리가 죄악 된 대상들을 좋아하거나 끌리지 않도록 전적으로 우리를 이끌고 계실 때 완전함이 있다고 할 수 있다. 이것은 이 땅에서 완전하게 획득될 수는 없다. 따라서 마음은 썩을 것이 썩지 않을 것을 입을 때까지 완전히 하나일 수 없다. 그러나 비록 마음은 완벽한 의미에서 하나가 아니더라도 신실한 의미로 하나일 수 있다. 아무리 육체가 지나치게 큰 관심을 가지고 마음에 영향을 미치고, 마음을 낚아채고, 잡아당겨도 여전히 마음이 하늘을 향하고 있다면, 마음은 신실하게 하나일 수 있다.

우리가 영적인 일을 수행할 때 육체는 자신의 몫을 달라고 요구할 것이다. 육체는 모든 것을 가지려 하고, 하나님과 함께 가려 하지 않을 것이다. 하나님도 육체와 동행하지 않으실 것이다. 하나님은 모든 것을 소유하시든지, 아무것도 소유하지 않으실 것이기 때문이다. 육체는 들이나 상점이나 식탁이나 침상에서뿐 아니라, 교회나 거실이나 골방, 그 어디에서도 만족하지 못할 것이다. 육체는 하나님에게서 모든 것을 빼앗고 싶어한다. 그러나 육체가 하나님에게서 모든 것을 빼앗아 가질 수 없다면 하나님과 나누려고 할 것이다. 하나님이 섬김을 받는 곳은 어디든 육체는 자신의 몫을 요구할 것이다.

가장 훌륭한 그리스도인들조차도 이러한 육체의 요구를 쉽게 벗어날 수 없다. 이 때문에 그들은 하나님 앞에서 겸손해지고, 탄식하고, 애통하며, 부끄러워하는 것이다. 이것은 그들의 가장 깊은 곳에서 우러나오는 탄식 소리이며, 가장 비통한 눈물이고, 그들이 가장 가슴 아프게 느끼는 지점이다. "나는 내가 하고자 하는 것들을 할 수 없다. 내가 선을 행하고자 할 때 악이 나와 함께 있다. 나는 마음으로는 하나님의 법을 섬기고자 하지만, 육신으로는 죄의 법을 섬긴다. 나의 영혼이여! 나에게 화로다. 나는 얼마나 역경에 빠졌으며, 얼마나 마음이 나뉘었는가! 나는 이렇게 서둘러서 어디로 가고 있는가?

나는 무엇을 가지고 하나님 앞에 갈 수 있겠는가? 오, 나는 얼마나 머뭇거리며, 마음이 아예 없거나 마음을 세상에 걸쳐 분산된 상태로 의무들을 감당하면서 하나님을 섬기고 있는가! 이 '육체'는 살진 것과 가장 좋은 것을 먹어버린다. 하나님께 드리기 위해 남겨둔 것은 오직 저는 것과 바짝 마른 것과 병든 것들이다. 나에게 화로다. 나는 얼마나 형편없이 메말라 있는가! '나의 하나님, 나의 하나님, 저는 당신을 얼마나 형편없이 섬겼습니까? 당신이 마땅히 받으셔야 할 것을 저는 얼마나 많이 강탈했습니까? 이것들이 당신의 성소에 들어가서 당신이 기뻐하시는 것들을 다 먹어 버렸습니다. 이제 당신을 위해 무엇이 남아있습니까?'" 이런 것들이 성도들의 탄식이다. 그들이 열린 마음으로 하나님께 다가가 호소하는 동안 그들의 탄식 그 자체가 그들의 위로이며 그들의 신실함의 증거가 된다.

"여전히 당신은 나의 하나님이시며 나는 당신을 섬길 것입니다. 나는 당신을 영원한 나의 유산으로 선택했고 당신의 구원을 기다릴 것입니다. 죄인의 탄식 소리를 들으시고 당신의 사로잡힌 자를 구원하옵소서. 나의 마음은 당신과 함께 있습니다. 이 육체로 당신의 주권을 침해하지 않게 하옵소서. 죄가 더 이상 나의 죽을 몸 안에서 다스리지 않게 하옵소서. 나로 하여금 더 이상 죄악의 보좌에 앉지 않게 하시고, 사슬을 끊고 족쇄를 풀고 나의 영혼이 감옥에서 나오게 하옵소서.

주여, 나를 살피소서. 나의 악한 생가과 마음을 알게 하옵소서. 나의 죄악을 밝히 드러내 주시옵소서. 내 안에 어떤 사악한 것이 있습니까? 내가 죄의 명령을 따르며 내 마음에 죄악을 품고 있습니까? 내가 그렇다는 것을 압니다. 나의 죄악은 하나님을 향해 대적하고 있고, 소동과 반란을 일으키고 있습니다. 그러나 내가 죄악에 지고 있지 않습니까? 내가 죄악을 즐거워하지 않습니까? 내가 죄악과 화평을 누리고 있지는 않습니까? 주여, 당신은 아십니다. 나는 제 힘으로 죄악을 제거할 수 없습니다. 나는 내가 하고자 하는 것을 할 수 없습니다. 나는 내가 원하는 대로 기도할 수 없고, 내가 바라는 대로 들을 수도 말할 수도 없습니다. 내가 어디로 가든 죄가 나와 함께 갑니다. 내가 머물러 있는 곳에 죄가 머물러 있습니다. 내가 죄로부터 달아나면 죄는 나를 따라옵니다. 나는 안식할 수도 쉴 수도 없습니다. 나는 아무것도 할 수 없습니다. 죄는 나를 몹시 괴롭힙니다.

그러나 당신의 이름을 찬송합니다. 나는 내가 할 수 없는 이 한 가지 일, 곧 내가 스스로 성취할 수 없는 이 한 가지 일을 따라갑니다. 나는 완전히 정복할 수는 없지만 죄와 싸웁니다. 죄가 나를 자주 쓰러뜨리지만 나는 죄와 씨름합니다. 죄가 나에게 아첨하지만 나는 죄를 신뢰하지 않습니다. 죄가 나를 먹이고 있지만 나는 죄를 사랑하지 않습니다. 주여, 나의 마음은 당신과 함께 있습니다. 나의 발은 당신을 따르고 있습니다. 나는 당신의 구속을 기다리며 탄식하고 고통 속에서 신음합니다. 내가 죽을 때까지 나는 포기하지 않을 것입니다. 나는 죽기까지 싸울 것이며, 죽기까지 소망할 것이며, 죽기까지 기도할 것입니다. 주여, 나를 구하옵소서. 나의 하나님, 더 이상 지체하지 마옵소서."

지금까지 '한 마음'에 대해 살펴보았다. 그것은 하나의 목적에 고정되어 있는데, 하나님이 바로 그 목적이시다. 하나님은 이 목적의 처음이자 마지막이시다. 이 목적의 능력도 하나님이시다. 이 한 가지 목적, 곧 하나님을 소유하는 일이 그들 삶의 전 과정을 이끌고, 안내하고, 다스린다. 그들은 하나님을 소유하는 것을 유일하고 탁월한 큰 보상으로 받아들인다. 이것은 그들을 교훈하고, 다스리고, 격려하며, 죄에서 멀어지도록 요청하며, 그들에게 계속해서 의무를 감당하도록 하고, 고난 속에서 그들을 지킨다. 그들의 힘은 이 한 가지 일에 연합되며, 그들의 모든 논쟁은 이 한 가지 논쟁에서 해결되며, 그들의 모든 보상은 이 한 가지 보상으로 요약된다. "하나님이 영광을 받으실 것이다. 그 안에서 나의 영혼이 충족될 것이다. 하나님은 나의 것이 될 것이며, 영광은 그의 것이 될 것이다." 이 모든 일에서 우리는 '한 마음'이 무엇을 의미하는지 알게 된다.

　　그러나 오, 우리는 얼마나 적은 은혜를 받고 있는가! 우리는 얼마나 마음이 많이 나뉘어 있으며 분열되어 있는가! 설령 하나님이 어떤 부분을 차지하고 계신다 하더라도, 우리는 하나님께 얼마나 작고 낮은 귀퉁이 자리만을 내어드리는가! 우리는 얼마나 자주 하나님의 자리를 우리의 정욕에게 내어주고 하나님을 낮추어버리는가! 우리는 하나님의 자리를 마귀에게 내어주고 있지는 않은가? 하나님은 정말 우리의 전부인가? 하나님 대신 다른 것으로 기쁨을 느끼고, 다른 것을 섬기며 다른 분깃과 유업을 바라고 있지는 않은가? 하나님은 우리의 알파와 오메가이시며, 처음과 나중이시며, 샘과 대양이시며, 우리의 모든 움직임의 시작이시며 결과이신가? "나에게 사는 것은 그리스도이시며, 하나님과 하늘의 영광 이외에 아무것도 없다"라고 우리의 혀가 아닌, 우리의 마음과 삶으로서 말하는가?

　우리가 우리 육체의 자랑과 편안함과 유익을 위해 매우 열심히 달리고 있을 때, 우리가 이런저런 세상일로 바쁘고 마음이 **빼앗길** 때, "내게 사는 것은 그리스도니"라는 고백을 지속적으로 할 수 있겠는가? 오, 하나님의 능력은 우리에게 얼마나 보잘 것 없이 역사하는가! 오직 하나님만을 바라보는 삶이 우리의 영혼을 이끌고 있는가? 오, 우리는 이것과 얼마나 거리가 먼가! 우리는 온전히 하나님을 위한 삶을 살지 못하고 있다. 우리의 활에 너무 많은 줄이 있다. 우리는 봉사를 하면서 하나님의 이름에 약간의 명예를 돌리고, 종교 활동을 통해 어느 정도 육체적인 이익과 외적인 이익을 얻으려고 한다. 그러나 이모든 다른 줄이 끊어지고 오직 하나의 줄만 남았을 때 즉, 하나님 이외에 우리를 움직일 동기가 아무것도 남아 있지 않을 때, 우리의 움직임은 약해지고 만다.

　육체는 종종 하나님을 동반자로 삼는다. 똑같은 행위 안에 이중적인 거래, 곧 하늘을 향한 거래와 땅을 향한 거래가 존재한다. 하나님으로부터 나오는 것 이외에 우리가 종교 활동을 통해 얻는 것들이 있다. 논과 밭과 포도원과 과수원의 풍성한 열매와 친구와 명예와 승진 등이 있다. 그러므로 때때로 우리의 내면이 경건해질 때는 우리는 열정적으로 "주님, 제게 오시옵소서. 내가 만군의 주님을 향해 가지고 있는 열정을 보시옵소서"라고 말할 수 있다. 그러나 우리의 마음이 하나님에 대한 마음과 세상에 대한 관심으로 분열될 때, 하나님이 우리에게 주신 의무들을 육적인 것에 소비하고 그 세상의 영향에 우리의 마음이 잠식되어 버릴 때, 우리의 마음이 드보라가 바락에게 했던 것처럼 "네가 이번에 가는 길에서는 영광을 얻지 못할 것이다"(삿 4:9)라고 말할 때, 우리의 열정은 얼마나 빠르게 사그라드는가? 오, 그때 우리가 앞을 향해 전진하는 것은 얼마나 힘이 드는가! "그러나 하나님이 영광을 받을 것이다"라는 말이 모든 편견을 이기고, 육체가 방해하는 모든 추론을 반박한다. 그렇지만 이런 편견과 추론을 무시하고 거슬러 계속해서 우리의 길을 가게 하는 일은 얼마나 드문가!

하나님이 왕으로 우리를 다스리신다고 말하지만, 우리는 하나님을 우리의 목적으로 삼는 일이 얼마나 적은가! 하나님의 선하심은 우리를 얼마나 미미하게 다스리시며, 하나님의 사랑은 얼마나 미약하게 우리에게 역사하시는가! 우리에게는 회초리와 채찍과 전갈이 필요하다. 그러나 이 모든 것으로도 우리를 다른 신들에게서 돌이키고 하나님을 따르게 하기에는 충분하지 않다. 만약 명령과 위협과 공포와 형벌과 심판이 우리에게 더 이상 어떤 역할도 할 수 없다면, 만약 우리가 아무리 심판과 징계 아래 있어도 여전히 느긋하고, 육적이고, 세상적이고, 고집스럽다면, 만약 우리가 채찍에 맞아도 더 겸손해지거나 영적으로 각성되지 않고, 자기를 부인하거나 조심스러워지지 않는다면, 만약 율법의 징계와 강제에도 불구하고 우리가 여전히 게으르고, 육적인 감각에 사로잡혀 있다면, 만약 우리에게 죄를 짓지 않도록 억제하고 우리를 강권하여 각성시켜서 의무를 감당하게 하는 사랑이 없다면, 우리는 율법이 없는 상태와 같지 않은가?

그리스도인들이여, 우리가 많은 일을 하지만 반드시 해야 할 의무도 하고 있는가? 우리는 때때로 중요하지 않은 일을 하느라 바쁘다. 비록 우리의 입술로 기도하고, 하나님을 찬양하고, 그리스도와 천국과 거룩과 영광과 새 마음을 말한다고 해도, 그 안에 아무런 실체가 없을 수도 있다. 곧 기도도, 찬양도, 그리스도도, 천국도 없을 수 있다. 골방과 가정, 그리고 회중 안에서 우리가 기도하고 있는 것처럼 보이지만 실제로는 아무것도 하고 있지 않아서 단지 바람을 잡으려고 하는 것에 불과할 때가 있다.

우리는 때때로 계획이 너무 많다. 우리는 많은 육적인 계획을 종교 활동으로 얼마나 많이 포장하는가? 우리는 하나님보다 사람들을 기쁘게 하려고 하고, 그리스도의 희생제사를 우리의 교만과 욕구를 충족시키는 도구로 사용한다. 우리는 세상일을 하나님 앞에 가져온다. 기도의 집이어야 할 우리의 마음을 장사하는 집으로 만든다.

그리스도인들이여, 만약 하나님이 우리의 마음속 은밀한 것까지 아시는 것처럼 우리가 서로의 마음의 은밀한 것까지 볼 수 있게 된다면, 우리는 거룩한 곳에 가증한 것을 가져오는 것을 얼마나 많이 보겠는가! 겉모습으로는 박수갈채를 받고 칭찬을 받는 우리의 가장 거룩한 예배가 얼마나 괴물처럼 보이겠는가! 오, 수치와 부끄러움과 혼란으로 얼굴색이 변하지 않겠는가! 오, 거룩하신 하나님의 질투하시는 눈앞에서 그런 마음을 무엇으로 가릴 수 있겠는가! 사람들 앞에서 모든 것을 감춘다고 하더라도, 그것은 수치와 눈물과 회개의 검은 천으로 덮은 것에 불과하다. 그러나 오직 그리스도의 피로 적신 수건만이 하나님의 눈앞에서 우리의 은밀한 치부를 감출 수 있다.

오, 우리가 세상에 나아가 관계하는 일상에서 믿음과 진리에 따라 행하지 않을 때가 얼마나 많은가! 우리는 얼마나 신의 없이 행동하는가! 우리는 얼마나 이중적이며, 속이는 자이며, 편취하며, 욕심을 부리는가! 우리는 약속을 지키지 않을 때가 얼마나 많으며 우리의 말은 얼마나 무의미한가! 우리가 '예'라고 할 때 그것은 종종 실제로는 '아니요'를 의미하며, 우리가 '아니요'라고 할 때에도 그것은 '예'일 수 있다. "그들이 이웃에게 각기 거짓을 말함이여 아첨하는 입술과 두 마음으로 말하는도다"(시 12:2).

거짓말하거나 속이지 않는 자녀들을 두신 하나님을 찬미하라! 비록 사탄과 이 악한 세상으로부터 공격이 있더라도, "그것들은 모두 종이호랑이에 불과하다. 그들은 모두 거짓되고 헛되게 자랑하는 자들이고 속이는 자들이다. 의인은 없으니 하나도 없다." 사탄은 거짓말쟁이이다. 그러나 감사하게도 하나님께서는 거짓말하지 않는 자녀들이 있다.

그리스도인들이여, 하나님이 당신에게 '한 마음'을 주시겠다고 약속하셨는가? "오늘 성경이 이루어졌느니라"라는 말씀이 다시 선포되게 하라. 오, 당신에게 이 선한 말씀이 이루어지기를 바란다. 하나님이 당신에게 한 마음을 주시겠다고 약속하셨는가? "하지만 나는 그 약속을 받지 않을 것입니다. 두 마음이 한 마음보다 낫습니다. 나는 속이는 것이 달콤하다는 것을 발견했습니다"라고 말하지 말라. 하나님이 "내가 한 마음을 주겠다"라고 말씀하셨는가? 너희 중 아무도 "하지만 나는 하나님이 주시지 않을까 두렵습니다"라고도 말하지 말라. 당신의 불경건이나 불신앙으로 하나님의 약속이 아무런 효력이 없도록 만들지 말라. 하나님이 한 마음을 주시겠다고 약속하셨는가? 한 마음을 주시겠다고 약속하신 하나님이 또한 우리에게 한 마음을 요구하실 것이다.

그리스도인들이여, 자신을 살피라. 있는 모습 그대로 말하며 진실하라. 오직 한 마음을 가지라. 위선과 육적인 생각을 경계하라. 하나님이 당신의 육체를 섬기게 하지 말라. 당신의 육체를 섬기는 것을 하나님을 섬기는 것이라고 하지 말라. 당신이 하나님을 섬기는 것을 육체를 섬기는 것으로 만들지 말라. 오, 우리의 온 영혼이 한 길로 달려가며, 하나님을 우리의 모든 힘을 쏟을 대상으로, 우리의 모든 수고의 보상으로 맞이할 수 있다면 우리의 삶은 얼마나 평안할 것인가! 우리의 모든 개울이 하나님이라는 바다로 흘러가고, 우리의 모든 지류가 하나님이라는 하나의 중심에서 만난다면, 우리의 삶은 얼마나 평안할 것인가! 오직 하나님이 우리 마음을 이끄시고 움직이시며, 우리 마음의 신실함이 우리의 모든 삶의 바퀴를 움직이며, 우리의 혀를 다스리며, 우리의 발걸음을 바로 잡으며, 우리의 의무들을 감당하게 하고, 우리의 모든 가는 길에서 우리를 안내한다면, 우리의 삶은 얼마나 평안할 것인가!

오, 그런 삶은 얼마나 달콤하고, 얼마나 아름다운가! 우리의 마음과 목적이 조화를 이룰 때 달콤함이 있고, 우리의 마음과 길이 조화를 이룰 때 아름다움이 있다. 오, 사랑으로 이끌리는 것은 얼마나 달콤한가! 우리의 영이 하나님과 자유롭고 충만하게 교제하고, 하나님의 뜻에 녹아들며, 그의 선하심 안에서 순순히 따르고 만족한 채로 안식하는 것은 그것을 맛본 사람 이외에는 그 누구도 알지 못하는 달콤함이다. 영혼의 기능들이 영혼 안에서와 삶에서 조화를 이루는 것은 세상의 영광과 비교할 수 없는 아름다움이다. 그리스도인들이여, 이 아름다움이 당신에게 있게 하라. 그러면 당신은 "내가 그들에게 한 마음을 줄 것이다"라고 하나님이 약속하신 언약의 축복을 소유하게 될 것이다.

제 9 장
살과 같은 마음

"너희 육신에서 굳은 마음을 제거하고 (살처럼) 부드러운 마음을 줄 것이며"(겔 36:26). 옛 마음은 돌과 같다. 돌처럼 차갑고, 돌처럼 죽어 있고, 돌처럼 딱딱하다. 그러나 하나님은 돌을 제거하고 살과 같은 마음을 줄 것이다. 살과 같은 마음은 부드럽고 연한 마음이다. 살은 느낄 수 있다. 살은 가시에 찔릴 때 고통을 느낀다. 죄는 마음에 고통을 주고 찌른다. 죄는 하나님을 향해 반역하고 저항함으로써 마음에 상처를 준다. 죄는 상처를 내지 않고 고칠 수 없다. 부드러운 손은 가시덤불에 찔리지 않을 수 없다. 부드러운 마음은 죄를 지을 때 틀림없이 상처가 난다. 부드러운 마음은 고통을 피할 수도, 견딜 수도 없다. 살은 피가 난다.

강퍅한 마음은 무엇에도 동요되지 않지만, 부드러운 마음은 탄식하고 슬퍼한다. 살은 감각을 느낀다. 하나님의 능력으로 부드러워진 마음에는 경외함이 있다. 하나님의 정의는 부드러운 마음에 경고를 보낸다. 하나님의 자비는 부드러운 마음을 녹인다. 하나님의 거룩은 부드러운 마음을 겸손하게 하고, 그 마음 위에 하나님의 모양과 형상을 남긴다. 하나님의 말씀과 행위는 부드러운 마음에 징표를 남긴다. 누가 딱딱한 돌 위에 도장을 찍을 수 있겠는가? 그러나 부드러운 양초 위에는 도장 자국이 남아 있다. 하나님은 거듭해서 말씀하시지만, 강퍅한 사람은 그 말씀을 받아들이지 않는다. 하나님의 말씀과 회초리와 징계는 강퍅한 마음에는 아무런 인상도 남기지 않는다.

살과 같이 부드러운 마음만이 듣고 순종한다. 하나님은 부드러운 마음으로 다루어 가시는 것을 기뻐하신다. "이 백성들의 마음이 우둔하여져서 그 귀로는 둔하게 듣고 그 눈은 감았으니"(행 28:27). 백성들은 듣지 않을 것이고 이해하지 못하겠지만, "이방인들에게 가라. 그들이 들을 것이다." 하나님은 더 이상 자기의 법을 돌판에 쓰지 않으시고 살에 새기실 것이다. 살에는 하나님이 새긴 것이 각인되어 있으며 더 깊이 들어갈 것이다. 그러므로 하나님은 쓰고자 하시는 곳마다 자신의 판을 준비하시고(돌을 살로 만드시고), 그 위에 새기신다. 이런 부드러움은 구체적으로 두 가지로 구분된다.

I. 죄와 의무와 고통과 관련된 부드러움

1. 죄와 관련된 부드러움

이런 부드러움은 죄를 범하기 전과 죄를 범한 후에 발견된다.

(1) 죄를 범하기 전의 부드러움

부드러운 마음은 마귀를 보았을 때처럼 시험을 받거나 죄에 대한 유혹을 느꼈을 때. 놀라고 뒤로 물러선다. "내가 어찌 이 큰 악을 행하여 하나님께 죄를 지으리이까?"(창 39:9). 요셉은 죄의 추함을 보고 놀라고 두려워하면서 이렇게 말했다. 다윗도 사울을 죽일 수 있는 기회와 시험이 찾아왔을 때 "여호와께서 금하시나니"라는 말과 함께 거절했다. "내가 손을 들어 여호와의 기름 부음 받은 자를 치는 것을 여호와께서 금하시나니"(삼상 26:11). 부드러운 양심은 가장 큰 죄뿐 아니라, 가장 작은 죄라도 피한다. "그것은 작은 죄가 아닌가? 그 정도는 괜찮지 않은가?"라고 생각할 수 있지만, 작든 크든 죄는 죄이다. 그것만으로도 피해야 할 이유는 충분하다.

(2) 죄를 범한 이후의 부드러움

설령 죄를 지었다고 하더라도, 죄에 대한 부드러움이 죄를 범한 상태에 머물러 있지 않게 한다. 사울의 옷자락은 다윗이 견디기에 너무 무거웠다. 다윗의 마음이 즉시 찔렸다(삼상 24:5). 죄는 돌이켜 볼 때 두려운 것이다. 죄의 즐거운 꽃들은 곧바로 가시들로 바뀐다. 죄는 아무리 눈을 즐겁게 해도 마음을 찌른다. 죄는 눈으로 들어와서 눈물을 뿌리면서 나간다. "그 일을 생각하고 울었더라"(막 14:72). 죄는 우리에게 경고를 보내고, 더 경계하게 한다. 당신은 죄가 무엇인지 보고 있다. 조심하라. 죄 지은 것을 경고로 여기고 더 이상 죄를 짓지 말라. 죄의 고통은 또다시 눈물을 뿌리지 않도록 경고를 줄 것이다.

2. 의무와 관련된 부드러움

부드러운 마음은 죄를 가볍게 여기지도, 의무를 무시하지도 않을 것이다. 부드러운 마음은 죄를 범하여 하나님을 슬프게 하는 것을 꺼리고, 하나님을 섬기고 기쁘게 하는 데 관심이 있다. 부드러운 마음은 죄로 말미암아 고통을 받고, 마땅히 고통받아야 한다고 생각한다. 부드러운 마음은 죄를 멀리하고 의무를 행하도록 경계한다. 부드러운 마음은 하나님을 기쁘시게 하는 방법에 관심이 있다. 부드러운 마음은 마땅히 해야 하는 것을 무시하지 않고, 모든 것이 행해지기를 바란다. 부드러운 마음은 드려야 할 것을 드리지 않는 것을 꺼리고 불결한 것을 드리지 않으려고 한다.

부드러운 마음은 '무엇'뿐 아니라, '어떻게'도 고려한다. 내용과 방법, 본질과 정황 모두가 옳아야 한다. 그렇지 않으면 부드러운 마음은 편하지 않다. 부드러운 마음은 가끔 기도하는 것으로 만족하지 못하며 기도하는 시간을 결코 잃지 않으려고 한다. 하나님께서 의무를 소홀히 여기지 않으시는 것처럼, 부드러운 마음도 의무를 잃어버리지 않으려 할 것이다. 부드러운 마음은 행하지 않음으로 잃지 않으려 할 것이고, 행한 것을 잃지 않으려 할 것이다. 부드러운 마음은 성취되지 않은 채로 남겨두거나, 그릇되게 성취하려고 하지 않는다. 부드러운 마음은 내용에서뿐 아니라, 원리와 목적과 감정에서 생긴 실패에서도 고통을 느낀다.

3. 고통과 관련된 부드러움

부드러운 마음은 고통의 종류나 고통의 정도에 관심을 두기보다 고통을 받는 이유에 관심이 있다. 부드러운 마음은 죄악 되게 십자가를 피하려 하거나, 아무런 보증없이 십자가를 지려고 달려가지 않는다. 그는 부르심을 기다리고 그 다음에 따라간다. 그는 하나님의 손 아래에서 인내하지만 무감각하지는 않다. 그는 고통으로 말미암아 죄를 짓지는 않지만 고통스러워할 수 있다. "주의 손이 나를 만지셨다." 그는 자신의 고통 이상으로 고통을 받는다. 그의 형제들의 짐이 모두 그의 어깨 위에 놓여있다. 그는 그들이 슬퍼할 때 함께 울며, 그들이 상처를 받을 때 함께 피를 흘리고, 그들이 사슬에 묶일 때 그의 마음도 사슬에 묶인다. 모든 교회에 대한 관심뿐 아니라, 고통도 날마다 그에게 있다. "누가 약하면 내가 약하지 아니하며 누가 실족하게 되면 내가 애타지 아니하더냐"(고후 11:29). 그는 그리스도의 모든 고통을 자신의 고통으로 여긴다. 그리스도가 받으시는 모든 고통 속에서 그는 고통을 받는다.

II. 양심과 의지와 감정의 부드러움

1. 양심의 부드러움

(1) 판단의 명료함

양심은 교훈을 잘 받을 때 하나님이 주신 율법을 이해하고 선과 악을 구분할 수 있다. "단단한 음식은 장성한 자의 것이니 그들은 지각을 사용함으로 연단을 받아 선악을 분별하는 자들이니라"(히 5:14).
그러나 분별력이 없는 데에서 나오는 부드러움이 있다. 모든 것을 두
려워하는 세심함은 지푸라기에도 걸려 넘어지고, 그림자에도 놀라며
죄를 짓고, 작은 자극에도 의무를 멀리하며, 하나님께 범죄할까 두
려워하여 때때로 하나님을 기쁘시게 하지 않으려 할 수 있다. 이것은
양심이 건강한 것이 아니라 병이 들고 염증이 생긴 것이라고 할 수
있다. 건강한 양심에 부드러운 마음이 있는 것이다.

(2) 죄에 대한 민첩한 시각

"나는 잠을 자지만 나의 마음은 깨어있다." 그것은 가장 작은 죄
와 가장 작은 의무도 볼 수 있다. 그것은 시험을 당할 때도 죄를 볼
수 있다. 그것은 가장 아름다운 얼굴에 가려진 가장 작은 죄를 볼 수
있고, 가장 그럴듯한 가면 아래 있는 가장 작은 의무도 발견할 수 있
다. 하지만 그것이 발견하는 것이 너무 작고, 너무 자세하다는 온갖
비난을 받아 흐려질 수 있다. 그러나 양심은 모든 구름을 뚫고 빛나
는 빛을 발견할 수 있다. 양심은 의무가 아무리 추한 모습을 하고 있
어도 의무를 찾아낼 수 있다.

판단의 명료함은 양심이 규칙을 이해하는 것을 말한다면, 시각의
민첩함은 규칙을 사례들에 적용하고 구분하는 것을 의미한다. 부드
러운 양심은 어떤 생각이 들어올 때, 들어온 생각이 무엇인지, 그 생
각이 친구인지 원수인지, 하나님에게서 나왔는지 땅에서 나왔는지
묻는다. 양심은 자유롭게 받아들이기 전에 먼저 무엇이 들어오려고

하는지를 조사할 것이다. 오, 얼마나 많은 악이 느슨하고, 주의하지 않는 마음에 들어오는가! 마귀가 군중 속에 들어올 때 마귀를 발견하기는 쉽지 않다. 만약 눈이 흐릿하거나 잠을 자고 있다면, 어떤 것이든 들어올 수 있을 것이다. 우리는 때때로 우리의 마음이 잠을 자는 동안 우리가 깨어서 경계했더라면 예방할 수 있었을 손실과 해악이 어느 정도일지 거의 생각하지 않는다.

(3) 올바름과 신실함

① **의무에 대한 책임.** 영혼이여, 의무를 주목하라. 하나님이 당신을 부르셔서 감당하게 하신 의무가 있다. 의무를 감당하든 감당하지 않든 큰 해악이 되지 않는다고 말하지 말라. 문제는 그것이 당신의 의무인가 아닌가이다. 만약 그것이 당신의 의무라면 양심이 지적하는 것이 지나치게 상세하고 세밀하며, 그런 작은 문제에 얽매이는 것은 끝이 없을 것이라고 하는 말에 귀 기울이지 말라. 그것은 당신의 의무이며 그것을 무시하지 않도록 주의하라. 아무리 작은 의무라도 무시하는 것은 위대한 영광의 하나님을 무시하는 것이다.

② **죄에 대한 경고.** 죄에 민감하도록 당신 자신을 주의하라. 죄가 문앞에 있고 당신은 시험 아래 있기 때문이다. 마귀가 당신에게 들어오고 있다. 그것은 단지 작은 죄라고 말하지 말라. 그것이 아무리 작더라도, 그 안에는 사망과 지옥이 있다. 아무리 작은 죄라도 그것은 죄이다. 그것과 아무런 관계가 없는지 살피고 당신을 정결하게 유지하라. 아무리 작은 죄라도 당신에게 달려오면 털어버리라.

죄를 범한 후에 부드러운 마음은 죄에 대해 꾸짖는다. 그것은 죄에 대해 책망하며 판단하고 영혼을 후려친다. "게하시야, 네가 어디에 있었느냐? 아무 데도 없었다고 말하지 말라. 네가 너의 탐욕을 따라 달려가고, 너의 쾌락을 추구하고, 너의 교만을 부추기고, 너의 정욕을 채우며, 위선자들과 어울리며, 하나님을 떠나 창기들과 뒹굴고, 너의 육체를 따라 행하며, 너의 욕구를 즐겁게 하는 것을 보지 못하였느냐? 네가 어디에 있었느냐? 영혼이여, 네가 무엇을 하였느냐? 변명하거나 얼버무리려고 하지 말라. 네가 한 짓은 변명거리가 될 수 없다. 너는 너의 하나님께 죄를 지었다. 그러므로 이제 너의 수치를 견디라." 이것은 우리의 마음이 우리를 치는 것이며, 우리를 정죄하는 것이다. "다윗이 백성을 조사한 후에 그의 마음에 자책하고 다윗이 여호와께 아뢰되 내가 이 일을 행함으로 큰 죄를 범하였나이다 여호와여 이제 간구하옵나니 종의 죄를 사하여 주시옵소서 내가 심히 미련하게 행하였나이다 하니라"(삼하 24:10). "이는 우리 마음이 혹 우리를 책망할 일이 있어도 하나님은 우리 마음보다 크시고 모든 것을 아시기 때문이라"(요일 3:20).

2. 의지의 부드러움

이것은 마음의 부드러움이 축복인 이유가 된다. 강퍅한 마음은 완고하고 고집이 세다. 당신의 목은 쇠심줄 같고, 당신의 이마는 청동과 같아서 다스려지지 않을 것이다. 당신을 구부리거나 당신의 길에서 돌이키게 하는 것은 불가능하다. 당신의 쇠는 너무 딱딱해서 불에 녹지도 않고 망치에 부서지지도 않을 것이다. 당신을 다루는 것은 불가능하다. 당신은 움직일 수 없다. 당신의 마음은 당신 안에서 악을 행하기로 고정되어 있다. 당신의 의지는 죄에 고정되어 있으며, 당신은 당신 자신의 의지에 고정되어 있다.

당신은 "네가 여호와의 이름으로 우리에게 하는 말을 우리가 듣지 아니하고 우리 입에서 낸 모든 말을 반드시 실행하리라"(렘 44:16-17), "우리의 입술은 우리 것이니 우리를 주관할 자 누구리요"(시 12:4)라고 말한다. 또 당신은 "이는 헛된 말이라 내가 이방 신들을 사랑하였은즉 그를 따라 가겠노라(렘 2:25). 어떤 뜻이든 나는 그 뜻을 따르지 않을 것이다. 성경이여, 침묵하라. 양심이여, 평안을 유지하라. 더 이상 말하는 것은 아무런 의미가 없다. 나는 나의 길을 가기로 결심했다"라고 말한다. 이것이 강퍅한 마음이며, 완고하고 고집 센 마음이다. 쇠심줄이 끊어지고, 심령의 반역과 완고함이 정복되고 길들여지며, 온유하고 순응적이 될 때 마음은 부드러워진다.

양심에 어느 정도 부드러움이 있지만, 의지가 돌처럼 완고할 수 있다. 그처럼 의지가 서 있는 한 상한 마음은 없다. 양심은 상처를 받고 두려워할 수 있으며, 죄인에게 "영혼아, 무슨 뜻인가? 너의 반역이 너를 어디로 끌고 가고 있는가? 조심하고 귀를 기울이라. 그렇지 않으면 알기도 전에 잃어버릴 수 있다"라고 말할 수 있다. 그러나 하나님이 아무리 양심을 자기편에 있게 하셔도, 마귀는 계속해서 의지를 붙잡고 있으며, 그곳에서 죄는 안식한다. 영혼 안에는 두 종류의 죄에 대한 안식이 있는데, 하나는 평화롭게 안식하는 것이며, 다른 하나는 힘으로 자리잡는 것이다.

(1) 평화롭게 안식하는 죄

죄가 평화롭게 안식한다는 것은 죄가 방해나 반대 없이 영혼 안에 머물면서 다스리는 것이다. 죄가 모든 것을 부드럽게 끌고 가고, 하나님도 죄를 내버려 두시고, 양심도 그것에 대해 반대하는 말을 하지 않는다. 영혼을 향해 정욕의 군대가 싸움을 걸어올 때, 그들에 대항하여 기도든, 눈물이든, 자유에 대한 소원이든, 이 일에 대한 최소한의 두려움과 같은 어느 하나의 무기도 들지 못하는 이때가 가장 치명적으로 강퍅한 상태이다.

(2) 힘으로 자리잡는 죄

죄가 힘으로 자리잡는 것은 죄가 평화롭게 머물러 있지는 않지만, 여전히 마음의 자리를 차지하고 있는 것이다. 비록 죄는 조용히 있지 못하고 양심이 계속해서 죄와 싸우고 죄에 대해 경고하지만, 죄는 계속해서 의지를 힘으로 잡고 있을 수 있다. 집주인이 기꺼이 종으로 사는 것이다. 오, 심지어 신앙을 고백하는 사람 중에도 은밀하게 죄를 짓는 사람이 얼마나 많은가! 그들은 교만하거나, 정욕을 추구하거나, 절제하지 않거나, 탐욕스럽거나, 말과 행동에 있어서 정직하지 못하다. 그들은 형식적이며, 위선적이고, 자신들의 의무를 가볍게 여기지만, 계속해서 평화롭게 그런 상태를 유지할 수 없다. 양심이 이 문제에 대해 그들에게 소리치기 때문이다. 그들은 때때로 이 거짓되고, 교만하고, 탐욕스럽고, 사악한 마음에서 구원받고 벗어나게 해달라고 울부짖고, 탄식하고, 소리칠 정도로 마음에 치명적인 고통을 느낀다.

그러나 이 모든 것 이후에도 의지는 여전히 포로 상태로 남아 있다. 또한, 죄는 비록 평화롭게 다스릴 수는 없지만, 의지를 힘으로 붙잡고 있다. 죄는 영혼에 쓴맛이나 불평을 남기며 교만과 위선을 행하고, 탐욕스럽게 행하고, 억압자가 되게 한다. 그것을 계속해서 영혼에 역사할 뿐 아니라, 똑같은 과정을 반복하게 할 수 있다. 하나님은 "버리라. 버리라. 너의 모든 사악함과 악한 길을 버리라. 그러면 내가 너를 받아줄 것이다"라고 명령하신다. 그러나 양심은 하기를 원해도, 의지가 굴복되지 않는다.

그들의 영혼이 상하고 찢기며, 공포와 고통과 염려를 느끼더라도 의지는 움직이지 않는다. 그들의 죄가 자신들의 영혼과 뼛속에서 독과 역병과 불을 일으키고 있는 것을 발견하고, 이런 역병에서 벗어나기를 아무리 바라더라도 의지가 잘못되어 있는 한, 절망적으로 강퍅한 마음만 있을 뿐이다. 살과 같이 부드러운 마음은 전혀 없다. 그러나 의지가 죄에서 풀려났을 때, 자신을 하나님의 통치에 맡길 때 마음이 부서지고 부드럽게 된 것이다.

"이제 말씀하옵소서. 주여, 내가 듣겠나이다. 이제 불러주시옵소서. 주여, 내가 대답하겠나이다. 이제 나에게 명령하옵소서. 나에게 당신이 원하는 것을 부과하옵소서. 내가 복종하겠습니다. 주밖에 아무도 없습니다. 그리스도밖에 아무도 없습니다. 다른 주도, 사랑하는 자도 없습니다. 나는 당신의 것입니다. 주여, 당신의 소유에 관심을 가져주옵소서. 제게 당신이 원하는 것은 무엇이든지 요구하옵소서. 하나님이 저에게 있기를 바라는 것, 하나님이 제가 하기를 바라는 것, 그것을 제가 하겠습니다. 더 이상 내가 바라는 것이 아니라, 주의 뜻이 이루어지게 하옵소서." 이런 상태에 도달했을 때 부드러운 마음이 있다. 부서진 심령의 축복이 있다. 하나님이 돌을 제거하셨으며, 살 같이 부드러운 마음을 주셨다.

그리스도인들이여, 결코 눈물을 신뢰하지 말라. 당신이 당신의 심령 안에서 느끼는 감정적인 변화나 양심의 고통에 대해 말하지 말라. 비록 당신이 때때로 이런 것들을 보더라도, 이것들은 당신이 바라보아야 하는 것들이 아니다. 당신이 보아야 하는 것은 하나님께 정복되고, 하나님이 다루기 쉽고, 하나님의 뜻을 기꺼이 행하고, 순종하려는 마음, 곧 부드러운 마음이다. "너희가 즐겨 순종하면 땅의 아름다운 소산을 먹을 것이요 너희가 거절하여 배반하면 칼에 삼켜지리라 여호와의 입의 말씀이니라"(사 1:19-20).

3. 감정의 부드러움

⑴ 사랑의 부드러움

① **선한 의지.** 우리의 선은 하나님께 미치지 못하지만, 우리의 선한 의지는 하나님께 미친다. 우리의 사랑은 하나님께 아무것도 더할 수 없다. "사람이 어찌 하나님께 유익하게 하겠느냐"(욥 22:2). "그대가 의로운들 하나님께 무엇을 드리겠으며 그가 그대의 손에서 무엇을

받으시겠느냐"(욥 35:7). 우리의 사랑은 하나님께 아무것도 더할 수 없지만, 하나님께로부터 어떤 것도 잃게 하지 않을 것이다. 하나님은 더 이상 가지실 필요가 없지만, 자신이 가지셔야 하는 것, 곧 마땅히 받으셔야 할 찬송과 명예와 존경과 예배와 복종을 모든 피조물로부터 받으실 것이다. 피조물이 하나님께 드리는 것이 하나님의 모든 영광을 조금도 감소시키지 못할 것이며, 조금의 흠도 점도 남기지 못할 것이다. 하나님께 모욕이 되는 것은 사람에게도 모욕이 된다. 사도는 "사랑은 모든 것을", 곧 하나님께로부터 나온 모든 것과 사람들로부터 나온 모든 것을 "참는다"라고 말한다(고전 13:7). 그러나 하나님을 사랑하는 마음이 참을 수 없는 두 가지가 있다. 하나는 하나님의 명예가 훼손되는 것이며, 다른 하나는 하나님이 불쾌해하시는 것이다.

선한 의지를 가진 마음은 하나님의 명예가 훼손되는 것을 참을 수 없다. 사랑은 하나님이 하나님 되시기를 바라고, 온 세상의 마음과 눈에서 하나님의 위엄의 영광이 살아있기를 바란다. 하나님께서 비난을 받으시는 것은 그분을 사랑하는 사람에게 슬픈 일이다. 이것은 하나님을 보이지 않게 가리는 구름이기 때문이다. 그는 하나님을 사랑하고, 하나님께 영광을 돌리며, 하나님이 다른 무엇보다도 사랑을 받으시고, 영광을 받으시기를 바란다. 그는 하나님을 경외하고, 온 세상이 하나님을 경외하기를 바란다. 그는 자신의 창조주를 향해 쏟아지는 모든 화살을 자신의 가슴으로 받기를 바란다. 그는 자신의 이름과 영혼이 자신의 하나님과 모든 비방과 불명예 사이에 가로막아 서 있기를 바란다. 그는 만약 그렇게 해서 하나님께서 영광을 받으실 수 있다면 자신이 비천에 처하기를 바란다. 그는 하나님이 흥하실 수 있다면 자신은 망해도 상관없다고 생각한다. 그는 자신의 마음과 생명을 하나님의 거룩함보다 소중히 여기지 않는다. 그는 하나님께서 만유 안에서 만유가 되지 않으시는 것보다는 차라리 자신이 고난을 받고 죽고 아무것도 아니기를 바란다. 그는 말과 생각과 삶에서 하나님을 향해 거룩하지 않다면 차라리 생각하지 않고, 말하지 않고, 존재하지 않기를 바란다. 오, 그는 자신의 손이 하나님을 대적하여 일어나는 것보다 차라리 자신이 존재하지 않기를 얼마나 바라는가!

하나님께서 그의 거룩을 강탈당하시고, 그의 지혜나 진리나 주권에서 침해를 받으시는 것을 보는 것과 죄와 세상이 보좌를 차지하고, 영광의 하나님이 중요하지 않은 취급을 받는 것을 보는 것은 성도에게 너무 힘든 일이다. "하나님은 우리가 갈망하는 바와 맞지 않으며 우리가 이런 수고를 할 필요가 없다"라는 신성모독을 듣는 것(사실 모든 죄는 이 말보다 덜하지 않다)은 그의 가슴에 비수가 꽂히는 것 같다. "주를 비방하는 비방이 내게 미쳤나이다"(시 69:9). 사랑은 하나님을 맛본다. 사랑은 하나님의 충만함을 먹고 산다. 사랑은 하나님의 달콤함에서 영양을 공급받는다. 사랑은 하나님의 가슴에서 따뜻해진다. 하나님의 모든 선하심이 사랑을 관통한다. 사랑은 그의 모든 선하심 안에 살며 그것으로 양식을 삼는다. 사랑은 주님이 어떤 분이신지 발견하고 느끼면서 때때로 하나님의 선하심이 가려지거나 보이지 않는 것을 참아낸다. 하늘로부터 불이 지펴진 사랑은 날카로우며, 날카로운 모서리는 죄를 범한 것이 조금만 느껴져도 바로 돌아서는 부드러운 마음의 상태이다.

"내가 환난을 당하여 나의 애를 다 태우고 나의 마음이 상하오니 나의 반역이 심히 큼이니이다"(애 1:20). "사람이 종일 내게 하는 말이 네 하나님이 어디 있느뇨 하오니 내 눈물이 주야로 내 음식이 되었도다"(시 42:3). 네가 신뢰하는 너의 하나님의 돌보심과 도우심과 구원이 어디에 있느냐? 너의 하나님은 네가 그토록 자랑하던 하나님이 아니다. 내가 그런 소리를 들을 때 나의 영혼은 내 안에서 무너진다. 그러나 하나님의 사랑은 광대하다. 그래서 하나님을 사랑하는 사람은 큰마음을 가진다. 그는 가질 수 있는 모든 것을 가질 수 있기를 바라고, 가지고 있는 모든 것을 하나님께 드리기를 바란다. 그는 하나님께 드려져야 하는 것이 다른 곳에서 낭비되는 일에 대해 민감하다.

사랑은 하나님이 불쾌해하시는 것을 참을 수 없다. 반면에, 사랑은 사람들이 불쾌해하는 것은 참고 즐거워한다. 사랑은 사탄의 진노와 격노를 참고 이긴다. 비록 온 세상이 불쾌해하고 화를 내어도, 하나님이 웃으신다면 괜찮다. "여호와여 주의 얼굴을 들어 우리에게 비추소서 내가 기뻐하겠나이다"(시 4:6 참조). "여호와여 주의 은혜로 나를 산 같이 굳게 세우셨더니 주의 얼굴을 가리시매 내가 근심하였나이다"(시 30:7). "징계하옵소서. 그러나 오, 나에게 진노하지 마옵소서. 나를 치소서. 그러나 나에게 찡그리지 마옵소서. 나를 죽이소서. 그러나 나를 사랑하시는 줄 아나이다. 비록 나를 치시고, 나를 죽이시더라도, 나는 당신을 사랑하고 신뢰하겠나이다. 오 나의 하나님, 당신을 불쾌하게 하면서 살기보다 당신의 사랑 안에서 죽게 하옵소서. 그 사랑 안에 죽을 때 나에게 생명이 있고, 당신을 불쾌하게 하며 사는 것은 나에게 죽음입니다. 나로 하여금 살아있는 동안 죽지 않게 하옵소서."

사랑은 하나님을 불쾌하게 하는 것을 참지 못한다. 그러므로 사랑은 하나님을 불쾌하게 하는 것을 슬퍼한다. 사랑은 죄를 반대하고 죄에 대해 정죄한다. 영혼이여, 하나님을 사랑하는가? 그렇다면 날마다 하나님을 화나게 하는 것은 무엇인가? 사랑하지만 당신의 하나님을 찾고 따르는 것을 게을리하는가? 사랑하지만 하나님을 향한 당신의 봉사가 그토록 정상적이지 못하고, 느리고, 꾸준하지 못한 것은 무엇 때문인가? 이것이 당신의 사랑이 할 수 있는 전부인가? 당신은 하나님을 위해 당신의 편안함이나 쾌락이나 자유나 욕구를 부정하지 않고, 오히려 당신의 육신을 기쁘게 하는 것을 선택하고 있지 않은가? 이것이 당신의 사랑인가? 이것이 당신의 친구를 향한 친절인가? 당신은 거짓된 마음과 무가치한 심령을 가지고 하나님을 정면으로 바라볼 수 있는가? 당신의 마음이 더 이상 하나님과 함께 있지 않으면서 당신은 어떻게 "내가 당신을 사랑합니다"라고 말할 수 있는가?

② **질투.** 하나님을 사랑하는 사람은 질투하고, 질투는 하나님에 대해 민감한 마음 상태를 말한다. 사랑은 순결하며 자신을 하나님이 아

닌 다른 어떤 것에 주지 않을 것이다. 그러나 사랑은 미혹을 당해 **빼앗기지** 않은 한 크게 질투한다. 하나님을 사랑하는 사람은 아내든, 자녀든, 친구든, 재산이든, 명성이든, 그것들이 하나님보다 더 자기 마음을 사로잡게 하지 않으며, 그것들이 자기 마음을 훔치지 않도록 그것들에 대해 질투한다. 그는 "당신을 낮추라", "당신을 더 낮게 유지하라"라고 말한다. 이 마음은 당신의 것도, 나의 것도 아니다. "오 나의 하나님, 그것은 당신의 것입니다. 주여, 그것을 전적으로 당신의 것으로 취하옵소서."

(2) 두려워하는 부드러움

① 의심. 두려워하는 사람들은 의심이 있다. 그들은 아직 일어나지 않은 일들에 대해서 두려워하고 자신에게 무슨 일이 일어날지 의심할 것이다. 그는 모든 덤불 속에는 도둑이 있으며, 모든 음식 안에 바늘이 들어있지 않을까 두려워한다. 어리석고 원인 없는 두려움이 있는 반면, 신중하고 거룩한 두려움도 있다. 신중하고 거룩한 두려움이 지혜의 원리이다. "여호와를 경외함이 지혜의 근본이라"(시 111:10). "슬기로운 자는 재앙을 보면 숨어 피하여도 어리석은 자는 나가다가 해를 받느니라"(잠 22:3). 스스로 안전하다고 여기는 사람들보다 함정에 더 가까이 있는 사람은 없다. 담대하고 과감한 죄인들은 결코 심판을 피할 수 없다. 마귀는 그런 사람들을 다룰 때 자신의 간교한 의도를 숨길 수 있다. 부드러운 마음은 죄처럼 보이지 않는 것일지라도 경계하고 의심한다. 즐거운 음식과 잔이 다가올 때, 즐거운 사귐과

육체를 자극하고 만족시키는 것이 있을 때, 그는 그것을 만지기 전에 그것이 자신의 영혼을 하나님에게서 배신하도록 하지는 않는지 살핀다. 접시나 잔에 함정이 있을 수 있고, 나의 사귐에 함정이 있을 수 있다. 그리고 만약 그런 일이 있다면, 그는 두려움을 갖고, 떨리는 마음과 질투하는 눈으로 자신을 새롭게 한다.

② **조심.** 그의 두려움은 그가 조심하는 것에서 나타난다. 두려움은 조심하게 한다. 어떤 지휘관들은 두려워하지 않아서 자신의 경계병들을 무장시키지 않는다. 두려워하는 그리스도인은 무엇을 신뢰할지, 누구를 신뢰할지 조심할 것이다. 그는 자신에게 함정이 될 수 있는 사귐을 갖고, 시험을 받을 때 감히 자신의 마음을 신뢰하지 않을 것이다. 그는 마귀와 거리를 유지할 것이다. 그는 자신이 그물에 걸릴 수 있는 곳에 가까이 가지 않을 것이다. 이렇게 항상 두려워하는 사람은 복이 있다.

오, 우리는 안전하다고 여기면서 얼마나 많은 해악과 죄에 직면하는가! "나는 결코 그런 위험에 대해 생각하지 않았다. 오, 나는 약하다. 나의 발은 함정에 빠졌고, 덫이 나의 발을 잡았다. 나의 영혼은 사자들 가운데 있다. 죄가 나를 사로잡았다. 나의 마음은 알기도 전에 빗나갔다. 원수가 와서 나의 마음을 빼앗아서 정욕과 세상과 쾌락에 빠지게 하고 나의 마음을 분산시켰다. 나의 믿음은 실패했고, 나의 양심은 거절당했으며, 나의 사랑은 냉담해졌고, 나의 은혜는 시들었다. 나를 위로해 주는 것들은 낭비되었다. 나의 평화는 깨어졌다. 나의 하나님, 오, 그분은 어디로 가셨는가? 화로다. 내가 두려워하지 않았던 악이 내게 임했다. 내가 두려워했다면, 나는 넘어지지 않았을 것이다. 내가 지혜로웠다면, 내가 깨어 경계하고 있었다면, 내가 생각을 했었다면 나는 이 모든 위험을 피했을 것이다." 오, 그리스도인들이여, 때에 맞게 지혜로우라. 어리석은 자처럼 "내가 그것을 알았더라면"이라고 너무 늦었다고 후회하지 않도록 주의하라.

(3) 슬퍼하는 부드러움

슬픔은 마음이 녹는 것이며, 돌이 부서지는 것이다. 슬픔은 마음에 상처가 나는 것이다. 상처는 부드럽게 하며, 사랑도 부드럽게 한다. 그러므로 거룩한 슬픔은 부드럽게 한다. 그것은 사랑에서 나오는 슬픔이다. 당신은 그것을 '사랑병'이라고 부를 수 있다. 사랑은 애통하는 마음의 고통이며 동시에 즐거움이다. 사랑이 상처도 내고, 치료하기도 한다. 사랑은 무기이며 동시에 기름이다. 마음을 슬프게 하는 것은 사랑이다. 마음은 사랑하기 때문에 운다. 마음을 기쁘게 하는 것 또한 사랑이다. 그러므로 마음은 그 슬픔 속에서 사랑하는 것을 보기 때문에 즐거워한다. 상처를 내는 것은 사랑이다. 사랑이 남용된 것에 대해 슬퍼하기 때문이다.

영혼아, 네가 무엇을 하였느냐? 너는 누구를 경멸했느냐? 너는 누구를 대적하여 일어났느냐? 너는 죄를 지었으며, 이로 말미암아 너를 사랑하시고 네가 사랑하는 하나님을 공격하고 슬프게 했다. 너는 하늘과 땅에 오직 한 분의 친구를 가지고 있는데, 그분을 남용했다. 너는 정욕을 기쁘게 하려고 하나님을 찔렀고, 너는 그분의 계명을 어겼으며, 그분의 긍휼을 짓밟았고, 그분과의 유대를 끊었으며, 그분의 법과 사랑 자체를 경멸했다. 너는 너를 사랑하시는 분을 공격했다. 이것이 네 친구를 향한 너의 친절인가? 오, 악하고, 은혜를 모르고, 감사하지 않고, 부자연스러운 마음이여, 너는 무엇을 하였느냐?

이제 이 모든 것을 종합하여 보라. 그러면 당신은 언약이 약속하고 있는 살 같이 부드러운 마음, 죄와 의무에 민감하여 그것들을 가볍게 여기지 않고, 고통을 느끼지만 고통에 대해 화를 내지 않는 마음을 가지고 있다. 당신은 죄에 대해 눈감지도, 변명하지도 않고, 죄인을 죄책이 없다고 하거나 악인을 의롭다고 말하지 않으며, 올바로 경계하고 징계하는 부드러운 양심을 가지고 있다. 당신은 저항하고 반역하지 않으며, 하나님이 뜻하시는 것이면 무엇이든지 하겠다고 말하는 부드럽고 다루기 쉬운 마음을 가지고 있다.

당신은 하늘에서 내려온 말씀이 인도하는 것이라면 기꺼이 순종할 마음이 있다. 당신은 하나님과 그분이 요구하시는 것과 모든 선행에 대해 근본적으로 선한 의지를 갖고 있다. 당신은 하나님을 슬프게 하기보다 오히려 자신이 슬프기를 바라며, 하나님이 기뻐하실 때 같이 기뻐하는 사랑의 마음을 가지고 있다. 당신은 하나님과 그분의 이름을 범하는 상처에 스스로 상처를 받고 슬퍼하는 온유한 마음과 탄식하는 마음을 가지고 있다. 요약하자면, 이 마음은 느낄 수 있고, 피흘릴 수 있고, 울 수 있고, 순종하고 낮아질 수 있는 마음이다. 이것이 부드러운 마음이다. 이것이 살 같은 마음이다. "내가 돌 같은 마음을 제거하고 그들에게 살 같은 마음을 줄 것이다."

오, 그런 마음은 얼마나 복된가! 강퍅한 마음은 얼마나 재앙인가! 오, 이 세상 사람들은 얼마나 속박되어 있는가! 그들은 사탄에 속박되어 있고, 죄에 속박되어 있고, 저주에 묶여있고, 불신앙과 회개하지 않은 상태에 갇혀있다. 강퍅한 마음은 그들이 나갈 수 없도록 가두고 있는 철문이다. "다만 네 고집과 회개하지 아니한 마음을 따라 진노의 날 곧 하나님의 의로우신 심판이 나타나는 그 날에 임할 진노를 네게 쌓는도다"(롬 2:5). 오, 이 세상은 얼마나 눈멀고, 병들고, 마비되고, 상처 입은 피조물들로 가득 찬 병원인가! 그들에게 일어난 모든 재난과 역경이 그들의 마음의 강퍅함에서 나오는 것이 아니라면 어디에서 나오는 것인가? 그들의 돌 같은 마음이 온갖 역경을 낳고, 눈을 멀게 하며, 뼈를 부러뜨리고, 그들의 재산을 낭비하게 한다. 그들에게 일어나는 어떤 재난도 "이것은 나의 마음의 강퍅함에서 나온 것이다"라고 말할 수 밖에 없다.

오, 이 세상은 진노뿐 아니라 사악함으로 소돔이 되어버렸다. 도처에 얼마나 많이 술 취하고, 간음하고, 거짓 맹세하고, 신성을 모독하고, 온갖 종류의 괴물 같은 죄를 짓는 사람들이 넘쳐나고 있는가! 이 모든 것이 사람들의 마음의 강퍅함에서 나온 것이 아니라면 어디에서 나왔단 말인가? 당신은 그것이 다른 원인들, 곧 불신앙과 무지에서, 무능력과 시험에서 나왔다고 말하지만, 여전히 그것은 마음의 강퍅함에서 나오는 것이다. 그들은 의지적으로 무지하며, 의지적으로 연약하며, 의지적으로 시험을 향해 달려간다. 그들은 눈을 감고, 귀를 막고, 보지 못하며, 믿지 않는다.

오, 그들은 얼마나 많은 손실을 보고 있는가! 그들은 얼마나 많은 안식일을 잃어버렸는가! 그들은 얼마나 많은 설교를 잃어버렸는가! 그들은 얼마나 많은 책망과 조언과 징계를 잃어버렸는가! 그들은 복음을 잃어버렸고, 그들의 영혼은 이로 말미암아 영원히 잃어버린 바 될 것이다. 오, 그들은 이 모든 죄와 비참함 속에서 탕자들이 되어버렸다. 하지만, 그들은 마치 아무런 일도 일어나지 않을 것처럼 즐거워하고, 행복해하고, 웃고, 노래하고, 운동하고, 잔치를 벌이고, 용감하게 밀고 나간다. 그들은 자신들에게 닥친 진노를 느끼지 못하고, 자신들에게 닥칠 심판에 대해 두려워하지 않는다. 그들에게 경고하고, 그들을 책망하고, 그들에게 간청하라. 그러나 그것은 전적으로 돌에게 설교하는 것에 불과할 것이다. 당신은 때때로 감옥에 갇혀있는 한 무리의 강도들이 며칠 지나면 끌려나가 교수형을 당할 것을 알면서도 술 마시고, 떠들고, 즐거워한다면 이것을 의아하게 생각했을 것이다. 이런 일을 의아하게 생각했다면 당신 자신에 대해서도 의아하게 생각하라.

우리는 때때로 심지어 가장 훌륭한 성도조차도 "오, 이 강퍅한 마음이여. 오, 이 완고한 심령이여. 나는 얼마나 탄식하지 않으며, 얼마나 겸손하지 못하며, 얼마나 순종하지 못하는가"라고 탄식하는 소리를 듣는다. "'여호와여 어찌하여 우리로 주의 길에서 떠나게 하시며 우리의 마음을 완고하게 하사 주를 경외하지 않게 하시나이까?'(사

63:17). 왜 우리를 떠나시거나 강퍅한 마음을 가지도록 내버려 두시나이까? 왜 우리를 부드럽고, 겸손하도록 부서뜨리지 아니하시나이까? 당신은 우리를 겸손하게 하셨으나, 우리는 겸손하지 않습니다. 당신은 우리를 치셨으나, 우리는 부서지지 않았습니다. 당신은 우리의 땅을 치셨고, 우리의 평화를 치셨고, 우리의 등을 꺾으셨지만, 돌 같은 마음은 아직 부서지지 않았습니다. 오, 주여! 한 번 더 쳐 주시옵소서. 우리의 마음을 부서뜨려 주시옵소서. 언제 우리에게 탄식하는 영을 주시겠습니까?"

오, 자신들이 충분히 슬퍼하지 않는다고 탄식하는 성도들이 얼마나 많은가? "주여, 내가 슬퍼하며 탄식하고 웁니다. 내가 마땅히 해야 하는 대로 슬퍼하거나 탄식할 수 없어서 슬퍼하고 탄식합니다. 만약 내가 마땅히 해야 하는 대로 슬퍼할 수 있다면, 나는 위로를 받을 것입니다. 만약 내가 울 수 있다면, 나는 즐거워할 것입니다. 만약 내가 한숨 쉴 수 있다면, 나는 노래할 것입니다. 만약 내가 탄식할 수 있다면, 나는 살 것입니다. 나는 죽어가고 있습니다. 나의 마음은 외칠 수 없으므로 내 안에서 죽어가고 있습니다. 주여, 나는 외치고 있습니다. 죄 때문이 아니라 죄로 말미암는 눈물 때문에 외치고 있습니다. 주여, 나는 외치고 있습니다. 나의 재난들이 외치고 있고, 나의 뼈들이 외치고 있고, 나의 영혼이 외치고 있고, 나의 죄들이 외치고 있습니다.

주여, 내게 부서진 마음을 주시옵소서. 보소서. 내가 아직 부서지지 않았습니다. 주의 임재 앞에서 바위가 갈라지고, 땅이 흔들리고, 하늘이 떨어지고, 구름이 눈물을 뿌리고, 해가 얼굴을 붉히고, 달이 부끄러워하며, 땅의 기초들이 떨 것입니다. 그러나 이 마음은 결코 부서지지 않고 떨지 않고 있습니다. 오, 제 마음을 깨뜨려 주옵소서. 이런 일이 이미 일어났다면 나의 영혼은 '나의 하나님, 당신의 뜻이 이루어지게 하옵소서'라고 고백했을 것입니다. 나의 마음이 부드러워졌다면 무엇이 힘들겠습니까? 의무를 행하는 것은 쉬울 것이며, 고통은 즐거울 것이고, 짐은 가벼울 것입니다. 명령과 십자가는 더 이상 슬픈 것이 되지 않고, 죄가 아니고는 어떤 것도 힘들지 않았을 것입니다. 두려움이여, 너는 어디에 있는가? 와서 이 바위 같은 마음을 제거하라. 사랑이여, 너는 어디에 있는가? 와서 이 얼음같은 마음을 녹이라. 와서 이 죽은 몸을 따뜻하게 하라. 와서 이 좁아진 심령을 넓히라. 그러면 내가 그분의 계명을 지킬 수 있을 것이다."

오, 형제들이여! 대부분의 그리스도인들 안에서 이 온유함이 얼마나 발견되기 힘든가! 하나님께서 받으시는 제사는 상한 마음이다. 오, 하나님이 그런 제사를 찾으시려면 얼마나 더 멀리까지 가셔야 하는가! 우리는 하늘을 향해 우리의 마음을 올려드려야 할 때 돌을 던진다. 우리가 가지고 있는 그런 마음이 깨어지지 않고, 우리의 단단한 바위 같은 마음이 녹지 않는 것은 이상한 일이 아니다. 우리는 강퍅한 상태에서 수고하고 탄식하지만, 돌 같은 마음을 싫어하지 않고 있다.

부서진 마음, 순종하고 온유한 심령, 부드러운 양심, 오 이것들은 어디에 있는가? 죄를 두려워하고, 죄를 짓는 것에 민감하거나, 그 아래서 탄식하는 것은 어디에 있는가? 언제 그런 일이 있었는가? 우리의 정욕은 더 이상 부서지지 않는다. 우리의 교만과 욕망과 질투와 세속성은 더 이상 부서지지 않는다. 우리가 발견하는 것처럼 그토록 과감하게 시험을 향해 돌진하고, 담대하게 죄를 짓고, 죄에 대해 둔감하고, 적당히 증세만 완화시키고 변명하는 것이 우리가 부서졌다는 증거인가? 우리가 부드럽다고 말하는가? 그렇다면 어떤 면에서 그러한가? 하나님을 모욕하고, 은혜를 남용하고, 의무를 무시하고, 양심을 오염시키고, 우리의 영혼에 상처를 내는 데서 부드러운가?

아니다. 해야 할 의무에 대해 부드럽고, 문제를 일으키는 데서 부드럽고, 우리의 재산에 대해 부드럽고, 우리의 이름과 명성에 대해 부드러운 것은 우리의 육신에 속한 것이다. 우리는 부드러운 어깨와 부드러운 손과 부드러운 발을 가지고 있다. 그것들은 아무것도 견딜 수 없고, 아무것도 할 수 없다. 어떤 것도 우리의 육체를 만질 수 없고, 어떤 것도 우리의 우상들과 우리의 편안함이나 우리의 재산을 만질 수 없다. 그러나 우리는 회피하고, 상처 입고, 고통스러워한다. 하나님이 상처를 입으실 수 있지만, 우리는 그것을 느끼지 못한다. 복음과 교회와 양심이 상처를 입을 수 있지만, 그것은 우리를 움직이게 하지 못한다.

우리는 고통과 비난을 두려워할 수 있지만, 시험이나 죄를 똑같이 두려워했는가? 우리는 빵이 부족할 때 부족을 느끼지 않을 수 없다. 우리는 옷이나 집이나 친구가 부족할 때 부족을 느끼지 않을 수 없다. 우리는 우리의 잠이나 즐거움이나 우리를 향한 사람들의 존경이 부족할 때 부족을 느끼지 않을 수 없다. 우리의 육체를 찌르는 것이라면 우리의 마음도 찌른다. 우리는 육신이 아프거나 괴로움을 겪을 때 그것을 느끼지 않을 수 없다. 어떤 육신의 질병이든지 우리의 마음을 아프게 할 수 있다. 심술궂은 동료나, 검소하지 않은 종이나, 무례한 이웃이나, 비난이나 무시에 대해 우리는 참지 못한다. 그러나 오, 우리는 얼마나 많은 죄를 참을 수 있는가! 우리의 육체가 아무것도 참을 수 없는 반면에, 우리의 양심은 얼마나 많이 참으며 절대로 불평하지 않는가!

그리스도인들이여, 생각하라. 우리의 육신에서 나온 것은 무엇이든지 부드럽게 다루어지고 싶어 한다. 부드러운 옷을 입고, 부드러운 거처를 제공받고, 부드러운 화법이 사용되어야 한다고 생각한다. 그러나 우리의 의지가 꺾이지 않고, 우리의 욕구가 부정되지 않고, 혼란이 이어질 때, 영혼은 소동이 일어나고, 양심은 한동안 부정되며 침묵하게 된다. 말씀이 일하지 않고, 말씀이 받아들여지지 않을 때, 말씀의 능력은 거부된다. 회초리가 제 역할을 하지 못하고, 우리가 받은 징계가 아무런 효력을 내지 못하고, 우리가 맞은 채찍이 우리의 마음을 만지지 못한다. 하나님께서 우리가 더 나은 상태가 되도록 사역자를 통하여 설교하시고 징계하신 후에도, 우리는 여전히 헛되고 탐욕스러우며 고집스럽고 육적이며 세속적으로 남아 있다. 하나님께서 우리가 모두 친구가 되게 하려고 우리를 함께 치시고, 더 겸손하고 자비를 베풀게 하려고 우리를 가르치신 후에도 우리는 여전히 우리의 입장을 주장하고, 그리스도인끼리, 신앙을 고백하는 사람들끼리 서로 거리를 두고 적대적이고 열을 내고 비난하고 싸우고 있다. 이 모든 것들이 우리 마음이 깨어진 것이라고 말할 수 있는가? 하나님이 우리를 더 거칠게 다루시고, 우리의 얼굴을 치시고, 우리를 내던지시고, 우리를 밟으실 때 우리가 무릎을 꿇지 않는 것이 우리의 부드러움이라고 할 수 있는가?

하나님이 우리를 잠에서 깨우시고, 우리의 옆구리를 치셔서 우리를 깨우시고, 우리를 향해 말씀하신다. "일어나라. 잠자는 자여. 너의 심령을 깨우라. 게으른 자여, 너의 발걸음을 고치라. 내가 지금까지 그래왔던 것처럼 더 이상 외면당하지 않을 것이다. 내가 지금까지 그래왔던 것처럼 더 이상 배회하거나, 무시당하거나, 사소하게 여김을 받거나, 멈추지 않을 것이다. 열심을 내라. 수정하라. 더 수고하고, 더 관심을 가지고, 더 깨어있고, 더 활동하고, 너희가 고백하는 것에 더 마음과 뜻을 다하라." 하나님게서 이렇게 우리를 계속해서 채찍질하신다. 비록 우리의 육신은 느끼지만, 우리의 마음이 느끼지 못하고 채찍질에 응답하지 않는다면, 이것이 부드러움의 증거라고 할 수 있는가?

큰 의무들을 작게 여기고, 더 작은 의무들은 아무것도 아닌 것으로 여긴다면, 큰 죄들은 연약함이라고 변명하고, 작은 죄들은 죄도 아닌 것으로 여긴다면 그것을 부드러운 마음이라고 할 수 있는가? 거짓말하고 편취하며, 저울을 속이고 물건을 속여 거래를 속인다면, 헐뜯고 비방하고 고자질하고 화내고 욕하는 것을 사소한 것으로 여긴다면 그것을 부드러운 마음이라고 할 수 있는가? 악한 사람들과 함께 교제하고 사귀면서 그들의 죄 가운데 함께 거하고 그들의 사악함에 동조하거나 묵인한다면, 그런 사람들을 변호하고 칭찬하면서 죄를 짓고, 그들의 길을 계속해서 걸으면서 덕과 시민의 의무를 무시한다면 그것을 부드러운 마음이라고 할 수 있는가? 허황하고 탐욕스러운 대화를 할 때, 다른 사람들의 죄와 연약함을 비난하고 조롱할 때, 양심이 부정되는 죄악되고 헛된 농담을 할 때, 이 모든 것이 우리의 악이 아니라 단지 가벼운 액세서리처럼 여겨진다면, 우리의 부드러움은 어디에 있단 말인가?

우리는 한 달란트 빚진 곳에서 우리의 재산을 감리하고, 우리의 장부를 조사하고, 빚을 계산할 때 우리의 양심을 향해 "계산서를 가져다가 일 세겔이라고 쓰라"라고 요청하고, 백 가지도 넘는 죄에 대해서는 "계산서를 가져다가 한 가지, 아주 작은 한 가지라고 쓰라"라고 요청할 때, 이처럼 우리가 우리의 죄악을 마음대로 줄이거나 거짓으로 셈을 할 때, 우리의 부드러움은 어디에 있는가?

그리스도인들이여, 하나님께서는 이 돌 같은 마음을 살 같은 마음, 부드러운 마음으로 만들어주시겠다고 약속하셨다. 당신에게 이 일이 이미 시작되었다. 오, 이제 하나님의 약속이 아직 이루어지지 않은 슬픈 광경을 당신 앞에 두라. 부족한 것을 바라보는 것이 당신에게 오히려 좋은 영향을 미칠 것이다. 하나님께서 약속하신 일이 더 이상 일어나지 않는 것에 대해 슬퍼하고, 아직 일어나지 않은 것이 일어나게 하라. 당신의 깨어지지 않음이 당신의 마음을 부서뜨리게 하라. 아직 남아있는 돌이 당신의 살에 피가 나게 하라. 당신이 더 이상 느끼지 못한다면, 적어도 느끼지 못하고 있다는 것을 느끼게 하라.

제 10 장
하나님을 사랑하는 마음

"네 하나님 여호와께서 네 마음과 네 자손의 마음에 할례를 베푸사 너로 마음을 다하며 뜻을 다하여 네 하나님 여호와를 사랑하게 하사 너로 생명을 얻게 하실 것이며"(신 30:6). 사랑은 새로운 피조물의 영혼을 가득 채우며, 그로 하여금 하나님께 가까이 가게 한다. 하나님을 가장 충만하게 소유한 사람이 가장 훌륭한 그리스도인이다. 하나님은 사랑이시기 때문에, 사랑을 풍성하게 가지고 있는 사람이 하나님을 가장 많이 소유한 사람이다.

하나님을 향한 사랑에 대해 다룰 때, 이 사랑의 대상과 행위를 고려해야 한다.

I. 사랑의 대상

신적인 사랑의 대상은 하나님이시다. 하나님은 전적으로 선하시며, 선은 사랑스러운 것이다. 하나님 한 분 이외에는 어떤 선한 존재도 없다. 하나님은 본질적으로 선하시며, 개념적으로 선이시다. 하나님은 무한히 탁월하시며 모든 것이 완전하시다. 선이라는 하나의 속성에 하나님의 나머지 모든 속성이 포함되어 있다. 또한, 이 선은 각각의 속성들 안에 들어있다. 성경이 우리의 이해를 돕기 위해 하나님과 그분의 영광스러운 속성들을 여러 구분된 개념들로 묘사하더라도, 각각의 속성 안에 모든 것이 포함되어 있다. 각각의 속성은 무한하며, 무한하게 완벽하기 때문에, 본질적으로 모든 것이 완벽하다. 하나님은 본래 선하시며, 그의 피조물들 안에 있는 모든 도덕적 선의 원천이시며 모형이시다. 하나님은 너그러우시며, 은혜로우시고, 영혼들에게 선을 베푸실 준비가 되어 계신다. 하나님은 영혼의 복된 목적이며 궁극적인 복이시다.

피조물들을 향한 하나님의 선은 다양한 이름을 가지고 있다. 하나님의 선은 값없이 부여되기 때문에 은혜라고 불린다. 그것은 피조물의 필요를 고려하기 때문에 호혜라고 할 수 있다. 하나님의 선은 비참한 상태를 살피기 때문에 자비와 긍휼이다. 하나님의 선은 도발하는 영혼을 참기 때문에 인내이다. 하나님의 선은 피조물의 선을 의도하기 때문이라 사랑이다. 그것은 영혼의 필요와 능력 모두를 채우기 때문에 모든 것이 충분하심이다. 이 모든 것, 곧 하나님의 호혜와 자비와 긍휼과 인내와 사랑과 모든 것이 충분하심이 한 마디로 그분의 선하심이다. 이 선하심 때문에 하나님을 사랑하지 않을 수 없다. 그러므로 사랑의 대상은 하나님이시다. 구체적으로 하나님은 하나님 자신으로서, 그리스도 안에 계신 하나님으로서, 모든 것 안에 계신 하나님으로서 이 사랑의 대상이시다.

1. 하나님 자신

하나님은 무한히 탁월하시며, 따라서 모든 사랑을 받을 가치가 있으시다. 하나님은 자신 안에서, 자신에 대해, 자신의 가치 때문에 사랑을 받으셔야 한다. 하나님은 자신 안에서 선하시므로 하나님 자신에 대해 사랑을 받으셔야 한다.

2. 그리스도 안에 계신 하나님

우리가 죄인이라는 것을 생각할 때 하나님은 오직 그리스도 안에서 우리에게 선하시다고 할 수 있다. 사랑에는 네 가지 요소, 곧 인식, 균형, 획득, 소유가 있다.

(1) 인식

사랑받는 대상에 대해 파악하고 이해해야 한다. 우리는 사랑할 수 있기 전에 그 대상을 알아야 한다. 그런데 유한한 자들은 하나님을 볼 수 없다. 하나님은 빛 가운데 거하시지만, 그 빛은 우리에게 보이지 않는다. 그리스도가 이 영광을 볼 수 있는 거울이다. 우리는 육신의 장막, 곧 그리스도 예수의 얼굴을 통하지 않고는 하나님을 볼 수 없다. "어두운 데에 빛이 비치라 말씀하셨던 그 하나님께서 예수 그리스도의 얼굴에 있는 하나님의 영광을 아는 빛을 우리의 마음에 비추셨느니라"(고후 4:6). 아버지의 품에 있는 '아버지의 독생자'가 하나님을 계시하신 것 이외에 "어떤 사람도 어느 때고 하나님을 보지 못했다"(요 1:18).

(2) 균형

두 가지 차원에서 균형이 요구된다. 양적인 차원에서 충분함이 있어야 하고, 질적인 차원에서 적합함이 있어야 한다. 우리가 합리적인 피조물이라는 것을 고려할 때 하나님 자신은 우리의 사랑의 대상이 된다. 우리의 무죄 상태에서 하나님은 충분하시고 적합하신 선이시다. 그러나 우리가 죄의 상태에 있는 타락한 피조물이라는 것을 고려할 때, 오직 그리스도 안에 계신 하나님만이 우리에게 적합하시다. 그리스도 안에 계신 하나님은 우리에게 자비와 긍휼의 하나님이시며, 인내의 하나님이시며, 자비의 하나님이시고, 그에게 풍성한 구속이 있다. 또한, 죄악을 용서하시고, 허물을 간과하시며, 낮은 상태에 있는 우리를 사랑하시며, 우리를 사랑하셔서 우리를 긍휼히 여기시고, 우리를 깨끗하게 하시며, 우리의 죄와 다가올 진노에서 우리를 구원하시는 하나님이시다. 그런 사랑은 사랑에 불을 붙이는 큰 불꽃이며, 진노와 분노와 불쾌함의 구름을 뚫고 나온 사랑이며, 남용되고 공격을 받았지만 용서하시는 사랑이다. 많이 용서받은 사람들이 많이 사랑할 것이다.

(3) 획득

우리 자신에게 선한 것은 우리의 마음을 끈다. 우리는 우리 자신을 사랑한다. 하나님에 대한 사랑은 우리 자신에 대한 정당한 사랑으로 말미암아 강화된다. 우리가 우리 자신이 아닌 것을 우리 자신으로 여겨 사랑하거나 육신적인 유익을 사랑하거나 우리 자신을 하나님보다 지나치게 더 사랑하고, 오직 우리 자신을 위해 하나님을 사랑하는 것과 같은 죄악된 자기 사랑이 있다. 이와 반대로, 우리가 하나님을 위해 우리 자신을 사랑하는 것처럼 합법적인 자기 사랑이 있다. 우리가 이렇게 우리 자신을 사랑하면 할수록 하나님은 더 사랑을 받으신다. 우리가 하나님을 더 소유할수록 하나님은 우리에게 더 많은 사랑을 받으신다.

그런데 그리스도 안에서 하나님은 우리 하나님이시며, 우리 자신의 하나님이시다. "주는 나의 하나님이시라 내가 주께 감사하리이다 주는 나의 하나님이시라 내가 주를 높이리이다"(시 118:28). 하나님은 하나님이시다. 그러므로 우리는 하나님을 사랑한다. 하나님은 선하시고 은혜로우시며 자비로우시기 때문이다. 그러므로 우리는 하나님을 사랑하고, 하나님이 우리 하나님이든지 아니든지 하나님을 사랑해야 한다. 그러나 하나님이 하나님이시고 우리 하나님이시라는 이 두 명제가 만날 때 하나님은 선하시고 의로우시고 자비로우시고 모든 것이 충분하신 하나님이시다. 그러므로 우리의 사랑이 우리 안에서 완전하게 된다.

⑷ 소유

우리는 멀리 떨어져 있고 아직은 우리에게 없는 선, 오직 가능성만 있는 선을 사랑할 수 있다. 그것은 소망하는 사랑인 것이다. 그러나 실제로 어떤 선이 우리에게 가까이 있으면 있을수록 우리를 더 잡아끄는 것을 안다. 우리 마음에 가장 매력적인 것은 우리의 손에도 가장 매력적이기 때문이다. 우리는 어떤 유한한 것들을 선하다고 착각해서 실제보다 더 높게 평가할 수 있다. 그러나 그것이 우리에게 가까이 올 때 그것이 선하지 않다는 것을 알게 된다면, 우리는 그것들을 멀리 떨어져 있는 상태로 사랑해야 한다. 그러나 사실 우리의 생각을 넘어서고, 우리의 기대를 넘어서는 무한히 선한 것은 우리에게 가까이 올수록 더 사랑스럽다.

모든 세상적인 선은 멀리서 볼 때는, 적어도 육적인 마음에서는 가치있는 것처럼 보인다. 그것들은 실제로 줄 수 있는 것보다 더 많은 즐거움을 줄 수 있는 것처럼 약속한다. 그러나 그것들을 소유하는 것은 실망으로 끝날 뿐이다. 그것들은 갈망의 대상이 될 때, 우상이 되고 경배를 받는다. 그러나 막상 그것들의 맛을 보면 악취를 풍긴다. 그렇지 않다면 그것들에 실망한 자들은 수치로 주저앉을 것이다. 그들은 세상적인 선을 소유해도 여전히 만족이 없는 상태로 살아간다. "이것이 나를 위해 해 줄 수 있는 전부인가? 이것이 내가 가질 수 있는 모든 기쁨과 위로인가? 이것이 즐거움과 만족을 기대하는 내가 얻을 수 있는 전부인가? 이 모든 것은 비참하리만큼 아무런 위로도 되지 못한다." 세상을 소유한 결과는 헛될 뿐임을 증거한다. 그러나 모든 것이 충분하시며, 다 이해할 수 없을 만큼 선하신 하나님이 우리에게 더 가까이 계실수록, 하나님이 더 우리의 소유가 되실수록, 우리는 그를 더 높이고 사랑하게 된다. 우리가 하나님의 선하심과 아름다움에 대해 절반도 듣지 못했다는 것을 발견할 것이기 때문이다.

그리스도 안에서 우리는 하나님께 참여하고 하나님을 소유하게 된다. "아들을 가진 자는 또한 아버지를 가진다." 우리는 그의 빛을 본다. 우리는 그의 사랑을 느낀다. 우리는 그의 선하심을 맛본다. 우리는 그의 임재를 즐긴다. 우리는 우리와 함께 계신 하나님을 소유한다. 우리는 우리 안에 계신 하나님을 소유한다. 우리는 하나님과 교제한다. 하나님이 우리 안에 거하시고, 우리는 하나님 안에 거한다. 그러므로 우리는 하나님을 사랑하고 그 안에서 즐거워한다.

3. 하나님의 모든 것

하나님의 말씀과 규례들과 안식일과 성도들과 은혜들과 의무들과 그의 모든 길에서 성도들은 하나님을 사랑하고 그의 말씀을 사랑한다. 그들은 하나님을 사랑하고, 규례들과 안식일과 성도들을 사랑한다. 그들은 이 모든 것에서 하나님을 사랑한다. 그들은 하나님의 길과 사역과 모든 경륜을 사랑한다. 그들은 이 모든 것에서 하나님을 사랑한다. 그들은 모든 것에서 하나님을 사랑하고, 그들이 하나님을 발견하는 어디에서든 하나님을 사랑한다. 하나님의 일들에 대한 성도들의 사랑은 하나님에 대한 그들의 사랑이다. 그들이 사랑하는 것은 그 일들 안에 계신 하나님을 사랑하는 것이기 때문이다. 그 일들을 그들이 사랑하고 있다는 것은 하나님의 사역에 참여하거나, 하나님과 관계를 맺고 있는 데서 알 수 있다. 그들은 하나님의 것들을 사랑하는데, 그것들이 하나님의 생산물이며 형상들이고 마차들이기 때문이다.

(1) 하나님의 생산물

성도들이 위로부터 나는 것처럼 하나님의 모든 것이 위로부터 내려온다. 그러므로 그것들은 또한 사도가 부르는 것처럼 위의 것들이라고 불린다. "그러므로 너희가 그리스도와 함께 다시 살리심을 받았으면 위의 것을 찾으라 거기에는 그리스도께서 하나님 우편에 앉아 계시느니라"(골 3:1). 하나님께로부터 나오고 그의 천국에 속한 모든 것은 신적이며 하늘에 속한 것이다. 하나님에게서 난 자는 하나님을 사랑하고, 하나님에게서 나온 것은 무엇이든지 사랑한다.

(2) 하나님의 형상들

말씀과 성도들은 하나님의 형상들이며, 하나님의 성품이 그들 위에 있다. 성도들 안에 있는 은혜와 말씀 안에 있는 거룩한 진리들은 곧 은혜와 진리로 충만하신 그리스도의 얼굴이다. 하나님을 사랑하고 그의 형상을 사랑하라는 것이 그들의 규칙이다.

(3) 하나님의 마차들

구름을 자기 마차로 삼으시는 하나님은 또한 자신의 말씀과 자신의 규례들과 자신의 사역자들을 자신의 마차로 삼으신다. 이 마차를 타고 이 낮은 곳까지 내려오셔서 세상과 만나신다. 사역자들이 오고, 말씀이 내려올 때 하나님은 그들을 타고 내려오셔서 자기 백성을 만나신다. 바울에게 적용되었던 것은 아볼로와 게바와 복음을 전하는 모든 사람에게 적용된다. 그들은 사람의 아들들 앞에서 하나님의 이름을 증거하는 선택된 그릇들이다. 그들이 하나님이 내려오시는 마차들인 것처럼, 그들은 또한 하나님께로 인도하는 마차들이다. 그들의 의무와 기도와 찬미로 성도들은 하나님께 자신들의 마음을 드린다. 이스라엘은 요셉이 보낸 마차들을 보았을 때 가슴이 뛰었다. 오, 시편 기자는 주의 전과 법정에 관해 어떤 사랑을 표현했는가! "만군의 주 여호와여 주의 장막이 어찌 그리 사랑스러운지요"(시 84:1). "사람이 내게 말하기를 여호와의 집에 올라가자 할 때 내가 기뻐하였도다"(시 122:1). 시편 기자는 여호와의 집에 가는 것을 기뻐했는데, 이는 그곳에서 그가 더 높은 곳으로, 아래에 있는 시온산에서 위에 있는 예루살렘으로 올라가기를 바랐기 때문이다.

하늘을 향해 올라가는 것은 성도들의 의무이며 기쁨이다. 그들은 그리스도와 함께 죽고 그리스도와 함께 부활한다. 그들은 자기 스스로가 아니라 그리스도와 함께 올라간다. 그들은 회개와 겸손으로 그리스도와 함께 죽는다. 그들은 믿음과 성화로 그리스도와 함께 부활한다. 그들은 거룩한 사랑으로 그리스도와 함께 승천한다. 이것이 의무들과 규례들을 통해 그 자체의 불꽃으로 사랑의 하나님께로 올라가는 그들의 불마차이다.

혹은 하나님의 규례들은 천사들이 내려오고 영혼들이 올라가는 하늘에서 땅까지 닿은 야곱의 사다리이다. 하나님은 내려오시고 마음은 올라가며, 찬송은 올라가고 축복은 내려온다. 하나님이 내려오시는 것을 보지 못하고, 마음이 그것들을 통해 올라가는 것을 보지 못하는 사람은 규례와 기도와 설교와 성례가 어떤 의미인지 알지 못한다. 이것을 느낀 사람은 "다른 사람들은 그들이 원하는 침상이나 쾌락에 머물러 있게 하더라도, 나는 여기에 머물게 하라"라고 말할 것이다.

그리스도인들이여, 육적인 마음이 말씀에 낯설고, 하나님께 대한 온전한 예배나 규례들에 참여할 수 없다는 것은 이상한 일이 아니다. 그들은 설교를 듣고, 기도를 하고, 안식일을 지키는 것을 무시하면서도 결핍을 느끼지 않을 수 있다. 이것은 놀라운 일이 아니다. 하늘과 땅이 얼마나 멀며, 하나님과 육체가 얼마나 먼가? 이런 마차들은 그들로 하여금 그들의 신들에서 벗어나서 그들을 자신들의 나라에서 소유하지도, 알지도 못하는 낯선 나라로 인도할 것이다. 그러나 오, 성도들이 그토록 자주 마차 안으로 들어가지만, 집에 더 가까이 가지 못하고, 그토록 하늘을 향해 올라가려고 하지만, 계속해서 땅에 머물러 있고, 발은 종종 주의 산에 머물러 있지만, 그들의 마음은 계속해서 배설물 위에 있고, 마차들이 그토록 자주 빈 채로 내려갔다 올라갔다 하면서 그곳에 마음을 올려보내지 않는 것은 얼마나 슬픈 일인가! 하나님이 그들 중에 계실 때도 그토록 하나님에게서 멀어지는 것은 얼마나 놀라운 일인가!

그리스도인들이여, 당신의 사랑이 어디에 있는가? 당신의 사랑이 계속해서 낮은 상태에 머무는 것은 어찌된 일인가? 당신은 이 땅에서 무엇을 가지고 있는가? 당신의 성과 집은 위에 있고, 당신의 하나님과 당신의 보물은 위에 있다. 오, 너의 보물이 있는 곳에 너의 마음이 있지 않은 것은 어찌된 일인가? 오, 하나님께 귀를 기울인다고 하지만, 하나님은 소식을 전하는 자와 함께 계시지 않으시는가! 당신의 눈과 손과 기도와 탄식과 약속을 올려보내면서 당신의 마음은 계속해서 아래에 있지 않은가! 당신의 마음을 하늘로 보내어 거룩하신 하나님과 대화하고 교제하는 척하지만, 곧 다시 땅으로 돌아와서 땅과 육신과 더러운 것과 헛된 것에 머물러 있지 않은가!

당신이 하나님이 계신 곳에 그토록 자주 갈 수 있음에도 불구하고 하나님을 보려고 하지 않을 때, 혹은 당신이 하나님을 만날 수 있음에도 불구하고 하나님의 축복을 받지 않고 하나님을 보낼 때, 혹은 하나님이 당신을 축복하실 수 있음에도 불구하고 당신의 아버지의 축복을 팥죽 한 그릇과 바꾸고, 한 시간의 세상적이고 육적인 대화를 위해 설교와 성찬과 안식일의 위로와 회복을 잃어버릴 때, 하나님을 사랑한다고 말할 수 있는가? 우리가 하나님을 더 사랑했다면, 틀림없이 더 많은 시간을 그와 함께 있고, 더 나은 목적을 추구했어야 하지 않는가? 하나님과의 만남을 더 소중하게 여긴다면, 그 열매들을 더 오랫동안 지속하지 않았을까? 그랬다면 우리는 하나님의 축복이 없이는 떠나지도 않고, 우리가 그 축복을 얻었을 때 버리지도 않았을 것이다. 지금까지 하나님을 향한 사랑의 대상에 대해 살펴보았다.

II. 하나님을 향한 사랑의 행위

사랑은 자연적인 감정이다. 하나님에 대한 사랑은 영혼이 하나님을 붙잡거나 가까이 있고자 하는 것이다. 그것은 마음이 강하게 하나님을 향해 끌리거나 나가는 것, 곧 영혼이 하나님을 알고 기쁨으로 하나님과 연합하거나 결합하는 것이다. 이 사랑에는 세 가지가 포함되어 있다.

1. 마음이 강하게 하나님을 향해 나아가는 것

그것은 보통 사랑의 열망이라고 불리는데, 마음이 하나님을 향해 호흡하거나, 목말라하거나, 갈망하는 것이다. "하나님이여 사슴이 시냇물을 찾기에 갈급함 같이 내 영혼이 주를 찾기에 갈급하니이다"(시 42:1). 이것은 마음이 전심으로 하나님을 향하는 것이며, 다른 무엇보다도 하나님을 사랑하는 것이며, 완전하고 적합한 대상이신 하나님을 가장 큰 열의와 강도로 다른 모든 것보다 더 열망하는 것이다. 하나님은 이 사랑의 전부이시다. "하늘에서는 주 외에 누가 내게 있으리요 땅에서는 주밖에 내가 사모할 이 없나이다"(시 73:25).

2. 영혼이 하나님과 연합하는 것

이 사랑은 우리가 하나님께 머물러 있는 것이다. 사랑으로 마음과 마음이 머물러 있게 되고, 영혼과 영혼이 머물러 있게 된다. 세겜은 그의 마음이 디나에게 머물러 있었다고 언급된다. "그 마음이 깊이 야곱의 딸 디나에게 연연하며"(창 34:3). 세겜은 마음으로 디나를 사랑하여 디나가 그의 마음속으로 들어왔고, 그의 마음이 디나를 붙잡고 있었다. 바나바는 교회를 향해 마음으로 하나님께 머물러 있으라고 권면한다(행 11:23 참조). 그것은 영혼과 하나님을 엮는 것이다. 요나단의 영혼이 다윗의 영혼과 엮여있고, 요나단이 다윗을 자기 영혼처럼 사랑했다고 언급된다(삼상 18:1 참조). 야곱은 베냐민에 대한 그의 사랑을 표현하기 위해 그의 목숨이 이 소년의 목숨과 묶여있다고 언급되었다(창 44:30 참조). 초대교회 때 수많은 신자들이 모두 한 마음, 한 뜻이었다는 것을 읽는다(행 4:32). 그들의 사랑은 그들을 하나로 묶었다.

사랑으로 우리는 하나님과 하나가 되며, 하나님이 우리와 하나가 된다. 만약 내가 모든 것을 하나님의 뜻에 따른다고 말할 수 있다면, 영혼도 또한 하나님의 뜻대로 행한다고 말할 수 있다. 모든 찬미와 영예와 축복이 하나님께 속해 있다. "주여, 당신은 나의 것입니다. 나는 다른 어떤 것도 필요하지 않고, 더 이상 바라지도 않습니다. 나로 하여금 당신의 것이 되게 하시고, 당신에게 속하게 하시고, 당신을 위하게 하시옵소서. 당신의 종이, 당신의 희생제사가, 당신이 원하시는 것이 되게 하옵소서. 나의 모든 것, 나의 마음과 손과 혀와 시간과 이익이 당신의 것이 되게 하옵소서. 모든 마음과 모든 입과 모든 팔과 모든 피조물로 하여금 하나님을 찬양하게 하옵소서. 주여, 높임을 받으소서. 나의 반석이여, 찬양받으소서. 나의 구원의 하나님이시여, 찬미를 받으소서. 모든 무릎으로 꿇게 하옵소서. 모든 혀로 하나님께 고백하게 하옵소서."

이것이 우리가 사랑의 연합이라고 부르는 것이다. 이것이 구원받는 사랑의 본질이다. 그 안에 우리가 하나님께 항복하고, 우리 자신을 하나님께 내어드리는 것과 더불어 하나님이 우리를 받아주시는 것과 우리가 하나님께 모든 영광과 권세와 축복을 돌리기를 바라고 원하는 것 둘 다가 포함되어 있다. 여기에 또한 선한 의지에 대한 우리의 사랑이 있다. 이 모든 것은 사도행전 16장 14절에 언급되어 있는 마음을 여는 것에 포함된 것이다. 그곳에서 하나님이 루디아의 마음을 여셨다고 언급되어 있다. 그때 마음이 구원받도록 열려서 자유롭게 하나님께로 향하게 되고, 마음의 모든 강물이 하나님께로 흐르게 된다. 또한, 하나님을 영혼 깊은 곳으로 받아들이게 된다. 마음이 이렇게 하나님께 열릴 때 하나님이 들어오시고, 마음은 하나님을 가까이 하게 될 것이다. "나와 함께 머무소서. 당신의 처소로 들어오소서. 이곳을 영원히 당신의 거처로 삼으소서." 더 나아가서 마음이 하나님과 함께 하나님께 속한 모든 것을 받아들이게 된다. 곧, 그의 말씀과 그의 규례들과 그의 길들과 그의 모든 경륜과 그의 사랑과 그의 법들과 그의 위로들과 그의 조언들과 그의 징계들을 받아들이게 된다. 하나님을 사랑하는 마음은 "내가 당신과 함께 당신에게 속한 모든 것을, 당신의 멍에와 당신의 십자가를 받아들이겠습니다. 주여, 당신과 당신의 사랑과 당신과 함께 있는 것은 무엇이든지 받아들이겠습니다"라고 말한다.

3. 영혼이 하나님 안에서 즐거워하고 안식을 누리는 것

우리는 이것을 사랑의 즐거움이라고 부른다. 우리는 사랑하는 곳에 머물러 있기를 기뻐한다. 우리의 생각은 하나님께 머물러 있는 것을 기뻐할 것이다. 눈은 사랑하는 대상에 머물러 있다. 우리는 사랑하는 곳을 계속해서 바라보고 있다. "내가 깰 때에도 여전히 주와 함께 있나이다"(시 139:18). 그곳에 우리의 생각이 있고, 우리의 묵상이 온종일 그에게 있다.

그에 대한 나의 묵상이 달콤할 것이다. 사랑하는 자는 하나님 안에 거한다. "내가 영원히 주의 집에 거할 것이다." 왜 그곳에 거하는가? 우리 하나님이 그곳에 거하시기 때문에 우리 영혼도 그곳에 거하는 것이다. 마음은 순전하게 하나님 안에 있다. "내 영혼아 네 평안함으로 돌아갈지어다"(시 116:7). 그러나 사랑이 그 대상을 얻을 때까지 사랑은 느껴지지 않는다. 영혼이 하나님을 받아들이고 하나님께 받아들여질 때까지 사랑은 느껴지지 않는다. 사랑이 들어올 때에야 비로소 사랑을 충분히 소유하는 것이다. "나는 내 사랑하는 자에게 속하였고 내 사랑하는 자는 내게 속하였으며"(아 6:3).

여기에 믿음의 달콤함과 경건의 정수와 사랑의 즐거움과 풍성함이 있다. 나는 사랑할 때 평안할 수 있으며, 평안할 때 즐거워할 수 있다. 내가 스스로 사랑한다고 느낄 때, 내가 사랑받고 있다는 것을 알 때 부족한 것이 무엇인가? 사랑이 없는 곳에는 즐거움도 없다. 우리는 사랑하는 것에서가 아니라면 어떤 것에서도 위로를 받을 수 없다. 우리가 좋아하는 음식이 없을 때 먹는 데서 즐거움을 느낄 수 있을까? 우리가 사랑하지 않는다면 친구나 아내나 자녀가 무슨 의미가 있는가? 사랑으로 연합되어 있지 않은 사회나 교제가 무슨 의미가 있는가? 의견이 일치되지 않은 채로 두 사람이 함께 걸어갈 수 있을까? 그들은 틀림없이 평안함이 거의 없을 것이다.

사랑은 우리의 삶의 즐거움이다. 사랑은 천국을 달콤하게 만든다. 천국에서 우리는 즐거움으로 가득 차게 되는데, 이는 천국에서 우리가 사랑으로 가득 차게 되기 때문이다. 만약 성도들이 하나님을 사랑하지 않는다면, 천국은 천국이 아닐 것이며, 하나님은 즐거움이 아닐 것이다. 사랑은 얼마나 많은 쓴 물을 달콤하게 만드는가! 죄와 정욕과 육체의 모든 더러운 것은 육적인 마음의 달콤한 먹거리이다. 그것은 그들이 사랑하는 음식이다. 하나님을 사랑하지 않는 자들에게는 하나님도, 그리스도도 아무것도 아니다. 종교는 그들에게 속박이며, 거룩은 짜증나는 것이다. 그들에게 성도들의 수고뿐 아니라 즐거움은 헛된 것이며 아무 맛도 없는 것이다. 사랑의 축제 이외에 어떤 참된 축제도 없다. 사랑은 달콤함을 준다. 사랑이 사망과 지옥으로 내려가게 하는 죄에도 달콤함을 준다면, 거룩과 영광에는 얼마나 더 큰 즐거움을 주겠는가! 그리스도를 사랑하라. 신앙을 사랑하라. 그러면 신앙의 축복이 어디에 있는지, 신앙의 달콤함이 어디에 있는지 묻지 않을 것이다.

사랑은 신앙의 위로와 행위 모두를 달콤하게 할 것이다. 사랑은 의무를 달콤하게 하고, 고난도 달콤하게 할 것이다. 사랑에는 본질적으로 기쁘게 하고 찬미하게 하는 두 가지가 있다.

(1) 사랑하는 대상을 향한 열심

그런 사람들은 자신들의 친구를 슬프게 하지 않으려고 스스로 얼마나 주의를 기울이는가! 사랑하는 사람은 상대에게 좋게 보이려고 얼마나 노력하는가? 그들은 좋게 보이려고 외모를 꾸미고 말을 하고 유쾌하게 행동한다. "주여, 무엇을 원하십니까? 주여, 내가 무엇이 되기를 원하십니까? 당신을 위한 종이나 문지기나 가장 비천한 종이 되기를 원하십니까? 주여, 내가 무엇을 하기를 원하십니까? 나에게 당신의 뜻을 알게 하시고, 나에게 해야 할 일을 알게 하옵소서. 내가 당신의 규율을 지킬 수 있도록 나의 길을 인도하옵소서. 주여, 내가 무엇을 드리기를 원하십니까? 나의 우상들이나 나를 편안하게 하는 것들이나 내 명예나 내가 즐거워하는 것이나 나의 집이나 재산을 드리기를 원하십니까? 하나님께 제물로 드릴 수 있는 것보다 나에게 더 소중한 것이 무엇이겠습니까? 나의 자유나 나의 생명을 원하십니까? 보시옵소서. 모든 것이 당신의 발 앞에 있습니다. 당신이 요청하시는 어떤 것도 뒤로할 수 없습니다."

그러므로 사랑은 율법을 완성하는 것이라고 언급된다. 이 선한 뜻 안에 근본적으로 모든 선한 행위가 들어있다. 모든 선한 일에서 열매를 맺는 것은 하나님이 전적으로 기뻐하시는 것이다. 사랑은 관대하며, 고귀한 일을 하게 한다. 내가 존경하는 분을 위해 무엇을 할 수 있을까? 오, 나는 하나님께 합당한 선물을 가지고 있는가? 나는 아무것도 가지고 있지 않으며, 나의 선함은 하나님께 미치지 못한다. 그러나 사랑은 나의 영혼이 마땅히 드려야 하는 것보다 더 많은 것을 드리기를 바란다. 나의 영혼은 그렇게 할 수 없는 곳에서도 사랑으로 인해 의롭기를 바란다.

사랑은 모든 빚진 것을 다 갚기를 바란다. 사랑은 사랑의 빚 이외에 어떤 빚도 지지 않기를 바란다. 사랑은 마땅히 드려야 할 모든 것을 드리기를 바란다. 사랑은 하나님께 돌려야 할 영광을 다른 것에 빼앗기지 않기를 바란다. 네가 빚진 것을 갚으라. 이것이 날마다 사랑이 짙어지고 있는 것이다. 사랑으로 주고 받는 것은 사랑의 기쁨이다. 하늘로부터 온 것과 사랑이 하늘로 보내는 모든 선물은 사랑의 즐거움이다. 행복한 영혼이여, 당신은 사랑하고 있으며, 또한 사랑을 받고 있다. 사랑은 사랑의 기쁜 소식들을 보낼 수 있는 모든 기회를 놓치지 않는다. 의무는 사랑이 가장 잘 드러날 수 있는 통로이다. 모든 의무는 사랑의 헌물이라는 글자가 새겨진 채로 보내진다.

사랑은 우리의 모든 바퀴가 굴러가게 하는 축이며, 우리의 모든 행위가 형성되는 틀이다. 또한, 우리의 말과 행위로 표현되는 마음에 있는 불이다. "내 마음이 내 속에서 뜨거워서 작은 소리로 읊조릴 때에 불이 붙으니 나의 혀로 말하기를"(시 39:3). 사랑과 성도와의 관계는 성도의 모든 행위에 사랑이 힘을 준다는 차원에서 악의와 사탄과의 관계와 같다. 사탄의 시험은 불화살이라고 불린다. 그것은 독이 묻어있는 화살처럼 날아오기 때문에 이 화살에 맞은 사람은 불이 붙은 것과 같다. 그것은 죄에 불을 붙이고, 영혼에 불을 붙여서 정욕과 악함으로 불타게 한다. 그것은 불타는 날개를 가지고 날아다니면서 불을 붙이기 때문이다. 총알은 총에서 불을 품으면서 나오기 때문에 그토록 격렬하게 날아간다. 사탄이 쏘는 모든 화살에 불을 붙이는 것은 사탄의 마음에서 나오는 악의이다. 사탄과 악의와의 관계는 성도들과 사랑의 관계와 같다.

사랑은 하나님을 향한 거룩한 열정과 행동으로 마음을 불타게 한다. "내가 다시는 여호와를 선포하지 아니하며 그의 이름으로 말하지 아니하리라 하면 나의 마음이 불붙는 것 같아서 골수에 사무치니 답답하여 견딜 수 없나이다"(렘 20:9). 사랑의 마음은 행동하지 못하고 나태한 것에 대해 염려하며, 표현하지 못하고 억누른 것에 대해 염려하며, 아무리 많이 해도 여전히 부족한 것에 대해 염려한다. "하나님이여 내 마음이 확정되었고 내 마음이 확정되었사오니 내가 노래하고 내가 찬송하리이다"(시 57:7)라고 시편 기자는 노래한다. 사랑은 "하나님, 내 마음은 확정되었습니다. 내 마음은 당신을 향한 거룩한 열망과 열정으로 불타고 있습니다"라고 말을 더할 것이다. 사랑이 마음을 불타게 하는 곳에서 마음은 손으로 일하게 하고 발로 달려가게 한다.

(2) 사랑하는 대상에 대한 찬미

찬미는 아름답고, 정직한 마음에서 나오는 기쁨의 소리이다. 사랑하는 대상의 완벽함과 미덕과 아름다움과 탁월함을 찬미하는 것은 사랑의 즐거움이다. 사랑의 언어인 아가서에서 신부의 입술은 그리스도의 탁월함에 대한 찬미로 차고 넘친다. "내 사랑하는 자는 희고도 붉어 많은 사람 가운데에 뛰어나구나 머리는 순금 같고 머리털을 고불고불하고 까마귀같이 검구나 눈은 시냇가의 비둘기 같은데 우유로 씻은 듯하고 아름답게도 박혔구나 뺨은 향기로운 꽃밭 같고 향기로운 풀 언덕과도 같고 입술은 백합화 같고 몰약의 즙이 뚝뚝 떨어지는구나 손은 황옥을 물린 황금노리개 같고 몸은 아로새긴 상아에 청옥을 입힌 듯하구나 다리는 순금 받침에 세운 화반석 기둥 같고 생김새는 레바논 같으며 백향목처럼 보기 좋고 입은 심히 달콤하니 그 전체가 사랑스럽구나 예루살렘 딸들아 이는 내 사랑하는 자요 나의 친구로다"(아 5:10-16).

"여호와여 신 중에 주와 같은 자가 누구이니이까 주와 같이 거룩함으로 영광스러우며 찬송할만한 위엄이 있으며 기이한 일을 행하는 자가 누구니이까"(출 15:11). "여호와는 위대하시니 우리 하나님의 성, 거룩한 산에서 극진히 찬양 받으시로다"(시 48:1) "여호와여 주의 인자하심이 하늘에 있고 주의 진실하심이 공중에 사무쳤으며 주의 의는 하나님의 산들과 같고 주의 심판은 큰 바다와 같으니이다……하나님이여 주의 인자하심이 어찌 그리 보배로우신지요 사람들이 주의 날개 그늘 아래에 피하나이다"(시 36:5-7). "주의 존귀하고 영광스러운 위엄과 주의 기이한 일들을 나는 작은 소리로 읊조리리이다……그들이 주의 크신 은혜를 기념하여 말하며 주의 의를 노래하리이다 여호와는 은혜로우시며 긍휼이 많으시며 노하기를 더디 하시며 인자하심이 크시도다 여호와께서는 모든 것을 선대하시며 그 지으신 모든 것에 긍휼을 베푸시는도다 여호와여 주께서 지으신 모든 것들이 주께 감사하며 주의 성도들이 주를 송축하리이다. 그들이 주의 나라와 영광을 말하며 주의 업적을 일러서 주의 업적과 주의 나라의 위엄있는 영광을 인생들에게 알게 하리이다"(시 145:5-12).

"오, 나의 하나님, 당신은 전적으로 사랑이시며, 전적으로 선하시며, 전적으로 은혜이시며, 전적으로 영광이십니다. 당신의 종으로 하여금 전심으로 찬양하게 하옵소서. 이 마음이 제단이 되게 하옵시고, 모든 섬김이 제사가 되게 하옵소서. 이 입이 나팔이 되게 하옵시고, 모든 말이 시편이 되게 하옵소서. 나의 호흡이 향이 되게 하옵시고, 모든 지체가 향로가 되게 하옵소서. 나의 영혼과 나의 육체가 즐거움으로 외치고 하나님을 크게 찬양하게 하옵소서." 이것이 사랑의 목소리이다.

그러므로 당신은 새 마음을 가질 때 사랑이라는 또 다른 탁월한 선물, 곧 사랑하는 마음을 가지게 된다.

그리스도인들이여, 이 귀한 은혜를 높이라. 사랑이라는 단어를 크고 값진 약속 중에 써넣어라. 사랑을 올바로 높이고 싶다면, 보석들을 그 탁월성과 희소성에 따라 가치를 평가하는 것처럼 사랑도 그 가치와 희소성에 따라 평가하라.

① 사랑을 그 가치와 탁월성에 따라 소중히 여기라. 사랑이 왜 가치가 있는가? "사람이 그 온 가산을 다 주고 사랑과 바꾸려 할지라도 오히려 멸시를 받으리라"(아 8:7). 사랑을 값을 주고 사려고 한다면 온 세상으로도 충분한 가치가 되지 못한다. 그렇다. 사랑은 선물로 받아야 한다. 사랑은 돈으로 살 수 없다. 사랑은 영혼만큼 가치가 있으며, 온 세상보다 더 가치가 있다. "사람이 만일 온 천하를 얻고도 자기 목

숨을 잃으면 무엇이 유익하리요"(막 8:36). 사랑은 모든 신앙만큼의 가치가 있다. 사랑은 모든 신앙의 영혼이며 실체이다. 우리의 모든 은혜와 의무와 활동은 그것들 안에 있는 사랑에 따라 가치가 있다. 사랑이 없는 지식이나 믿음이나 소망이나 인내가 무슨 의미가 있는가? 자비가 없는 기도나 금식이나 구제는 무슨 의미가 있는가? 그것들은 아무런 가치가 없다고 말할 수 있다. 설령 내가 아무리 기도하고, 아무리 수고하고, 아무리 고난을 받아도 자비가 없다면, 나는 아무것도 아니다. 사랑은 천국이 가치가 있는 만큼 가치가 있으며, 그리스도와 하나님이 우리에게 가치가 있는 것만큼 가치가 있다.

하나님은 사랑이시기 때문에, 만약 사랑이 우리 안에 없다면, 하나님도 우리 안에 없다고 할 수 있다. 당신은 당신의 재산을 소중히 여기는가? 당신은 당신의 집이나, 돈이나, 땅을 소중히 여기는가? 아니면 당신의 영혼을 소중히 여기는가? 당신은 믿음이나 천국이나 그리스도나 하나님 자신을 다른 어떤 것보다 소중히 여기는가? 그렇다면 하나님의 사랑을 소중히 여기라. 사랑이 없다면 하나님은 당신에게 하나님이 아니시며, 그리스도는 당신에게 그리스도가 아니시고, 천국은 당신에게 천국이 아니다.

오, 하나님의 사랑을 소중히 여기라. 소중히 여기며 구하고, 기도하라. 당신의 생명과 당신의 영혼과 영원한 나라를 위해 기도하는 것처럼, "주여, 나로 하여금 당신을 사랑하게 하옵소서"라고 기도하라. 사랑을 얻으라. 그러면 모든 것을 얻을 것이다. 사랑하라. 그러면 거룩해질 것이다. 사랑하라. 그러면 겸손해질 것이다. 사랑하라. 그러면 열매를 맺을 것이다. 사랑하라. 그러면 당신의 하나님을 기뻐하고 찬미하며 즐거워하게 될 것이다. 사랑하라. 그러면 하나님을 두려워하고 섬기게 되고, 하나님을 위해 고난을 받고 죽게 될 것이다. 사랑하라. 그러면 살 것이다. 사랑을 소중히 여기라. 사랑이 가진 가치가 탁월하기 때문에 사랑을 소중히 여기라.

② **사랑을 그 희소성에 따라 소중히 여기라.** 탁월한 것은 그 희소성에 따라 더 귀한 것으로 평가를 받으며, 희소성은 시장에서 가격을 올리는 이유가 된다. "그때 여호와의 말씀이 희귀하였다"(삼상 3:1 참고). 그때는 말씀의 기근이 있었고, 공개적인 환상이 없었을 때였다. 오, 하나님의 사랑은 희귀한 만큼 가치가 있다. 신앙고백을 하는 많은 사람들의 믿음 생활이 얼마나 영혼이 없는 시체 같은가! 오, 우리는 우리의 의무를 행하고 경건 생활을 할 때 마음이 거의 얼어붙어 있다. 우리는 제사를 드릴 때 어떤 불을 드리고 있는가? "이에 불로 응답하는 신 그가 하나님이니라"(왕상 18:24)라고 엘리야는 말했다. 불로 간구하는 마음은 불로 올라간다. 이삭이 야곱에게 "불과 나무는 있거니와 번제할 어린 양은 어디 있나이까?"(창 22:7)라고 물었던 것처럼 우리는 하나님을 향해 "나무와 제물은 있거니와 그것을 사를 불은 어디에 있나이까?"라고 물을 수 있다. 우리의 심령은 차가워졌으며, 이런 차가움이 우리의 모든 의무에 나타난다.

사랑이여, 너는 어디에 있는가? 하나님을 향한 열정이여, 너는 어디에 거하고 있는가? 우리가 네가 거하는 곳을 찾기 전에 얼마나 많은 집을 찾아 헤매야 하고, 얼마나 많은 마음을 통과해야 하는가? 사도는 로마 사람들에게 "그들이 하나님께 열심이 있으나 올바른 지식을 따른 것이 아니니라"라고 말한다(롬 10:2). 우리에게 하나님에 대한 지식이 있으나, 열정은 어디에 있는가? 시편 기자는 "주의 집을 위하는 열성이 나를 삼켰나이다"라고 말했다. 그러나 지금 그런 열정이 어디에 있는가? 집이 불을 삼켰거나, 혹은 남아 있는 불이 있더라도 그것은 낯선 불이 아닌가? 우리의 심령을 달구고 있는 것은 사랑의 불이 아니라 정욕과 교만과 탐욕과 질투와 다툼의 불이 아닌가? 예후는 "나와 함께 가서 여호와를 위한 나의 열심을 보라"(왕하 10:16)라고 말하면서 아합에게 속한 자들을 진멸했다. 이 불은 사랑의 불이 아니라 진노의 불이었다. 설령 그것이 사랑의 불이라고 해도, 그 모든 것을 불태운 것은 하나님의 사랑이 아니라 자기 사랑이었다. 그런 마음은 "지옥의 불에서 나오는" 악한 혀와 같다(약 3:6 참조). 그런 불은 위에서 내려오는 것이 아니라, 이 땅에 속한 감각적이고 마귀적인 것이다. 우리는 끓고 있는 동안에도 여전히 얼어있다. 우리의 낯선 불이 초자연적인 불을 꺼버린다.

오, 우리의 심령은 얼마나 온기가 적은가! 우리는 우리의 마음의 불이 위로 올라가고 있는 것을 느끼는가? 우리는 모두 사랑하는 척하지만, 우리의 마음이 힘을 내어 하나님을 찾고 있는지 생각하라. 우리는 그의 이름과 그의 권리가 높임을 받기를 바란다. 우리는 하나님이 우리 하나님이 되시고, 우리는 하나님의 소유가 되기를 바란다. 오, 이런 소원이 사랑에서 나온 것이라면, 우리는 얼마나 훌륭한 그리스도인이겠는가! 그러나 하나님의 나라는 침노를 당하고 있는가?

누가 마치 하나님을 힘으로 차지하고, 천국을 힘으로 차지할 수 있는 것처럼 달려오고 있는가? 천국은 원하면 침노할 수 있고 힘으로 차지할 수 있다. 그러나 천국이 침노 당하는 일은 얼마나 적은가? 우리는 하나님을 사랑한다고 말하지만 다른 것을 더 사랑하지는 않는가? 우리는 거룩하게 되기를 열망한다고 하지만. 그것보다 다른 것을 더 열망하지 않는가?

오, 그리스도의 친구라 하는 자들 중 얼마나 소수만이 마음에 열정을 가지고 있고, 이들 중에서도 사랑을 찾기란 얼마나 어려운가! 이 사랑이 우리 안에 얼마나 적으면, 있는지 없는지조차 식별하기가 어려운가! 우리가 그를 사랑한다는 것을 증명하려면 얼마나 자세히 살펴보아야 하며, 얼마나 많은 논증을 검토해야 하며, 얼마나 많은 징표를 고려해야 하는가! 그러나 우리는 여전히 우리가 하나님을 사랑하는지 그렇지 않은지 확신할 수 없다.

우리는 우리의 친구들과 아내와 자녀들을 사랑할 때 그들을 사랑한다고 느낀다. 우리는 우리의 안락함이나 재산이나 자유를 사랑할 때도 그것들을 사랑한다고 느낀다. 그러나 우리는 우리의 하나님을 사랑하는지 그렇지 않은지는 식별할 수 없다. 우리 중에 "주여, 내가 당신을 사랑하는지 주께서 아시나이다"라고 담대하게 하나님께 호소할 수 있는 사람이 얼마나 적은가! 오, 그리스도는 친구라 하는 자들의 집에서 얼마나 많은 상처를 받으셨는가! 또 얼마나 많은 모욕을 참으셔야 했는가! 그리스도께서 자리에 앉으시고자 할 때 우리는 입술로는 그에게 높은 자리를 내어드리라고 말하지만 실제로는 그리스도를 얼마나 낮은 자리로 내려보내는가!

그리스도는 얼마나 많이 우리의 문 앞에 서서 두드리시며, "나의 사랑, 나의 누이야. 나에게 문을 열어달라"라고 요청하시는가! 하지만 우리는 얼마나 많이 그를 서서 기다리게 하면서 낯선 자들에게는 모든 방을 내어주는가! 세상에서 계절은 어김없이 바뀌지만, 그리스도는 하염없이 기다리셔야 한다. 우리에게 다른 손님이 있다면, 우리 주님은 기다리셔야 한다. "이번에는 그냥 가세요. 제가 시간이 될 때 부르겠습니다." 우리는 얼마나 자주 기도의 골방에서 그리스도를 만나 그와 함께 대화하고 교제하고 싶어 하는가! 우리는 시선을 끄는 다른 일이 생기면, "잠시 기다려 주세요"라고 요청하며 그리스도를 문밖에 세워둔다. 시간을 내서 주의 일을 하고 있는 동안에도 우리는 문을 두드리는 다른 것들에 얼마나 많이 우리의 시선을 빼앗기는가! 우리의 온 마음은 주님이 아닌 다른 것들에 몰두하면서, 정작 주님을 향해서는 우리의 몸뚱이밖에는 아무것도 남겨두지 않고 있지는 않은가! 그러나 우리의 사랑이 더 크면 클수록 주님을 청하는 우리의 마음은 더 커지고, 두드리는 소리에 주의를 기울이지 않게 될 것이다. 우리의 사랑은 하나님과 관계없는 모든 생각에 침묵할 것을 명령할 것이다. "내가 너희에게 부탁한다 내 사랑하는 자가 원하기 전에는 흔들지 말며 깨우지 말지니라"(아 8:4). 더 큰 사랑은 우리에게 주의 일에 참여하고, 마음의 허리띠를 띠고, "오라. 내 영혼의 모든 기량들이여. 와서 하나님께 존경을 표하라. 와서 나의 하나님을 섬기는 것을 도우라"라고 말하면서 그 모든 흩어져있는 전령들을 모을 것을 명령할 것이다.

오, 때때로 우리는 얼마나 많은 날 동안 하나님에게서 멀리 떨어진 채로 만족하며 살고 있는가! 우리에게 하나님이 낯설어져 가고 있지만, 우리는 즐겁고 평안할 수 있다. 우리에게 하나님의 임재가 없지만, 우리는 결코 그것을 그리워하지 않는다. 우리가 하나님의 얼굴에서 미소를 보지 못하고, 우리 안에 하나님을 사랑하는 모습이 보이지 않지만, 어떤 고통도 느끼지 않는다. 해는 일식을 하거나 구름에 가릴 수 있지만, 우리의 심령에 어떤 어둠도 주지 않는 것 같다. 우리에게 아무런 빛이 없어도 어둠 속을 걷지 않는 것 같다. 하나님이 우리에게서 멀리 떨어져 있는 것처럼 슬픔도 우리에게서 멀리 떨어져 있는 것 같다. 우리는 마치 우리 자신의 불이 해인 것처럼 그것으로 우리 자신을 따뜻하게 하고 우리 자신의 불똥으로 즐거워한다. 우리는 햇빛에서처럼 안개 속에서도 잘 지낸다. 낮과 밤이 우리에게 똑같은 것 같다. 신부의 방의 자녀들은 신랑이 없을 때도 잔치를 하고 즐거워한다. 그들은 그들의 하나님 대신에 자신들의 육적인 만족이 채워지는 것으로 신속하게 소원을 전환할 수 있다.

우리는 때때로 우리 주님이 먹이시는 곳에 가지만, 주님을 만나지 못한 채 돌아오고 있지는 않은가? 우리는 기도하거나 말씀을 듣거나 성례에 참여할 때 주님이 결코 우리를 그곳에서 만나주시지 않더라도, 충분히 만족한 채로 돌아오지 않는가? 우리가 이런 식으로 하나님과 교제하기를 원한다면, 도대체 우리의 사랑은 어디에 있는가? 사랑하는 이가 없어도 그토록 잘 견딜 수 있는 사랑을 사랑이라고 할 수 있는가? "나를 더 이상 나오미라고, 기쁨이라고 부르지 말라. 나를 마라라고, 쓰다고 부르라. 나는 풍족하게 나갔지만, 빈손으로 돌아왔다. 나는 하나님의 풍족하심으로 은혜가 풍족하고 즐거움이 풍족했다. 그러나 보라. 모든 것이 사라졌다. 남편은 죽었고, 나의 하나님은 나를 떠나셨다. 나를 더 이상 나오미라고 부르지 말고 나를 마라라 부르라. 전능하신 이가 나를 괴롭게 하셨고, 나에게서 자기 얼굴을 가리셨기 때문이다. 나는 이 일로 울고 있다. 나의 영혼을 위로하던 위로자가 나에게서 떠났으므로 나의 눈에는 눈물이 흐른다." 이것이 자신 안에서 사라진 주님에 대한 사랑의 눈물이다.

오, 우리는 하나님께 드리는 척하면서 실제로 드리지 않는 것에 대해 얼마나 양심의 가책을 받지도 않는가! 우리는 드렸다가 다시 빼앗아 온다. 우리는 하나님께 모든 것을 드리는 척하지만, 종종 우리가 드린 것을 빼앗아서 그것을 다른 곳에 드리지 않는가? 사랑은 하나님께 모든 것을 드리기를 바란다. 그러나 우리는 마땅히 하나님께 드려야 할 우리의 시간과 재능들을 얼마나 낭비하고 있는가! 그토록 많은 날과 시간을 허비하고, 그것들이 어떤 일에, 누구에게 소비되었는지 생각조차 하지 못할 때, 우리의 사랑은 과연 존재한다고 할 수 있는가? 하나님을 위해 만들어진 우리의 눈과 귀와 손과 혀가 그토록 자주 마귀와 정욕에 따라 이용되었을 때, 우리의 사랑은 어디에 있었는가? 하나님과 영혼들을 위해 사용되었어야 할 의복과 음식과 친구들과 동료들이 다른 곳에서 허비되었을 때, 우리의 사랑은 어디에 있었는가? 종교와 자비를 위해 허락되었던 것이 교만과 낭비와 탐욕에 사용되었을 때, 우리의 사랑은 어디에 있었는가? 우리의 기도와 금식과 설교와 말씀을 듣는 것과 우리의 모든 의무가 우리의 정욕의 희생물이 되었을 때, 우리의 사랑은 어디에 있었는가? 우리의 우상이 하나님께 드리는 제사들을 삼켰을 때, 우리의 사랑은 어디에 있었는가? 우리의 교만과 육적인 목적이 우리의 제사들을 삼키고, 우리의 기도와 금식과 구제가 하나님께 영광을 돌리기보다 우리의 면류관이 되고, 이 모든 것을 강도가 훔쳐 가도록 허락하면서도 그를 추적하지도 의문을 품지도 않았을 때, 우리의 사랑은 어디에 있는가?

오, 우리가 하나님을 얼마나 기뻐하지 않는가! 우리가 하나님을 섬기는 것에 얼마나 싫증을 내는가! 우리가 하나님의 집에서 돌아왔을 때 얼마나 즐거워하는가! 우리가 무릎을 꿇고 있다가 일어날 때, 골방에서 나올 때, 안식일이 지나가고 초하루가 지나가고 하늘에서 땅으로 돌아올 때, 우리의 마음을 하나님께 다시 가까이 하려면 얼마나 많은 수고를 해야 하는가! 우리의 마음은 얼마나 우리가 알기도 전에 식어버리는가! 우리가 그의 임재 안에 있는 동안에도 우리는 얼마나 조금밖에 그의 임재를 즐거워하지 않는가! 우리는 얼마나 빈약한 식사와 형편없는 잔치를 하나님께 드리는가! 우리는 그의 진미를 무시하고, 그의 포도주를 찌꺼기처럼 여기고, 그의 기름지고 풍성한 것을 우리의 영혼에 하찮은 것처럼 취급한다.

사랑은 아무리 작아도 물 한 모금도 달콤하게 하고, 그의 식탁에서 나오는 보잘 것 없는 음식도 달콤하게 하고, 우리의 금식마저도 즐거운 식탁이 되게 한다. 그런데 우리는 고기가 아니라 쟁반이나 접시를 먹으려고 한다. 우리는 기름진 음식이 아니라 뼈를 먹으려고 한다. 종교의 규례들과 외적인 행위들은 뼈나 껍질이나 접시일 뿐이다. 알맹이와 정수와 기름진 것은 하나님이시다. 우리는 하나님께 나아갈 때 하나님과 얼마나 충분한 교제를 하지 못하는가! 우리는 우리가 소유한 작지만 가치있는 것에서 달콤함을 얼마나 발견하지 못하는가! 교제는 사랑 안에서 즐거워하는 것이며, 사랑은 교제를 달콤하게 만든다. "지금 나는 내가 있어야 할 곳에 있습니다. 오, 당신의 장막은 얼마나 사랑스러운지요! 주여, 당신은 나에게 기쁨입니다." 이것이 사랑의 목소리이다. 만약 우리가 더 충분한 사랑을 소유했다면, 우리는 더 영적이었을 것이며, 영적인 것들은 영적인 마음에 더 감사한 것들이 되었을 것이다. 하나님의 사랑은 불과 같다. 그것은 마음을 본래의 형상으로 정화시키고 변화시킨다. 그때 행복이 있다. 오, 우리는 육적이며, 이 사실은 우리 안에 하나님의 사랑이 거의 머물러 있지 않다는 것을 증명하기에 충분하다.

하나님을 향한 사랑이 우리 안에 얼마나 찾아볼 수 없는지를 생각하라. 그러면 당신은 사랑이 얼마나 희귀하며, 세상에 참된 사랑이 거의 없다는 것을 알 것이다. 오, 하나님의 사랑을 소중히 여기라. 이 사랑의 희귀성이 이 사랑을 더 소중히 여기게 하라. 사랑이 그토록 희귀한데 어떻게 값싸게 여길 수 있는가? 사랑을 소중히 여기고 사랑을 얻고자 애쓰라.

마음이 이토록 아래를 향하고 있는 것은 무엇 때문인가? 당신의 마음은 여전히 아래 것을 쫓고 있지 않은가? 당신의 마음이 그토록 차가운 진흙 덩어리와 같으면서 위를 바라보고 있다고 말할 수 있는가? 당신의 마음이 그토록 육적이며 감각적이면서, 여전히 하늘을 바라보고 있다고 말할 수 있는가? 당신의 마음이 그토록 이 땅의 쾌락을 즐기고, 배가 고파서 탐욕스러워하고, 땅의 부를 파내고 땅의 보화를 찾는데 바쁘면서도 이 땅에 마음이 없다고 말할 수 있는가? 당신은 여전히 이 땅의 신들을 섬기고 있으면서 나는 영광의 하나님과 함께 걷고 있다고 어떻게 말할 수 있는가? 당신은 "당신의 마음이 있는 곳을 보라"라는 말을 들을 때, 여전히 당신의 마음이 이 땅의 들과 산등성이와 계곡에 있음에도 불구하고 나의 마음이 이 땅에 있지 않고 위에 있다고 말할 수 있는가? 당신의 마음이 있는 곳을 보라. 우리는 우리의 마음에 우리가 가지고 있는 씨를 뿌린다.

그러나 이렇게 마음이 아래를 향하고 있는 것은 무엇 때문인가? 일어나라. 이곳에 흙과 먼지로 돌아갈 당신의 육체를 제외하고 아무 것도 남기지 말라. 당신의 영혼으로 하여금 하늘을 바라보게 하라. 당신의 영혼에 날개를 달아 위로 올라가게 하라. 오, 나에게 날아가서 쉴 수 있고, 겸손으로 낮아지면서도 사랑으로 올라갈 수 있는 비둘기의 날개가 있다면!

모든 규례와 모든 섭리 가운데 드리워진 사랑의 띠를 보라. 마음을 모으기 위해 내려진 띠가 있다. 사랑의 이 부름에 귀를 기울이라. 이리로 올라오라. 우리가 갑니다. 주여, 우리에게 오라고 하옵소서. 우리에게 당신의 손을 내미시고 우리를 들려 올리옵소서.

오라, 그리스도인들이여! 오라, 행복하기를 바라는가? 우리가 사랑한다면 행복하게 될 것이다. 즐겁게 되기를 바라는가? 사랑하면 즐거울 것이다. 오라, 살기를 바라는가? 우리가 이 땅에 집착하는 한 죽을 것이다. 우리가 사랑한다면 살 것이다. 살기를 바라고 우리의 삶이 사랑이 되기를 바라는가? 우리의 행위가 사랑의 수고가 되고, 우리의 고통이 사랑의 인침이 되고, 우리의 슬픔이 사랑의 수고가 되고, 우리의 상처가 사랑의 상처가 되고, 우리의 기도가 사랑의 외침이 되고, 우리의 찬송이 우리 주 하나님을 향한 노래가 되게 하라. 모든 의무와 모든 행함과 모든 지체와 모든 힘과 우리의 육체와 영혼이 사랑의 제사가 되게 하라. 우리가 그의 모든 길에서 사랑을 보는 것처럼 우리의 모든 길에서 하나님의 사랑을 보게 하라.

당신은 사랑할 수 없는가? 당신이 사랑할 수 있을 때까지 보라. 당신의 하나님을 바라보라. 당신의 생각을 그곳으로 보내라. 하나님에 대해 묵상하라. 당신의 마음을 다잡은 지 오래지 않아서 당신의 묵상이 보좌 앞에 있게 될 것이다. 당신의 예수를 바라보라. 그의 손과 그의 발을 바라보라. 와서 당신의 손으로 못 자국을 만지라. 당신의 마음을 그의 옆구리에 두라. 그곳에서 따뜻하게 느껴질 때까지 당신의 마음을 그곳에 두라. 당신의 예수를 바라보라. 기도를 올려드리라. "주여, 나로 하여금 당신을 사랑하게 하옵소서. 만약 당신이 사랑하신다면, 나로 하여금 당신을 사랑하게 하옵소서. 내가 볼 수 있을 때까지 찾을 것입니다. 내가 사랑할 수 있을 때까지 보게 하옵소서. 주여, 내가 여기에서 무엇을 가지고 있습니까? 나의 모든 것이 당신과 함께 있습니다. 당신은 나의 도움이시고, 나의 소망이시며, 나의 보화이십니다. 나의 생명이 하나님 안에서 그리스도와 함께 감추어져 있습니다. 그러나 보시옵소서. 나의 마음이 더 이상 당신과 함께 있지 않다면, 이 모든 것은 나에게 아무것도 아닙니다. 붙잡아 주시옵소서. 주여, 나의 마음을 붙잡아 주시옵소서. 나의 보물이 있는 곳에 또한 나의 마음도 있게 하옵소서."

당신의 사랑이 너무 미미하여 전혀 사랑하지 않는 것은 아닌지 두려워하고 의심하는 그리스도인들이여! 더 많이 울라. 하지만 당신이 가진 것에 감사하라. 당신이 더 사랑하지 못하는 것을 부끄러워하라. 하지만 낙망하지는 말라. 당신은 하나님을 사랑할 수 없다고 불평한다. 하지만 당신은 그의 형상과 그의 성도들과 그의 말씀과 그의 행위와 그의 길을 사랑하고 있는가? 당신이 하나님을 사랑한다고 차마 고백할 수 없지만 그럼에도 불구하고 경건을 사랑하는가? 만약 당신이 사랑할 수 없다면, 당신은 슬퍼할 수 있다. 당신은 그를 잃어버린 것에 대해 탄식하는가? 당신이 하나님을 택했다면, 하나님을 붙잡고 있으며, 하나님을 신뢰하고 있는가? 만약 당신이 하나님을 사랑할 수 없다면, 하나님을 두려워하고 따를 수 있는가? 만약 하나님이 당신의 감정으로 느껴지지 않는다고 할지라도, 하나님은 당신의 생각과 당신의 입과 당신의 눈에 있는가? 하나님이 당신의 목적인가? 당신의 삶은 하나님을 향하고 있는가? 그렇다면 이런 일들에서 당신의 마음을 위로하라. 당신은 비록 하나님을 사랑한다는 것을 느낄 수 없어도 그분을 바라볼 수 있다.

제 11 장
하나님을 경외하는 마음

"내가 그들에게 복을 주기 위하여 그들을 떠나지 아니하리라 하는 영원한 언약을 그들에게 세우고 나를 경외함을 그들의 마음에 두어 나를 떠나지 않게 하고"(렘 32:40). 이 주제를 펼치는 데 있어서 다음과 같은 단계를 따를 것이다. 주 하나님이 두려우신 하나님이시며, 하나님이 온 땅의 사람들의 마음에 자신에 대한 두려움을 두시며, 그러나 죄로 말미암아 사람들의 마음이 매우 강퍅해져서 하나님을 경외하는 데서 멀어졌으며, 하나님이 자신의 영광을 회복시키시고, 다시 자기 백성들의 마음에 자신에 대한 경외함을 심어주실 것이며, 하나님이 그들 안에 두실 하나님에 대한 경외함이 무엇인지 보여줄 것이다.

I. 주 하나님은 두려우신 하나님이심

하나님은 그의 위엄의 탁월성과 영광에 있어서 두려우시다. "그의 존귀가 너희를 두렵게 하지 않겠으며 그의 두려움이 너희 위에 임하지 않겠느냐"(욥 13:11). 그의 권능은 두렵다. "여호와의 말씀이니라 너희가 나를 두려워하지 아니하느냐 내 앞에서 떨지 아니하겠느냐 내가 모래를 두어 바다의 한계를 삼되 그것으로 영원한 한계를 삼고 지나치지 못하게 하였으므로 파도가 거세게 이나 그것을 이기지 못하며 뛰노나 그것을 넘지 못하느니라"(렘 5:22). 하나님께서는 너희가 나를 두려워하지 않겠느냐고 말씀하신다. 이런 일을 하실 수 있는 분이 무엇이든 하실 수 없겠는가? 그의 진노는 두려운 진노이다. "그 진노하심에 땅이 진노하며 그의 분노하심을 이방이 능히 당하지 못하느니라"(렘 10:10). 그렇다. 그의 거룩은 두려운 것이다. 그의 진리와 그의 의와 그의 모든 이름은 두려운 것이다. "네 하나님 여호와라 하는 영화롭고 두려운 이름을 경외하지 아니하면"(신 28:58). 주 하나님은 두려운 하나님이시다.

II. 자신에 대한 두려움을 사람들의 마음에 두시는 하나님

하나님은 가장 선한 사람들 뿐 아니라 가장 악한 사람들에게도 자신에 대한 두려움을 그 마음에 두신다. "나는 큰 임금이요 내 이름은 이방 민족 중에서 두려워하는 것이 됨이니라"(말 1:14). 그들에게 하나님에 대한 이 두려움은 다음과 같이 나타난다.

1. 사람의 본성에 있는 두려움

하나님은 모든 사람의 본성에 자신에 대한 인상을 심어주신다. 율법처럼 하나님의 존재가 그들의 마음에 새겨져 있다. 하나님은 그들의 양심에 자기 증인을 가지고 계신다. 이 땅의 무신론자들이 하나님이 계신다는 모든 논증에 답할 수는 있을지라도 결코 그들 자신의 양심은 반박할 수 없을 것이다. 만약 하나님의 피조물이 반박하지 못한다면, 그들의 양심이 그들을 가르칠 것이며, 그럼에도 보지 못한다면, 그들의 원하는 바와 상관없이 하나님이 계심을 느끼게 될 것이다. 또한 하나님이 느껴지는 어느 곳에서든지 하나님은 공포의 대상이 되실 것이며, 심지어 그들의 입이 교만한 것을 말할 때에도 그들의 마음은 공포를 묵상할 것이다. 그들에게 경고하는 것이 없을 때에도 그들은 스스로에게 두려움이 될 것이다.

2. 하나님의 행사로 인한 두려움

하나님에 대한 두려움은 하나님이께서 세상에서 행하신 놀라운 일에 의해 증가된다. 그가 보내신 지진은 많은 사람의 마음에 지진을 일으킨다.

3. 하나님의 진노로 인한 두려움

하나님에 대한 두려움은 하나님께서 이 땅에서 행하신 그의 심판에 의해 더욱더 강화된다. 하나님의 심판은 사람들의 불경건과 불의에 대하여 하늘에서 자신을 계시하시는 것으로 다음과 같이 큰 공포를 일으킨다.

(1) 헤롯이 죄를 짓자마자 하나님은 천사를 통해 그를 치셨으며, 나답과 아비후는 하나님이 보내신 불로 삼킴을 당했다. 그때처럼 하나님의 즉각적인 심판은 안일했던 죄인들의 마음을 뒤흔든다.

(2) 하나님이 땅으로 하여금 입을 벌려 그들을 삼키게 하셨던 고라와 그의 무리의 경우처럼, 하나님이 파리와 개구리와 이를 바로를 심판하는 도구로 삼으셨을 때처럼 특별히 심판하시고 새 일을 행하실 때 사람들은 두려움을 느낀다.

(3) 법궤가 흔들리자 손으로 만졌다가 즉사한 웃사의 경우처럼 사람들이 작은 것으로 여기는 죄에 대해 크게 진노하실 때 사람들의 두려움이 강화된다.

(4) 자기 백성과 자신에게 가까이 있는 사람들을 매우 엄격하게 다루실 때, 만약 그가 자기 자녀들을 아끼지 않으신다면, 자기 원수들은 어떻게 다루시겠는가? "푸른 나무에도 이같이 하거든 마른 나무에는 어떻게 되리요"(눅 23:31).

4. 하나님의 영원한 심판으로 인한 두려움

하나님에 대한 두려움은 사람들이 죄책을 느끼고 다가올 심판에 사로잡힐 때 증가된다. 유다의 죄는 철펜으로 새겨지고, 다이아몬드 심으로 그들 마음의 돌판에 새겨진다. 유다의 죄 뿐 아니라 이방인들의 죄도 새겨진다. "이런 이들이 그 양심이 증거가 되어 그 생각들이 서로 혹은 고발하며"(롬 2:15). 그들의 죄가 새겨지는 곳에 그들의 심판도 새겨진다. 그것은 심지어 본성이 가르치는 것이며, 죄를 지었을 때 필수적으로 따라오는 것이다. 이것이 그들에게 임하는 큰 두려움이다. 다가올 심판에 대한 언급 자체가 벨릭스로 하여금 가련한 죄수 앞에서 두려움에 떨게 하였다. 이것이 사도가 언급한 하나님에 대한 공포이다. "이는 우리가 다 반드시 그리스도의 심판대 앞에 나타나게 되어 각각 선악간에 그 몸으로 행한 것을 따라 받으려 함이라 우리는 주의 두려우심을 알므로 사람들을 권면하거니와"(고후 5:10-11). 죽음은 공포의 왕으로 불려지며, 그 후에 심판이 있다는 것이 바로 죽음의 진정한 공포이다. 그들의 마음에 새겨진 하나님에 대한 인상과 하나님이 행하신 기이한 일들, 그리고 죄에 대한 하나님의 진노가 "살아계신 하나님의 손에 떨어지는 것이 두려운 일이라"고 죄인들의 양심에 설교한다.

III. 하나님을 경외하는 데서 멀어진 사람들의 마음

하지만 죄로 말미암아 사람들의 마음은 매우 강퍅해졌고, 하나님을 경외하는 데서 멀어졌다. 죄는 눈을 멀게 하고 마음을 강퍅하게 하며 위험에 빠지게 하고 두려움이 사라지게 한다. 눈먼 죄인처럼 위험에 빠져있는데도 담대한 사람이 누구인가? 이성이 어두워질 때 우리에게 오는 다음 결과는 감각이 없어진다는 것이다(엡 4:19 참조). 죄의 본성 안에 하나님을 가볍게 여기는 것이 들어있다. 우리는 한번 하나님을 가볍게 여기면 더욱더 하나님을 가볍게 여기는 것을 배우게 된다. 명령을 가볍게 여기라. 그러면 당신은 곧 저주를 가볍게 여기게 될 것이다. 의무를 비웃으라. 그러면 당신은 오래지 않아서 두려움을 비웃게 될 것이다. 죄로 인해 강퍅하게 되면 하나님은 죄인을 홀로 있게 하시고 심판을 유보하시며 사법적인 심판으로 죄인을 치셔서 상실된 마음 그대로 내버려 두심으로 더욱 강퍅하게 하실 것이다. (롬 1:28 참조).

그들이 이런 상태에 도달할 때 지옥이 열린다. 그때 무엇이 따라 나오는가? 모든 불의, 추악, 탐욕, 악의와 같은 것들이 가득하게 된다(롬 1:29 참조). "악인의 죄가 그의 마음속으로 이르기를 그의 눈에는 하나님을 두려워하는 빛이 없다 하니"(시 36:1). 아브라함이 그랄 땅에 하나님에 대한 두려움이 없다고 생각했을 때, 어떤 일이 일어날 것이라고 생각했는가?(창 20:11 참조). 아브라함은 살인과 간음, 온갖 악행이 일어날 것이라고 생각했다. "네가 우리 중에 무엇을 보았기에 이렇게 하였느냐?"(창 20:10 참조). 네가 우리 중에 어떤 해로운 것이나, 어떤 악한 것을 보았느냐? 얼마나 악을 행하였는가! 나를 두렵게 하기에 충분한 악이다. 나는 하나님에 대한 경외함이 이곳에 없다고 생각했다. 이보다 나를 더 두렵게 하는 것이 없다.

어떤 사람에게 하나님에 대한 경외함이 없다고 말해 보라. 그것은 그 안에 마귀가 있어 죄와 온갖 사악함이 거하고 있다고 말하는 것과 같다. 어떤 장소에 대해 하나님에 대한 경외함이 없다고 말하라. 그러면 당신이 그곳에서 애굽이나 소돔에서처럼 가증한 것들을 발견하더라도 놀라지 않을 것이다. "여호와를 경외하는 도는 정결하다"(시

19:9). 곧 여호와를 경외하는 도는 정결하게 한다. 하나님에 대한 경외가 없는 곳에 모든 더러운 것이 거할 수 있다. 이 세상이 지금과 같이 사악하고, 배반하고 속이는 불경건한 세상이며, 믿음도 진리도 자비도 구제도 단정함도 없는 이유는 하나님에 대한 경외함이 없기 때문이다. 죄가 두려움을 몰아내며, 죄를 더욱 넘치게 한다. 율법과 위협은 아무것도 아니고, 양심도 아무것도 아니며, 하나님도 사람들에게 아무것도 아닌데, 이는 그들이 하나님을 두려워하지 않기 때문이다. 사악함이 의가 되고 속임이 정직이 되며 사치와 탐욕은 절제와 정숙함이 되어 버렸다. 하나님에 대한 경외함이 떠난 곳에서는 사악함이 해를 가려 그 얼굴을 든다. 사악함은 화관을 쓰고 미덕이나 관대함, 용맹함과 이 세상의 아름다움으로 장식하여 가장하는 것이다.

그러나 하나님은 약속하시고, 위협을 가하시고, 명령하실 수 있다. "나의 목소리를 들으라. 나의 책망에 돌이키라. 너희 허물을 버리라. 너의 포도주에서 깨어라. 정결하고 정숙하고 겸손하라. 너의 즐거움이 탄식이 되게 하라. 너의 명랑함이 무거움이 되게 하라. 너희 창조주를 기억하라. 너희 영혼을 기억하라. 왜 죽으려고 하느냐? 돌이키라. 그러면 살리라." 하나님은 반복하여 계속 말씀하시나 그 마음에 강퍅하고 두려움이 없는 자들은 이를 무시할 것이다. 그들은 그의 말씀을 너무나 가볍게 여기고 신뢰하지 않으며, 가치를 두지 않는다. 마귀가 한 번만 말하여도 듣고 정욕이 한 번만 속삭여도 순종하며 교만한 친구가 한 번만 말해도 따랐을 것이지만 영광의 하나님의 말씀은 모욕하고 조롱거리로 삼았다.

오, 하나님을 경외하지 않는 사람들로 말미암아 지존자께서 얼마나 참을 수 없는 모욕을 받고 계시는가! "당신이 원하시는 사람에게 약속을 하시고 선물을 주십시오. 당신이 원하시는 곳에 은혜를 주시고 영광을 주십시오. 나에게는 세상이 있습니다. 나에게는 쾌락과 영예와 자유가 있습니다. 원하시는 다른 사람을 돌보십시오. 위협을 가하십시오. 당신의 날이 오게 하십시오. 우리가 그날을 볼 수 있도록 서두르십시오. 전능자시여, 최악을 행하옵소서. 나는 듣지도 돌아서지도 않을 것입니다." 이것이 강퍅하고 두려움이 없는 마음이 범하는 신성모독이다.

IV. 자기 백성의 마음에서 자신의 영예를 회복시키는 하나님

하나님은 자기 백성의 마음에 자신에 대한 두려움을 심어주실 것이다. 다른 사람들은 강퍅한 상태에 있어도 성도들은 떨 것이다. 다른 사람들은 발로 차도 성도들은 허리를 숙일 것이다. 다른 사람들은 하나님을 경멸해도 하나님은 성도들 중에서 높임을 받으실 것이다.

V. 하나님에 대한 경외함

하나님에 대한 경외함은 때때로 성경에서 모든 믿음을 포괄하는 것으로 여겨진다. 욥은 1장에서 하나님을 경외하는 경건한 사람으로 언급되었다. 그러나 여기에서는 이런 포괄적인 의미가 아니라, 하나님에 대한 존경과 하나님을 위해 악을 미워하는 의미로 다루고자 한다.

1. 하나님에 대한 존경

하나님을 경외하는 것은 그분에 대한 두려움이 머물러 있는 것이다. 곧, 하나님의 모든 속성 안에서, 특별히 그의 거룩과 전지에서 빛나는 그분의 위엄과 영광을 느끼는 것이다. 그의 거룩의 영광과 거룩한 눈이 영혼을 바라보고 있는 것을 느끼는 것은 영혼으로 하여금 두려움과 놀라움에 사로잡히게 한다. 이것은 성경에서 마음으로 하나님을 거룩히 여기는 것으로 표현된다. "나는 나를 가까이하는 자 중에서 내 거룩함을 나타낼 것이다"(레 10:3 참조). "만군의 여호와 그를 너희가 거룩하다 하고 그를 너희가 두려워하며 무서워할 자로 삼으라"(사 8:13).

성경에는 하나님을 거룩하게 하고, 하나님을 의롭게 하라고 언급되어 있다. 하나님이 자기 백성을 의롭게 하시고 거룩하게 하시는 것처럼, 그들은 하나님을 의롭게 하고 거룩하게 해야 한다. 하나님을 의롭게 하고 거룩하게 하는 것은 비록 많은 점에서 같지만 약간의 차이가 있다. 하나님을 거룩하게 하는 것은 하나님을 우리 마음으로 존경하고, 사람들 앞에서 그의 거룩의 영광으로 하나님을 나타내는 것이다. 하나님을 의롭게 하는 것은 우리가 사람들의 마음 속에 하나님을 죄악되게 판단하며 어리석게 비난하는 것으로부터 하나님을 벗어나게 하는 것이다.

"하나님이 의로우신가?" 라고 그들은 묻는다. "그렇다면 어떻게 하나님이 의로운 자들과 불의한 자들을 다루실 때 그토록 편견이 있으실 수 있으며, 자신을 경외하지 않는 사람들을 다루실 때보다 자신을 경외하는 사람들을 더 좋지 않게 다루실 수 있는가? 하나님이 선하신가? 그렇다면 어떻게 하나님이 자기 백성에게 그토록 힘든 일들을 과하게 부여하실 수 있는가? 하나님이 진실하신가? 그렇다면 어떻게 하나님이 '내가 그들을 결코 떠나지 않고 그들을 버리지 아니하리라'고 말씀하셨지만, 그토록 자주 자기 백성을 잃어버리실 수 있는가?" 우리의 육체가 잃어버리고, 우리의 마음도 잃어버리고, 하나님도 우리를 자주 잃어버리신다. 우리는 자주 부르지만 아무런 대답도 듣지 못한다. 우리는 자주 신뢰하지만 아무런 구원도 얻지 못한다." 하지만 그렇지 않다. 하나님은 의로우시고 선하시고 진실하시다. 하나님은 불의하지 않으시다. 하나님은 고약한 주인이 아니시다. 하나님은 떠나지도 않으시고, 버리지도 않으신다. 이것이 하나님을 의롭게 하는 것이다.

우리가 하나님을 의롭게 하는 것은 하나님이 우리를 의롭게 하시는 것과 약간의 공통점을 지닌다. 하나님이 우리를 의롭게 하시는 것은 하나님이 죄를 우리에게 전가하지 않으시고, 우리를 의로운 대상으로 받아주시는 것이다. 우리가 하나님을 의롭게 하는 것은 우리가 하나님께 악을 전가하지 않고, 하나님은 진실하시고 의로우시고 선하시다고 인정하는 것이다. 하나님은 나를 죄로부터 의롭게 하셨다. 그것은 그분의 다른 모든 행위와 상관없이 하나님을 선하시고 신실하시다고 선언하기에 충분하다. 하나님께서 나에게 고난을 주시고 징계하신다고 해도 하나님은 결코 나를 세상과 함께 심판하시거나 정죄하지 않으실 것이기 때문이다.

하나님은 나의 양심 안에서 자신을 의롭게 하신다. 나는 하나님이 은혜로우신 것을 발견한다. 나는 하나님이 신실하신 것을 발견하다. 하나님은 나를 떠나지 아니하시며, 버리지 않으신다고 말씀하셨다. 나도 또한 하나님은 나를 떠나지 아니하시고, 나를 버리지 아니하신다고 말해야 한다. 하나님이 나를 잃어버리셨다고 느껴질 때조차 하나님은 나를 잃어버리지 않으셨다. 하나님이 나에게서 가장 멀리 떨어져 계신 것처럼 느껴질 때도 여전히 하나님은 고통 속에서 나의 도움이시다. 하나님이 가장 침묵하고 있는 것처럼 느껴질 때도 하나님은 응답하신다. 하나님이 가장 엄격하게 느껴지실 때도 하나님은 가장 선하시다.

하나님의 쓴잔을 마실 때보다 내가 더 달콤함을 맛본 때가 없다. 내가 쓴 잔을 마실 때에 하나님이 아니라 나 자신을 판단해야 한다. 죄를 지었으며, 특별히 하나님을 향해 죄를 지었다. 그러므로 나는 그가 말씀하실 때 그가 의로우시다고 말해야 하고, 그가 심판하실 때 그가 정의로우시다고 말해야 한다. 불평하는 마음이여, 평강을 유지하라. 온 땅이여, 하나님 앞에서 잠잠하라. 진실로 하나님은 이스라엘에게, 곧 청결한 마음을 가지고 있는 자들에게 선하시기 때문이다. 가장 심각한 죄를 지은 죄인들조차 그들의 양심으로는 하나님을 의롭다 고백할 것이다.

싸움을 일으키는 것은 양심이 아닌 정욕이다. 정욕은 다음과 같이 말한다. "하나님을 섬기는 것은 헛된 짓이다. 그의 규례들을 지킨다고 해서 무슨 유익이 있느냐? 그의 길은 공평하지 않고 험하다. 그의 약속은 이루어지지 않는다. 하나의 시련이 끝나기도 전에 또 다른 시련이 닥친다. 우리에게 역병을 주시고 우리를 실망시키시고 우리에게 고난을 주시고 우리를 화나게 하시는 분은 도대체 누구인가? 이 악은 하나님께 속해 있다. 도대체 내가 왜 하나님을 섬겨야 하는가? 하나님은 자신에게 가장 가까이에 있는 사람들에게 왜 고난을 더 허락하시는가? 이들보다 더 슬픔과 육체의 고통을 겪고, 세상에서 비난을 받고 조롱을 당하며 공격을 당하는 사람들이 누가 있는가? 그들은 자신들이 하나님을 따르는 것에 대해 감사할 수도 있을 것이나 그리스도의 종이 되느니 죄의 종이 되는 것이 낫다." 정욕은 이렇게 신성을 모독한다.

그러나 양심은 말한다. 하나님이 불의하신가? 하나님이 거짓말을 하시는가? 죄의 즐거움이 경건의 유익보다 더 큰가? 이 세상의 자녀들이 빛의 자녀보다 더 지혜롭게 선택하는가? 죄인이여, 말하라. 그러한지 그렇지 아니한지 네 양심으로 말하게 하라. 하나님은 죄인들의 마음에, 더욱이 성도들의 마음에 증인이 없이 떠나지 않으셨다.

하나님을 거룩하게 한다는 것은 특별히 마음으로 하나님을 존경하며, 마음에 두려움을 가지고 하나님을 지극히 높고 거룩하시며 영광을 받으셔야 할 분으로 인정한다는 것을 의미한다.

(1) 하나님을 항상 경외함

"내 아들아, 네 마음으로 죄인의 형통을 부러워하지 말고 항상 여호와를 경외하라"(잠 23:17). "내 아들아"라고 말씀하신 것은 종들뿐 아니라 아들들도 경외해야 한다는 것을 의미한다. "여호와를 경외하라"라는 것은 하나님에 대한 경외함이 너희 안에 습관적으로 거해야 한다는 것이다. 그뿐 아니라, 하나님에 대한 거룩한 경외함과 이에 대한 깊은 감각이 언제나 너희 안에 있도록 유지해야 한다는 것을 의미한다. 하나님에 대한 경외함이 당신의 눈앞에 있게 하라. "항상" 이 경외함을 소유하고, 이 경외함에 사로잡혀 있으라. 당신이 어디에 있든지, 당신이 어떤 사람과 관계하고 있든지 당신이 여전히 하나님과 관계하고 있다는 것을 기억하라. 그리스도인은 언제나 심판대 앞에 서 있는 것처럼 살아야 하며, 매일이 마지막 날인 것처럼 행동해야 한다. "너희는 자유의 율법대로 심판 받을 자처럼 말도 하고 행하기도 하라"(약 2:12). 심판관이 문 앞에 서 있다. 그렇다. 당신은 모든 창문을 통해, 모든 벽을 통해 그를 볼 수 있다. 모든 벽은 하나님이 보실 수 있는 창문이다. 그리스도인은 마땅히 하나님을 보아야 할 때 하나님을 보지 않을 수 없으며, 자기 심령에 두려움을 일으키는 하나님의 눈을 보지 않을 수 없다.

하나님에 대한 이런 고정되어 있는 존경이 우리의 모든 삶과 과정에 얼마나 영향을 미치겠는가! 이때 우리는 하나님을 섬길 수 있으며, 우리가 하나님을 경외할 때 우리는 하나님을 기쁘시게 할 것이다. "이로 말미암아 경건함과 두려움으로 하나님을 기쁘시게 섬길지니"(히 12:28). 그때 우리가 하나님을 모든 일에서 보편적으로 섬길 것이다. 우리가 경외할 때 우리는 모든 의무에서 깨어있으며, 모든 죄에 대해 경계할 것이다. 요셉은 "나는 하나님을 경외하노니 너희는 이같이 하여 생명을 보전하라"(창 42:18)라고 자기 형제들에게 말했다. 이것은 마치 그가 "너희는 나에게서 어떤 그릇되거나 악한 취급을 받을까 두려워하지 말라. 나는 하나님을 경외한다. 나는 감히 너희를 그릇되게 대하지 않을 것이다. 너희는 나를 믿어도 된다고 내가 약속한다. 나는 하나님을 경외하기 때문이다"라고 말하는 것과 같다.

그때 우리는 하나님 앞에서 변함없이 걸을 것이다. 우리가 하나님을 경외할 때 우리는 견고히 서 있을 것이며, 하나님의 도를 굳게 붙잡을 것이다. 경외함은 우리의 균형추가 될 것이다. 사랑이 우리의 항해를 가득 채우고 있는 동안 경외함은 우리의 배의 균형을 잡아줄 것이다. 가볍고 거품같은 심령은 어디로 가야 할지 몰라서 얼마나 흔들리고 방황하는가! 그들의 마음은 얼마나 자주 변하는가! 그들은 스스로 보기에도 얼마나 모순적인 삶을 사는가! 그들에게 있는 하나님에 대한 존경은 그들을 바로잡아주고, 그들을 더 평안하고 균형을 잡을 수 있도록 붙잡아 줄 것이다. 그때 우리는 하나님을 더 영광스럽게 섬길 것이다. 우리가 하나님을 경외할 때 세상 앞에서 하나님의 성품을 나타내며, 우리가 하나님을 존경하면 할수록 우리는 그의 거룩에 대해 더욱 두려워할 것이다. 하나님을 경외함으로 걷는 그리스도인은 하나님 앞에서 걷는 것이다. 그의 마음에 있는 하나님에 대한 존경은 신적인 위엄의 빛을 그의 마음에 비추고, 때때로 죄인 중의 괴수의 마음에 하나님에 대한 두려움과 존경을 낳는다. 그들은 심지어 하나님을 조롱하고 핍박하는 동안에도 하나님을 존경할 수 있다.

의롭고 거룩하며 절제된 삶을 살았던 세례 요한에 대해 헤롯은 그를 두려워하며 관찰하였다(막 6:20 참조). 요한의 삶의 절제와 거룩은 헤롯의 마음에 존경을 일으켰다. 그런 그리스도인들의 삶의 방식은 죄를 깨닫게 하고, 그들의 용모 자체가 타락한 세상을 꾸짖는다. 그들은 권세를 가지고 말하고 권면하며 책망한다. 죄는 마치 하나님의 얼굴을 피하는 것처럼 그들에게서 종종 자신을 감춘다.

(2) 하나님께 가까이 나아갈 때 나타나는 경외함

"하나님은 거룩한 자의 회중에서 심히 엄위하시오며 둘러 있는 모든 자 위에 더욱 두려워할 자시니이다"(시 89:7). "나는 나를 가까이 하는 자 중에 내가 거룩하다 함을 얻겠고"(레 10:3). 하나님을 두려워하는 자는 하나님의 말씀에 떤다. 하나님은 이렇게 떠는 자를 사랑하신다. "무릇 마음이 가난하고 심령에 통회하며 나의 말을 인하여 떠는 자 그 사람은 내가 권고하려니와"(사 66:2). 그로 하여금 떨도록 만든 것은 하나님의 거룩과 권위를 지니고 있는 말씀이다.

그는 말씀을 하나님께서 세상을 향해 자신의 탁월함과 영광을 선포하고 그에 대한 복종과 순종을 요구하는 편지로 읽는다. 그는 모든 말씀을 이스라엘의 거룩한 자의 입에서 나오는 것으로 받아들인다. 그는 하나님 앞에 부복하고, 그 영혼은 무릎을 꿇으며 그의 마음은 전능하신 분의 발 앞에 엎드려진다. 말씀이 하나님의 말씀으로 받아들여질수록 그에게 더 많은 두려움을 준다. 그가 성경에 던지는 모든 시선은 천국을 향한 시선이다. 하나님을 두려워하는 사람은 예배하러 올 때 두려워하며 그의 성소를 경외한다. "오직 나는 주의 풍성한 인자를 힘입어 주의 집에 들어가 주를 경외함으로 성전을 향하여 경배하리이다"(시 5:7). 이런 두려움은 그가 예배의 의무들과 규례들을 하나님의 제도로 바라보고 이 모든 것을 하나님께 드리고 있는 데서 나온다.

그는 다음과 같이 말한다. "이것은 하나님이 거룩하게 하신 것이다. 그의 형상과 그의 이름이 새겨진 것을 보라. 여기에서 하나님은 나에게 그를 섬기라고 지시하셨다. 여기에서 하나님은 나의 영혼을 만나주시겠다고 정하셨다. 이제 나는 하나님의 산에 올라가고 있다. 하나님의 산은 하나님을 향한 예배가 있는 모든 곳에 있다. 나의 영혼아, 너는 어디에 있는가? 나는 온 세상의 주 앞에 있다. 너의 발에서 신을 벗으라. 네가 서 있는 곳은 거룩한 땅이다. 나는 지극히 높고 거룩하신 분, 온 땅의 하나님 앞에 있다. 영원한 결과를 가져오는 거래가 있을 때마다 나는 나의 영원하신 왕에게 나의 존경을 표하고, 그의 황금홀에 입을 맞추고, 그의 손에서 나의 생명을 간청하고, 그의 성소에서 그가 나가시는 것을 보려고 나의 조성자이신 나의 주님 앞에 무릎을 꿇는다. 그의 지혜와 그의 자비와 그의 선하심은 모두 내 앞을 지나간다. 이곳은 얼마나 두려운 곳인가! 이곳은 하나님의 집이요, 천국의 문이다. 이 말씀은 얼마나 두려운가! 이것은 하나님의 말씀 이외에 다른 것이 아니다. 이 규례는 얼마나 두려운가! 이것은 영광의 문이다. 너, 마음이여! 하나님 앞에서, 야곱의 하나님 앞에서 떨라."

2. 하나님을 위해 악을 미워함

(1) 미움의 대상인 악

"사랑엔 거짓이 없나니 악을 미워하고 선에 속하라"(롬 12:9). 선은 사랑의 대상이지만, 악은 두려움의 대상이다. 악은 현재의 악과 다가올 악 두 가지가 있다. 전자는 슬픔의 대상이지만, 후자는 두려움의 대상이다. 구체적으로, 이런 미움의 대상들은 하나님께 잘못을 범하는 것과 하나님을 잃어버리는 것이 있다.

첫째로, 하나님께 잘못을 범하는 것은 하나님께 죄를 범하는 것이다. 죄는 하나님에게서 마음이 돌아서는 것이다. 마음은 온 세상에서 하나님이 자신의 것으로 여기시고 요구하시는 큰 것이다. "아들아 네 마음을 달라. 부지런히 네 마음을 지키라"(잠 4:23, 23:26). 네 마음을 지키라는 것은 하나님을 위해 마음을 깨끗하고 안전하게 지키라는 뜻이다. 마음이 하나님을 거절하거나 제거하지 않도록 주의하라. 마음이 떠날 때 마음과 함께 모든 것이 떠난다. 세상이 사람들의 마음을 사로잡고 사탄이 그들의 마음을 사로잡는다면, 그들은 모두 다른 곳으로 가게 될 것이라고 하나님은 말씀하신다. 마음을 가진 자들이 틀림없이 모든 것을 가진다. 마음이 어디로 가든지 마음과 함께 모든 것이 따라간다. 우리의 마음이 있는 곳에 우리가 가진 모든 것을 둔다. 마음으로 살아계신 하나님을 떠나는 것이 죄의 본질이다. "형제들아 너희가 삼가 혹 너희 중에 누가 믿지 아니하는 악심을 품고 살아 계신 하나님에게서 떨어질까 염려할 것이요"(히 3:12). 그러므로 이것은 크게 하나님께 잘못을 범하는 것이며, 하나님께서 세상을 향해 고려하시는 오직 한 가지인 그 마음을 죄가 훔쳐내는 것이다.

죄는 마음이 하나님을 향해 반란을 일으키고 반역하는 것이다. 죄는 하나님에게서 돌아서고 하나님을 대적하는 것이다. 죄는 원수의 진영으로 달려가서 하나님을 대적하여 무기를 드는 것이다. 죄는 하나님에게서 달아나서 하나님을 대적하여 싸우는 것이다. 죄는 하나님의 왕관에서 모든 보석을 약탈하려는 것이다. 죄는 하나님의 주권에 반대하고, 죄악된 마음은 하나님의 보좌에 자신을 세우려고 한다. 죄는 하나님 대신에 왕이 되어 모든 것을 명령하려 하고, 죄인들은 자신들이 신이 되려 한다. "우리의 입술은 우리의 것이다. 누가 우리의 주인가?" 하나님은 죄가 왕노릇 하는 곳에서 하나님이실 수 없다. 죄는 하나님의 지혜를 모욕한다. 허영에 찬 사람은 자신이 자신의 조성자보다 더 지혜로운 척한다. 죄는 하나님을 어리석다고 비난하고, 자신을 유일하게 지혜롭다고 선언한다.

또한 죄인들은 자신들의 이익을 위해 하나님보다 더 잘 선택하고 질서를 유지하는 방법을 아는 척한다. "하나님이 내게 스스로 하게 하신다면 나는 더 빨리 더 잘할 것이다. 모든 것이 내가 바라는 대로 이루어진다면, 나의 사정은 지금보다 더 나아졌을 것이고, 하나님이 바라시는 대로 모든 것이 잘되었을 것이다." 섭리에 대해 불평하고, 우리의 운명에 대해 투덜거리는 것은 모두 우리 마음이 하나님을 어리석다고 여기는 데서 나오는 것이다. 그것은 하나님의 거룩에 대해 비난하는 것이며, 하나님의 선하심을 폄하하는 것이다. 그것은 그의 자비를 남용하는 것이며, 그의 정의를 위반하는 것이고, 그의 능력을 경멸하는 것이다. 그것은 그의 영광의 보좌를 모욕하는 것이며, 그의 명예를 땅에 떨어뜨리는 것이고, 전능하신 분을 그의 피조물 중에서 가장 낮은 것보다 더 낮게 두는 것이다.

모든 동료가 하나님보다 더 중요하게 여겨질 것이다. 모든 쾌락이 하나님보다 더 사랑을 받을 것이다. 마귀가 하나님보다 더 두려움의 대상이 될 것이다. 하나님의 사랑이 어디에 있는가? 하나님에 대한 두려움이 어디에 있는가? 하나님의 명예가 어디에 있는가? 죄가 주인행세를 하는 곳에 하나님은 어디에 계시는가? 죄는 오직 하나님께 잘못을 범하고, 이런 잘못은 성도들이 미워해야 할 특별한 대상이다. 은혜받은 마음은 어떤 잘못도 범하려 하지 않을 것이다. 그는 자신의 이웃에게 잘못을 범하려 하지 않을 것이며, 자기 종에게, 자기 원수에게, 심지어 자신이 소유한 짐승에게도 잘못을 범하려 하지 않을 것이다.

"그러나 오 내가 어떻게 나의 하나님께 잘못을 할 수 있는가? 하나님이 내게 어떤 잘못을 하신 적이 있으신가? 하나님이 나에게 정의롭지 않으셨는가? 하나님이 나에게 친절하시고 인내하시고 호의를 베풀지 않으셨는가? 누가 나를 먹이시고 입히시고 지키시고 구하시고 위로하셨는가? 내 하나님 이외에 온 세상에서 어떤 친구, 어떤 아버지, 어떤 분깃, 어떤 소망을 가지고 있는가? 나에게 하나님이 없었다면, 나는 어떤 사람이 되었을 것이며, 헛됨과 화와 비참함 이외에 무엇을 가지고 있겠는가? '그러나 나를 잃는 자는 자기의 영혼을 해하는 자라 무릇 나를 미워하는 자는 사망을 사랑하느니라'(잠 8:36). 내가 꺾이지 않았다면, 나의 화살이 꺾이지 않았다면, 내가 과연 이 모든 해를 받고도 아무런 고통도 당하지 않을 수 있었을까? 그는 내가 잘못을 범한 하나님이시다. 그는 거룩하시고 의로우시며 선하시고 영광스러우시고 탁월하시다. 오직 그만이 하나님이시다.

그렇다면 내가 하나님께 해를 끼칠 수 있을까? 그는 내가 가지고 있는 모든 것을 가지시고 내가 할 수 있는 모든 봉사를 받으시며 내가 드릴 수 있는 모든 존경을 받으시고 내가 제공할 수 있는 모든 찬미를 받으시기에 합당하시다. 설령 내가 천 개의 혀를 가지고 있더라도 내가 천 개의 손이 있더라도 내가 천 개의 목숨이 있더라도 내가 천 개의 영혼이 있더라도 내가 하나님께 제물로 드릴 온 세상을 가지고 있더라도 이 모든 것으로도 하나님의 이름에 합당한 찬미를 드리기에 아무것도 아니다. 하나님은 하나님이시고 나는 피조물에 불과하기 때문이다. 내가 그토록 많은 빚을 졌고, 그 빚을 갚을 수 있는 것이 아무것도 없을 때 내가 하나님에게서 훔칠 수 있는가? 내가 하나님을 대적하여 일어날 수 있는가? '네가 어찌하여 손을 들어 여호와의 기름부음 받은 자 죽이기를 두려워하지 아니하였느냐'(삼하 1:14). 내가 하나님을 대적하여 나의 손을 드는 것을 두려워하지 않을 수 있을까? 내가 하나님을 향해 발길질하는 것을 두려워하지 않을 수 있을까? 오, 하나님이 이를 금하실 것이다! 나의 영혼아, 너는 무엇이냐? 네가 떨지 않고 돌아서지 않고 그런 큰 악한 생각에서 돌이키려고 하지 않는다면, 너는 무엇을 섬기고 있느냐?"

둘째로, 하나님께 잘못을 범하는 것은 하나님을 잃어버리는 것이다. 앞에서 언급했듯이 "하나님을 대적하여 죄를 범하는 자는 자신의 영혼에게 잘못을 범하는 것이다." 하나님을 잃는 것은 당신을 잃는 것이다. 당신에게는 감사할 제목이 되지 않겠지만, 하나님께서는 최종적으로 결코 잃어버리는 자를 만들지 않으신다. 죄인들이 가장 큰 악을 행했을 때조차 하나님은 그들의 수치에서 자신의 명예를 지키실 수 있다. 하나님은 그들의 잿더미 속에서 자신의 잃어버리신 것을 회복시키실 수 있다. 설령 하나님이 온 세상을 잃으셨더라도, 그분은 아무것도 잃지 않으셨다. 하나님은 본질적으로 모든 것이다. 땅과 지옥이 자신들의 모든 악의를 다 썼을 때도 하나님은 거룩하시고 지혜로우시며 영광스러우시고 영원히 복되신 하나님이시다. 비록 하나님이 하나님이시기를 멈출 때까지 포기하지 않는 것이 죄의 악이지만, 하나님은 위에 계시고 너무 높아서 죄가 도달하지 못한다. 죄의 화살들은 그들의 과녁에 미치지 못한다. 하나님은 죄가 할 수 있는 모든 것을 하더라도 결코 실패자가 되실 수 없다.

그러나 하나님을 대적하여 죄를 짓는 당신은 얼마나 고통을 받으며 갈 바를 알지 못하겠는가! 육적인 세상은 하나님을 대적하여 죄를 짓는 것을 이해하지 못하며, 설령 이해한다고 해도 크게 중요하게 여기지 않는다. 때로는 동전을 잃어버리는 것이 하나님을 잃어버리는 것보다 그들에게 더 고통을 준다. 그러나 그리스도인은 하나님을 하나님 되게 할 수 있다면 어떤 다른 두려움도 알지 못하며, 어떤 다른 상실도 두려워하지 않는다. 죄는 하나님에게 잘못을 범하는 것이며, 하나님을 잃어버리는 것이다. 그것은 실제로 전적이며 영원한 상실일 수 있다. 하나님을 잃어버린 영혼은 자신을 잃게 되고, 하나님 나라를 잃으면 지옥에 던져져 영원히 하나님을 잃어버리게 된다. 하나님이 없는 삶을 살기보다는 개나 두꺼비가 되거나 아예 존재가 없어지는 것이 낫다. 설령 그가 전적으로 잃어버리지 않더라도 현재적 의미에서는 하나님이 없는 것과 같다. 그의 평화는 사라져버리고 그의 위로도 사라져버린다. 비록 잠시이지만, 하나님이 떠난 그의 영혼은 종종 잃어버린 것처럼 된다. 하나님을 보지 못하는 그는 아무 데서도 기쁨을 찾지 못하며, 어느 곳에서도 안식을 찾을 수 없기 때문이다. 죽음이나 심판이 올 때까지 하나님이 없이 지낼 수 있는 그는 하나님이 무엇을 의미하는지 모른다.

그러나 그리스도인은 하나님이 없이 하루도 살 수 없다. 해가 사라진 동안 밤이 되듯 하나님을 잃어버린 자는 낮을 알지 못하고 전적으로 밤이 된다. 하나님을 잃어버리는 것이 무엇을 의미하는지 아는 자에게 이런 상실은 얼마나 슬픈 일인가! "주 여호와여 무엇을 내게 주시려 하나이까 나는 자식이 없사오니"(창 15:2). 하나님 제게 무엇을 하려 하십니까? 나는 아버지가 없나이다. 여기에 나의 집이 있나이다. 여기에 나의 친구들과 나의 땅이 있나이다. 그러나 나의 하나님은 어디에 계시나이까? "나의 하나님, 나의 하나님 어찌하여 나를 버리시나이까?"

"나는 하늘이 없는 이 땅이 무엇인지 본다. 나는 편안함과 쾌락과 육적인 친구들이 무슨 의미이며, 그들이 나에게 얼마나 의미 없을 수 있는지 본다. 하나님이 보이지 않는 동안 기도는 무슨 의미이며, 안식일은 무슨 의미이며, 설교와 규례와 약속은 무슨 의미인가? 나는 여기에서 하나님을 만나고는 했다. 이 거울들은 하늘을 보는 나의 창문이었다. 그것들은 나에게 얼마나 즐거운 것이었는가! 안식일은 기쁨이었다. 말씀은 보화였다. 성례는 가나안이었다. 그러나 이제 모든 것이 어둡고 메말랐다. 하나님이 없는 규례들은 물이 없는 우물이며, 약속들은 젖이 없는 가슴이다. 목회자들은 빛이 없는 별이다. 나에게 화로다. 나는 고통스럽고 고통스럽다. 나의 머리는 아프고 나의 가슴은 저리고 나의 배는 뒤틀리고 나의 간은 쏟아지고 나의 눈빛은 사라졌다. 나의 영혼이 날마다 나에게 '너의 하나님이 어디 계시느냐'라고 말하는 동안 나는 정신없이 이리저리 흔들리고, 나의 몸에는 성한 곳이 없으며, 나의 뼈에는 아무런 안식도 없다."

이런 상실이 깊은 슬픔을 유발한다면, 상실의 위험이 두려움을 일으키는 것은 이상할 것이 없지 않은가! 죄는 분열을 일으키고 평화를 깨뜨리며 하나님과 영혼을 분리시킨다. 죄는 소외시키고 하나님과 영혼 사이에 거리를 내어 소원하게 한다. 죄가 이끌어가는 영혼은 하나님을 전혀 볼 수 없거나 보지 못하거나 친구로 여기지 못한다. 죄는 하나님의 얼굴을 가리거나 하나님을 진노로 옷 입히거나 영혼을 향해 등을 돌리시게 하거나 얼굴을 찡그리시게 한다. 그러나 하나님을 즐거워하는 것이 무엇인지 아는 사람은 하나님을 잃어버리는 것을 두려워할 것이다. 하나님의 얼굴을 본 사람은 그의 등을 보는 것을 두려워할 것이다. 그는 하나님을 사랑한다. 그러므로 그는 하나님을 잃어버리려 하지 않을 것이다.

(2) 악을 미워하는 근거

먼저, 하나님의 질투가 미움의 근거가 된다. "나 네 하나님 여호와는 질투하는 하나님인즉"(출 20:5). 하나님은 자기 백성의 양심에 자신의 권위가 인정되기를 원하신다. 하나님은 "나는 질투하는 하나님이다"라고 말씀하신다. 양심은 "그것은 사실이다. 하나님은 질투하신다. 그러므로 영혼이여, 네가 어떻게 그의 손에 떨어질지 조심하라"라고 말한다. "살아계신 하나님의 손에 떨어지는 것은 두려운 일이다."

하나님의 질투는 그 안에 자신의 명예에 대한 하나님의 관심과 자신의 명예가 손상되었을 때 일어날 비참함을 포함하고 있다.

하나님은 자신의 명예에 대해 관심을 가지고 계신다. 하나님은 자신의 명예를 결코 잃어버리지 않으신다. "나는 여호와니 이는 내 이름이라 나는 내 영광을 다른 자에게, 내 찬송을 우상에게 주지 아니하리라"(사 42:8). 하나님은 자신에게 영광을 돌리지 않고 다른 자에게 주는 것을 용납하지 않을 것이다. 하나님이 엘리와 헤롯을 그토록 엄격하게 다루신 이유는 무엇이었는가?

엘리의 죄는 무엇이었는가? 그가 하나님을 자기 아들보다 중요하게 여기지 않았던 것이었다. "네가 네 아들을 나보다 더 중히 여겨"(삼상 2:29). 엘리는 자기 아들을 더 중요하게 여겨 그들이 벨리알의 아들이 되고, 하나님 앞에서 악을 행했음에도 그들을 부드럽게 대했다. "내 아들들아 그리하지 말라 내게 들리는 소문이 좋지 아니하니라"(삼상 2:24). 그는 엄중히 다루어야 할 때 가볍게 책망했다. 그는 자기 아들들이 싫어할까 봐 더 강하게 책망하지 못했다. 하나님은 이것을 그가 자식보다 하나님을 더 가볍게 여기는 것으로 보셨다. 자녀들이 하고 싶은 대로 하도록 방임하는 부모들이여 두려워 떨라. 너희 자녀들이 죄를 짓는 것을 보고 "내 아들들아 그리하지 말라. 그렇게 하는 것이 좋지 못하다"라는 식으로 가볍게 책망하는 것은 자녀들을 하나님보다 더 귀하게 여기는 것에 불과하다.

헤롯의 죄는 무엇이었는가? 그가 하나님께 영광을 돌리지 않았다는 것이었다(행 12:22-23). 헤롯은 사람들이 그를 신으로 여길 만큼 탁월하게 연설을 했다. "이것은 신의 소리요 사람의 소리가 아니라 하거늘" 그는 우쭐해서 이런 칭찬을 당연한 것으로 받아들였고, 하나님은 천사를 보내 그를 치셨고, 그는 즉사했다. 엘리는 하나님께 돌려야 할 영광을 자기 아들들에게 돌리는 죄를 범했으며, 헤롯은 그것을 자신에게 돌리는 죄를 범했다. 하나님은 이 둘에게 영광을 자신에게 돌리지 않고 하나님께 돌려야 할 것을 가르치셨다.

하나님의 질투는 앞서 말한 바와 같이 하나님의 명예를 손상시켰을 때 그 결과로 비참한 일이 일어날 것을 포함한다. 위의 예 모두 다 하나님이 자신의 명예에 관심을 가지고 계신다는 것과 자신의 명예가 손상되었을 때 일어날 심판에 대해 말하고 있다. "네 하나님 여호와는 소멸하는 불이시요 질투하는 하나님이시니라"(신 4:24). 사람의 질투는 사람을 격노하게 한다. "그 남편이 투기함으로 분노하여 원수를 갚는 날에 용서하지 아니하고"(잠 6:34). 하나님의 질투는 하나님을 분노하시고 격노하시게 한다. "우리 하나님은 소멸하는 불이시다." 하나님은 질투하는 불이시다. 왕의 진노는 사자가 울부짖는 것과 같으며, 사자가 울부짖을 때 땅의 짐승들은 떤다.

그렇다면 하나님의 진노는 얼마나 무시무시하겠는가? 하나님의 위협은 무시무시하다. "하나님을 잊어버린 너희여 이제 이를 생각하라 그렇지 않으면 내가 너희를 찢으리니 건질 자 없으리라"(시 50:22). "만민 중에 나와 함께한 자가 없이 내가 홀로 포도즙 틀을 밟았는데 내가 노함을 인하여 무리를 밟았고 분함을 인하여 짓밟았으므로 그들의 선혈이 내 옷에 튀어 내 의복을 다 더럽혔음이니"(사 63:3). 하나님의 심판은 무서우며, 그분은 엄격하게 의를 행하신다. 예루살렘과 시온산으로 가서 하나님의 진노의 기념비들을 보라. 하나님은 "너희는 내가 처음으로 내 이름을 둔 처소 실로에 가서 내 백성 이스라엘의 악을 인하여 내가 어떻게 행한 것을 보라"라고 말씀하신다(렘 7:12).

혹시 소돔으로 내려가거나 도벳으로 내려간다면, 그곳에서 하나님이 행하신 것을 보라. 혹은 구체적인 사람들을 보고자 한다면, 나답과 아비후와 고라와 도단과 아비람과 웃사와 웃시아와 헤롯과 아나니아와 삽비라를 하나님에 대한 두려움과 그분의 엄격하심의 예로 삼으라. 이런 질투하시는 무시무시한 하나님은 그의 백성이 두려워하는 하나님이시다. 그들은 하나님이 이렇게 질투하시는 하나님이시므로 그를 두려워한다. 온 나라의 왕이신 하나님을 누가 두려워하지 않겠는가? 하나님이 진노하실 때 누가 하나님 앞에 설 수 있겠는가? 나는 그의 심판을 두려워하며, 나의 육체는 하나님에 대한 두려움으로 떨 것이다.

그리스도인들이여, "이런 두려움은 하나님의 원수들과 종들을 향한 것이지 하나님의 자녀들에게는 해당되지 않는다. 그러므로 두려워하지 말라"라고 말하지 말라. 이 모든 것이 우리를 교훈하기 위해 기록된 것이 아닌가? 이것이 오직 그들을 위해 기록된 것인가? 그것은 또한 우리를 위해 기록되었다고 그가 말씀하지 않으셨는가? 이것은 의심할 여지없이 우리를 위해 기록되었다고 사도는 말했다. 성경은 다음과 같은 목적으로 가득 차 있다는 것을 고려하라.

"그런 일은 우리의 거울이 되어 우리로 하여금 저희가 악을 즐겨한 것 같이 즐겨하는 자가 되지 않게 하려 함이니 저희 중에 어떤 이들과 같이 너희는 우상숭배 하는 자가 되지 말라 기록된바 백성이 앉아서 먹고 마시며 일어나서 뛰논다 함과 같으니라 저희 중에 어떤 이들이 간음하다가 하루에 이만 삼천 명이 죽었나니 우리는 저희와 같이 간음하지 말자 저희 중에 어떤 이들이 주를 시험하다가 뱀에게 멸망하였나니 우리는 저희와 같이 시험하지 말자 저희 중에 어떤 이들이 원망하다가 멸망시키는 자에게 멸망하였나니 너희는 저희와 같이 원망하지 말라 저희에게 당한 이런 일이 거울이 되고 또한 말세를 만난 우리의 경계로 기록하였느니라 그런즉 선 줄로 생각하는 자는 넘어질까 조심하라"(고전 10:6-12).

이런 것들이 우리의 예라는 것을 주목하라. 이것들은 우리에게 예인 동시에 경고가 되지 않는가? 그것들이 우리에게 경고하지만, 우리가 그것들을 통해 알고 두려워하기를 배워야 하지 않는가? "선 줄로 생각하는 자는 넘어질까 조심하라." 나의 영혼은 안전한 곳에 서 있으며, 나의 산은 매우 강해서 결코 요동하지 않을 것이다. 나는 충분히 안전하다. 나는 그리스도 안에 있으며 결코 정죄에 이르지 않을 것이다. 그러나 당신이 무엇을 생각하든, 당신이 확실히 서 있다고 생각할 때 넘어질까 조심하라. 똑같은 죄에 빠질 뿐 아니라, 똑같은 정죄에 빠지지 않을까 조심하라. 이것이 본문의 의미이다. "옳도다 저희는 믿지 아니하므로 꺾이우고 너는 믿으므로 섰느니라 높은 마음을 품지 말고 도리어 두려워하라"(롬 11:20).

어떤 두려움도 필요 없다고 말하는가? 어떤 위협도 필요 없다고 말하는가? 그렇다면 성경의 절반을 태울 수 있는가? 기록된 그렇게 많은 부분을 제거할 수 있는가? 자비에 참여하자마자 심판의 용도를 무시할 수 있는가? 그리스도의 학교에 입학하자마자 징계의 용도를 무시할 수 있는가? 우리 마음의 질서를 유지하는 데 필요한 자비와 위협과 심판을 너무 가볍게 여기는 것이 아닌가? 오히려 그것이 더 필요하지 않은가? 우리 안에는 두 부분이 있다. 우리는 영뿐 아니라 육도 가지고 있다. 그렇다면 육은 두려워하지 말아야 하는가? 사랑이 정욕을 이길 수 있는가? 틀림없이 이 종의 아들은 두려움으로 지켜져야 한다. 하나님은 불순종하는 자녀와 반역하는 자녀를 가지고 계시지 않으신가? 그렇다면 이들은 무마하고 달래는 것 이외에 어떤 다른 징계를 받지 말아야 하는가?

그리스도인들이여, 믿으라. 하나님은 당신에게 자신의 엄위하심을 잃어버리지 않으실 것이다. 하나님은 때때로 자신이 자녀들에게 엄위하신 하나님이신 것을 느끼게 하실 것이다. 하나님은 자신의 성소에서 엄위하심을 드러내신다. 다음과 같은 세 가지의 어리석은 행동으로 인해 어리석은 자녀들이 되지 않도록 조심하라.

1) 힘을 믿고 시험을 가볍게 여기는 것. 어떤 사람들은 자신들의 영혼의 상태가 어떠한지 알지 못하고, 자신들이 마귀를 이길 수 있는 힘이 있다고 착각하여 감히 그의 손이 미치는 데까지 나아간다. 그들은 마치 마귀에게 자신들의 기술과 힘을 시험해 보라고 요구하고 있는 것과 같다. 그들은 "우리를 시험에 들게 하지 마옵시고"라고 기도하라는 명령을 잊은 것처럼 자신들을 시험하는 자의 손에 맡긴다. 이런 사람들의 실패는 그들에게 자신들의 어리석음을 깨닫도록 가르칠 것이다.

2) 자비를 믿고 죄를 가볍게 여기는 것. 그들은 "나는 그리스도 안에 있다. 나의 죄가 나를 그와 분리시키지 못한다." 그들은 "내가 무엇을 하든 나는 내 손에 용서를 가지고 있다"라는 확신을 갖는다. 또한, "나는 자비로우신 하나님과 관계하고 있다. 그러므로 나는 조금 더 나갈 수 있다. 이후에 나는 회개할 것이고 그때 용서받을 것에 대해

의심할 필요가 없다"는 식으로 이미 얻은 자비로 인해 죄를 가볍게 여긴다.

3) 자비와 정의를 경멸하면서 죄를 가볍게 여기는 것. "나는 죄를 지을 것이다. 나는 결코 자비를 얻지 못할 것이다. 나는 내 뜻대로 내 길을 가고 위험을 무릅쓸 것이다. 나는 나의 길을 갈 것이다. 자, 어떤 일이든 내게 오라."

이런 마지막 태도는 자비와 심판을 경홀히 여기면서 죄를 쉽게 범한다. 그들은 감각적인 즐거움에 취해서 자신의 마음을 강퍅하게 만든다. 그들은 자비를 가치 있게 여기지도 진노를 두려워하지도 않는다. "당신은 나에게 자비와 다가올 심판에 대해 무엇이라고 말하는가? 나에게 쾌락과 자유와 즐거움과 돈을 달라. 내가 나의 삶의 쾌락과 위로가 떠나가게 할 만큼 바보처럼 행동할 것이라고 생각하지 말라. 나는 두려움이나 소망이 얼마나 불확실한 것인지 알기 때문이다." 이와 같은 사람들은 이미 지옥에 한 발을 내딛고 있다. 만약 당신이 아직 이런 상태가 아니라면, 감히 자비나 심판을 가볍게 대하지 말라.

또한, 죄를 가볍게 여기지 않도록 조심하고, 과감하게 시험에 내주지 말라. 당신이 시험을 두려워하지 않을 만큼 약할 때, 시험을 이길 수 있을 만큼 강하다고 생각하지 말라. 시험을 두려워하지 않는 사람은 시험이나 자신을 이해하지 못한다. 특별히 자비의 결과를 생각하며 시험을 가볍게 여기지 않도록 주의하라. 사랑이나 오래 참음에 기초해서 지나치게 담대해지지 말라. "하나님이 나를 사랑하신다. 그러므로 나는 더 담대히 자유를 취할 수 있고, 덜 조심스럽고, 덜 경계하고, 덜 두려워할 수 있다. 하나님이 나를 무척 사랑하시기 때문이다"라고 말하지 말라. 당신의 목을 붙잡고 우시는 당신의 아버지의 얼굴에 침을 뱉을 수 있는가? 그가 당신을 다시 때리지 않기를 바라기 때문에 그의 얼굴을 칠 수 있는가? 그의 마음이 당신을 향하고 있기 때문에 그의 마음을 찢을 수 있는가? 그가 당신을 너그럽게 놔두시기 때문에 심술을 부리고 완고하고 탐욕스럽고 나태할 수 있는가?

그리스도인들이여, 때때로 그런 악함이 우리 마음에서 발견되지 않는지 주의하라. 비록 그가 온유하시지만, 연약한 아버지가 아니시라는 것을 발견할 것이다. 그가 사랑하시는 곳마다 그는 두려움이 되실 것이다. 당신처럼 담대하고 확신에 찬 사람들은 인내와 친절을 남용하는 것이 무엇인지 값을 치르고야 느끼게 된다. 그들의 심장에 박힌 화살과 그들의 영혼에 있는 공포는 그들로 하여금 사랑의 하나님이 공포의 하나님이시라는 것을 알게 한다. 조심하라. 만약 당신이 여전히 모험을 하려 하고, 계속해서 뻔뻔하거나 게으르거나 주의하지 않는 방탕한 자가 되기를 바란다면, 그는 당신을 채찍질하셔서 더 나은 상태로 만드실 것이다. 혹은 당신을 자신의 자녀가 아니라 사생아나 반역자로 여기셔서 당신을 내쫓으실 것이다. 만약 당신이 다른 사람들의 경고를 받아들이려 하지 않는다면, 그가 당신을 이후에 올 자들의 경고로 삼지 않으시도록 주의하라.

그리스도인들은 하나님이 자신의 성도들을 부드럽게 대하시지만,

자신의 이름에 대해 질투하신다는 것을 안다. 하나님은 그들을 자신의 눈동자처럼 여기시지만, 자신의 명예를 조금이라도 손상시키지 않으신다. 하나님은 우리가 우리의 이웃을 사랑하되 먼저 자신을 사랑하기를 바라신다. 하나님은 세상을 구하기 위해 자신의 영광을 일점일획도 감소시키지 않으실 것이다. 연약한 자들에게 범한 작은 죄나 그들에 의해 허락된 작은 죄 조차도 목에 연자 맷돌을 메는 것과 같다. 설령 그들이 자신들 안에 작은 죄를 허락하더라도, 하나님이 그들 안에 그것을 허락하시려면 하늘과 땅이 사라져야 할 정도로 하나님은 죄를 허락하지 않으신다. 그러므로 그의 자녀들은 감히 작은 죄라도 탐닉하지 말아야 한다. 그들은 자신들이 섬기는 하나님이 질투하시는 하나님이시기 때문에 두려워해야 한다.

그리스도인들이 악을 미워해야 하는 또 다른 근거는 그들 자신의 순전함 때문이다. 이 두려움은 사랑에서 나오며, 다른 무엇보다도 자녀들이 가지는 두려움이다. 자녀들은 하나님이 질투하시기 때문에 두려워할 수 있으며, 종들도 마찬가지이다. 그러나 오직 자녀들은 하나님이 선하시기 때문에 두려워하며, 사랑하기 때문에 두려워한다. 그러나 종들은 비록 미워하지만 두려워한다. 자녀들은 가치가 없을까 두려워하지만, 종들은 행복하지 못하고 비참해지지 않을까 하여 두려워한다. 선과 친절을 남용하는 것보다 순전한 본성에 더 반대되는 것은 없다. 선을 남용하는 것은 본성적으로 진노를 일으키는 어두운 속성을 지닌다. 그들은 "마지막 날에 여호와와 그의 선하심을 두려워할 것이다"(호 3:5).

선이 어떻게 두려움의 대상이 될 수 있는가? 우리는 악을 두려워하고 선을 두려워하지 않는다. 이것은 자녀들이 잘못을 범하거나 선을 남용하는 것을 두려워한다는 의미이다. 그들은 "마지막 날에" 하나님이 선하시기 때문에 하나님께 잘못을 범하는 것을 두려워할 것이다. 이 약속이 언급하고 있는 마지막 날은 더 풍성한 은혜의 날이 될 것이다. 이 날에는 하나님의 선에 대한 더 분명한 계시가 있어서 하나님과 그의 선을 아는 날일 것이다. 또한, 하나님의 선이 더 풍성하게 전달되고 확산되는 날일 것이다. 그들은 하나님과 그의 선을 사랑할 것이다. 그들은 자신들이 선으로 더 많은 의무를 감당하게 되고, 자신들이 선으로 더 잘 무장되는 것을 볼 것이다. 신앙은 죽이는 것이 아니라, 더 관대하고 자유롭고 순전하게 만든다. 순전한 영혼에 비천하고 무가치하게 되는 것보다 더 혐오스러운 것은 없다. 순전한 본성은 선을 남용하는 것이 무가치한 것이며, 죽어야 마땅한 것으로 여겨 혐오한다. 그것은 선을 파괴하는 것이며 순전함을 잃어버리는 것이기 때문이다. 또한 하나님의 선을 남용하는 것은 크게 감사하지 않는 것이고 크게 순전하지 못한 것이기 때문이다.

나를 감사하지 않는 자라고 부르는 것은 나를 나쁜 사람이라고 부르는 것과 같다. 나를 감사하지 않는 자라고 부르는 것을 제외하고 다른 어떤 것으로 불러도 좋다. 그러나 사실 내가 아무리 감사한다 해도 나의 감사는 여전히 부족할 수 있다. 내가 받은 하나님의 선에 비해 여전히 못 미칠 수 있다. 나의 빚은 내가 갚을 수 있는 것보다 크며, 내가 인정할 수 있는 것보다 크다. 그러나 내가 선을 악으로 갚을 수 있을까? 내가 갚을 수 없다고 해서 내가 빚졌다는 것을 부인할 수 있을까? 감사하지 않는 사람은 하나님이 그에게 무엇을 요구하시든 "이것은 내가 당신에게 빚진 것보다 더 큽니다. 하나님, 나는 당신에게 아무것도 빚지지 않았습니다. 나는 당신에게 관심이 없습니라"라고 사악하게 말한다. 오, 이것은 은혜받은 마음에게 얼마나 두려운 것인가!

만약 감사하지 않는 마음이 나의 죄라면, 만약 이것이 하나님과 하나님께 대한 나의 의무를 무시하는 것이라면, 내가 어떤 고난을 겪고 있든지 나는 죄에 굴복한 것이다. 내가 어떻게 이런 악을 행할 수 있는가? 내가 어떻게 이 의무를 무시하고 하나님께 죄를 지을 수 있는가? 내가 그토록 무가치하다면, 내가 어떻게 나의 하나님이나 나의 영혼을 바라볼 수 있는가?

"주여, 당신을 위해 나로 하여금 당신에게 죄를 짓지 않게 하옵소서. 당신은 선하시고 당신은 친절하시며 당신은 은혜로우시고 당신은 거룩하십니다. 나로 하여금 마귀가 되지 않게 하옵소서. 당신의 선하심을 사랑하지 않는다면 그 마음은 마귀가 되지 않겠습니까? 내가 죄를 지을 수 있겠습니까? 내가 반역할 수 있겠습니까? 주여, 당신을 위해 내가 죄를 짓고 반역하지 않겠습니다. 나는 나를 위해 이렇게 하지 않을 것입니다. 내가 이렇게 범죄하고 어디에 설 수 있겠습니까? 하나님께 죄를 짓는 것은 나에게 죄를 짓는 것입니다. 나는 나의 생명을 위해 감히 죄를 짓지 않을 것입니다. 죄와 사망과 지옥은 서로 연결되어 있습니다. 그렇지 않다면 나는 죄를 짓고 달아나서 죽지 않을 수 있을 것입니다. 그러나 주여, 나는 당신을 위해 죄를 짓지 않을 것입니다.

당신은 본질적으로 선하시며 나에게도 선하십니다. 당신은 나의 하나님이십니다. 당신은 나의 아버지이십니다. 사랑과 관심과 온유와 긍휼과 친절은 나를 향한 당신의 마음속에 있는 모든 것입니다. 지금의 나와 내가 가진 것과 바라는 것과 숨 쉬는 것과 살고 있는 이 모든 것이 당신이 나에게 선을 베푸시고 호의를 베풀어 주신 것입니다. 오, 나로 하여금 나를 잉태한 자궁과 나에게 젖을 먹인 가슴을 반역하지 않게 하옵소서. 내가 나의 자녀나 나의 종이나 나의 친구나 나의 아버지와 나의 하나님께 선을 악으로, 선하신 뜻을 미움으로 바꾸지 않게 하옵소서. 내가 두려워하는 이 악이 내게 임하지 않게 하옵소서. 주여, 내가 당신을 향해 죄를 짓지 않도록 나의 마음에 당신을 향한 두려움을 두소서."

제 12 장
순종하는 마음

"또 내 영을 너희 속에 두어 너희로 내 율례를 행하게 하리니 너희가 내 규례를 지켜 행할지라"(겔 36:27). 순종은 마음으로 할 수도 있고, 삶으로 할 수도 있다. 이 구절에서 하나님은 둘 다를 받으신다.

I. 마음으로 하는 순종

하나님은 앞 구절에서 내가 내 영을 너희 마음에 두겠다고 말씀하신다. 사탄이 머무는 곳에서는 사탄이 다스리고, 주의 영이 머무시는 곳에서는 하나님이 다스리신다. 마음에 있는 영은 마음의 법이다. "내가 나의 영을 너희 마음에 두겠다"는 것과 "내가 너희 마음에 나의 법을 쓰겠다"는 약속은 같은 의미이다. 마음에 있는 법은 사람의 뜻이 하나님의 뜻에 녹아든 것을 의미한다. 하나님의 법이 입에 있을지라도 마음은 반역자가 될 수 있다. 마음으로 하나님의 법을 받아들인다는 것은 마음이 하나님의 법에 복종한다는 것을 의미한다.

　마음으로 순종하는 것은 말씀에 마음을 여는 것을 포함한다. 주여, 내가 무엇을 하기를 원하십니까? 이것이 순종하는 마음의 소리이다. 주여, 말씀하옵소서. 주여, 명령하옵소서. 무엇을 원하십니까? 하나님이 말씀하실 때 그것이 무엇이든지 마음은 그 말씀을 수용하고 받아들인다. "왕이여 내가 아뢰는 것을 받아주시옵소서"(단 4:27). 마음으로 말씀을 받는 것은 마음으로 말씀을 경청하는 것을 의미하며, 경청이란 단순히 듣는 것 이상이다. 때때로 이 둘은 같은 것을 의미하기도 하지만, 듣는 것은 귀로 듣는 것이며, 경청하는 것은 마음으로 듣는 것이다. "내 백성이 내 소리를 듣지 아니하며 이스라엘이 나를 원하지 아니하였도다"(시 81:11). 그들은 하나님이 말씀하시는 것은 들었지만, 경청하려 하지 않았다. 곧 그들은 본문이 말하고 있는 것처럼 하나님을 원하지 않았다. 그들은 자신에게 말씀하시는 하나님의 말씀을 거절했다. 말씀이 권위 있게 선포되어 영혼이 그 말씀을 받아들이고, 이로 인해 말씀이 영혼을 통치하게 될 때, 이것이 말씀을 받아들이는 것이며 말씀을 경청하는 것이다.

　이 순종은 마음으로 하나님의 일을 하기로 결심하는 것을 포함한다. "주의 의로운 규례들을 지키기로 맹세하고 굳게 정하였나이다"(시 119:106). 나는 맹세한 대로 행할 것이다. 나는 언약을 맺었고, 주의 계명을 지키기로 결심하였다. "당신이 주의 이름으로 우리에게 하신 말씀을 우리가 행하지 않겠나이다." 이것은 반역하는 마음이다. "주께서 무엇이라고 말씀하시든 우리가 행하겠나이다." 이것이 순종하는 마음이다.

마음이 이렇게 순종하기로 결심할 때 이 마음은 구원으로 받아들여진다. 이런 결심이 있는 곳에서 마음은 기회가 주어질 때마다 순종할 것이다. 하나님은 순종하는 마음을 받으실 것이다. 이런 마음을 가진 사람은 기도할 것이며 말씀을 경청할 것이고 궁핍한 자들에게 주고 먹이고 옷 입히고 방문할 것이며 신중하게 행할 것이고 의를 행하며 자비를 보이고 믿고 인내하고 회개하며 하나님의 계명을 지키고 그의 규례를 따를 것이다. 순종하는 마음을 가진 사람은 순종할 것이며 행하려는 마음을 가진 사람은 행할 것이다. 하나님을 위해 고난받고자 하는 마음을 가진 사람은 그의 이름을 위해 고난을 받을 것이다.

그러나 여기에서 아무리 순종하겠다고 신실하게 결심했다고 해도 모든 결심이 다 그렇지 않다는 것을 주의 깊게 살펴야 한다. 순종하겠다는 결심은 그것이 뿌리 깊은 내적인 성향에서 나올 때, 성경의 계시에 대한 견고한 믿음에 기초할 때, 가장 고귀하고 엄중한 이유들 위에 세워질 때, 가장 성숙하고 깊은 묵상의 결과일 때 신실한 것이다.

1. 뿌리 깊은 내적인 성향에서 나오는 순종

"내가 주의 율례들을 영원히 행하려고 내 마음을 기울였나이다"(시 119:112). 우리의 새로운 목적은 우리의 새로운 본성에서 나온다. 그것은 갑작스러운 두려움이나 위험을 느끼거나, 단지 강력하고 논리적인 논증으로 말미암아 나오는 것이 아니다. 그것은 마음으로 하나님의 뜻을 습관적으로 따르게 하는 신적인 힘으로 말미암아 일어난다. 거룩한 성향이 없는 거룩을 향한 결심은 뿌리가 없는 잎사귀에 불과하다. 그것은 아무리 신선한 초록빛을 띠고 있어도 곧 시들어 버린다. 뿌리가 없으면 지속되지 못하고 어떤 열매도 맺지 못한다. 마음은 행동의 뿌리이며 은혜는 뿌리의 생명이다. 우리의 결심이 살아있는 뿌리에서 싹이 난 잎일 경우에 싹을 틔우고 열매를 맺는다.

2. 성경에 대한 견고한 동의에 기초한 순종

그리스도인은 하나님께서 말씀하신 대로 자기를 부지런히 찾는 자들에게 보답하시는 분이시라는 것을 믿기 때문에 경건하게 살고자 결심한다. 그리스도인은 성경 위에 세워진다. 그의 소망뿐 아니라 그의 목적도 선지자들과 사도들의 기초 위에 서 있다. 이런 기초를 가지고 있지 않은 결심은 어떤 것이든 모래 위에 세운 집과 같다.

3. 하나님이라는 가장 고귀한 이유로 말미암은 순종

우리가 이유 없이 결심한다면, 그 결심을 바꿀 이유를 빠르게 찾아낸다. 우리가 이유도 모른 채 결심할 때 얼마나 빨리 변화하는지 알아차리기도 전에 변화할 것이다. 우리가 이유를 모르고 결심하는 것은 우리가 무엇인지 모르고 결심하는 것과 똑같이 불안정한 것이다. 신앙이 아무 이유 없이 받아들여지거나 이유가 있더라도 이해되지 않는다면, 그것은 이유가 없는 것과 같다. 또한 신앙을 받아들이는 이유가 있더라도 그것이 최상의 이유가 아니라면 그보다 더 강력한 이유가 생길 때 우리는 빠르게 우리의 결심을 바꾸고 만다.

하나님을 섬기는 것이 우리의 의무이든 행복이든, 우리가 하나님을 섬기고 따르는 이유는 모든 이유 중 최상이 될 수밖에 없다.

하나님처럼 우리에게 권리를 주장할 수 있는 존재는 없기 때문이다. 나는 누구에게 속했는가? 누가 나를 만드셨는가? 누가 나를 값 주고 사셨는가? "값으로 산 것이 되었으니 그런즉 너희 몸으로 하나님께 영광을 돌리라"(고전 6:20). "기쁨으로 여호와를 섬기며 노래하면서 그의 앞에 나아갈지어다 여호와가 우리 하나님이신 줄 너희는 알지어다 그는 우리를 지으신 이요 우리는 그의 것이니 그의 백성이요 그의 기르시는 양이로다"(시 100:2-3). 당신이 사람들을 섬기거나, 죄나 세상을 섬길 때, 어떤 이유로 그렇게 하는가? 사람들은 자신들이 일하는 이유가 있다고 생각한다. 그러나 그 이유가 무엇인가? 이 모든 이유 중에 하나님이 있는가? 사람들이 당신의 하나님인가? 죄나 세상이 하나님인가? 당신은 그들에게 빚을 졌는가? 우리를 만드신 분은 하나님이시며, 우리는 그분의 것이다. 사도가 부모에게 말한 것처럼 여기에서 "자녀들아, 너희 하나님께 순종하라. 이것이 옳으니라. 이것이 그가 마땅히 받으셔야 할 것이며 너희의 의무이다"라고 언급될 수 있다. 만약 당신에게 똑같은 권리를 주장할 수 있는 존재가 있다면, 그는 당신을 종으로 삼을 수 있을 것이다.

하나님은 우리에게 최고선이시다. 우리의 순종에 하나님처럼 보답해 줄 수 있는 존재는 없다. 당신은 하나님과 함께 있는 것보다 더 나을 때가 있는가? 하나님은 당신이 더 나은 주인을 발견할 때까지 오직 하나님만 섬길 것을 요구하실 것이다. 죄와 세상을 섬기는 것이 최선이라고 말하는 사람은 어리석은 사람이며 자기 마음에 하나님이 없다고 말하는 사람이다. 하나님이 하나님이시라면, 하나님은 최고 선이시며 유일하신 선이시다. 만약 세상에 있는 어떤 것이 어떤 이유에서든 하나님보다 더 나은 것으로 생각된다면, 그것은 하나님의 자리를 차지하고 있는 것이다.

우리가 누구를 섬기든지 하나님은 마지막에 우리가 섬긴 것에 대한 삯을 보상해 주신다. 하나님은 우리의 재판장이 되시며, 우리가 누구를 섬기든지 마지막에 그에 대한 삯을 매기신다. 하나님은 하나님을 섬긴 사람들에게는 선으로, 섬기지 않은 사람들에게는 악으로 보상하시는 것이다. 어떤 보상을 받게 될 것인가? "내가 왕 됨을 원하지 아니하던 저 원수들을 이리로 끌어다가 내 앞에서 죽이라"(눅 19:27). 하나님을 섬기지 않는 죄를 지은 자들에게는 죄의 허무함과 진노 이외에 무엇이 보상이 되겠는가? 설사 더 나은 것이 있더라도 얼마나 지속되겠는가? 반드시 죄로 인한 즐거움을 다 누린 당신에게 하나님께서 지불하실 보상은 다음과 같을 것이다. "너희가 내 손에서 얻을 것이 이것이라 너희가 고통이 있는 곳에 누우리라"(사 50:11).

하나님이 주실 삯은 우리의 순종이나 우리의 불순종에 따라 틀림없이 복되거나 두려운 것이 될 것이다. 하나님이 주시는 보상은 영원한 보상이다. 하나님께 순종한 사람들에게는 영원한 구원이, 하나님을 섬기지 않은 사람들에게는 영원한 파멸이 있을 것이다. "나는 영혼을 가지고 있다. 이 몸은 나의 가장 작은 부분이다. 다른 세상, 다가올 세상이 있다. 내가 이곳에서 보내야 하는 시간은 기껏해야 수년 이다. 나는 다른 세상에서 영원히 머물러야 한다. 내가 이곳에서 가지고 있는 것은 작든, 더 많든, 더 낫든, 더 나쁘든 얼마나 작은 결과를 가져오는가? 얼마 지나지 않아서 그것은 모두 사라지고 말 것이다.

그러나 오, 나의 영원을 결정하시는 분은 하나님이시다. 하나님은 틀림없이 각자의 행위에 따라 모든 사람에게 보상하실 것이다. '하나님께서 각 사람에게 그 행한 대로 보응하시되 참고 선을 행하여 영광과 존귀와 썩지 아니함을 구하는 자에게는 영생으로 하시고 오직 당을 지어 진리를 좇지 아니하고 불의를 좇는 자에게는 노와 분으로 하시리라. 악을 행하는 각 사람의 영에게 환난과 곤고가 있으리니'(롬 2:6-9). 내 앞에는 영광과 수치, 자비와 진노, 생명과 죽임이 놓여있다. 제 3의 상태는 없다. 둘 중의 하나가 나의 운명이 되어야 한다. 그것은 나의 순종하는지 여부에 따라 결정될 것인데, 내가 순종한다면 살 것이고, 내가 순종하지 않는다면 죽을 것이다."

영원이 유한한 시간보다 더 중요하고 불멸의 영혼이 썩어질 육신보다 더 고귀하다면, 이제 나의 결심은 이 굳건한 이유들에 기초해야 한다. 그렇다면 나는 하나님을 따라야 하는가, 따르지 말아야 하는가? 세상을 따라야 하는가 정욕을 따라야 하는가? 영혼아, 대답하라. 이것은 반드시 대단해야 하는 문제이다.

"나에게 하나님과 같은 주장을 할 수 있는 존재는 어디에도 없다. 나에게 어떤 존재도 하나님과 같을 수 없다. 내가 누구를 섬기든 하나님은 나에게 보상하시는 분이시다. 나의 영원한 복이나 영원한 파멸은 그에게 달려있으며, 나의 순종이나 불순종에 따라 오류가 없이 결정되어야 한다. 이것은 분명하다. 순종하라. 그러면 살 것이다. 순종하라. 그렇지 않으면 영원히 죽을 것이다. 그러므로 내가 좀 부족하든 더 나은 상태이든 주님의 것이며 그의 종이 되리라는 것 이외에 내가 무엇을 말할 수 있을까? 다른 사람들이 하나님이 아닌 다른 신을 섬기더라도 나는 주님을 섬기겠다. 오, 나의 영혼아, 주님을 섬기라." 이렇게 세워진 결심은 굳건히 설 것이다.

4. 성숙한 묵상의 결과로 인한 순종

묵상은 하나님께 순종해야 할 충분한 이유를 제공한다. 묵상은 모든 것의 균형을 잡아주고, 찬성하고 반대하는 이유들을 비교한다. 논증들과 반대들, 격려하는 것들과 낙담케 하는 것들의 경중을 따지고, 이익 뿐 아니라 비용도 세세히 계산한다. 이런 묵상에는 다음과 같은 고려가 있어야 한다: 이 순종에는 무엇이 있는가? 이 순종은 무엇을 수반하고 있는가?

이 순종에 무엇이 있는지 고려해야 한다. 그렇지 않다면 우리는 무엇인지도 모르는 상태에서 결심해야 한다. 이 순종에는 복종, 활동과 근면, 온전함, 세심한 주의, 영성이 들어있다.

(1) 복종

종들은 자신들의 뜻이 아니라 주인의 뜻에 따라 복종해야 한다.

사람의 마음은 본성적으로 지배하고 싶어 한다. 그것은 죄인들이 하나님과 다투는 큰 이유이다. 누가 주가 될 것인가? 우리는 자신을 주로 여기거나 주가 되고자 한다. 우리는 더 이상 하나님께 나가려고 하지 않는다(렘 2:13 참조). 순종은 하나님께서 주셔야 한다는 것을 인정한다. 하나님이 우리 위에 어떤 것을 주로 삼으신다면 그것을 또한 주로 인정해야 한다. 그리스도의 종들은 사람들의 종이 되지 말아야 하는 동시에, 종이 되어야 한다. 그들은 통치자들의 욕망을 섬기지 말아야 하지만, 그들의 의로운 법과 명령에 복종해야 한다. 그들은 통치자들과 목사들과 선생들과 부모들에게 주 안에서 순종해야 한다. 하나님이 그렇게 하기를 원하실 때 종들의 종이 되어야 한다.

그들은 가장 위대한 자들의 비위를 맞추지 말아야 하지만, 가장 비천한 자의 필요를 채워줘야 한다. 심지어 가장 작은 제자들의 발을 닦아주는 데까지 내려가야 한다. 하나님은 이 모든 것을 기대하시며, 그들은 복종해야 한다. 그들은 반박하지 말고, 그의 뜻을 행해야 한다. 하나님의 뜻과 관련해서 이중적인 질문이 제기될 수 있다. 하나님의 뜻인 것처럼 행세하는 것이 하나님의 뜻인지 그렇지 않은지에 대해 의문이 제기될 수 있다. 이 문제는 해결되어야 한다. 그리고 하나님의 뜻으로 인정받은 것이 이루어지는 것이 적합한지에 대한 질문이 제기될 수 있다. "그것을 그대로 두는 것이 더 낫지 않은가? 그 안에는 어떤 이익이 있는가?" 그것들은 이런 식으로 논쟁이 되어서는 안 된다. 하나님이 원하시면 그것으로 충분한 이유가 된다. 하나님의 뜻이 계속해서 우리의 이유가 되어야 한다. "이것은 주께서 명령하신 것이다. 그러므로 나는 순종해야 한다"라고 말하는 것으로 충분하다.

(2) 활동과 근면

주의 종들은 능동적이고 부지런해야 한다. 하나님은 포도원에 잠자라고 보내시는 것이 아니라 일하라고 보내신다. 그리스도인의 삶은 근면해야 한다. 다른 사람들은 침상에 있어도 그는 무릎을 꿇어야 한다. 다른 사람들은 쾌락을 즐기고 있어도 그는 수고해야 한다. 다른 사람들은 여기저기서 조금씩 시간을 보내고 있어도 그는 계속해서 주인의 일을 해야 한다. 능동적인 정신은 그리스도인에게 필요한 탁월한 정신이다. 나태한 자들은 땅이 거부한다.

그러나 여기에서 이중적인 활동, 곧 은혜롭고 자연적인 활동이 있다는 것이 고려되어야 한다. 자연적인 활동은 사람들의 정신의 내적인 활력과 생동감에서 일어난다. 그런 사람들에게는 행동을 낳는 근면함이 필요 없다. 단지 본성에 맡기기만 해도 충분히 높은 곳까지 올라갈 수 있기 때문이다. 오히려 그들이 행동하도록 하는 것보다 그들을 규제하고 때때로 억제하는 데에 더 많은 수고가 요구된다. 반면 은혜로운 활동은 올바르게 방향을 잡아주고, 올바른 수로로 물이 흘러가도록 하나님을 위해 다스려지고 향상된 활동이다. 또는 본래 능동적이지 않은 영혼이 은혜와 종교적인 수고를 통해 불러일으켜지고 각성된 활동이다. 이런 은혜롭고 거룩한 활동은 탁월하다. 그것은 하나님과 그의 복음에 더 많은 명예를 돌리고, 더 풍성한 봉사를 한다.

활동적인 죄인은 사람 중에서 가장 악하다. 그는 적은 시간에 마귀에게 얼마나 많은 봉사를 할 수 있는가! 활동적인 죄인은 생명과 죽음이 함께 만난다. 그는 살아있지만, 죽어있다. 그는 생명보다 죽음에 속한 것을 더 많이 가지고 있다. 그는 포도주 안에 있는 독처럼 더 많은 것을 효과적으로 파괴한다. 설령 그의 손에는 악이 없어도, 일하는 방법에 악이 들어있다. 좋은 금속은 무기에 날카로움을 더해 주는 탁월한 속성을 가지고 있다. 그러나 미친 사람의 손에는 나무칼이 들려지는 것이 금속 칼이 들려지는 것보다 낫다. 활동적인 정신은 매우 탁월해서 죄가 그것을 사용하는 것은 안타까운 일이다. 마귀가 게으름뱅이이고, 이 땅에서 게으름뱅이들 만을 부리고 있었다면 차라리 기독교에 유익했을 것이다.

올바른 활동이 행해진다면 하나님이 보시기에 매우 가치 있는데, 이는 그것이 하나님을 존귀하게 여기는 것이기 때문이다. 나태함은 하나님을 가볍게 여기는 것이다. 성경이 하나님의 위대한 일을 제시할 때, 주 예수 그리스도가 분명히 우리의 눈앞에서 죄에 대한 화목제물로 십자가에 달리신 분으로 제시될 때, 그의 피의 가치와 그의 긍휼의 온유함과 그의 은혜의 풍성함과 그의 의의 충분함과 그의 충족과 용서가 모두 공개적으로 제시될 때, 거룩의 아름다움과 성령의 즐거움과 모든 지각을 뛰어넘는 평강이 보이도록 제시될 때, 가장 영광스러운 것들이 하나님의 성, 위에 있는 예루살렘과 관련해 언급될 때, 하나님이 자기 말씀으로 우리를 향해 "깨어라, 잠자는 자들이여. 일어나라, 게으른 자들이여. 네 앞에 있는 것을 보라"고 말씀하실 때, 당신이 원한다면 이 모든 것은 당신의 것이 될 것이다. 게으름은 이 모든 것을 아무것도 아닌 것처럼 가볍게 여기는 것이다. "이 모든 것은 내가 잠자는 것을 깨울 가치가 없다. 그것은 내가 얻으려고 수고할 가치가 전혀 없다. 나의 편안함이 하나님과 그의 영광보다 낫다"라고 여기는 것이다.

우리가 어떤 일을 얻기 위해 기꺼이 투자하는 수고와 비용을 통해 그 일에 두고 있는 가치를 잘 이해할 수 있다. 죄인들이 자신들을 세상에 던지고 수고하고 애쓰고 세상을 추구하는 일에서 피곤함을 모르고 지속적으로 수고하고 위험을 무릅쓰고 세상을 얻고자 할 때, 그들은 자신들이 세상에 어떤 가치를 두고 있는지 충분히 보여준다. 한 줌 땅이나 적은 돈이나 쾌락을 얻고자 밤낮을 가리지 않고 시간과 힘을 쓰고 혼신을 다하는 사람은 자신이 이 세상에 대해 어떻게 생각하고 있는지 다른 증거를 보여줄 필요가 없다.

"나는 이 세상에 크게 관심을 두지 않는다. 그것은 헛된 것이며 그림자이고 그것의 인기는 사라져버린다. 내가 아무리 세상을 탐하고 있다고 비난을 받아도 나의 마음에서 세상을 충분히 멀리하기를 바란다." 그러나 날마다 당신이 세상에 쓰고 있는 이 모든 시간과 힘과 정신은 무엇을 의미하는가? 당신이 그토록 얻고자 하고, 쌓고자 하는 것은 무엇을 의미하는가? 당신이 그림자를 얻고자 하고 헛된 것을 쌓고 있는 것이 아니라면 무엇인가? 당신은 스스로 착각하고 있는 것이다. 이 그림자들이 당신의 실체이며, 이 헛된 것들이 당신이 예배하는 신이다. 만약 당신이 그것들을 그렇게 높이고 있지 않다면, 그것들을 그토록 깊이 추구하지 않았을 것이다.

　다른 한편으로 우리가 영혼이나 영원을 위해 무엇이든 해야 할 때 우리가 하나님을 위해 그토록 적게 수고하는 것은 우리가 그것들을 얼마나 무가치하게 여기는지를 보여준다. "나는 하나님을 다른 무엇보다 나의 마음을 다하고 나의 혼을 다해 사랑한다. 하나님은 나의 모든 소망이시며, 나의 모든 열망이시다. 나의 소망이 하나님께 없다면, 나는 얼마나 비참한 피조물인가! 내가 나의 영혼을 잃어버린다면, 온 세상이 나에게 무슨 의미가 있겠는가?" 그러나 당신은 이토록 간절하게 말하면서 하나님을 찾는 데에는 그토록 게으른 것은 무엇 때문인가? 하나님을 향해 묻고, 하나님을 향해 움직이는 데 그토록 무관심하고 그토록 냉담하고 그토록 무감각한 것은 무엇 때문인가? 그토록 당신의 수고를 아끼고 그토록 의무를 무시하고 그토록 의무를 감당하지 않고 그토록 빨리 싫증 내고 그토록 많이 지체하고, 그토록 많이 변명하는 것은 무엇 때문인가? 하나님이 당신에게 자신을 찾으라고 얼마나 많이 요구하셨는가?

　그러나 당신의 대답은 언제나 변명 일색이다. 당신은 규례를 행하는 대신에 변명하고 기도를 하는 대신에 변명하고 행동을 하는 대신에 변명하고 구제를 하는 대신에 변명하고 권면하고 책망하는 대신에 변명을 했다. 만약 우리의 변명으로 하나님을 섬긴다면, 하나님에 대한 섬김은 충분했을 것이다. 그러나 하나님은 그러한 것으로 섬김을 받으시는 분이 아니다. 우리는 지쳤고 식어버렸다. 그러므로 짧게 서둘러서 기도를 마치거나, 아무런 일도 하지 않는다. "나는 나 자신이나 가족이나 농장이나 관심을 가지고 돌봐야 할 일이 너무 많다. 그래서 나는 하늘을 섬길 시간도 자유도 없다." 그런 식으로 설교도 사라지고 규례도 사라진다.

"나는 악한 이웃들 가운데 살고 있다. 만약 내가 하나님을 위해 열심을 내고 나의 대화나 삶에서 열정적이고 영적이 된다면, 나는 비웃음거리와 조롱받는 자가 될 것이고 악인들의 먹이가 될 것이다. 나는 다른 사람들을 세울 수 있도록 말하는 능력도 부족하고, 다른 사람들처럼 권고하고 책망할 수 있는 담대함도 부족하다. 나는 하나님이 나를 이해해 주시기를 기도한다." 의무를 감당하는 대신에 이렇게 변명하는 사람이 실제로 지혜로운 사람일 수 있을까! 이것은 마치 하나님이 내게로 와서 구원을 받으라고 부르실 때 "하나님이 저를 이해해 주시기를 기도합니다. 저는 마귀에게 가서 정죄를 당하겠습니다" 라고 대답하는 것과 같다.

이것이 당신의 사랑인가? 이것이 당신의 열정인가? 이것이 당신이 다른 무엇보다도 하나님을 가치 있게 여기는 것인가? 두려움에 떨라. 게으른 자여. 당신이 의무 대신 어떤 변명거리를 찾아도 변명이 되지 않고, 하나님을 가볍게 여기는 데서 벗어날 수도 없다. 당신의 변명 그 자체가 당신을 게으른 종으로 기소할 것이며, 당신의 게으름이 당신을 하나님을 가볍게 여기는 자로 기소할 것이다. 사도는 "생각하건대 현재의 고난은 장차 우리에게 나타날 영광과 비교할 수 없도다"(롬 8:18)라고 말하지만, 당신은 "생각하건대 장차 올 영광은 현재의 수고와 비교할 수 없다"라고 말한다. 부지런히 수고하고 행하는 것은 하나님을 귀하게 여기는 것이다. "하나님은 내가 이 모든 것을 할 만한 가치가 있는 분이시다"라는 것이 우리의 모든 수고에 쓰여있어야 한다.

그리스도인 중에서 가장 겸손하고 깨어있고 근면한 어떤 사람들은 때때로 "오, 내가 하나님을 사랑하고 있지 않은지 두렵다. 나는 하나님의 명예와 호의에 대해 거의 생각하지 않는다"라고 고백한다. 그러나 하나님을 기쁘시게 하려는 당신의 관심이 어디에서 나오고 있는가? 당신의 모든 사랑의 수고는 어디에서 나오고 있는가? 당신은 깨어서 기도하고 일하고 달리고 있는가? 당신은 하나님을 위해 당신의 시간과 힘을 쓰고 있으면서도 하나님을 사랑하고 있지 않은가? 당신은 하나님을 위해 살고 하나님을 위해 죽을 수 있지만, 하나님을 높이고 있지 않은가? 당신이 그런 수고를 하는 것보다 당신의 사랑을 더 잘 증명할 수 있는 것이 무엇인가?

물론 활동 또한 필요하다. 활동이 없이 생각만으로 신앙생활을 하겠다고 하는 것은 헛된 것이다. 신앙생활은 가만히 누워서 할 수는 없으며, 신앙의 위로는 단지 소원만으로 얻을 수 없다. 이 세상에서 최고의 부자가 되고 싶어하는 가난한 사람들이 단지 소원하는 것만으로 부자가 될 수 있겠는가? 당신이 은혜와 위로 가운데 들어가기를 마음으로만 바라는 것은 그들이 부자가 되기를 소원하는 것과 다를 바가 없다. 한 가지 분명한 것은 사람들이 종교의 수고를 감당하지 않으려 하는 것은 결코 부서지지 않는 아주 견고한 바위에 자신을 부딪치는 것과 같다는 것이다.

거룩에 대한 어느 정도의 사랑을 가지고 있지만, 거룩의 일을 위해 수고하지 않는 사람은 신실함이 없는 사람이다. 신실함이 없는 사람은 결코 구원에 이를 수 없다. 수고하려고 하지 않는 사람은 고난받으려 하지 않을 것이다. 행동하기를 회피하는 사람은 고난받기도 회피할 것이다. 거리에 사자가 있다고 말하는 것에 그치지 말고 사자를 극복하라. 첫 번째 시험을 통과하라. 그러면 더 담대히 다음 시험에 도전할 수 있을 것이다. 거룩한 행동은 당신의 신실함에 대한 증인이 될 것이다. 당신의 마음에 이 증인을 품고 다녀라. 그러면 세상이 어디로 가든지, 어떤 폭풍이 불든지, 당신은 당신을 지탱해주는 것을 이미 가진 것이다. 위엄과 올바름이 나를 지켜줄 것이며, 영원히 나에게 보답해 줄 것이다. 신실함이 뿌리이고 거룩한 행동이 꽃인 곳에서 영원한 영광이 열매가 될 것이다. 게으르게 누워있는다면, 모든 것을 잃을 것이다. "오늘 밤 네 영혼을 도로 찾으리라"는 말을 듣지 않으려면 "영혼아 평안히 쉬자"라는 말을 조심하라. 이것이 순종할 때 두 번째로 고려해야 할 것이다. 내가 수고하지 않고 순종할 수 있는가?

(3) 온전함

하나님이 기대하시는 순종은 온전한 순종이다. 하나님은 전인으로 순종하기를 바라실 뿐 아니라, 하나님의 뜻 전체에 순종하기를 바라신다. "내가 주의 계명을 주의할 때에는 부끄럽지 아니하리이다"(시 119:6). "너희가 순종하는 자식처럼 전에 알지 못할 때 따르던 너희 사욕을 본받지 말고 오직 너희를 부르신 거룩한 이처럼 너희도 모든 행실에 거룩한 자가 되라"(벧전 1:15). "내가 너희에게 분부한 모든 것을 가르쳐 지키게 하라"(마 28:20). 하나님은 영혼 안에 자신의 말씀의 권위를 세우신 것처럼, 이해와 이성과 양심에 권위를 세우신다. 이런 힘들은 말씀의 권위 아래 있으며, 더 열등한 기능들인 의지와 감정에 권위를 행사하게 된다.

그러나 죄가 반란을 일으켰다. 의지는 이성을 거스르고 이성의 인도 받기를 거부한다. 감정은 양심에 대항하여 반역을 일으키고 통제받기를 거부한다. 그들은 저항할 뿐 아니라, 양심에 명령을 내리고 억누른다. 양심은 의지가 가져야 하는 것이 이성이라고 말해야 한다. 곧 양심은 의지가 어떤 일을 하려고 하는 이유를 찾고, 의지가 마땅히 해야 하는 것을 결정해야 한다. 하지만 우리는 쉽게 우리의 의견을 감정에 맡긴다. 그러나 감정은 합리적으로 옳다고 인정하지 못하는 것을 옳다고 믿게 만든다. 그러나 만약 양심이 올바르게 여겨야 하는 것을 올바르게 여기지 못한다면, 양심은 어떤 일이 옳든 그르든 끝까지 밀어 붙이지 못할 것이다. 양심을 향한 의지와 감정의 이런 반란은 영혼으로 하여금 하나님을 향해 반역을 일으키게 하는 큰 원인이다.

양심이 그 권위를 잃을 때 하나님의 권위도 사라진다. 이해와 양심이 올바르게 권위를 행사하고, 의지와 감정이 복종하는 곳에서 하나님은 통치하신다. 양심이 그 권위를 잃을 때 하나님의 권위는 사라진다. 올바른 정보를 받은 양심이 바르게 작동하는 동안 하나님도 마땅히 받으셔야 할 바를 받으실 것이다. 의지와 감정이 마땅히 해야 할 역할을 하는 곳에서 하나님도 자신이 받으셔야 할 것을 받으실 것이다. 하나님 외의 다른 것이 주목받지 않는 곳에서 하나님이 더 많이 주목을 받으실 것이다. 하나님 외의 다른 것이 사랑과 경외를 받지 않는 곳에서 하나님은 더 많이 사랑을 받으시고, 더 많이 경외를 받으실 것이다. 만약 우리 마음이 다른 곳에 과도하게 허비되지 않는다면, 죄에 대해 더 많이 진노하고 더 많이 미워하고 더 많이 슬퍼하게 될 것이다. 오, 이런 권위와 복종이 유지된다면, 얼마나 많은 섬김이 이루어지며 마음속에 얼마나 많은 평안함을 즐길 수 있겠는가!

우리의 감정이 오직 하나님의 뜻을 수행한다면, 하나님은 우리로부터 얼마나 많은 것을 받으시겠는가! 만약 말씀의 명령을 받는 양심이 의지와 감정을 다스린다면, 무엇이 부족하겠는가? 우리는 풍성하게 섬길 수 있을 뿐 아니라, 모든 것이 우리 안에서 고요하고 달콤하며 평안할 것이다. 만약 뜻해야 할 것 이외에 다른 것을 뜻하지 않는다면, 우리는 계속해서 우리의 뜻을 유지할 수 있을 것이다. 만약 바라야 할 것 이외에 다른 것을 바라지 않고, 오직 사랑해야 하거나 바라야 하는 것만을 사랑하고 바란다면, 우리는 우리가 사랑하는 것을 가지게 될 것이다. 만약 우리가 마땅히 해야 할 때 외에 분노하거나 슬퍼하거나 두려워하지 않는다면, 다른 사람들의 심령이 안식할 수 없는 요동치는 바다와 같을 때에도 우리의 심령에는 놀라운 평안함이 있을 것이다. 그러나 더 열등한 기능들이 더 우월한 기능들에 반역을 하는 무질서한 곳에서 우리는 영원한 손실을 겪는다. 그러므로 우리가 순종하려고 한다면 온전함이 필수적이다. 우리의 감정 안에 무엇이 있는지 시험해 본 사람들은 이것이 힘든 일이라는 것을 이해한다.

특별히 더 힘든 몇 가지 의무들을 예로 들 것이다. 전적으로 순종하려는 사람은 하나님이 하고자 하신 일에 대해 불평하지 말아야 한다. 하나님이 요구하시는 것 중에서 정욕이 그 일을 이루지 못하도록 싸우지 않는 것은 없다. 그러나 다른 것들보다 더 힘든 의무들이 있다. 예컨대, 우리 자신을 부인하는 것, 우리의 가장 가까운 친구들을 따라가지 않는 것, 우리의 원수들을 사랑하는 것, 세상의 불의한 명령에 순종하지 않는 것, 사람들보다 하나님께 순종하는 것, 악을 선으로 갚는 것, 죄에 대해 사람들, 특별히 지위가 높은 사람들이나 우리가 의지하고 있는 사람들을 책망하는 것, 우리의 이삭을 희생제물로 바치는 것, 곧 우리가 가지고 있는 모든 것과 이별하는 것이 이런 의무들이다. 당신이 순종하려고 할 때, 당신은 어떤 의무에 대해 순종하려고 하는가? 당신은 하나님이 요구하시는 모든 의무에 순종하고자 하는가?

(4) 세심한 주의

"그런즉 너희가 어떻게 행할지를 자세히 주의하여"(엡 5:15). 작은 수고라도 주의를 기울이지 않으면 아무 일도 이루지 못할 수 있다. 순종하는 그리스도인은 모든 일에 바쁘고 열정적인 사람이 아니라, 선을 지키고 규칙을 따라 행동하는 사람이다. 기독교의 생명은 행동에 있는 것이 아니라, 규칙적인 행동에 있다. 규칙을 따라 사는 사람에게는 평강과 자비가 있다. 분별력이 없는 행동은 경거망동하는 것이다. 마땅히 있어야 하는 한계를 넘어서지 않도록 경계해야 한다. 활발하게 활동하는 사람일수록 더 조심해야 한다. 그리스도인은 몸에 영혼을 가지고 있어야 할 뿐 아니라, 머리에 모든 것을 살피는 눈을 가지고 있어야 한다. 일반적인 의무들은 잘 감당하지만 구체적인 의무들은 잘 감당하지 못하는 사람은 마치 허공에 성을 세우는 것과 같다. 우리가 구체적인 의무들을 어떻게 감당하고 있는지는 보통 우리의 현 상태가 가장 잘 증명한다. 어떤 일은 잘하지만 지금 이 일은 하지 못하거나, 어느 때는 잘하지만 지금은 잘하지 못하는 사람은 아무것도 못 하는 것이다. 세심하게 주의를 기울이는 사람은 자신 앞에 있는 것을 관찰하고, 자신의 목적과 규칙, 방향을 보고 있어야 하며, 행해야 할 의무에 대해 주목해야 한다. 또한 죄의 기회와 시험, 자신의 시간과 때에 대해 주목해야 한다. 그는 주목할 뿐 아니라 주의해야 하고, 자신을 엄격한 눈으로 바라보고, 자신의 의무를 간과하거나 죄악에 빠지지 않도록 엄격히 관리해야 한다. 그는 자신과 자신의 혀와 눈과 자신의 욕구와 자신의 친구와 자신의 감정과 영혼의 모든 움직임과 몸의 행동을 경계해야 한다.

순종하는 마음은 무엇인가를 요구할 것이다. "단지 말이 아니라 무엇인가 무게가 나가는 것이 있는가? 단지 겉모습이 아니라 참여하고 있는가? 단지 생각이 아니라 살펴볼 수 있는 것이 있는가? 죄가 허락되고 있지 않은가? 의무가 약해지고 있지 않았는가? 상황이 무시되고 있지 않은가? 모든 것이 줄과 규칙에 따라 언제나 측정이 되고 있는가? 무엇인가 섬기는 것이 있다면, 때때로 그것으로 충분하다면 용납될 수 있을 것이다. 그러나 모든 면에서, 날마다 이 상태를 유지하라고 하는 것은 실질적으로 힘든 일일 것이다." 그러므로 그리스도인으로 사는 것과 정확하고 바르게 사는 것은 똑같은 것이다. 비록 의무와 죄가 천국과 지옥처럼 멀리 떨어져 있지만, 그들 사이에는 머리카락 하나의 차이밖에 없다. 아무리 작은 죄라 하더라도 죄를 범하는 것이다. 당신은 순종하고자 하는가? 그렇다면 당신은 당신의 행동에 세밀하게 주의를 기울이고 있는가?

(5) 영성

하나님이 원하시는 순종은 믿음의 순종이어야 한다. "모든 민족이 믿어 순종하게 하시려고 알게 하신 바"(롬 16:26). 그것은 우리의 죽을 몸으로 나타나신 예수님의 삶이었다. "그런즉 이제는 내가 사는 것이 아니요 오직 내 안에 그리스도께서 사시는 것이라 이제 내가 육체 가운데 사는 것은 나를 사랑하사 나를 위하여 자기 자신을 버리신 하나님의 아들을 믿는 믿음 안에서 사는 것이라"(갈 2:20). 그리스도인들의 순종은 그리스도 안에서 행하는 것이다(골 2:6). 그들의 모든 행위는 그리스도께서 주시는 힘으로 수행된다. 나는 주께서 주시는 힘으로 나갈 것이다. 그리스도가 없이 그들은 아무것도 할 수 없지만, 그들에게 힘 주시는 그리스도를 통해 모든 것을 할 수 있다.

"이제는 내가 사는 것이 아니요 그리스도께서 내 안에 사시는 것이다." 나는 일하고 씨름하고 달리지만, 내가 하는 것이 아니라 내 안에 계신 그리스도께서 하시는 것이다. 이것은 사도가 자신의 죄에 대해 "그것을 행하는 것은 내가 아니라 내 안에 거하는 죄이다"라고 말한 것과 같다. 죄를 짓는 것 자체가 죄이다. 의무에 대해서도 마찬가지로 언급될 수 있다. 의무를 행하는 것은 내가 아니라, 내 안에 거하시는 그리스도이시다. 비록 죄와 의무 둘 다 사람의 행위이지만, 죄의 원리는 정욕이며, 의무를 행하는 힘은 그리스도께 속해 있다. 그리스도인들은 그리스도를 바라보거나 의지하지 않고 의무를 감당할 수 없으며, 감당하려 하지도 않는다. 그들은 하나님이 주시는 힘이 없이 의무를 감당할 수 없다. 그러므로 그들은 자신의 힘으로 의무를 감당하지 않는다.

그들의 모든 순종의 행위는 그리스도의 이름으로 나타난다. 그들의 섬김은 하나님께 대한 그들의 희생제사이며, 그리스도는 그들의 제단이다. 제단이 없는 희생제사가 가능한가? 그리스도는 우리의 재능을 거룩하게 하는 우리의 제단이다. 하나님은 모든 것을 보고 계시며, 그것들은 그리스도가 없이는 아무 가치도 없는 것으로 간주된다. 하나님은 그들을 위해 희생제물이 되신 어린양 이외에 아무것도 받지 않으실 것이며, 그들은 다른 것을 드리지 않을 것이다. 그들의 모든 순종의 행위는 그리스도를 찬미하는 것으로 인정된다. 그것을 하는 것은 내가 아니라, 나와 함께 계신 하나님의 은혜이다. 은혜가 그 일을 하고, 은혜가 찬미를 받을 것이다.

그리스도는 모든 인류를 다스리시며, 그의 머리에는 면류관이 씌워져있다. "여호와여 영광을 우리에게 돌리지 마옵소서 우리에게 돌리지 마옵소서 오직 주는 인자하시고 진실하시므로 주의 이름에만 영광을 돌리소서"(시 115:1). 영광이 우리에게 속해 있지 않으므로 우리에게 돌리지 마옵소서. 영광이 하나님께 속해 있으므로 하나님께 돌리소서. 설령 내가 다른 사람들과 다른 존재라도, 설령 내가 다른 사람들이 하지 않은 것을 했더라도, 그것은 나에게 속한 것이 아니므로 나를 찬미하지 말라. 내 안에 있는 모든 것이 그에게 속해 있다. 그러므로 그리스도인들의 순종은 그리스도 안에서 행하는 것이다.

그리스도인들의 순종은 그들이 성령 안에서 행하는 것이다. 그들은 성령을 받고 성령 안에서 행한다. "너희는 성령을 좇아 행하라 그리하면 육체의 욕심을 이루지 아니하리라"(갈 5:16). 그들은 이 세상의 영을 받지 않는다. 그들의 영은 육체가 아니라 하나님께 속한 영이다. "우리가 세상의 영을 받지 아니하고 오직 하나님께로 온 영을 받았으니"(고전 2:12). 그들은 육적인 것들에 대해 죽었으며, 세상의 영은 떠났고, 그들은 세상의 영을 포기했다. 그들 안에 사는 것은 살아계신 하나님의 영이다. 그들은 이 안에서 살고 행한다.

그들은 성령의 빛으로, 성령의 능력으로 행한다. 주의 영이 그들의 항해를 안내하시고 이끄신다. 주의 영은 그들의 선장이시며 그들의 별이시고 그들을 인도하는 바람이시다. 그들은 기도할 때 성령으로 기도한다. 그들은 들을 때 성령으로 듣는다. 그들은 성령을 통해 육신을 죽이고 세상을 십자가에 못 박는다. 그들은 그들 안에 계신 살아계신 하나님의 영을 통해 순종하고 고난을 견디며 싸워서 이긴다. 그들은 성령과 교제하며 살고, 그로 말미암아 아버지와 아들과 교제하며 산다. 그들은 보이지 않는 세상에 거하고 그들의 사귐과 대화는 하늘에 있으며 하늘로 나아가며 하늘에서 받아들여진다. 그들은 하늘의 것을 사용하고 하늘의 것으로 보답을 받는다. 의무들과 위로들은 하늘과 땅 사이에 지나가고 있는 증거들이다. 그들의 삶은 사랑과 즐거움과 찬양이다. 사랑과 즐거움과 찬양은 그들의 순종의 가장 고귀한 행위이며, 그들의 마음에 날개를 달아주고, 그들로 하여금 더 빠르고 달콤하게 그들의 의무를 감당하게 한다.

오, 살아계신 하나님의 영이 바퀴를 돌리지 않을 때 우리의 바퀴는 얼마나 무겁고 얼마나 천천히 굴러가는가! 오, 우리의 의무들은 얼마나 죽어있으며, 우리의 걸음은 얼마나 절며, 우리는 얼마나 비천하고 심령이 가난한 피조물들인가! 우리의 마음은 얼마나 약하며, 우리의 열매는 얼마나 익지 않는가! 우리의 영혼에 성령이 없을 때, 우리는 영혼이 없는 육체와 같다. 우리는 우리가 하는 것의 절반도 하지 못한다. 우리의 삶에는 심장이 없다. 우리 중 얼마나 많은 사람이 이런 이유로 슬퍼하는가!

하나님과 떨어져 있을 때 우리는 곧 우리 자신을 잃는다. 그가 계시지 않는 곳에서 우리는 더 이상 우리가 아니다. 하늘과 떨어져 있을 때 우리는 곧 땅의 습기로 숨이 막힌다. 우리가 하는 어떤 일이든 하나님이 기뻐하지 않으시며, 어떤 위로도 받지 못한다. 우리의 영은 매우 차갑고 무뎌져서 일에 속도를 내지 못하고, 우리의 길에서 앞으로 나가지도 못한다. 우리가 함께 모여 있을 때는 어떠한가? 우리는 서로 따뜻하게 하는 것이 얼마나 적은가! 우리는 형제들의 온기를 얼마나 많이 잃어버리는가! 우리는 자주 섬기지만 서로의 영혼을 식게 만든다. 그것은 마치 혼자 있는 자에게 화가 있으리라고 말하지 않고 함께 모여 있는 자들에게 화가 있으리라고 말하는 것과 같다. 오히려 혼자 있을 때가 더 따뜻할 지경이다.

그리스도인들이여, 나는 우리의 대화가 얼마나 맛이 없으며 얼마나 활력이 없으며 얼마나 육적인지를 목격하고, 나 자신이 얼마나 부끄럽고 나의 마음이 얼마나 고통스러운지 진심으로 고백한다. 우리는 그리스도인끼리 그리스도인의 향기가 우리에게서 나오기 전에 얼마나 자주 만나며 얼마나 오래 앉아 있는가! 우리는 몇 마디 은혜로운 말을 얻기 위해 얼마나 수고해야 하는가! 그런 말은 얼마나 적으며, 그런 말이 나올 때조차 얼마나 마음이 실리지 않았는가! 우리의 일상적인 대화에서 우리가 하늘에 속한 사람이고, 우리의 일과 즐거움은 위에 있고, 우리가 진실로 하늘을 향해 가고 있다고 말하는 사람은 얼마나 적은가! 우리는 영적인 대화가 얼마나 없는가! 우리는 얼마나 부족한가! 우리의 마음과 생각은 얼마나 빨리 육적이며 감각적인 것들에 분산되는가! 하나님과 우리의 교제가 없음으로 인해 성도들의 교제를 얼마나 망가뜨리고 있는가!

오, 성령과 더 깊은 교제 가운데 살자. 그러면 우리는 더 나은 목적에 맞게 서로 교제할 수 있을 것이다. 해로 우리를 더 따뜻하게 하고 그의 빛에 더 거하자. 그러면 우리가 더 많은 빛과 열을 얻고 발산할 것이다. 우리가 순종하기 전에 이것이 먼저 고려되어야 한다.

더 나아가서, 곧 순종이 어떤 고난을 대가로 요구하고, 어떤 조롱과 경멸과 비난과 핍박을 수반할지 고려되어야 한다. 그것은 우리의 등에 땅과 지옥을 짊어지는 것일 수 있기 때문이다. 만약 순종에 육신적 조언과 어둠의 권세가 따른다면, 순종은 당신에게 너무 힘든 것이 될 것이다. 당신은 큰 환난을 예상해야 하고 피할 수 없을 것이다. 당신이 더 엄격하고 사려가 깊을수록 당신은 더 심한 공격을 받을 것이다.

신앙을 고백하지만 의무를 적당히 감당하고, 열의를 다해 활동하지 않으면서 기회가 올 때마다 적당히 물러나거나 타협하는 사람들은 이런 세상의 핍박을 더 잘 피할 수 있다. 그러나 신실한 사람은 적당히 피하고자 하는 사람의 먹이가 될 수 있다. 이 사실 또한 잘 고려되어야 한다. 내가 그리스도를 따르면서 그가 마셨던 잔을 마시지 않을 수 있는가? 내가 그가 받으셨던 세례를 받지 않을 수 있는가? 때때로 신앙을 고백하면서 그 안에 무엇이 있는지, 혹은 기독교가 무엇을 해줄 수 있는지 이해하지 못하면서 그리스도를 따르겠다고 결심하는 사람들이 있다. 그런데 그런 사람들은 처음에 생각했던 것보다 더 심한 어려움에 부딪히거나 개들이 물어뜯고, 독수리들과 온갖 맹금류들이 자신들을 잡아먹으려고 내려오기 시작하고, 신앙 때문에 핍박이 일어나기 시작할 때 뒤로 물러나 되돌아서 가버린다.

"내가 어디에 있는가? 내가 무엇을 선택했는가? 이것이 그리스도인이 되는 것인가? 그리스도는 자기를 따르는 모든 자에게 이 모든 것을 허락하시는가? 그는 자기 이름을 위한 그들의 신실함에 대한 보답으로 이런 폭력과 약탈을 당하게 하시는가? 이토록 힘든 헌신이 요구되는지 결코 생각하지 못했다. 만약 내가 이보다 더 값싼 대가로 성도가 될 수 없다면, 나는 그리스도를 따르지 않을 것이다. 아무것도 잃을 것이 없거나, 수고와 고통과 폭력을 감내할 수 있는 사람들에게 기독교를 택하라고 하라. 나는 내가 조중하고 이토록 손해 보는 짓을 할 수 없다.”

한 서기관이 “선생님이여 어디로 가시든지 저는 따르리이다”라고 말했다(마 8:19). 그리스도는 “너는 네가 무엇을 말하고 있는지 알지 못하고 있다. 너는 내가 어디로 가고 있는지, 내가 거하는 곳이 어디에 있는지, 내가 머무는 곳이 어디에 있는지 아느냐? 여우도 굴이 있고, 공중의 새도 집이 있지만, 인자는 머리 둘 곳도 없다”라고 말씀하셨다. 그 서기관이 생각했던 기독교의 끝을 보라. 우리는 그것에 대해 더 이상 한마디 말도 듣지 못한다.

제자가 되는 것이 무엇인지 알며, 신앙의 넓이와 폭을 들여다보고, 자신이 신앙을 택했을 때와 택하지 않았을 때의 경중을 달아보고, 자신이 기독교를 택하는 근거와 이유를 살펴보고, 그것들 안에 어떤 반대가 있을 수 있는지 살펴보고, 기독교를 택하는 비용과 책임을 계산해보고, 어떤 문제가 있고, 어떤 결과가 있는지 진지하게 살펴보고 판단한 사람은 서기관처럼 하지 않을 것이다. 이 모든 것을 고려한 후에 그는 가장 최선이며 지혜롭고 안전한 과정을 택할 수 있다. “논쟁의 여지가 없이 하나님이 요구하시는 모든 일에서 하나님께 귀를 기울이고, 하나님과 더불어 모든 위험을 무릅쓰며, 오늘부터 나의 인생이 끝나는 날까지 신앙을 지키는 것이 비교할 수 없을 정도로 더 낫다"라고 판단한 사람은 다음과 같은 결심을 한다.

"하나님의 은혜로 나는 그리스도의 종이 될 것이다. 나는 나 자신을 그의 뜻과 통치에 맡길 것이며, 나의 평생에 의와 거룩에서 그를 따를 것이다. 나는 그리스도인이 되는 것이 가벼운 일이 아님을 생각한다. 나는 복종해야 한다는 것과 신중해야 한다는 것을 안다. 나는 능동적이어야 하고, 하나님이 하시기를 원하시는 것은 무엇에서도 돌이키지 말아야 한다는 것을 안다. 나는 이 육체가 그런 심한 멍에 아래서 고통을 느끼고 아파하며 탄식하리라는 것을 안다. 나는 마귀와 이 악한 세상이 나를 누르고 할 수만 있다면 나와 협상하려고 할 것을 안다. 그러나 그 안에 무엇이 있든지 어떤 대가를 치러야 하든지 나는 결심했다. 나는 기독교에 나의 모든 것을 걸 것이다. 하나님은 나의 하나님이시다. 나는 하나님이 말씀하시는 모든 일에서 그를 따를 것이다. 나는 그의 영원한 팔에 나를 맡길 것이다. 나는 주의 이름으로 앞으로 나갈 것이다. 주여, 말씀하옵소서. 내가 듣겠나이다."

그들은 이런 신실한 결심을 할 것이다. 우리의 거룩한 성향이 매우 뿌리가 깊고 강해서 모든 육체의 성향을 이길 것이다. 성경에 대한 우리의 동의가 매우 견고해서 성경에 대한 모든 반대를 물리칠 것이다. 신앙에 대한 우리의 이유가 매우 높고 진중하여 아무리 높은 편견이라도 이길 것이다. 우리는 치러야 할 값이 얼마인지 철저히 고려하고 우리가 하나님을 따라야 할 이유를 살피고 전심으로 하나님을 따르기로 결심했을 때, 이것은 신실한 결심이며 마음의 순종이다.

삶의 순종은 행동으로 표출되는 성향과 결심이며, 결심의 건전함에 대한 필수적인 증거이다. 신실한 순종은 하나님으로 말미암는 순종이다. 시간과 기회가 있다는 것을 전제할 때 행동으로 표출되지 않는 결심은 의심할 여지 없이 건전하지 못하며 속이는 것이다. 영적인 삶을 살아가기 위해서는 은혜와 더불어 의지와 능력도 필요하다. 은혜는 마음으로 하여금 거룩한 삶을 바라고 행할 수 있게 한다. 의지와 능력이 있는 곳에서는 행동이 틀림없이 따라올 것이기 때문이다. 신실하게 실질적으로 순종하는 것은 시편 기자의 기도가 바라는 것이다. "내 마음으로 주의 율례들에 완전하게 하사 내가 수치를 당하지 아니하게 하옵소서"(시 119:80). 믿음에 건전함이 있고 주의 율례들에 건전함이 있다. 믿음은 성경에서 믿음의 교리나 믿음의 은혜를 의미한다. 따라서 믿음에서의 건전함은 건전한 교리를 받고 즐거워하는 것이다. 주의 율례들에서의 건전함은 주의 율례들의 통치와 순종 아래서 살거나 올바로 행하는 것을 의미한다. 이런 삶의 순종은 다음과 같을 때 건전하고 신실하다고 할 수 있다.

1. 그리스도로부터 시작될 때

그리스도가 없는 신실한 결심은 내용적으로는 선한 행동일 수 있지만, 올바른 원천에서 나오지 않았기 때문에 은혜롭지 않은 행동이 있을 수 있다. 영혼이 자신을 그리스도 안에서 하나님께 헌신하고,

믿음으로 이해하면서 의지적으로 그의 말씀을 지키기로 결심하고, 이 결심이 삶이 되고, 우리가 걷는 거룩한 과정의 뿌리이며 영혼이 될 때, 신실함이 있다.

신앙을 고백하고 경건을 실천하며 큰 악을 멀리하고 내적인 정욕을 죽이려 하고 종교의 의무들을 실천하며 기도하고 말씀을 듣고 성경을 읽고 묵상하고 하나님과 하나님의 일들에 대해 대화하며 의와 자비의 일을 실천하고 온유하고 절제하고 인내하고 있는 사람들이 있을 수 있다. 하지만 이 모든 것이 오직 선한 본성이나 좋은 교육이나 좋은 교제나 강력한 목회나 자연적인 양심의 활동에서 나온 것일 뿐, 확고하고 바르게 뿌리를 내리고 있는 결심에서 나오지 않는다면, 그것은 신실함이 부족한 것이다. 아무리 잎이 무성해도 그것들은 아무런 뿌리가 없으며 틀림없이 시들 것이다.

2. 순전한 동기에서 행해질 때

때때로 육적인 동기들이 영향을 미칠 수 있지만, 우리를 움직이게 하는 동기가 하나님과 그의 뜻과 명예에 대한 우리의 존경에서 나오는 것일 때 신실한 순종이라고 할 수 있다.

이것에 대해 하나님은 도우실 뿐 아니라 성공할 수 있도록 충분하고 유효적인 은혜를 주시겠다고 약속하신다. "내가 그들로 하여금 나의 율례를 행하게 할 것이며, 그들이 나의 규례를 지키고 행할 것이라"(겔 36:27). 내가 그들에게 나의 계명을 가르칠 뿐 아니라, 내가 그들의 마음으로 나의 계명을 지키게 할 것이다. 내가 그들로 하여금 나의 일을 행하도록 힘을 줄 뿐 아니라, 내가 그들로 하여금 내 율례를 행하게 할 것이다. 이 일이 확실히 일어날 것이다. 그들이 나의 규례를 지켜 행할 것이다. 만약 내가 그들로 하여금 나에게 신실하지 않게 한다면, 나의 말은 실패하고 나의 약속은 아무런 효력을 내지 못할 것이다.

제 13 장

지속되는 언약

"내가 그들에게 복을 주기 위하여 그들을 떠나지 아니하리라 하는 영원한 언약을 그들에게 세우고 나를 경외함을 그들의 마음에 두어 나를 떠나지 않게 하고"(렘 32:40).

끝까지 견디는 자들에게는 영생에 대한 약속이 주어진다. "끝까지 견디는 자는 구원을 얻으리라"(마 24:13). 극복하라. 그러면 이길 것이다. "네가 죽도록 충성하라 그리하면 내가 생명의 면류관을 네게 주리라"(계 2:10). "만일 네가 그를 버리면 그가 너를 영원히 버리시리라"(대상 28:9). "또한 뒤로 물러가면 내 마음이 그를 기뻐하지 아니하리라"(히 10:38). 그리스도인들이여, 배교를 조심하고 그릇된 추론을 조심하라. 이땅에 머무는 동안 두려움으로 지내라. "예전에는 잘 달렸는데"라는 말을 듣지 않도록 하라. 목표를 향해 포기하지 않고 길가에 주저앉지 않는 사람이 잘 달리는 사람이다. "너희도 상을 받도록 이와 같이 달음질하라"(고전 9:24). 또한 참는 것에 대한 약속들이 있다. 하나님의 언약은 영원한 언약이다. "여호와께서 그 언약을 영원히 세우셨으니"(시 111:9).

앞에서 언급된 예레미야 32장 40절에는 신자들을 위해 하나님께서 약속하신 두 가지가 있다.

먼저, 하나님이 그들을 떠나지 않으실 것이다. "내가 그들을 떠나지 아니하리라." 하나님이 나와 함께 계시지만, 내가 나의 죄로 말미암아 하나님을 지치게 하여 나에게서 떠나시게 하지 않을까 두렵다. 그러나 그렇지 않다. 하나님은 "내가 그들을 떠나지 아니하리라. 내가 그들을 선대할 것이라. 내가 너를 떠나지 아니하며 너를 버리지 아니하리라"라고 말씀하셨다.

또한 그들이 하나님을 떠나지 않게 할 것이다. 하나님이 나와 함께 계시는 것은 사실이지만, 오직 잠시 동안만 함께 계시는 것이 아닐까? 만약 내가 떠난다면, 그도 떠나실 것이다. 만약 내가 그를 버린다면, 그도 또한 영원히 나를 버리실 것이다. 이처럼 내가 그에게서 돌아서지 않을까 큰 두려움이 있다. 내 안에 살아계신 하나님에게서 계속해서 떠나게 하는 불신앙의 악한 마음이 있다. 오, 이 거짓되고 변덕스러운 마음이여! 나는 감히 한 시간도 그것을 신뢰하지 않는다. 나의 부패는 강하고 나의 시험은 많으며 날마다 찾아온다. 나는 이런저런 시험으로 넘어지고 살아계신 하나님에게서 떨어질까 크게 두렵다. 그러나 그렇지 않다. 하나님은 "두려워 말라. 네가 떠나지 않게 할 것이다"라고 말씀하신다. "내가 나를 경외함을 그들의 마음에 두어 나에게서 떨어지지 않게 할 것이라." 그들은 나의 전능한 힘으로 보호를 받으며, 믿음을 통해 구원에 이를 것이다. 나의 은혜가 그들과 함께 있을 것이며, 나의 은혜가 그들에게 충분할 것이고, 그들이 나의 천국에 이를 때까지 보존할 것이다.

회개하지 않은 죄인의 안팎에 그리스도께 오지 못하게 하는 것이 있는 것처럼, 참된 그리스도인의 안팎에 그리스도께로 오게 하는 것이 있다.

회개하지 않은 죄인들은 자신들 안에 하나님으로부터 멀리 떨어지게 하는 것을 가지고 있다. 부패한 본성과 죽지 않은 정욕의 힘이 그들로 하여금 하나님으로부터 멀리 떨어지게 하는 것이다. 일시적인 외적인 동기나 각성된 양심의 충동이나 감정의 동요로 주 예수를 어느 정도까지 따라갈 수 있지만, 외적인 힘이 빠지고 양심이 잠을 자고 감정이 식어질 때, 그들은 예전으로 다시 돌아갈 것이다. 공중으로 던진 돌을 잡아당기는 것은 무엇인가? 그들을 올라가게 했던 힘이 떨어질 때 그들의 본성, 즉 내적인 중력이 그들로 하여금 본래 있던 자리로 내려오게 하는 것이다. 죄인들의 육적인 마음은 그들을 온통 이 땅에 잡아두기에 충분하다.

밖에서 그들을 잡아당기는 것도 있다. 그들이 속해있고 섬기고 있는 이 세상의 신인 사탄은 그들로 하여금 종교의 자유에 지나치게 빠지게 해서 그들을 속박된 상태에 머무르게 하고 자신의 지배 아래 머물러 있게 할 수 있다. 위선자들은 그리스도께 가까이 가는 것보다 사탄에게 가까이 가는 것이 더 빠르기 때문이다. 그들이 가지고 있는 종교는 단지 그들에게 종교에서 멀어지게 하는 마귀의 함정일 뿐이다. 그들이 그리스도께 가까이 가는 것을 허용하는 척하며 재빨리 그들을 다시 사탄 자신에게 돌아오게 할 것이다.

한편, 성도들이 그리스도에게서 멀어지지 않을 수 있는 똑같은 이유가 있다. 그들 안에는 그들로 하여금 그리스도에게로 돌아오게 하는 것이 있다. 그들 안에 있는 하나님의 은혜가 그들을 집으로 돌아오게 할 것이다. 하나님의 은혜는 이제 그들의 본성이다. 회개하지 않은 죄인들이 그리스도와 함께 걷는 것과 참된 성도들이 그리스도에게서 벗어나 방황하는 것은 모두 물의 흐름을 거스르는 것이다. 그들을 거스르게 했던 사탄의 방해하는 힘이 사라질 때 그들은 그들의 길로 돌아가게 될 것이다. 하나님의 은혜는 하나님의 씨이다. 하나님께로부터 난 자는 죄를 짓지 않는다. 곧 사망에 이르지 않는다. 하나님의 씨가 그들 안에 머물러 있으며, 그 씨는 불멸의 씨이다. 그것은 시들 수도, 죽은 것처럼 보일 수도 있다. 하지만 그것은 죽지 않고 회복될 것이다.

또한 비록 잠시 길에서 벗어나서 방황하게 할 수 있지만, 그들 위에는 그들을 돌아오게 하시는 한 분이 계신다. "아버지께서 내게 주신 자 중에 하나도 잃지 아니하였사옵나이다"(요 18:9). 그는 아무도 잃어버리지 않으셨고, 앞으로도 아무도 잃어버리지 않으실 것이다. 그는 그들을 향해 명령의 말씀을 보내신다. "배역한 자식들아 돌아오라 나는 너희 남편임이니라"(렘 3:14). 너는 어디로 달려가고 있는가? 너는 누구를 따라가고 있는가? 네가 사랑하는 것들에서 돌아서라. 네 남편에게 돌아오라. 나는 너와 결혼하였고, 우리는 헤어지지 않을 것이다.

명령의 말씀 이후에 하나님은 약속의 말씀을 보내신다. "내가 너희의 배역함을 고치리라"(렘 3:22). 너희의 배역함에서 돌아오라. 내가 너희의 배역함을 고칠 것이다. 내가 너희의 배역함을 용서할 것이다. 내가 너희의 배역한 마음을 치료할 것이다. 그들이 지금까지 지은 모든 잘못을 용서할 것이다. 내가 너희가 행한 모든 것을 용서하고 너희와 화해할 것이다. 너희가 돌아서면 내가 너희를 받아줄 것이다. 약속의 말씀은 능력의 말씀이다. 내가 너희를 시온으로 데려갈 것이다. "그제야 저가 이르기를 내가 본 남편에게로 돌아가리니"(호 2:7). "보소서 우리가 주께 왔사오니 주는 우리의 하나님 여호와이심이니이다"(렘 3:22). 자기 우상들과 육체를 따른 이스라엘을 버리지 않으신 하나님은 더욱이 성령을 따르는 이스라엘을 버리지 않으실 것이다. "너희 안에 착한 일을 시작하신 이가 그리스도 예수의 날까지 이루실 줄을 우리는 확신하노라"(빌 1:6).

착한 일은 두 가지 의미에서 시작되었다고 말할 수 있다. 첫째는 착한 일에 이르게 하는 착한 일이 있다. 하나님께서 황무지를 갈아엎으시고 요새를 무너뜨리려고 포대를 세우시고 견고한 마음을 무너뜨리시고 거짓된 소망을 꺾으시며 양심을 깨우시고 죄인들의 죄를 깨닫게 하시고 그들 앞에 죄와 사망과 지옥을 펼쳐놓으시며, 그들과 언약을 맺으시고 그들로 하여금 그리스도께 오도록 설득하시고 죄에서 탈출하도록 하실 때가 있다. 이 안에 소망이 있다. 그러나 각성된 죄인들은 문턱에 서 있지 않도록 조심해야 한다. 갈아엎은 땅이 황무지가 되지 않도록 조심해야 한다. 죄에 대한 각성을 회심으로 착각하지 말아야 한다. 당신의 하나님과 당신의 영혼 사이에서 이미 일어난 것을 잃어버리지 않도록 앞으로 나가야 한다.

또 다른 의미에서 이루어진 착한 일이 있다. 쓰레기가 제거되고 최초의 돌이 놓였을 때, 땅을 기경하고 좋은 씨가 뿌려졌을 때, 새로운 피조물로 태어났을 때, 그리스도가 형성되고 생명의 빛이 영혼 속에서 새롭게 일어났을 때가 그때이다. 만약 겨자씨 한 알만 있다면, 마음속에서 가장 작고 낮은 정도의 은혜만 있다면, 그것이 많은지 적은지는 문제가 되지 않는다. 만약 그것이 은혜라면 불멸의 씨앗이 그 안에 있으며, 그리스도 예수의 날까지 이루어질 착한 일이 시작되었다. 은혜는 영광을 위한 안전보장이다. 그러나 그리스도인들이여, 이 안전보장 자체가 당신의 안전을 보장해 줄 것이라고 여기지 말라. 비록 씨앗 안에는 수확이 들어 있지만, 씨가 자라서 수확할 때까지 가꾸고 경계하고 잘 보살펴야 한다. 씨앗을 잘 돌보지 않아서 죽도록 하는 사람은 살아있는 것처럼 보이지만 사실은 죽은 것이다. 당신이 영광에 미치지 못하는 이유가 당신이 받은 은혜가 거짓이었기 때문이라는 것을 증명하지 않도록 주의하라.

그리스도인들이여, 약속을 붙잡고 그대들의 머리를 들라. 당신은 두려움 가운데 있다. 지금 당신이 아무리 약속을 가지고 있더라도, 그 약속이 어떻게 이루어질지 의심할 수 있다. 당신의 길은 멀고 험난하다. 당신의 마음은 속기 쉽고 불안정하다. 당신은 현재 앞을 향해 가고 있지만, 어떻게 저항할 수 있을지 의심하고 있다. "나는 길에서 사자를 만나 두려워서 뒤로 돌아가게 될 수 있다. 나는 길을 잃을 수도 있고 다시 찾지 못할 수도 있다. 나는 지쳐서 길에서 쓰러질 수도 있으며 주저앉아 포기할 수도 있다. 나의 주님과 나의 영혼은 종종 멀어질 때가 있다. 나는 거의 떠나갔으며, 나에게 무슨 일이 닥칠지 생각하면서 떨고 있다." 그러나 "내가 너를 떠나지 아니하리라. 너에게 선을 베풀리라. 내가 너희 마음에 나를 경외함을 두어 네가 떠나지 않게 할 것이라"라고 말씀하신 분이 누구이신지 기억하라. 영혼이여, 일어나라. 오늘을 살피라. 내일에 대해 생각하지 말라. 아무리 눈물이 나고 두렵고 힘들어도 현재의 의무를 다하라. 너의 길을 가라. 너의 길과 네 자신을 믿음을 통해 구원에 이르도록 지키실 전능하신 하나님께 맡기라. 너를 부르시고 행하시는 이는 신실하시다.

이제 당신은 모든 것을 가지고 있다. 이 장 전체의 결론을 살펴보자. 하나님은 자기 백성과 언약을 맺으셨으며, 자신을 그들의 분깃으로, 자기 아들을 그들을 위한 값으로, 자기 영을 길의 안내자로, 자기 땅을 그들이 떠나가는 길에서 머무는 곳으로, 자기 천사들을 그들을 파괴하려는 어둠과 사망의 권세에서 그들을 지키는 자로, 영원한 영광을 그들의 면류관으로 주셨다. 성도들이 가는 길이 힘들고 고난이 있지만, 하나님은 그들을 영광으로 데려가는 데 필요한 모든 은혜를 제공하신다. 일반적으로, 모든 일에서 그들이 가는 길에 적합하고 모든 선한 일을 행하기에 철저하게 준비된 새 마음을 주셨다. 구체적으로, 하나님은 성도들에게 바른 지식과 영적인 시각과 하나님의 뜻을 행하는 하나 된 마음을 주셨다. 또한, 온유하게 순종하는 마음과 열매를 맺게 하는 사랑과 하나님을 향한 경외감과 끝까지 참고 견디는 견인을 주셨다. 그곳에서 은혜와 영광이 만난다. 이것이 은혜언약이다. 이것이 복음으로 당신에게 선포된 것이다.

그러나 "만약 하나님이 이 모든 것을 우리를 위해 행하셨다면 우리에게 할 것이 남아있는가? 여기에 죄인들의 마음에 맞는 교리가 있다. 만약 이것이 복음이라면, 영혼이여, 평안히 너희 것을 사용하라. 자유를 누리라. 근심을 버리라. 너희 몸을 마음대로 사용하라. 나머지는 하나님이 해결하실 것이다"라고 말할 수 있을까?

결단코 그렇게 말할 수 없다. 성경이 우리에게 요구하는 것이 있다. "그래도 이스라엘 족속이 이같이 자기들에게 이루어 주기를 내게 구하여야 할지라"(겔 36:7). 그렇지 않다면 그들로 하여금 아무것도 얻지 못하게 하라. 믿음으로 구하지 않는 자는 "무엇이든지 주께 얻기를 생각하지 말아야 한다"(약 1:7). 믿고 기도하지 않는 자가 무엇을 받을 수 있겠는가? "너희 안에서 행하시는 이는 하나님이시니 자기의 기쁘신 뜻을 위하여 너희에게 소원을 두고 행하게 하시나니"(빌 2:12).

그렇다면 당신은 계속해서 아무것도 하지 말아야 하는가? 그렇지 않다. 사도는 "두렵고 떨림으로 너희 구원을 이루라"고 말한다. 하나님의 약속은 결코 하나님의 명령을 무효화시키려고 의도된 것이 아니다. 하나님은 은혜를 약속하시면서 의무를 감당할 수 있는 힘을 주실 것도 약속하신다. 만약 하나님이 주시지 않으신다면, 우리가 아무리 그런 힘이나 은혜를 받으려고 해도 헛것이다. 하나님은 우리가 요구하는 것을 주시는 동시에 자신이 주시는 것에 대해 우리가 감당해야할 의무를 요구하신다. "너희는 나의 백성이 되리라"라는 하나님의 약속은 하나님께서 이 약속의 효력이 발생하도록 일하시지만, 우리가 감당해야 할 것이 무엇인지에 대해서도 규정한다. 우리가 얻게 될 복된 상태를 확신시키는 이 약속 안에는 우리가 어떻게 해야 하는지 이해할 수 있는 계명이 포함되어 있다.

우리에게 새로운 마음, 곧 온유하고 순종하고 참고 견디는 마음을 주시면서 하나님은 우리에게 마땅히 해야 할 바를 행하게 하신다. 또한, 우리가 해야 할 바를 행할 때 도와주실 것을 약속하시고, 우리가 받는 자비와 감당해야 할 의무에 대해 분명한 암시를 주신다. 주께서 구원에 이르기 위해 필요한 모든 것을 우리 안에 행하시고, 우리가 이 모든 것을 행할 수 있도록 도우시고 행하게 하실 것이 이 약속의 의미이자 총체이다. 그러므로 이 약속은 하나님 편에서 우리가 해야 할 의무를 무효화시키는 것이 아니라 세우는 것이다. 그렇다면 우리가 믿음으로 율법을 헛되게 할 수 있는가? 그렇지 않다. 우리는 율법을 세운다. =구원에 필요한 모든 것을 하나님께서 행하시기 때문에 구원이 우리 안에서 이루어질 것이 확실하다. 더불어, 하나님이 우리로 하나님을 사랑하게 하시고 하나님을 두려워하게 하시며 그분의 전체의 뜻에 순종하게 하시고 우리로 하여금 신실함으로 끝까지 참게 하신다는 것 또한 확실하다. 그러한 것들이 없이 우리가 구원에 이를 수 없기에 꼭 필요하다.

그리스도인들이여, 복음의 은혜를 착각하거나 남용하지 말라. 하나님은 결코 당신이 받은 자비가 당신이 해야 할 의무를 무력화시킬 것을 허락하지 않으셨다. 죄로부터의 구속은 결코 죄에 대한 관용으로 받아들여지지 말아야 한다. 하나님이 당신을 위해 행하시는 것은 결코 당신을 게으르게 하려는 것이 아니다. 구원에 이르게 하는 하나님의 은혜는 우리에게 "경건하지 않은 것과 이 세상의 정욕을 다 버리고 신중함과 의로움과 경건함으로 이 세상에 살게 하려는 것"(딛 2:11-12)이라고 우리에게 가르친다.

비록 당신이 은혜로 구원을 받았지만, 당신은 여전히 온 율법에 대해 빚진 자이다. 심지어 전체 율법에 대한 일점일획까지의 완벽한 순종이 여전히 요구된다. 만약 당신 안에 당신이 빚진 모든 것을 갚으려는 마음이 없다면, 이것은 당신이 복음에 참여하지 않았다는 증거이다. 만약 당신이 변명하면서 버리지 않는 어떤 죄가 있다면, 이것은 복음의 구원과 아무런 관계가 없다는 증거이다. 비록 신실함이 받아들여진다고 할지라도 여전히 완벽함이 요구된다. 신실함은 받아들여질 것이다. 그러나 마음을 다해 기꺼이 완벽해지고자 하고, 우리 앞에 놓여 있는 그 목표를 향해 노력하고 애씀으로써 증명이 되지 않는 신실함은 신실함이라고 할 수 없다.

오, 은혜를 베푸시는 하나님을 찬미하고 높이라. 그러나 하나님이 은혜를 베푸신다고 해서 우리가 죄를 지어도 되는 것처럼 착각하지 말라. 은혜가 넘치기 때문에 우리가 계속해서 죄를 지을 수 있는가? 당신은 이런 식으로 하나님께 보답할 수 있는가? 오, 어리석고 지혜가 없는 사람이여, 당신은 이런 식으로 당신 자신을 속일 수 있는가? 하나님이 당신을 사랑하시기 때문에 당신은 하나님을 가볍게 여길 수 있는가? 하나님이 당신을 돌보시기 때문에 당신은 하나님을 향해 발길질할 수 있는가? 하나님이 당신에게 면류관을 주시기로 하셨기 때문에 당신은 그의 멍에를 벗어버릴 수 있는가? 하나님이 당신을 치유하실 것이라고 말씀하셨기 때문에 당신은 병을 키울 수 있는가? 하나님이 당신에게 먹을 것을 주셨기 때문에 당신은 먹지 않을 것인가? 하나님이 당신에게 다리를 주셨기 때문에 당신은 달리지 않을 것인가? 하나님이 당신에게 손을 주셨기 때문에 당신은 일하지 않을 것인가? 하나님이 당신에게 눈을 주셨기 때문에 당신은 보지 않을 것인가? 당신은 하나님을 시험하면서, 그것을 하나님을 신뢰하는 것이라고 할 것인가? 그런 악한 생각에서 벗어나라.

그리스도인들이여, 당신은 하나님이 말씀하셨기 때문에 순종해야 할 것이다. 당신의 마음으로 "내가 그의 계명을 따라 행하겠나이다. 나의 영혼아, 일어나라. 일어나서 행하라. 내 안에서 뜻하시고 행하시는 이는 하나님이시니 너의 구원을 이루라"라고 고백하라. 당신의 게으름을 떨쳐버리라. 당신의 일을 하라. 당신의 경주를 하라. 하나님이 "너희가 헛되이 달리고 수고하지 않을 것이다"라고 말씀하셨기 때문이다. 당신의 게으름이나 불성실이 하나님의 언약을 헛되게 할 수는 없지만, 그것은 당신이 하나님의 언약에 참여하지 않았거나, 하나님 나라에 당신의 몫이 아무것도 없다는 것을 의미하는 것이다.

그러나 지금까지 언급된 이 모든 영광스러운 것들에 대해 어떤 사람들은 "오, 만약 이 모든 것이 그렇다면, 성도들은 정말 행복할 것이다. 하나님을 주로 섬기는 백성은 복되다. 그러나 하나님이 정말로

유한한 인간들을 위해 이 모든 것을 하실까? 하나님이 벌레들을 주목하실까? 마른 뼈들이 살아날 수 있을까? 하나님이 그런 악한 먼지를 자신의 눈동자처럼 여기실까? 이것은 사실이라고 하기에 너무 좋고, 믿기에 너무 크지 않은가? 오, 내가 여기 언급된 것의 절반이라도 확실히 가지고 있는가!"라고 말할 수 있다. 그것은 믿기에 너무 크다. 그것은 마치 해가 우리의 눈을 부시게 하기 때문에 정말로 그 해가 빛인지 의문을 제기하는 것과 같다.

이 모든 것이 "이는 하늘이 땅보다 높음 같이 내 길은 너희의 길보다 높으며 내 생각은 너희의 생각보다 높음이니라"(사 55:9)라고 말씀하신 위대하시고 전능하신 하나님께 너무 큰가? 모든 것을 하실 수 있는 분이 그것을 하실 수 없겠는가? 자신이 하시겠다고 말씀하신 하나님이 하시지 않겠는가? 하나님이 거짓말하실 수 있는가? 하나님이 속이실 수 있는가? 하나님의 말씀과 약속은 하나님이 거짓말할 수 없는 신실하신 분이기 때문에 불변하는 것이 아닌가? 이것들이 실패할 수 있는가? 만약 하나님이 친히 당신에게 하늘에서 들리는 목소리로 "내가 너와 언약을 맺을 것이며, 그 안에 기록된 모든 말을 행하는 것이 나의 의도요 목적이다. 조금도 실패하지 않을 것이며, 내 입술에서 나간 것을 결코 바꾸지 않을 것이다. 하늘과 땅은 무너질 수 있지만, 나의 말은 무너지지 않을 것이다. 나의 말을 신뢰하라. 영원한 진리를 신뢰하라. 영원한 힘을 신뢰하라. 두려워하지 말라. 내가 나의 종 선지자들을 통해 말한 모든 것을 한 단어도 실패하지 않게 할 것이기 때문이다"라고 말씀하시는 소리를 들었다면, 당신은 무엇이라고 말하겠는가? 이것이 당신을 만족시키지 않는가? "더 확실한 예언"(벧후 1:19)인 성경을 탐구하라. 부지런히 성경을 읽으라. 당신이 무엇을 읽고 있는지 이해하라. 이어지는 다음 두 장(14-15장)을 통해 하나님이 당신에게 말씀하고 계신 것이 무엇인지 찾아보라.

제 14 장

언약의 풍성함 혹은 지극히 크고 값진 약속들에 대한 간략한 탐구[1]

외치는 자의 소리

오, 너 세상의 모든 주민들과 땅의 거주민들이여, 와서 보고 들으라. 함께 모여 위대하신 왕의 선포를 들으라. 멀리 떨어져 있는 너희도, 가까이에 있는 너희도 들으라. 들을 귀 있는 자들은 들으라. 나는 주의 길을 예비하라고 광야에서 외치는 자의 소리이다. 주의 영광이 나타날 때 모든 계곡은 높아지고, 모든 산은 낮아지게 하라. 나아가라. 성문으로 나아가라. 길을 닦으라. 큰 길을 수축하라. 돌을 제거하라. 백성을 위해 기치를 들라. 하나님이 땅 끝까지 구원을 선포하

---

1 『회심하지 않는 죄인들에 대한 경고』(*An Alarm to Unconverted Sinners*)"의 저자인 조셉 얼라인 (Joseph Alleine)의 글.

고 계신다. 너 사로잡힌 자들이여, 기쁨의 좋은 소식을 들으라. 이스라엘에서 구원을 찾는 너희 모두여, 들으라. 내가 모든 백성에게 미칠 큰 기쁨의 좋은 소식을 가져온다. 복된 소식이로다! 너희의 귀와 마음을 준비하라. 백성에게 가서 그들을 거룩하게 하라. 그들을 씻어 준비시키라. 주께서 모든 민족이 보도록 시온에 임하실 것이기 때문이다. 지진과 불 속에서도 아니고 구름과 어둠 속에서도 아니고 천둥이 치고 연기가 나며 산들이 갈라지고 바위가 부서지는 속에서도 아니다. 하나님은 어둠과 폭풍 속에서 당신에게 말씀하지 않으신다.

하나님은 평화롭게 오신다. 그분은 멀리 떨어져 있는 자와 가까이 있는 자에게 평화를 선포하신다.

하나님이 산을 넘어 어떻게 오시는지 보라. 그는 에발산을 지나셨다. 더 이상 진노나 저주는 없다. 그는 그리심산에 오신다. 그는 그곳에서 백성을 축복하신다. 모르드개가 자기 민족에게 했던 것처럼 그는 자기 백성의 복지를 찾으시고 자신의 모든 후손에게 평화를 말씀하시면서 진리와 평화의 말씀을 쓰신다.

그가 사랑의 불꽃과 긍휼과 많은 구속과 수많은 용서의 마음으로 옷을 입으시고 어떻게 오시는지 보라. 오, 그의 사랑은 얼마나 가득 차 있는가! 그의 긍휼은 얼마나 부드러운가! 오, 그의 마음은 배고픈 자녀들에게 먹을 것을 주서서 평안해질 때까지 심지어 아파하실 정도로 얼마나 긍휼로 가득 차 있는가!

그러므로 들으라. 너 자녀들이여! 나에게 귀를 기울이라. 백성들과 민족들이여! 너희가 즐거운 소리와 희년의 나팔소리와 영원한 복음의 평화의 소식을 들을 때 보좌 앞에 엎드려 영원토록 살아계신 분께 경배를 드리도록 명령을 받았다. 일어나서 나오라. 준비하라. 할례받지 않은 귀로 듣지 말라. 당신은 거룩한 곳에 서 있다. 보라. 은혜의 보좌가 놓여있다. 그곳에는 위엄과 자비가 함께 거한다. 그곳에서 하나님은 당신을 만나실 것이다. 그곳에서 하나님이 당신과 교제하실 것이다. 속죄소에서, 스랍들 사이에서, 언약궤 위에서 하나님이 당신과 교제하실 것이다. 보라, 하나님이 자기 처소에서 나오시며, 전능하신 하나님이 시온에서 나오신다. 그의 영광이 하늘을 덮고, 땅이 그의 찬송으로 가득 차 있다. 사랑의 불이 그 앞에서 나가고 자비와 진리가 그를 에워싸고 있으며 의와 평강이 그의 보좌에 머물고 있다. 그는 자기 말들과 구원의 마차들을 타시고 생명과 평강의 언약이 그의 입에 있다.

너 하늘이여, 온 땅이여, 즐거워하라. 하나님을 향해 즐겁게 외치라. 바다여, 함성을 지르라. 홍수여, 박수를 치라. 수많은 섬들이여, 즐거워하라. 천군이여, 일어나라. 하프를 준비하라. 왕관을 던져라. 나팔을 불 준비를 하라. 향유로 가득 찬 황금 향유병을 가져오라. 우리의 목소리는 제대로 소리를 내지 못하고, 우리의 줄들은 끊어질 것이다. 우리는 우리의 창조주를 제대로 찬양할 수 없다.

그러나 땅에 거하는 사람들로 하여금 일어나 찬양하게 하라. 이 영광스러운 일에 참여하라. 하지만 생각하고 참여하라. 당신의 영혼과 당신 안에 있는 모든 것들을 불러내라. 당신의 소리를 높이고 눈을 고정시키고 당신의 마음을 확대하고 온 힘을 다하라. 의지적이며 진지하게 참여하라. 아무리 긴장을 높여도 지나치지 않다.

너 은혜들이여, 나오라. 길을 준비하라. 모든 것을 준비하라. 믿음과 소망이여, 서 있으라. 사랑이여, 불태우라. 너 따뜻한 열망이여, 오라. 갈망하라. 두려움이여, 모든 경의를 표하라. 즐거워하라. 당신의 노래를 준비하라. 하나님이 지나가실 때 찬미할 수 있도록 음악을 하는 모든 딸들을 부르라. 성도들이여, 구원의 가지를 흔들고 옷을 던지며 노래를 부르라. "오늘 너희 곧 너희의 수령과 너희의 지파와 너희의 장로들과 너희의 지도자와 이스라엘 모든 남자와 너희의 유아들과 너희의 아내와 및 네 진중에 있는 객과 너를 위하여 나무를 패는 자로부터 물 긷는 자까지 다 너희의 하나님 여호와 앞에 서 있는 것은 네 여호와의 언약에 참여하여 여호와께서 네게 말씀하신 대로 또 네 조상 아브라함과 이삭과 야곱에게 맹세하신 대로 오늘 너를 세워 자기 백성을 삼으시고 그는 친히 네 하나님이 되시려 함이니라"(신 29:10-13).

나는 심부름을 다했다. 아침을 전하는 자는 사라진다. 동쪽에서 해가 나올 때 나는 사라진다. 나는 입을 땅에 묻는다. 주님의 소리가 들린다! 부드럽고 고요한 소리가 들린다! 나의 영혼이여, 너의 옷으로 얼굴을 가리고 땅에 얼굴을 대고 절하라. 여호와께서 자기 이름을 선포하시고 자신의 모든 선하심을 당신 앞에 지나가게 하실 때 바위 틈에 숨어라.

하나님의 소리

전능하신 하나님의 소리를 들으라. 너 땅의 끝이여. 주께서 말씀하신다. 나의 성도들, 그리스도의 희생을 통해 나와 언약을 맺은 자들을 나에게 모으라. 보라, 내가 나와 너희 사이에 나의 언약을 세운다. 나의 거룩함으로 너희와 언약의 친구가 되겠다고 맹세한다. 나의 손을 하늘을 향해 들고 나의 영원히 살아있음을 두고 맹세한다. 내가 살아있으므로 너희도 또한 살 것이다. 나는 모든 의도와 목적에 맞게 너희의 것, 곧 너희의 피난처와 너희의 안식처와 너희의 후원자와 너희의 분깃과 너희의 유산과 너희의 소망과 너희의 하나님과 너희의 안내자가 될 것이다. 내가 있는 한 결코 부족하지 않을 것이다. 너희는 모든 백성과 구별되는 나의 백성, 택한 세대, 제사장의 나라, 거룩한 족속과 특별한 보화가 될 것이다.

너를 영원히 나의 것으로 삼은 것에 대해 하늘과 땅이 오늘 증인이 될 것이다. 나의 이름이 너희에게 있을 것이며, 너희는 하나님의 전에서 기둥이 될 것이며, 더 이상 쫓겨나지 않을 것이다. 너희는 나의 옷을 입을 것이며, 나의 얼굴이 새겨진 도장을 가지고 다닐 것이다. 나는 너희를 나의 증인으로 삼고, 세상을 향한 그리스도의 편지로 삼을 것이다. 너희는 사람들의 자녀들 앞에서 나의 이름을 들리게 할 택한 그릇이 될 것이다. 내가 너희와 함께 있다는 것을 볼 수 있도록 나는 너희와 확실하고 영원한 언약을 맺고 그 언약을 거룩한 피로 도장을 찍고 거짓말할 수 없고 후회하지 않는 나의 맹세로 비준하여 너희에게 엄숙하게 제시한다.

너희 복받은 자들이여, 오라. 너희 구원의 도구를 받으라. 기록된 것을 취하고 찍혀있는 도장을 보라. 여기에 이 나라에 대한 양도증서가 있다. 두려워 말라. 이것은 값이 없고 충분하다. 보라, 그것은 내가 기뻐하는 너희 보증인의 충분한 공로에 기초를 두고 있으며 피로 쓰여진 것이다. 그의 죽음은 이 언약을 영원히 보증한다. 그러므로 너희의 이름은 결코 지워지지 않을 것이며, 너희 유산은 확실히 보호받을 것이며, 너희 유업은 제거되지 않을 것이다. 아무것도 변경될 수 없으며 아무것도 더해질 수 없고 아무것도 뺄 수 없으며 영원히 그렇게 지속될 것이다. 이스라엘이여, 너는 행복하다! 너와 같은 백성이 어디에 있는가? 오직 믿으라. 그러면 너 자신의 축복을 알 것이다. 나의 자녀들이여, 너희 아버지의 축복에 참여하라.

I. 영광스러운 면책특권과 왕이 주시는 특권

1. 영광스러운 면책특권

(1) 용서에 대한 약속

비록 너희 죄가 모래처럼 많고 산처럼 크더라도, 너희 죄를 나의 끝이 없는 자비의 심연 속으로 던질 것이다. 나는 너희의 불의에 자비를 베풀 것이다. 용서에 용서를 더할 것이다. 너희 죄가 넘치는 곳에 나의 은혜가 더욱 넘칠 것이다. 너희 죄가 진홍같이 붉을지라도 눈과 같이 희어질 것이다. 보라, 나는 충족되었다고 선포하고 용서했다고 선언한다. 죄의 값은 지불되었고 너희의 빚은 청산되었으며 너희 족쇄는 풀렸다.

율법이나 양심이나 고소하는 자가 그 어떤 것으로 너희를 고소해도, 나는 너희에게 "내가 너희를 용서했다"고 선포한다. 나는 나의 이름을 위해 너희의 허물을 제거하였다. 내가 너희를 용서했는데 누가 너희를 송사할 수 있겠는가? 내가 너희에게 죄가 없다고 선언했는데 누가 너희를 기소하고 정죄할 수 있겠는가? 아들들아, 딸들아. 기뻐하라. 너희의 죄가 사함을 받았다. 나는 너희의 양심을 자유하게 하고, 평화의 소리를 너의 입에 둘 것이다. 너희의 양심은 내가 너희에 대한 용서를 기록하는 장부가 될 것이고, 죄책과 진노와 공포의 소리가 그칠 것이다.

나는 너희가 속박의 집에서 벗어났다는 것을 서명할 것이다. 너희 사로잡힌 자들이여, 앞으로 나오라. 너희 소망이 있는 죄인들이여, 앞으로 나오라. 내가 대속물을 발견했기 때문이다. 나는 사로잡힌 자들에게 자유를 줄 것이고, 묶인 자들에게 감옥이 열릴 것을 선포한다. 보라, 내가 너희의 사슬을 끊었으며 너희 감옥의 기초를 흔들었고 철장문을 열었다. 언약의 피로써 나는 죄인들을 물이 없는 웅덩이에서 내보냈다. 주의 구속받은 자들이여, 일어나라. 너희의 죄수복을 벗으라. 일어나서 나오라.

(2) 죄로부터의 해방

나는 너희의 족쇄를 풀고 너희의 사슬을 끊었다. 죄가 너희를 지배할 수 없을 것이다. 나는 너희의 배역을 치료할 것이다. 나는 너희의 죄악을 이길 것이다. 내가 전적으로 너희를 거룩하게 할 것이며, 나를 경외함을 너희의 마음에 두어서 너희로 나를 떠나지 않게 할 것이다. 비록 너희의 부패가 크고 강하더라도 성령의 도우심과 나의 말과 훈계의 정결하게 하는 힘이 너희의 기도와 노력과 함께 행하여 너희의 부패가 결코 너희를 이기지 못하고 반드시 무너질 것이다.

강하고 혐오스러운 무덤의 감옥에서 내가 너희를 구원할 것이다. 오, 사망이여, 내가 너의 역병이 될 것이며, 오 무덤이여, 내가 너를 파괴할 것이고, 나의 사랑을 받는 자가 결코 부패를 보지 않을 것이다. 내가 너의 썩음을 영광으로 바꾸고, 너의 먼지로 하여금 나를 찬양하게 할 것이다. 연약한 중에 뿌려진 것을 내가 능력으로 일으킬 것이다. 부패한 것으로 뿌려진 것을 내가 부패하지 않은 것으로 일으킬 것이다. 자연적인 몸으로 뿌려진 것을 내가 영적인 몸으로 일으킬 것이다. 너희의 부패한 육체가 썩지 않음을 입을 것이며, 이 유한한 것이 불멸을 입을 것이다. 사망이 승리와 생명의 불멸에 삼킴을 당할 것이다.

두려워하지 말라, 나의 자녀들이여! 오라, 내가 너희가 두려워하는 원수를 보여줄 것이다. 보라, 여기에 창으로 배가 찔린 채 바닥에 누워있는 장막 안의 시스라처럼 공포의 왕이 누워있다. 네 원수의 머리가 그가 비난하는 자의 손에 들려 있는 것을 보라. 이 어찌 감사해야 할 선물이 아닌가! 나는 너희에게 정복당한 적을 넘겨주었고, 사망을 너의 유산이 되게 하였다. 오 사망아, 너의 쏘는 것이 어디에 있느냐? 네가 신뢰하는 너의 무기는 지금 어디에 있느냐? 나의 백성이여, 오라. 너희의 방으로 들어가라. 너희의 흙으로 된 침상으로 와서 평안히 누우라. 너희의 육체를 소망 가운데 쉬게 하라. 심지어 이 육체 안에서도 너희가 하나님을 볼 것이기 때문이다. 오, 죽임을 당한 죽음이여, 도랑에 있는 시체처럼 지금 혐오스러운 너 시체여. 내가 무덤의 권세에서 구원할 것이며, 썩어질 육체들을 너희의 높임을 받으신 구주의 영광스러운 몸으로 빚을 것이다. 할 수 있다면 빛나는 해를 보라. 너 작은 믿음이여, 내가 눈이 부시는 영광으로 옷 입힐 것이다.

(3) 영원한 진노로부터의 해방

두려워 말라. 너희가 둘째 사망에 이르지 않을 것이다. 너희는 다가올 진노에서 구원을 받았고, 결코 정죄에 이르지 않을 것이다. 지옥의 불꽃이 너희의 머리카락 하나도 상하게 할 수 없을 것이다. 아니다. 너희에게 불 냄새조차 머물 수 없을 것이다. 끝에 서서 무시무시한 구덩이, 내가 너희를 구원한 지옥의 감옥을 보라. 고통의 연기가 어떻게 영원토록 피어오르고 있는지 보이는가? 저주와 헛소리와 아우성과 모욕하는 소리가 들리는가? 지옥에 있는 친구들에 대해 어떻게 생각하는가? 어둠의 사슬과 유황이 끓는 강과 영혼과 육체를 괴롭히는 도구들과 슬피 울고 탄식하고 이를 가는 자들에 대해 어떻게 생각하는가? "너희 저주받은 자들이여, 떠나가라"라는 영원한 추방과 선언에 대해 생각할 수 있는가? 너희가 영원히 타는 것들과 함께 머물러 있을 수 있는가? 너희가 삼키는 불과 함께 머물러 있을 수 있는가? 이것은 너희가 가지고 태어난 유산이었다. 그러나 나는 그 유산을 잘라내어 버렸고, 너희를 위해 위대한 구원을 가져왔다. 나는 너희를 진노로 작정하지 않았으며, 너희를 향한 나의 생각은 평안이다.

(4) 보호에 대한 약속

나는 모든 원수에게서 너희를 구원할 것이다. 나는 율법의 정죄에서 너희를 보호할 것이다. 너희의 보증인이 율법을 완전히 충족시켰다. 나의 정의는 만족되었으며 나의 진노는 달래졌고 나의 명예는 회복되었다. 보라, 나는 너희를 의롭다 하는 자이다. 너희를 정죄할 자가 누구인가?

(5) 어둠의 권세에 대한 승리

나는 곧 너희로 사탄을 밟게 할 것이며, 승리로 너의 원수들의 목을 너희의 발로 밟게 할 것이다. 비록 너희가 정사들과 권세들과 이 세상의 어둠의 주관자들과 싸워야 하지만 너희 마음을 괴롭게 하지 말라. 너희 안에 계신 이가 세상에 있는 자보다 더 강하기 때문이다. 그가 너희의 발꿈치를 물 수 있지만, 너희는 그의 머리를 밟을 것이다. 너희 구속주가 공개적으로 자기 십자가로 사로잡힌 자들을 대속하고, 정사들과 권세들을 무력화시키고 그들을 이긴 것을 보라. 어떻게 사탄이 하늘에서 번개처럼 떨어졌으며, 너희 구원의 삼손이 자기 어깨로 지옥의 문과 기둥과 모든 것을 무너뜨리셨으며, 그것들을 승리의 우승컵들로 세우셨는지 보라. 그가 어떻게 사자의 목을 꺾고 반역자의 심장을 자신의 창끝으로 들어 올리시고 너희의 원수들의 피로 자신의 옷을 물들이셨는지 보라.

(6) 세상으로부터의 구원

비록 세상이 애굽과 아말렉과 모압과 세상의 모든 대적을 너를 대항하여 일으킬지라도, 세상은 너를 가나안에서 내쫓지 못할 것이다. 평안하라. 너희의 주께서 세상을 이기셨다. 비록 세상의 시험이 아무리 강력해도, 내가 나의 신실함으로 너희에게 약속한다. 시험이 너를 이기지 못할 것이며, 네가 감당할 수 없는 시험은 없을 것이다. 만약 너희의 영혼을 전복시키려고 달려드는 시련을 본다면, 나는 결코 그 시련이 너희를 이기지 못하게 할 것이다. 오히려 내가 너희의 원수로 하여금 너희를 섬기게 할 것이며, 세상을 너희를 위한 지참금의 일부로 줄 것이다.

(7) 십자가 저주로부터의 구원

고통은 오히려 너희 건강에 유익한 잔임이 증명될 것이다. 너희의 주가 자신의 몸으로 독을 마셨다. 너희에게 남아있는 것은 내가 너희에게 약속한 협력하여 선을 이룰 건강한 몫에 불과하다. 그 잔을 마시는 것을 두려워하지 말라. 그 잔이 너희에게서 지나가기를 바라지 말라. 나는 그 잔을 너희에게 주기 전에 그 잔을 축사한다. 그 잔에 있는 모든 것을 마시고 감사하라. 너희는 아무리 힘든 시련을 겪더라도 결국 그 잔의 바닥에서 달콤하게 해줄 나의 축복을 발견할 것이다. 나는 어떤 상황 속에서도 너의 곁에 서 있을 것이며, 아무리 상황이 변해도 너의 친구가 되어줄 것이다.

광야에서 나는 너희를 위로할 것이며, 불과 물 가운데서 너희와 함께 있을 것이다. 나는 가난한 자와 빈곤한 자에게 힘이 되어줄 것이고, 폭풍 속에서 피난처가 되어줄 것이다. 또한, 뜨거운 해 아래서 그늘이 되어줄 것이고, 아무리 거센 폭풍도 벽에 부딪히는 바람처럼 되게 할 것이다. 너희의 고난은 진노의 잔이 아니라 은혜의 잔이 되며, 저주의 잔이 아니라 치료의 잔이 되고, 공포의 잔이 아니라 축복의 잔이 될 것이다. 그것들은 너희를 해치지 못하며, 너희를 치료할 것이다. 나의 축복이 어떤 상황 속에서도 너희에게 있을 것이다.

나는 너희의 바구니와 창고가 복되게 할 뿐 아니라, 너희가 가난할 때도 복되게 하고, 너희가 곤경에 처할 때도 복되게 할 것이다. 나는 너희가 성에 있을 때도 복되게 하고, 밭에 있을 때도 복되게 할 뿐 아니라, 결박되어 있을 때도 복되게 하고, 추방을 당했을 때도 복되게 할 것이다. 너희가 핍박을 받을 때도 복되게 하고, 조롱을 당할 때도 복되게 하고, 너희의 이름이 모욕을 당할 때도 복되게 할 것이다. 그렇다. 그때는 복이 훨씬 더 할 것이다. 나는 너희가 어려움 가운데 있을 때 내가 택한 최고의 복을 내리며 최고의 선을 베풀고 최고로 풍성하고 달콤한 것들을 줄 것이다. 나는 이 불변하는 헌장으로 행복한 면책특권과 하나님의 자녀들이 누리는 이런 영광스러운 자유를 너희에게 영원히 비준한다. 나는 변경될 수 없고, 되돌릴 수 없는, 영원한 나의 언약 안에서 이것들을 너희에게 전달할 것을 확증한다.

2. 왕이 주는 특권

나는 너희를 비참함에서 해방시킬 뿐 아니라, 너희에게 왕이 주는 특권과 특혜를 주고, 너희가 지금까지 경험했던 것보다 더 높고 더 큰 행복으로 들어가게 할 것이다. 내가 너희에게 나를 주며 나와 함께 모든 것을 줄 것이다.

보라, 너 사람의 아들들이여! 보고 탄복하라. 하늘이여, 감탄하라. 너 땅의 기초들이여, 진동하라. 너희가 나의 증인이 될 것이기 때문이다. 오늘 내가 언약으로 나를 나의 종들에게 준다. 나는 영원히 너희 자신의 하나님이 될 것이다. 세상에 있는 어떤 것도 내가 너희의 소유인 것처럼 소유될 수 없을 것이다. 너희가 짓고 산 너희의 집들도 내가 너희의 소유인 것처럼 소유될 수 없을 것이다. 너희는 여기에서 세입자에 불과하지만, 나는 너희의 영원한 기업이 될 것이다. 이것들은 잠시 빌린 것들에 불과하지만, 나는 모든 세대에 걸쳐 너희가 거주하는 곳이 될 것이다. 너희는 어디에서도 여기에서 가지는 것보다 더 큰 소유권을, 더 확실하고 변경될 수 없는 권리를 가지지 못할 것이다.

너희가 무엇을 너희의 것으로 여기고 있는가? 너희의 육체를 너희의 것으로 여기고 있는가? 너희의 영혼을 너희의 것으로 여기고 있는가? 그렇지 않다. 이것들은 너희의 것이 아니라 값으로 산 것이다. 그러나 너희는 담대히 나에게 너희의 권리를 요청할 수 있다. 너희는 자유롭게 나에게 소유권을 주장할 수 있다. 가까이 오라. 두려워하지 말라. 너희의 것에서 자유롭지 않다면 너희가 어디에서 자유로울 수 있는가? 너희가 집에서 담대하지 못하다면 어디에서 담대할 수 있는가? 너희는 나와 함께 있을 때처럼 그래서 집에서 담대하게 느끼는 것을 세상에서는 느낄 수 없다. 너희는 필요할 때마다 자유롭게 나와서 나의 속성 중 어떤 것이든 사용할 수 있다. 나는 너희에게 바랄 수 있는 모든 것이 될 것이다.

(1) 친구

나는 너희에게 친구가 될 것이다. 나의 은밀한 것들이 너희와 함께 있을 것이다. 너희는 나에게 자유롭게 다가오며, 너의 모든 마음을 나의 가슴에 쏟아부을 것이다.

(2) 의사

나는 너희에게 의사가 될 것이다. 나는 너희의 배역함을 치료할 것이며, 모든 질병을 치료할 것이다. 두려워하지 말라. 내 손에 맡겨진 영혼은 결코 잘못되지 않으며, 내가 꼭 맞는 처방을 내릴 것이다.

(3) 목자

나는 너희에게 목자가 될 것이다. 너희는 잘못 가게 될까 두려워하지 말라. 내가 너희와 함께 있기 때문이다. 나의 지팡이와 막대기가 너희를 안위할 것이다. 내가 너희를 먹일 것이다. 그러므로 너희는 부족하지 않을 것이다. 내가 너희를 회복시킬 것이다. 그러므로 너희는 방황하거나 길을 잃지 않을 것이다. 내가 너희를 푸른 초장에 누이며, 너희를 쉴만한 물가로 인도할 것이다. 내가 양 떼와 자녀들처럼 너희를 나의 팔로 안고, 나의 가슴에 품고 부드럽게 안내할 것이다. 설령 책임을 맡은 자들이 부주의할지라도, 내가 친히 나의 일을 할 것이다. 내가 잃어버린 양을 찾을 것이며 길 잃은 양을 회복시킬 것이고 부러진 양을 싸맬 것이며 병든 양을 치료할 것이다. 그러나 나는 살지고 강한 자들을 파괴할 것이며, 심판으로 그들을 먹일 것이다. 나는 밤에 나의 양 떼를 돌볼 것이다. 보라, 나는 나의 사역자들을 너희의 영혼을 돌보는 파수꾼들과 선견자들로 세웠다. 나의 천사들이 너희를 지키는 자들이 될 것이며, 지속적으로 나의 양 떼를 지킬 것이다. 설령 종들이 잠이 들더라도, 나의 눈이 너희를 밤낮으로 영원히 지킬 것이다. 이스라엘을 지키시는 자는 졸지도 아니하시고 주무시지도 아니하시고 의인들에게서 눈을 떼지도 않으실 것이다. 나는 나의 눈으로 친히 너희를 안내할 것이다. 나는 결코 너희를 나의 눈에서 떼지 않을 것이다.

(4) 주권자

나는 너희에게 주권자가 될 것이다. 나는 너희의 재판장이며 너희에게 율법을 주는 자이며 너희의 왕이다. 내가 너희의 사건을 심판할 것이며, 너희의 권리를 지켜줄 것이다. 너희는 사람들의 재판정에서지 않을 것이며, 그들의 표결에 따라 버림을 받지 않을 것이다. 그들로 저주하게 하라. 내가 축복할 것이다. 그들로 정죄하게 하라. 내가 의롭다 할 것이다. 너희가 너희의 생명을 위해 재판을 받으러 나올 때, 너희의 영원한 상태에 대해 결정을 받으러 나올 때, 너희는 의자 위에 계신 너희의 아버지와 친구를 볼 것이다. 너희의 사건이 나의 손에 맡겨질 것이며, 너희는 틀림없이 재판정 오른쪽 양 떼 사이에 서서 재판을 받을 것이며, 왕이 "너희 복 받은 자들이여 와서 왕국을 상속하라"고 말하는 소리를 듣게 될 것이다.

(5) 남편

나는 너희에게 남편이 될 것이다. 인애와 자비로 나는 영원히 너희와 결혼할 것이다. 나는 너희와의 결혼을 유지하고 함께 있을 것이다. 너희는 다른 사람이 아니라 나를 위할 것이며, 나도 또한 너희를 위할 것이다. 비록 내가 핏덩이 채로 버려진 어린아이와 같은 너희를 발견했지만, 너희의 무가치함이 나를 낙담시키지 않았다. 나는 오히려 너희를 보고 나의 아름다움으로 덮어주었다. 더욱이 나는 너희가 나의 것이 될 것이라고 맹세를 하고 언약을 맺었다. 보라, 나는 나를 낮추고 여기에서 엄숙하게 나의 결혼 언약으로 나와 더불어 모든 것을 너희에게 준다. 나는 너희에게 영원한 분깃이 될 것이다. 이제 너희의 눈을 동쪽과 서쪽과 북쪽과 남쪽을 향해 들라. 너희가 가치있는 분깃과 훌륭한 유산을 가지고 있지 않은가? 너희가 너희의 부요함을 파악하거나 너희의 행복을 셀 수 있는가? 너희가 무한함을 이해할 수 있거나, 전능함에 도달하거나, 영원을 이해할 수 있느냐? 이 모든 것이 너희의 것이다. 내가 나의 모든 보화를 너희에게 줄 것이다. 내가 너희에게서 아무것도 되돌리지 않을 것이다.

II. 하나님의 신적 속성과 신적 위격

1. 하나님의 신적 속성이 주시는 은혜

(1) 영원성

나의 영원성은 너희의 행복의 날이 될 것이다. 나는 영원한 하나님이며, 내가 영원한 하나님인 동안 너희에게 생명과 복이 될 것이다. 나는 너희에게 영원히 마르지 않는 즐거움과 평강과 축복의 샘이 될 것이다. 나는 처음이며 나중이고, 과거에도 있었고 지금도 있으며 앞으로도 있을 것이고, 나의 영원한 능력과 신성이 너희에게 있을 것이다. 내가 존재하는 동안 나는 너희의 하나님과 너희의 아버지와 너희의 친구가 될 것이다. 나는 너희를 선택할 때 영원한 선택을 하였다. 두려워하지 말라. 영원한 하나님이 너희의 피난처이며, 너희의 영원한 팔이기 때문이다. 나의 지속적인 부요함과 의가 너희의 것이 될 것이다. 비록 모두가 너희를 버리더라도, 나는 너희를 버리지 않을 것이다. 세상에 있는 모든 것이 불에 탈 때도 나는 너희에게 지속적인 분깃이 될 것이다. 너희가 죽은 자들 가운데 잊힐지라도, 나는 영원한 인애로 너희를 기억할 것이다.

(2) 불변성

나의 불변함이 너희가 안식하는 바위가 될 것이다. 온 세상이 너희를 요동치는 바다처럼 에워쌀 때도 너희는 내 안에서 흔들리지 않을 것이다. 나는 너희의 안식처이다. 나의 본성과 나의 작정과 나의 언약의 불변성이 너희 믿음의 견고한 뿌리이며, 너희의 강하고 영원한 위로의 견고한 기초이다. 너희가 고난을 받고 폭풍에 요동치고 위로가 없을 때 내 안으로 피하라. 나는 소망의 항구이며, 너희를 위한 안식의 항구이다. 여기에 너희의 닻을 내려라. 너희가 결코 요동하지 않을 것이다.

(3) 전능하심

나의 전능성이 너희에게 파수꾼이 될 것이다. 나는 전능한 하나님이며 너희의 전능한 보호자이고 은혜를 베푸는 하나님이다. 너희의 원수가 아무리 많아도 두려워할 필요가 없다. 너희와 함께 있는 자들이 너희를 대적하는 자들보다 더 많다. 내가 너희와 함께 하기 때문이다. 그들이 아무리 힘이 세다고 해도 두려워할 필요가 없다. 그들은 전능하지 않지만, 너희의 아버지는 모든 것보다 더 위대하시며, 어느 것도 너희를 그분의 손에서 빼앗을 수 없다. 누가 나의 능력을 저지하거나 나의 구원을 막을 수 있겠는가? 누가 너희를 도와주기 위해 하늘을 오르시고 자신의 탁월하심을 나타내는 여수룬의 하나님과 같겠는가?

나는 너희의 힘 있는 창이며 탁월한 방패이다. 나는 너희의 반석이며 너희의 산성이고 너희의 구원자이며 너희의 힘이고 너희의 구원의 뿔이며 너희의 방패이다. 나는 원수의 모든 권세에 대항하여 너희를 지킬 것이다. 나의 전능함이 너희를 지키는 한 결코 무너지지 않을 것이다. 지옥의 문이 너희를 이기지 못할 것이다. 원수들은 너희를 이기는 것이 힘든 일이라는 것을 알게 될 것이다. 그들은 승리를 꺾거나 전능함을 약화시키거나 신실함을 부패시키거나 불변성을 변화시켜야 할 것이다. 그렇지 않다면 그들은 최종적으로 너희를 이길 수 없다. 그들은 흩어질 것이다. 비록 그들이 독수리처럼 자신들을 높이고 별들 사이에 그물을 던지더라도, 심지어 그곳에서도 내가 그들을 끌어내릴 것이다.

(4) 신실하심

나의 신실함이 너희를 안전하게 보호할 것이다. 만약 너희가 나로 말미암아 패배자들이 된다면, 나의 진리, 곧 나의 맹세는 실패할 것이다. 나는 너희로 하여금 나의 모든 섭리의 결과들을 볼 때 내가 신뢰할 만하며 믿을 만하고 안식하고 의지할 만한 하나님이라는 것을 고백하게 할 것이다. 만약 너희가 나의 계명에 따라 행하지 않는다면, 나의 위협과 진노와 징계에 직면하게 될 것이다. 너희는 내가 너희에게 실언하지 않으며, 너희를 죄 가운데 빠져 있게 하지 않으리라는 것을 볼 것이다. 그럼에도 불구하고 나는 나의 인애를 너희에게서 제거하지 않을 것이며, 나의 신실함이 실패하지 않게 할 것이다. 나는 나의 언약을 깨지 않을 것이며, 나의 입술에서 나온 것을 바꾸지 않을 것이다.

(5) 자비

나의 자비가 너희의 창고가 될 것이다. 나는 자비의 하나님이며, 나는 너희에게 자비의 아버지가 될 것이다. 나는 자비의 샘이며, 이 샘은 영원히 너희에게 마르지 않을 것이다. 나의 자비는 매우 많으며 너희를 향해 크게 증가할 것이다. 나의 자비는 너희에게 매우 확실하며, 영원히 확실할 것이다. 나의 자비는 너희에게 매우 부드러우며, 무한히 부드러울 것이다. 비록 무화과나무가 꽃을 피우지 않아도 포도나무가 열매를 맺지 못해도 양 떼와 소 떼가 새끼를 낳지 못해도 두려워하지 말라. 나의 긍휼이 실패하지 않을 것이기 때문이다. 틀림없이 선함과 자비가 평생토록 너희를 따를 것이다.

심지어 너희가 나이가 들 때까지, 너희의 머리가 희어질 때까지 나는 너희의 하나님일 것이며, 너희를 인도할 것이다. 나는 너희를 지었으며, 내가 너를 품을 것이다. 내가 너희와 함께 하며 너희를 구원할 것이다. 내가 너희에게 선을 베풀기 위해 너희에게서 돌아서지 않기로 너희와 영원한 언약을 맺을 것이다. 내가 은혜롭기를 잊는 순간 나는 하나님임을 잃어버릴 것이다. 나의 이름이 자비롭고 은혜로우며 오래 참고 선과 진리가 풍부한 여호와인 동안 나는 너희에게 자비를 보여주기를 결코 잊지 않을 것이다. 너희를 향한 나의 모든 길이 자비와 진리일 것이다. 나는 너희에게 진노하지 아니하며 너희를 질책하지 않기로 맹세하였다. 산이 무너지고 언덕이 제거되어도 나의 친절은 너희를 떠나지 아니하며, 나의 평화의 언약은 제거되지 않을 것이다.

(6) 전지하심

나의 전지함이 너희의 선견자가 될 것이다. 나의 눈이 너희의 궁핍함을 채워주고, 너희의 잘못에 대해 복수하기 위해 계속해서 열려 있을 것이다. 나의 눈이 가난한 자의 기도와 억압받는 자의 탄식과 너희의 원수들의 외침과 중상과 비방을 듣기 위해 계속해서 열려 있을 것이다. 틀림없이 나는 너희의 고난을 보았고 너희의 슬픔을 안다. 내가 나의 택자들을 위해 복수할 것이며, 그들을 위해 신속히 복수할 것이다. 나는 너희를 향한 원수들의 은밀한 음모와 계획을 보고 있으며, 그들의 계획을 무력화시킬 것이다. 세상이 너희를 위선자들로 정죄하는 동안 너희의 은밀한 정직과 나를 향한 너희 마음의 올바름을 본다. 나는 세상이 알지 못하는 너희의 은밀한 기도와 금식과 눈물을 보고 기록한다. 나는 너희가 은밀히 나를 기쁘게 한 것과 너희 마음의 은밀한 고통과 너희가 은밀히 자신을 살피고 자기를 부정한 모든 것을 본다. 은밀하게 보시는 너희의 아버지께서 그것들에 대해 공개적으로 보답해 주실 것이다.

(7) 지혜

나의 지혜가 너희의 상담자가 될 것이다. 누구든지 지혜가 부족하거든 나에게 구하라. 내가 그에게 줄 것이다. 나는 너희의 구원자가 될 것이다. 너희가 어둠 속에 있을 때 나는 너희에게 빛이 될 것이다. 나는 너희 앞에서 길을 평탄하게 만들 것이다. 너희는 오직 가까운 곳밖에 보지 못하지만, 나는 너희의 눈이 될 것이다. 내가 너희를 지킬 것이며, 너희에게 내가 약속한 모든 선한 것을 가져다주며, 두려워하는 모든 악한 것을 멀리하게 하거나 선으로 바꿀 것이다. 너희는 때를 따라 양식을 가질 것이며, 때를 따라 필요한 약을 가질 것이고, 때를 따라 적합한 자비를 가질 것이다.

내가 너희 원수의 지혜를 무너뜨릴 것이며, 그들의 말을 어리석게 할 것이다. 옛 뱀이 너희를 속이지 못할 것이다. 내가 너희에게 그의 계략을 알게 할 것이다. 너희가 두려워하는 사악한 마음이 해를 끼치지 못할 것이다. 내가 그들의 책략을 발견하게 할 것이다. 나는 경건한 자들을 시험에서 건져내고, 불의한 자들이 심판날에 처벌을 받도록 유예하는 법을 안다. 너희는 온 마음으로 나를 신뢰하고 너희의 이해에 기대지 말라. 나는 너희를 위해 모든 것을 행하는 하나님이다. 비록 너희가 현재는 내가 하는 일에 대해 의아해하고 그 의미를 깨닫지 못하지만, 너희 마지막 때에 나의 지혜에 대해 알게 될 것이다. 만약 내가 너희로 하여금 나의 모든 일이 무게가 있고 셈이 있으며 시간과 질서가 있다는 것을 알게 하지 못한다면, 만약 내가 너희로 하여금 "주의 일이 셀 수 없고, 주께서 이 모든 것을 지혜로 하시나이다"라고 외치게 하지 못한다면, 나는 나의 지혜의 명성을 잃게 될 것이다.

(8) 정의

나의 정의가 너희를 위해 복수할 것이며, 너희에게 보답을 줄 것이다. 나에게 가까이 오는 것을 두려워하지 말라. 이제 분노는 내 안에 없다. 너희를 향한 나의 정의는 대속되었을 뿐 아니라, 너희를 위해 세워졌다. 나의 정의는 나의 사랑하는 자의 희생 안에서 완전히 충족되었다. 따라서 너희에게 화영검 같았던 정의 그 자체가 이제 너희의 친구가 되었다. 놀랍고 당혹스럽게 하는 공포였던 것이 이제 너희를 구원하고 위로하는 것이 될 것이다. 너희가 당하는 모든 압제 아래서 이곳이 너희의 피난처가 될 것이다. 내가 너희의 슬픔을 안다. 나의 정의가 너희가 당하는 억울한 사정을 바로잡을 것이며, 너희가 하는 봉사에 보상을 해 줄 것이다. 다른 사람들에게 사망의 골짜기처럼 두려움이 되었던 나의 정의에 대한 생각이 이제 달콤하게 너희가 용서받았다고, 이제 면류관이 너희의 것이 되었다고, 너희의 모든 상처가 이제 치료받았다고 결론을 내리게 할 것이다. 죄를 지었더라도 절망하지 말라. 내가 정당하게 너희를 용서하였다는 것을 기억하라. 너희가 나를 위해 어떤 고통을 당하거나 비용을 감수할지라도 그것을 잃어버린 것으로 여기지 말라. 내가 너희를 잊어버리는 것은 불의하기 때문이다. 나는 너희에게 의의 면류관을 줄 준비가 되어 있는 의로운 재판장이다. 너희가 비방을 당하고 핍박을 받고 정죄를 당하고 있는가? 내가 너희를 괴롭게 하는 자들에게 복수하고, 고통 받는 너희에게 보상하는 의로운 분이라는 것을 잊지 말고 나와 더불어 안식하라. 비록 너희의 모든 섬김과 고통이 나의 선을 받기에 조금도 자격이 없더라도, 나는 값없이 그것들에 대해 보상하기로 약속하였으므로 정당하게 그 약속을 지킬 것이다.

(9) 편재성

나의 전지함이 너희를 위한 동반자가 될 것이다. 반드시 내가 너희와 함께 있을 것이며 너희를 축복할 것이다. 쇠사슬도 감옥도 추방도 나에게서 너희를 제거할 수 없을 것이며, 나의 임재와 하늘의 영향이 너희에게 가는 것을 막지 못할 것이다. 나는 언제나 너희와 함께 있다. 너희가 가장 어두운 밤을 지날 때에도, 가장 심각한 위험에 처해 있더라도 나는 너희와 함께 있으며, 시련을 당할 때 너희를 도와줄 것이다. 나는 너희가 나의 조언이나 나의 도움이 필요할 때 멀리 떨어져 있거나 잠을 자거나 산책을 나가는 하나님이 아니다. 나는 언제나 나를 경외하는 자들에게 가까이 있다. 밧모섬도 감옥도 내 은혜의 임재를 너희에게서 막을 수 없다. 나의 임재는 네가 갇혀있는 감옥이 아무리 역겨운 냄새가 나더라도 향기롭게 바꿀 것이며, 아무리 어두운 감옥도 밝게 비출 것이다.

(10) 거룩하심

나의 거룩은 너희에게 은혜의 샘이 될 것이다. 나는 소망의 하나님이며 사랑의 하나님이고 인내의 하나님이며 믿음의 저자이며 완성자이고 모든 은혜의 하나님이다. 나는 너희에게 은혜를 줄 것이다. 나의 계획은 너희로 하여금 나의 거룩에 참여하게 하는 것이다. 나는 너희에게 영원한 영적인 생명의 샘이 될 것이다. 내가 너희에게 주는 물은 너희 안에서 영생하도록 솟아나는 샘물이 될 것이다. 내가 너희에게 심을 생명의 씨앗은 나의 힘으로 잘 가꾸어져 썩지 않게 될 것이다. 너희가 기름부음 받은 성령이 너희 안에 머물러 있어서 너희에게 필요한 모든 것을 가르칠 것이다. 성령께서 너희를 가르칠 때 너희가 그 안에 머물러 있을 것이다. 너희는 하나님의 뜰에서 번성할 것이다. 내가 가물 때 너희의 영혼을 만족시킬 것이며 너희의 뼈를 튼튼하게 할 것이고 너희는 물댄 동산처럼 될 것이다. 나는 너희에게 이슬같을 것이며 너희는 백합화처럼 자랄 것이고 너희의 뿌리는 레바논처럼 내릴 것이다. 너희의 가지가 무성할 것이며 너희의 아름다움이 감람나무 같을 것이다. 너희는 나이가 들어도 열매를 맺을 것이며 기름지고 풍성할 것이다.

(11) 주권

나의 주권이 너희의 간구함을 들어줄 것이다. 너희는 내게 간구하는 이들 중에 내가 가장 좋아하는 자들이 될 것이며 권세 있는 자들이 될 것이다. 나의 모든 속성이 너희 기도의 간구함을 들을 것이다.

나의 모든 충분한 것이 너희 기업의 몫이 될 것이다. 나의 충만함은 너희의 보화이다. 나의 집은 너희의 집이다. 너희는 나의 창고에 자유롭게 들어올 수 있다. 너희는 마치 너희 지갑을 사용하듯 나의 보화에 자유롭게 손을 댈 수 있다. 너희는 아무리 많이 요구해도 지나치지 않을 것이다. 너희가 아무리 나에게서 많이 찾아도 지나치지 않을 것이다. 나는 너희에게 모든 위로를 주고 나 자신도 줄 것이다. 너희에게 자녀가 있을 것이고, 그렇지 않더라도 내가 너희에게 열 자녀보다 더 나을 것이다. 너희는 부를 가질 것이고, 그렇지 않더라도 내가 너희에게 모든 부보다 더 나을 것이다.

너희에게 친구가 있을 것이다. 그렇지 않더라도 나는 너희가 고독할 때 너희의 위로자가 되며, 너희가 고통을 겪을 때 너희의 상담자가 될 것이다. 만약 너희가 나를 위해 아버지나 어머니나 집이나 전토를 버린다면, 너희는 이생에서 나로 인해 백배를 가질 것이다. 적들이 너희로 위로 받지 못하게 한다면, 그것은 단지 우물을 막고 샘이 터지게 하는 것이나, 촛불을 끄고 해가 비치게 하는 것과 같을 것이다. 물이 요동치더라도 오히려 너희의 위로의 방주를 더 높이 뜨게할 것이다. 나는 너희에게 먹을 것을 공급하는 자가 되며, 너희가 사는 날 동안 힘이 될 것이다. 나는 너희에게 집과 가정이 될 것이며, 너희는 나와 함께 거할 것이다.

내 안에 거하라. 그러면 내가 너희 안에 거하리라. 내가 너희와 함께 서고 누울 것이다. 내가 너희의 손실을 보상하고 너희 필요를 채울 것이다. 너희가 하늘의 태양을 다 태울 수 있거나, 끝이 없는 바다를 너희의 손으로 다 퍼낼 수 있느냐? 그러나 빛들의 아버지 앞에서 해는 어두워지고, 바다는 마를 것이며, 자비의 샘은 소진될 것이다. 보라, 비록 내가 땅 위에 사람을 창조한 이래로 세상이 나의 자비를 소진해 왔어도, 여전히 계속해서 충만하게 흐르고 있다. 나의 해는 그 광선과 빛을 비추고 있고, 여전히 지금까지 밝게 비추고 있다.

더욱이 나는 더 많은 나의 선을 베풀 수 있고, 나의 피조물에 차고 넘치도록 채울 수 있지만, 여전히 내 안에는 조금도 부족함이 없다. 이 모든 충분한 것이 다 소진될 때까지 너희는 결코 부족하지 않을 것이다. 나는 아브라함과 이삭과 야곱의 하나님이다. 내가 그들에게 대했던 대로 지금 너희에게 대할 것이다.

너희가 궁핍한가? 나는 너희가 어디로 가야 하는지 안다. 나는 계속해서 집에 있으며, 너희가 내게로 오면 빈손으로 가지 않을 것이다. 근심하고 두려워하지 말라. 너희의 요구를 기도와 간구로 나에게 아뢰라. 너희가 모든 것에서 실패해도 나는 도와줄 것이다. 너희의 눈이 희미해지고, 너희의 마음이 부서질 때, 너희의 친구가 너희를 떠나고, 너희의 영혼이 너희를 떠날 때 나의 가슴이 너희에게 열릴 것이다. 내가 너희의 영혼을 받아줄 것이다.

(12) 무한성

나의 무한함이 너희의 유업의 범위가 될 것이다. 너희가 찾는다고 하나님을 찾을 수 있겠는가? 너희가 전능하신 분을 완벽히 찾을 수 있겠는가? 그것은 하늘보다 높은데 네가 무엇을 할 수 있겠는가? 그것은 지옥보다 깊은데 너희가 무엇을 알 수 있겠는가? 이 헤아릴 수 없는 높이와 이 측량할 수 없는 깊이가 모두 너희의 것, 영원히 너희의 것이 될 것이다. 나는 어떤 자로도 측량할 수 없고, 어떤 대수로도 그 가치를 계산할 수 없고, 어떤 말로도 묘사할 수 없는 너희의 유업이다. 이제 너의 눈을 들어 태고의 산들과 영원한 언덕의 끝을 바라보라. 너희가 볼 수 있는 모든 것이 너희의 것이다. 하지만 너희의 짧은 시각은 내가 너희에게 주는 것의 일부분도 볼 수 없다. 네가 보고 가장 잘 알 때도 너희가 발견한 것은 무한히 부족하다. "보라 이것들은 그의 행사의 단편일 뿐이요 우리가 그에게서 들은 것도 속삭이는 소리일 뿐이니 그의 큰 능력의 우렛소리를 누가 능히 헤아리랴"(욥 26:14).

2. 하나님의 각 위격이 주시는 은혜

(1) 아버지가 되신 성부 하나님

나는 너희에게 영원한 아버지가 될 것이다. 나는 너희를 나의 아들과 딸로 받아들인다. 보라, 나는 너희를 종이 아니라, 나의 집에 영원히 머무는 아들로 받는다. 자녀들이 아버지께 사랑이나 돌봄을 바랄 수 있는 것처럼, 너희는 내게서 그것을 기대할 수 있을 것이다. 내가 이 땅의 어떤 부모보다 더 지혜롭고 위대하고 선한 만큼 너희는 나에게 요구할 수 있을 것이다. 만약 이 땅의 아버지들이 자녀들에게 좋은 것을 준다면, 나는 더욱더 너희에게 좋은 것을 줄 것이다. 만약 그들이 자녀들을 잊을 수 없다면, 나는 더욱더 너희를 잊을 수 없을 것이다. 너의 자녀들이 무엇을 바라는가? 아버지의 마음과 아버지의 집과 아버지의 돌봄과 아버지의 귀와 아버지의 빵과 아버지의 회초리인가? 이것들은 모두 너희의 것이 될 것이다.

너희는 아버지의 애정을 받게 될 것이다. 나는 나의 마음을 너희들에게 나누고, 가장 온유한 사랑을 베풀 것이다.

① **아버지의 긍휼.** 아버지가 자녀들을 긍휼히 여기는 것처럼 나도 너희를 긍휼히 여길 것이다. 나는 너희의 상태를 고려하고, 너희의 잘못을 극단적으로 드러내려고 하지 않을 것이며, 용서와 사랑의 옷으로 모든 것을 덮을 것이다.

② **아버지의 교훈.** 너희는 "이것이 길이다"라고 말하는 달콤한 소리를 듣게 될 것이다. 너희의 연약함에 맞게 너희를 대하며, 나의 교훈을 구절마다 새겨 넣고, 너희가 질긴 고기를 먹을 수 없을 때 우유를 먹일 것이다. 나는 너희를 가르치고, 나의 눈으로 너희를 안내할 것이다.

③ **아버지의 보호.** 나를 경외하는 자들은 안전하다는 것을 강하게 확신할 것이며 피난처가 있을 것이다. 나의 이름이 강한 성루가 될 것이며, 너희가 어느 때든 그리로 가면 안전할 것이다. 나는 열려있는 피난처요 안전한 피난처이다.

④ **아버지의 공급.** 너희는 궁핍함을 두려워하지 말라. 너희의 아버지 집에는 먹을 것이 충분하다. 내가 너희의 몸을 돌볼 것이다. 너희가 무엇을 먹을까 무엇을 마실까 무엇을 입을까 염려하지 말라. 너희의 모든 필요를 알고 있는 하늘 아버지가 너희의 필요를 채우게 하라. 나는 너희의 영혼을 위해 먹을 것과 머물 곳과 분깃을 줄 것이다. 보라, 누구도 빼앗지 못할 특권과 위로로 너희를 위해 복음의 식탁을 차려놓았다. 나는 너희 앞에 생명의 떡과 생명나무와 생명수를 두었다. 친구들이여, 먹으라. 풍성히 마시라. 오, 나의 사랑하는 이여! 그러나 이 모든 것은 단지 내가 준비해 놓을 것을 미리 맛보는 것에 불

과하다. 지금은 단지 은유와 암시만을 가지고 잠깐 보는 것으로 만족하겠지만, 머지않아 너희의 아버지 품으로 가게 되면 영원히 그의 영광을 충만히 보며 살 것이다.

⑤ **아버지의 보호관찰.** 나는 너희를 사랑하므로 너희가 세상과 함께 정죄받지 않도록 보호할 것이다.

(2) 결혼 언약으로 맺어신 성자 예수님

나는 나의 아들을 결혼 언약과 함께 영원히 너희에게 준다. 나는 너희로 깨닫게 하기 위해 지혜로, 너희를 의롭다 하기 위해 의로, 너희의 부패를 치료하기 위해 성화로, 원수들에게서 구원하기 위해 속량으로 그를 준다. 나는 그의 모든 충만함과 모든 공로와 모든 은혜와 더불어 그 자신을 너희에게 줄 것이다. 그는 그의 모든 직분에서 너희의 것이 될 것이다. 나는 그를 선지자로 기름을 부었다. 너희가 무지한가? 그가 너희를 가르칠 것이다. 그가 너희에게 눈이 될 것이다. 나는 그를 가난한 자들에게 복음을 전하고 눈먼 자들에게 보게 하고 상한 자들에게 자유를 주도록 보냈다. 나는 맹세를 통해 그를 영원한 제사장으로 세웠다. 만약 어떤 죄가 있다면, 그가 너희의 대언자가 될 것이다. 그가 너희의 죄책을 사하며 구속할 것이다. 너희가 드려야 할 제사나 섬김이 있는가? 그것을 그에게 가져오라. 그러면 너희가 평강의 응답을 받을 것이다.

너의 간구를 그의 손으로 드리라. 내가 그를 받을 것이다. 하나님의 집에 그런 대대제사장이 있으므로 너희는 언제나 환영받을 수 있다. 담대히 오라. 내가 그를 나의 거룩한 시온산에 왕으로 세웠다. 그가 너희를 다스릴 것이다. 그가 너희를 보호할 것이다. 그가 너희의 의의 왕이며 평강의 왕이다. 내가 너희를 위해 그의 규범을 세울 것이다. 내가 너희 안에서 그의 보좌를 세울 것이다. 그가 의로 다스릴 것이며, 심판으로 다스릴 것이다. 그가 바람을 피하는 숨는 곳이 되며 폭풍을 피하는 은신처가 될 것이며 지친 땅에서 큰 바위 그늘이 될 것이다. 그가 너희의 사정을 듣고 원수들을 심판하며 모든 것을 자기 발아래, 너희의 발아래 둘 때까지 다스릴 것이다. 그들이 너희의 발 아래에서 재처럼 될 것이다. 너희가 그들을 밟을 것이라고 만군의 주가 말씀하셨기 때문이다. 나는 너희를 괴롭히는 자를 내버려 두지 않을 것이며, 너희를 경멸하던 자들이 너희의 발 앞에서 엎드러지게 할 것이다. 너희는 나가서 나를 대적하던 자들의 시체를 볼 것이다. 그들은 죽지 않을 것이며, 그들의 불은 꺼지지 않을 것이다. 그들은 모든 육체에게 혐오스러운 것이 될 것이다(사 66:24).

(3) 상담자와 위로자가 되신 성령 하나님

내가 나의 영을 상담자와 위로자로 너희에게 줄 것이다. 그가 지속적으로 너희와 함께 있는 친구가 될 것이며 너희 안에 거할 것이고 영원히 너희와 함께 머물러 있을 것이다. 나는 너희를 그의 거룩에 맞는 성전이 되도록 거룩하게 할 것이다. 그가 너희의 안내자가 될 것이다. 그가 너희를 모든 진리 가운데 인도할 것이다. 그가 너희의 기도를 받아쓰는 대언자가 될 것이며 너희를 중보할 것이고 그가 너희의 입에 나를 설득시킬 수 있는 것들로 가득 채울 것이다. 그가 너희의 바퀴에 기름이 될 것이며 너희의 발목에 힘이 될 것이고 너희의 마음에 포도주가 될 것이며 너희의 뿔에 정수가 될 것이고 너희의 항해를 이끄는 바람이 될 것이다. 그가 너희가 자녀인 것을 증거할 것이다. 그가 너희를 구속의 날까지 인칠 것이며 값으로 산 것을 소유할 때까지 너희 기업의 보증이 될 것이다.

III. 하나님께서 언약 안에서 주시는 것들

1. 현재의 일

(1) 하늘에 속한 신령한 복

나는 너희에게 갈렙의 축복을, 위의 샘과 아래의 샘을 준다. 나는 너희를 그리스도 안에서 하늘에 속한 모든 신령한 복으로 축복할 것이다. 너희에게 하나님의 양자와 영광과 언약과 봉사와 약속들이 속해있다. 너희에게 나는 흰 돌과 새 이름을 줄 것이며 나 있는 곳으로 오게 하며 너희를 받아주고, 너희의 기도를 청종할 것이다. 나는 나의 평화를 너희에게 줄 것이다. 나는 너희를 끝까지 지키고, 영생으로 관 씌울 것이다. 나는 너희를 하나님의 상속자로 삼았고 주 예수 그리스도와 함께 상속자로 삼았으며 나의 모든 것을 상속할 것이다.

(2) 천사들

나는 천사들을 너희를 지키는 자로 주었다. 하늘의 천군이 너희를 지킬 것이다. 그들 모두가 너희의 선을 위해 섬기는 영이 될 것이다. 보라, 내가 그들에게 너희를 돌보게 하였으므로 그들이 너희를 신실하게 돌볼 것이며, 온유한 간호사들처럼 너희를 품에 안아주고 어떤 해도 당하지 않게 할 것이다. 이들은 사려 깊은 목자들처럼 밤에도 나의 양 떼를 돌보고 지켜줄 것이다.

(3) 사역자들

나는 사역자들을 너희의 안내자로 준다. 바울, 아볼로, 게바가 다 너희의 것이다. 나는 언제나 그들과 함께 하고 있으며, 그들은 언제나 세상 끝날까지 너희와 함께 있을 것이다. 너희는 나의 마음에 합한 목자들을 가질 것이며, 이것이 내가 너희와 맺는 언약이 될 것이다. 너희 위에 머물러 있는 영과 내가 너희의 입에 둔 말씀이 지금부터 영원히 너희의 입과 대대로 너희 후손의 입을 떠나지 않을 것이다. 모든 사역자가 너희를 유익하고 완전하게 할 것이다. 모든 규례가 너희를 세우고 구원할 것이다. 나의 집의 전체 규율이 너희의 감염을 막고 부패를 치료하며 구원을 확보하게 할 것이다.

(4) 하나님의 말씀

나는 나의 말을 너희의 영혼을 바꾸고 눈으로 보게 하며 마음을 기쁘게 하고 위험을 경고하고 부패를 정결하게 하며 너희로 나의 형상을 본받게 하려고 정하였다. 나는 너희에게 하나님의 말씀을 준다. 이것으로 너희가 시험을 이길 수 있을 것이다. 너희가 고난과 고통 속에서도 이것으로 위로를 받을 것이다. 말씀에서 너희가 나의 전체 계획을 발견할 것이다. 이것이 너희가 살아갈 때 너희를 가르칠 것이며, 너희가 방황할 때 너희를 잡아줄 것이며, 너희를 믿어야 할 진리 가운데로 인도할 것이며, 너희에게 피해야 할 오류를 알게 할 것이다.

(5) 규례들

나는 나의 규례들을 사랑의 보증으로 너희에게 준다. 너희는 값 없이 그것들을 요청할 것이다. 그것들은 자녀들의 양식이다. 나는 그 것들을 너희에게 약속한 모든 것에 대한 보증으로 주었다. 내가 이런 표징들을 너희에게 제시했을 때, 이를 통해 나의 진리를 보증했다는 것을 기억하라. 또한, 이를 통해 이 계획서의 모든 조항을 내 손으로 준비하고 확증하고, 이 영광스러운 헌장을 그 모든 면책특권 및 다른 특권과 더불어 영원히 너희의 것으로 전달했다는 것을 생각하라.

내가 너희에게 그토록 큰 영적인 축복의 씨앗을 뿌렸으므로 이 땅에서의 필요도 채우지 않겠는가? 마음에 의심하지 말라. 이 모든 것이 너희에게 더해질 것이다. 나는 너희의 필요를 위해 나의 피조물을 줄 것이다. 하늘과 땅이 너희를 섬길 것이다. 모든 별이 그들의 위치에서 너희를 섬길 것이며, 필요하다면 너희를 위해 싸울 것이다. 나는 너희를 위해 땅의 짐승들과 하늘의 새들과 언약을 맺을 것이다. 너희는 땅의 돌들과 동맹을 맺을 것이며, 모두가 너희에게 화평할 것이다. 내가 너희의 모든 필요를 채울 것이다. 내가 새들을 먹이고 풀들을 입히지 않느냐? 그런데 너희는 내가 나의 자녀들을 돌보지 않을 것이라고 생각하느냐? 나는 어린 까마귀들이 울 때 그들의 소리를 듣는다. 그런데 내가 나를 경외하는 자들의 열망을 채워주지 않겠느냐?

두려워하지 말라. 너희가 반드시 어떤 선한 것도 부족하지 않을 것이다. 너희를 해롭게 할 부나 쾌락이나 다른 선호하는 것을 바라지 않게 될 것이다. 내가 나를 경외하는 자들에게 먹을 것을 줄 것이다. 나는 계속해서 나의 언약을 기억할 것이다. 나의 섭리가 너희의 선을 위해 협력할 것이다. 역경의 바람이 너희로 더 신속하게 항구에 도달하게 할 것이다. 너희가 가장 비천하게 느낄 때 사랑을 받을 것이며, 너희가 가장 크게 잃어버린 자가 되었다고 느낄 때 가장 크게 얻는 자가 될 것이고, 너희가 선을 가장 심각하게 잃어버렸다고 느낄 때 가장 효율적으로 너희 선이 증진될 것이다.

2. 장래의 일

너희의 영혼이 완전해지고, 육체가 구속을 받으며, 너희의 축복이 완성될 것이다. 너희가 나를 이 땅에서 잠시 영화롭게 하고 내가 너희에게 준 일을 마쳤을 때, 너희는 천국에 들려 올려지고 모든 수고를 끝내고 안식하며, 너희의 일에 대한 보상을 받게 될 것이다. 내가 생명을 지키는 자를 보내 너희 영혼이 안전하게 집에 도달하게 하고, 완전하게 된 의로운 자들이 있는 곳으로 안내할 것이다. 너희는 너희를 좇던 바로와 그의 모든 군대를 되돌아 보았을 때, 그들이 해안가에서 죽어있는 것을 볼 것이다. 그때 너희가 고통과 모든 부패에서 구속될 것이다. 육체에서 가시가 뽑힐 것이며, 너희의 시험의 때가 영원히 끝날 것이다.

너희의 이마에 있는 땀이 닦일 것이며 새롭게 하는 날이 이를 것이고 너희는 나의 그늘 아래서 영원히 안식할 것이다. 보좌 가운데 있는 어린양이 너희를 먹일 것이며, 살아있는 생명샘으로 인도할 것이기 때문이다.

눈물이 너희의 눈에서 닦일 것이며 더 이상 슬픔도 없을 것이고, 더 이상 고통도 없을 것이다. 이전 것은 지나갔기 때문이다. 보라, 내가 모든 것을 새롭게 만든다. 내가 마라를 나오미로 바꿀 것이며 슬픔의 잔을 구원의 잔으로 바꿀 것이고 고통의 떡과 물을 영원한 위로의 포도주로 바꿀 것이다. 너희가 버드나무 가지에서 수금을 연주할 것이며 내가 너희의 눈물을 진주로, 너희의 탄식의 시를 구원의 노래로 바꿀 것이다. 너희가 너희의 이가봇을 호산나로 바꿀 것이며, 너희의 슬픔의 탄식을 기쁨의 할렐루야로 바꿀 것이다.

십자가가 너희의 등에서 내려질 것이며, 너희는 큰 환난에서 나와서 너희의 옷을 빨고 어린양의 피로 하얗게 바뀔 것이다. 너희가 하나님의 보좌 앞에 있을 것이며 밤낮으로 그의 전에서 그를 섬길 것이며 보좌에 앉은 이가 너희 가운데 거할 것이다. 너희가 더 이상 배고프지 않고, 더 이상 목마르지 않을 것이다. 그가 계시므로 더 이상 해의 빛과 열이 필요치 않을 것이다.

죄짐이 너희의 양심에서 벗겨질 것이다. 죄와 의심이 더 이상 너희를 부패시키거나 괴롭히지 않을 것이다. 내가 죄를 끝내고 너희의 부패의 사슬을 끊을 것이며 너희는 점이나 주름이 없는 영광스러운 교회가 될 것이다. 너희는 거룩하고 흠이 없게 될 것이다.

너희가 수와 금으로 장식된 옷을 입고 모든 것이 영광스러운 왕에게로 인도될 것이다. 기쁨과 즐거움으로 너희가 왕궁으로 인도되고 들어갈 것이다. 주를 사랑하는 자들은 안전하게 그의 옆에 거하고, 너희는 계속해서 그의 앞에 서서 주의 아름다움을 보고 그의 지혜를 들을 것이다. 그때 내가 너희 안에 영원한 즐거움의 샘을 열 것이다. 너희가 노래를 부르며, 밤낮 쉬지 않고 "거룩하다. 거룩하다. 거룩하다"라고 말할 것이다.

너희의 숨이 끊어질 때 대적도 사라질 것이며, 죽음의 몸도 너희의 유한한 몸과 함께 사라질 것이다. 너희의 죽음의 날이 영광의 생일날이 될 것이다. 하나님을 믿으라. 잠시 기다리라. 그러면 슬픔이 그치고 죄가 더 이상 있지 않을 것이다.

그런 다음 조금 더 있으면 죽음이 더 이상 있지 않을 것이다. 너희의 마지막 원수가 파괴되고, 너희의 승리는 완성될 것이다. 잠시 후면 오실 이가 오실 것이다. 너희가 또한 영광 중에 그와 함께 나타날 것이다. 너희에게서 하늘로 올라가신 예수가 올라가신 그대로 오실 것이다. 그가 오실 때 너희를 받아주실 것이다. 그가 있는 곳에 너희도 그곳에 있을 것이다. 그의 표적을 보라. 그가 권세와 큰 영광으로 하늘의 구름을 타고 오실 것이다. 모든 눈이 그를 볼 것이며, 땅의 모든 족속이 그로 말미암아 탄식할 것이다. 그러나 너희는 구속의 날이 가까이 왔으므로 머리를 들게 될 것이다. 그때 그가 자기의 나팔을 불어서 너희로 흙 속에서 그의 소리를 듣게 하실 것이며, 너희를 하늘 사방에서부터 모으시기 위해 자신의 권능 있는 천사를 보내실 것이며, 그들이 너희를 승리의 구름 마차에 태워 주를 만나도록 데려올 것이다. 신부가 신랑을 위해 꾸미는 것처럼 너희도 그를 위해 준비될 것이다. 너희가 땅의 형상을 지녔던 것처럼 하늘의 형상을 지니게 될 것이다. 너희가 육과 영으로 너희의 영광스러운 몸과 완전히 일치될 것이다. 그런 다음 그가 자신의 천사들 앞에서 너희를 고백하실 것이며, 너희는 모든 육체 앞에서 공개적으로 죄가 없음이 선언되고 모든 자들 앞에서 받아들여지고 인정받고 환영을 받을 것이다. 너희는 모든 왕의 위엄을 지닌 채 그의 빛나는 뜰에서 너희의 대적자들이 질투하고 두려워 떠는 가운데 영광의 왕과 혼인 예식을 치르게 될 것이다.

너희의 주가 자신의 손으로 너희에게 관을 씌우시며, 보좌 위에 앉히실 것이다. 너희가 사람들과 천사들을 판단할 것이며 나라들에 대한 권세를 가질 것이며 너희 원수들의 목을 발로 밟을 것이다. 아, 내가 너희가 보증으로 가지고 있는 것을 차지할 날을 정했다. 내가 너희에게 면류관을 제공했으며 나라를 준비하였다. 너희 믿음 없는 자들이여, 왜 의심하느냐? 이것은 하나님이 진실로 말하는 것이다. 너희가 지금 땅에 있느냐? 틀림없이 너희가 곧 천국에서 나와 함께 있을 것이다. 너희가 반드시 죽느냐? 틀림없이 너희가 영광 중에 부활할 것이다. 내가 말했는데 누가 뒤집을 수 있는가? 너희가 나를 얼굴을 맞대고 볼 것이며 내가 있는 곳에 나와 함께 있을 것이며 나의 영광을 볼 것이다. 내가 성도들로부터 영광을 받으며 믿는 모든 자들로부터 찬미를 받을 것이며 내가 너희를 사랑하는 것을 모든 육체가 알 것이다.

나는 너희를 나의 은혜의 우승컵이 되게 할 것이다. 온 세상이 너희 안에서 전능한 하나님이 가련한 벌레요 땅의 먼지에 불과한 존재를 어떻게 말로 할 수 없을 만큼 영광스럽게 하는지 볼 것이다. 경멸하는 자들이 보고 놀라며 멸망할 것이다. 그들이 나의 위엄의 풍성함과 나의 능력의 지극히 큼에 대한 증인들이 될 것이다. 그들은 영원한 처벌을 받겠지만, 너희는 영생에 이르게 될 것이다. 그들에 대한 선고가 내려지자마자, 법정이 올라가고 재판장이 그의 모든 영광스러운 위엄으로 돌아올 것이며, 그가 나팔소리와 믿을 수 없는 소리와 더불어 올라갈 것이며 너희를 너희 아버지의 집으로 인도할 것이다.

승리의 문들이 그들의 머리를 들 것이며 영원한 문들이 열릴 것이고, 하늘이 너희 모두를 받을 것이며 너희가 계속해서 주와 함께 있을 것이다. 이제 내가 너희에 대해 노래를 부르며 즐거워할 것이며, 사랑의 빛 안에서 안식할 것이다. 내가 너희를 안전하고 온전하게 받았으므로 하늘에 기쁨과 탄성이 울려 퍼질 것이다. 그날에 너희는 내가 부지런히 나를 찾는 자들에게 보답해 주는 분이며, 내가 너희의 말을 기록하고 너희의 눈물을 병에 담고 나의 이름으로 말하거나 행한 것은 무엇이든지 냉수 한 잔까지도 셈한다는 것을 알게 될 것이다. 너희는 틀림없이 아무것도 잃어버리지 않았다는 것을 발견하게 될 것이다. 오히려 너희는 아무리 작은 선한 행위라도 천국에서 충분히, 아무리 작은 선한 말이라도 수만 배나 보상을 받게 될 것이며, 조금이라도 남김없이 다 보상을 받게 될 것이다. 너희가 복된 영원에 삼킨 바 될 것이며, 천국의 문이 닫혀서 더 이상 나가지 않을 것이다.

영광스러운 천사들의 영광스러운 합창과 복된 선지자들의 경건한 교제와 승리한 사도들의 행복한 모임과 승리한 순교자들의 영광스러운 무리가 영원히 너희의 동반자가 될 것이다. 너희가 흰옷을 입고 손에 종려나무 가지를 들고 올 것이다. 너희 모두가 하나님의 수금과 향유로 가득 찬 황금병을 가지고 있고, 너희 면류관을 내 앞에 던지며, 하늘의 허다한 천군들과 더불어 하나님을 영화롭게 하고, "할렐루야. 전능하신 주께서 다스리시네"라고 말할 것이다. 복과 명예와 영광과 권세가 보좌 위에 앉아 계신 분과 어린양에게 영원토록 있을지어다.

요약하자면, 나는 너희를 하나님의 천사들과 동등하게 만들 것이며, 나를 찬미하는 영원한 나팔이 되게 할 것이다. 너희는 나의 집의 기름짐에 충분히 만족할 것이며, 나는 너희에게 기쁨의 강을 마시게 할 것이다. 너희가 나를 있는 그대로 볼 것이며 너희에게 알려진 대로 나를 알 것이며 의로 나의 얼굴을 볼 것이며 나의 형상에 만족할 것이다. 너희가 나의 영광의 그릇이 될 것이며, 그 그릇의 복된 용도는 나의 넘치는 선을 담고, 너희에게 넘치도록 부어지고 영원토록 흐르는 나의 무한한 사랑과 영광을 담는 것이 될 것이다.

믿는 자는 복되도다. 그에게 들려준 것들이 이루어질 것이기 때문이다. 나 주가 그것을 말하였다. 너희는 나의 얼굴을 보고 나의 이름이 너희의 이마 위에 쓰일 것이다. 너희는 더 이상 해도 달도 필요 없을텐데, 주 하나님이 너희에게 빛을 주셔서 너희가 영원히 다스릴 것이기 때문이다. 내가 나 자신을 너희에게 너희의 하나님으로 주고 나와 함께 모든 것을 너희에게 준 것처럼, 너희를 나의 언약의 백성으로 여기고 나의 것으로 삼을 것이다. 사람이 자기를 섬기는 아들을 남겨두는 것처럼 너희를 남겨둘 것이다. 만약 너희가 나로 너희를 위하기를 바란다면, 너희를 나의 것으로 삼고, 너희 안에서 내가 너희에게 요구하는 조건들을 이룰 수 있도록 일할 것을 약속한다.

나는 돌과 같은 마음을 제거할 것이다. 내가 너희 안에 나의 법을 쓸 것이다. 만약 나를 너희에게 주길 원한다면, 너희를 나의 것이 되도록 할 것이며, 너희 안에서 내가 너희에게 요구하는 조건들을 이루게 할 것을 약속한다. 나를 사랑하도록 너희의 마음에 할례를 줄 것이며, 돌 같은 마음을 제거할 것이다. 내가 너희 안에 나의 법을 쓸 것이다. 그러나 너희는 내게 이것들을 구해야 한다는 것을 알라. 너희가 자비에 참여하기를 기대한다면, 나의 영을 부지런히 구하며 기다리라.

나는 옛 조건의 엄격함을 약화시키는 것에 만족한다. 나는 충족을 요구하지 않을 것이다. 나는 대속물을 받았기 때문에 너희를 받아줄 것이다. 나는 완전함을 주장하지 않을 것이다.[2] 내 앞에서 행하여 정

---

2 역자 주) 이것은 그리스도께서 구속을 통해 이미 하나님의 의를 충족시키셨으므로 하나님이 칭

직하라. 신실함이 면류관을 유지할 것이다. 내가 너희에게 요구하는 믿음과 순종은 나의 선물이다. 나는 너희에게 믿음으로 나의 아들을 영접할 것을 요구한다. 그러나 나는 너희에게 그를 붙잡고, 그에게 복종하고 순종할 손을 줄 것이다. 너희의 손이 그를 따라 쓰도록 안내할 것이며, 너희로 하여금 나의 법을 따라 행하도록 할 것이다. 나는 강한 팔로 너희를 붙잡을 것이며, 의의 길을 가도록 가르칠 것이다. 나는 너희의 발걸음을 인도할 것이다. 나는 이런 것들을 나의 정의의 엄격함으로는 영원한 죽음을 당해야 마땅한 너희를 받아주는 생명의 조건들로 삼을 것이다.[3] 은혜로다! 은혜로다!

구속받은 자들의 소리

아멘, 할렐루야. 당신의 말씀대로 종들에게 이루어지이다. 이제 주 하나님이시여, 당신의 종들이 당신에게 무엇이라고 말씀하겠습니까? 우리는 놀라서 말하지 못하고, 놀라움으로 앉아 있습니다. 우리는 당신의 칭찬을 받을 만한 것을 조금도 고백할 수 없습니다. 이 낯설기만 한 깊은 사랑은 무슨 뜻입니까? 하늘과 땅의 주가 자신의 먼지와 계약을 맺으시려고 낮아지시며, 자신에게 독을 퍼붓는 뱀을 품으신 사랑은 어디에서 나온 것입니까?

의에 있어서 더 이상 우리의 완벽한 행위를 통한 의의 충족을 요구하지 않으신다는 뜻이다.

3 역자 주) 이것은 얼라인이 믿음과 순종을 하나님의 선물인 동시에 은혜언약의 조건으로 인정하고 있다는 것을 의미한다.

우리는 하인들로서 우리 주님 수하의 종들의 발을 씻음도 감당할 수 없습니다. 당신의 자녀들과 함께 상속자들이 되며, 당신이 우리에게 주신 이 모든 복된 자유에 참여하는 사람은 얼마나 적습니까? 그러나 당신의 선을 위해, 당신의 마음을 따라 이 모든 위대한 일을 행하셨습니다. 더욱이 아버지, 당신이 보시기에 선하시기 때문에 그렇게 하셨습니다. 그러므로 당신은 위대하십니다. 당신과 같은 분이 없고, 당신 이외에 어떤 신도 없기 때문입니다. 이 땅에 어느 나라가 하나님이 자기 백성으로 삼으셔서 구속하시고, 자기 이름을 주시고, 그들을 위해 위대하고 두려운 일을 행하신 당신의 백성과 같습니까? 당신이 그들을 자신의 것으로 확증하시고, 영원히 자기 백성으로 삼으셨기 때문입니다. 주여, 당신은 끝까지 그들의 하나님이십니다.

이 위대한 일에 대해 하늘이여 놀라고, 땅이여 진동하라! 보라, 하나님의 장막이 사람들과 함께 있고 그가 그들과 함께 거하실 것이며 그들이 그의 백성이 될 것이고 하나님이 친히 그들과 함께 계실 것이며 그들의 하나님이 되실 것이라. 놀라고 감탄하라. 무한함이 유한함이 되셨고 범죄자가 용납이 되었으며 하나님과 사람이 화해하게 되었고 평화의 언약이 맺어졌다. 하늘과 땅이 모두 그 조건에 동의를 했고 그들의 손을 흔들었으며 계약서에 도장을 찍었다. 오, 행복한 결말이여! 오, 복된 결합이여! 별들이 먼지와 함께 거하거나 멀리 떨어져 있는 극지방이 서로 껴안을 수 있는가? 그러나 하나님과 죄인들 사이에서 이 조건의 거리는 무한히 더 크다.

즐거워하라. 오, 천사들이여! 소리치라. 오, 스랍이여! 오, 너희

신랑의 모든 친구여, 결혼 축가를 준비하고 부를 준비를 하라. 여기에 경이 중의 경이가 있다. 여호와께서 소망이 없는 사로잡힌 자들에게 영원히 장가드셨고 온 세상 앞에서 결혼을 선포하시고, 우리와 하나가 되시고 우리가 그와 하나가 되었기 때문이다. 그는 하늘 위에 있는 값진 것들과 땅 아래 있는 값진 것들을 충만하게 유산으로 주시고, 우리에게서 아무것도 다시 돌이키지 않으셨다.

이제 주여, 당신은 그런 하나님이시며, 당신의 말씀은 진리이며 당신의 종들에게 이 선함을 약속하셨으며 당신이 이미 값없이 주신 것 이외에 당신의 손에서 구할 어떤 것도 우리에게 남겨두지 않으셨습니다. 오직 당신의 종들에 대해 말씀하신 말씀이 영원히 서며, 당신은 말씀하신 대로 행하십니다. 만군의 주여, 당신은 이스라엘의 하나님으로서 이름이 영원히 높임을 받으소서, 아멘. 할렐루야.

제 15 장

언약의 승리: 불신앙에 대한 믿음의 다양한 투쟁과 영광스러운 정복[4]

하나님이 내가 너희에게 하나님이 되실 것이라고 말씀하셨는가? 그것은 정말 사실인가? 하나님이 나의 것이 되실 수 있는가? 하나님이 논쟁을 그치시고 결론으로 평화를 주실 수 있는가? 하나님이 반역자를 자비로 받아주시고, 자기의 탕자에게 자신의 문을 열어주실 수 있는가? 나는 틀림없이 아버지께 가서 그의 발등 앞에 엎드려서 "주여, 내가 당신의 말을 들었나이다. 내가 당신의 언약을 붙잡나이다"라고 말할 것이다. 나는 하나님의 친절을 받아들이고 하나님의 신실함에 나를 던지고 금생과 내생의 모든 행복을 하나님의 약속들에 맡길 것이다.

---

4 『회심하지 않는 죄인들에 대한 경고』(*An Alarm to Unconverted Sinners*)의 저자인 조셉 얼라인 (Joseph Alleine)의 글.

안녕, 사악한 세상이여, 나의 발로 너를 밟는다. 나는 너무 오랫동안 너의 헛된 위협을 두려워해왔다. 나는 너무 오랫동안 너의 아첨하는 약속들에 속아왔다. 하나님이 나에게 주시겠다고 언약을 맺으신 것을 네가 나에게 약속하거나 거절할 수 있는가? 너는 할 수 없다다. 그러므로 너를 나의 신앙이나 두려움의 대상으로 삼는 것을 영원히 버릴 것이다. 더 이상 나는 이 썩은 갈대에 기대지 않을 것이며, 더 이상 이 상한 우상에 의뢰하지 않을 것이다.

　사탄이여, 너의 미혹하는 미끼를 가지고 떠나가라. 너는 화장을 하고 화려한 옷을 입은 창녀처럼 헛되이 장식하고, 나에게 "이 모든 것을 내가 줄 것이다"라고 말한다. 하나님이 나에게 주시겠다고 약속하신 면류관과 자신을 나에게 주신 무한하신 하나님을 잃어버리는 것이 균형이 맞겠는가? 사악한 정욕과 쾌락이여, 여기에서 떠나가라. 나는 그리스도와 그의 약속 안에서 나의 영혼을 충만히 만족시킬 수 있는 것을 풍성히 가지고 있다. 나는 이것들을 마음에 두고 있으며, 너를 위한 여지는 더 이상 없다. 너는 더 이상 이 문 안에서 즐거워할 것을 가지지 못할 것이다.

　진리의 하나님, 내가 여기에서 당신이 말씀하신 대로 당신을 받아들입니다. 당신은 단지 나에게 받아들이고 동의할 것만을 요구하셨고, 당신이 요구하시는 것을 가지셨습니다. 하나님이 말씀하신 말씀은 선합니다. 주님이 말씀하신 대로 이 종도 행할 것입니다. 나의 영혼이 당신의 약속들을 붙잡습니다. 나는 이것들을 영원한 나의 유산으로 받아들였습니다. 다른 사람들로 하여금 이 세상의 좋아하는 것들과 소유들을 얻도록 하십시오. 나는 당신의 약속들의 상속자가 되는 것으로 충분할 것입니다.

오, 행복한 영혼이여, 너는 얼마나 풍성한가! 어떤 전리품을 가지고 있는가! 그것은 모두 나의 것이다. 나는 이생과 금생의 약속들을 가지고 있다. 오, 내가 무엇을 더 바랄 것인가? 이 약속은 얼마나 풍성한가! 이제 의심하는 나의 영혼은 도마와 함께 나의 주, 나의 하나님이시라고 믿음으로 담대히 말할 수 있다. 우리에게 더 이상 어떤 증인이 필요한가? 우리는 그의 말을 들었다. 그는 자기의 작정이 바뀌지 않을 것을 그의 거룩하심으로 맹세하셨으며, 자신의 이름으로 헌장에 서명을 하셨다.

즐거워하라. 너 하늘의 합창단이여, 연주하라. 하늘과 땅이여 도우라. 오, 너 그의 성도들이여, 하나님께 노래하라. 나의 영혼이여, 하나님을 축복하라. 내가 천만인의 혀를 가지고 있더라도, 나의 창조주를 찬양하기에 충분하지 않았을 것이다.

나의 사랑하는 자는 나의 것이며, 나는 그의 것이다. 주께서 인정하신 것은 확실하며, 내가 요구하는 것은 견고하다. 하나님이 친히 소유하고 계신 것을 누가 거부할 수 있는가? 그리스도를 따라 말하는 것이 힘든 일인가? 이것이 그가 나에게 보낸 메시지이다. 나는 나의 아버지, 너희의 아버지, 나의 하나님, 너희의 하나님께로 올라간다. 그가 나에게 우리 아버지라고 말하라고 요청하신다.

내가 믿습니다. 나의 믿음 없음을 도와주시옵소서. 오, 나의 하나님, 나의 아버지, 내가 당신을 모든 겸손과 감사함으로 받아들이며,

담대히 붙잡습니다. 오, 나의 왕, 나의 하나님, 내가 나의 영혼과 모든 힘을 당신에게 드립니다. 오, 나의 영광, 내가 당신 안에서 평생 자랑합니다. 오, 나의 반석, 내가 당신 위에 나의 모든 신뢰와 소망을 세울 것입니다. 오, 나의 삶을 지키는 분이시며 나의 마음의 힘이시고 나의 즐거움의 생명이시며 나의 삶의 즐거움이시여, 내가 당신의 그늘 아래 앉아서 노래하며 당신의 거룩한 이름으로 영광을 돌릴 것입니다.

오, 나의 영혼이여, 일어나서 소유하라. 너의 복됨을 상속하고 부를 쌓으라. 나라도 너의 것이며 영광도 너의 것이고 승리도 너의 것이다. 삼위일체 전체가 너의 것이다. 신성 안에 있는 모든 위격과 신성 안에 있는 모든 속성이 너의 것이다. 여기에 증거가 있으니 보라.

이 모든 것이 너를 위해 영원하고도 확실하게 기록된 것이다.

그리고 이제 너의 안식으로 돌아가라, 나의 영혼아. 주께서 너를 풍성히 다루셨다. 네가 서 있는 곳이 즐거운 곳인지 아닌지, 이것이 좋은 유업인지 말하라. 오, 세상의 사소한 위로가 거절당했거나, 헛된 기대가 무너졌다고 해서 신성의 모든 충만이 만족시킬 수 없다고 말하는 너는 얼마나 신성을 모독하는 불만족의 상태에 있으며, 얼마나 불합리하고 비합리적인 악을 범하고 있는가! 오, 감사하지 않는 영혼이여, 삼위일체 하나님이 너를 만족시킬 수 없으며, 모든 것이 충분하신 분이 너를 충족시킬 수 없는가? 영원히 침묵하라, 너 불평하는 생각들이여! 나는 충분히 가지고 있다. 나는 풍성하고 가득 차 있다. 무한함과 영원함이 나의 것이다. 그렇다면 내가 무엇을 더 요구할 수 있는가?

그러나 나의 즐거움에 약간의 은밀한 얼룩이 있는 것처럼 느껴진다. 내가 하늘 높이 올려져서 나의 몫의 풍성함에 승리의 노래를 부를 때에도, 줄이 새를 잡아당기는 것처럼 망설임이 나를 잡아당기고, 불신앙이 나의 귀에 속삭인다.

"틀림없이 이것은 너무 좋아서 사실이 아니다." 그러나 하나님과 싸우는 너는 누구인가? 주님이 그것을 말씀하셨는데 내가 주님을 믿지 말아야 하는가? 내가 그의 말씀에 동의하고, 말씀을 신뢰하여 확신있게 말한다면, 그가 화를 내실까? 오, 나의 주여, 나로 하여금 당신 앞에 당신의 말씀을 펼쳐 놓게 하옵소서. 당신이 "너의 조성자가 너의 남편이다(사 54:5). 내가 네게 장가들 것이다(호 2:19). 너희가 나를 나의 아버지라고 부를 것이다(렘 8:19)"라고 말씀하지 않으셨습니까? 오, 주여, 내가 당신께 기도합니다.

이것은 "나는 하나님, 곧 너희 하나님이다(시 50:7). 내가 너희에게 아버지가 될 것이며 너희는 나의 아들과 딸이다(고후 6:18)"라고 말씀하시는 것이 아닌가? 그렇다면 내가 왜 의심해야 하는가? 살아계신 하나님에 대한 진리가 나의 믿음을 확실히 붙들고 있지 않는가? 그렇다면 다투는 불신앙이여, 침묵하라. 나는 내가 누구를 믿는지 안다. 비록 수가 많고 능력이 있더라도 친구들을 믿지 말라. 그들은 사람이지 하나님이 아니기 때문이다. 부를 의지하지 말라. 부는 날개가 달렸기 때문이다. 왕들을 의지하지 말라. 그들의 호흡은 그들의 코에 있기 때문이다. 오히려 하나님을 진실하게 여기고, 모든 사람을 거짓말쟁이로 여기라. 나는 하나님께 나의 신뢰를 두며, 그의 말씀에 나의 소망을 둔다. 오, 확실한 말씀이여! 하늘과 땅은 사라질지라도 이 말씀은 일점일획도 사라지지 않을 것이다. 나는 유한한 모래 위에 집을 짓지 않았다. 비가 내리고 홍수가 오고 바람이 불게 하라. 그럼에도 불구하고 하나님의 기초는 견고히 설 것이다. 그의 영원한 작정과 영원한 언약이 내가 머물러 있는 곳이다. 나는 그의 약속들 위에 집을 지었다. 지옥과 땅으로 하여금 이 기초를 가장 심하게 흔들게 하라.

이제 나의 믿음이 승리하고 나의 마음이 기쁘고 나의 영광이 즐거울 것이다. 나는 기뻐하는 수많은 무리와 함께 외칠 것이다. 그는 주 하나님이시며, 나의 하나님이시라고 불리는 것을 부끄러워하지 않으신다. 그는 나의 누더기와 가난과 나의 부모와 가문에 대해 부끄러워하지 않으신다. 그의 무한히 낮아지심이 나를 소유하셨는데, 내가 그를 소유한다고 해서 그가 그것을 나쁘게 여기실까? 비록 나는 주 안에서 영광스러워할 것이며, 그 안에서 나 자신을 복되게 여길 것이다.

누가 여수룬의 하나님과 같은가? 너희 열방들이여, 너희의 신들을 데려오라. 너희의 눈을 들어 이 모든 것을 누가 창조하셨는지 보라. 누가 하나님처럼 그들의 친구가 될 수 있는가? 하나님이 화를 내시면 그의 손에서 건져낼 수 있는 신이 누가 있는가? 다곤을 언약궤 앞에 세울 수 있는가? 맘몬이 거룩하신 이와 싸울 수 있는가? 오, 야심에 찬 하만이여, 네가 우상처럼 여기는 명예가 지금 어디에 있는가? 오, 쾌락을 신으로 만드는 탐욕이여, 지금 네가 섬기는 신이 어디에 있는가? 오, 너희의 재산을 어디에, 어떻게 써야 할지 모르는 감각적인 세속성이여, 부가 너희에게 유익이 되는가? 맘몬이 너희를 구원할 수 있는가? 속고 있는 영혼들이여, 이제 너희가 선택한 신들에게 가라. 아, 그들은 너희의 혀를 식혀줄 수 없다.

그러나 야곱의 분깃은 그들과 같지 않다. 영원부터 영원까지 그는 하나님이시다. 그의 힘은 나의 신뢰이며, 그의 선하심은 나의 보호이고, 그의 진리는 나의 방패이다.

그러나 "나의 불평하는 불신앙은 많은 책략을 가지고 있으며, 약속된 것들을 흔들어 나를 새롭게 공격하고, 그 놀라운 힘으로 나를 혼란스럽게 하려고 노력한다." 그러나 왜 내가 하나님의 영광과 내 영혼 안에 있는 그의 위로를 빼앗아가는 불신앙 때문에 약속에서 흔들려야 하는가? 의심하고 다투는 것은 큰 죄이다. 그런데 내가 믿는 것을 두려워할 수 있을까? 오, 나의 영혼아, 네가 어려움을 극복하여 믿고, 모든 피조된 힘과 인간적인 믿음을 뛰어넘어 위대하고 놀라운 것들을 찾고 기대하는 것은 네가 주께 돌릴 수 있는 최고의 명예이다.

당신에게 상속된 유익들의 크기와 낯설음이 당신을 당혹스럽게 하지 않게 하라. 당신이 관계를 가져야 하는 분은 하나님이시다. 그러므로 당신은 작은 것들을 찾지 말아야 한다. 그것은 그의 후하심의 영광과 그의 능력과 선하심의 무한함을 어둡게 하는 것이다. 자기 이름을 영광스럽게 하시고, 자신이 구하거나 생각할 수 있는 모든 것보다 더 하실 수 있는 분이시라는 것을 당신으로 하여금 알게 하시는 것이 그의 계획이라는 것을 알고 있는가? 주께서 당신 안에서 하나님이 무엇을 하실 수 있는지 보여주시고, 당신을 세상 앞에서 승리하게 하시고, 당신 앞에서 이것이 주께서 명예롭게 하시기를 기뻐하신 사람에게 일어날 것이라고 선언하실 때 당신을 위해 일어날 수 있는 것들은 작거나 일상적인 것들일 수 없다.

만약 이것들이 당신의 모든 이해와 개념을 넘어선다면 얼마나 놀라운 일인가? 이것은 당신의 믿음을 위한 좋은 논쟁이다. 이것은 주께서 말씀하신 것이며, 그가 자기를 사랑하는 자들을 위해 어떤 것들을 준비하셨는지 생각하는 것은 사람의 마음에 들어오지 않는 것이기 때문이다. 그런데 만약 당신이 그것들을 생각하고 이해할 수 있다면, 어떻게 그의 말씀이 선한 것이 될 수 있는가? 주님이 그것을 말씀하셨다는 것으로 당신에게 충분하다. 그 말씀이 당신과 가까이 있지 않은가? 하나님이 "내가 너희를 받아줄 것이다. 너희가 하나님과 왕들과 제사장들이 될 것이며 모든 것을 상속할 것이고 보좌에 앉을 것이며 천사들을 판단할 것이며 영원히 주와 함께 있을 것이다"라고 말씀하지 않으셨는가? 그렇다면 내가 그에게 감히 그렇지 않다고 말할 수 있는가? 그것은 비합리적인 불신앙이다! 무엇이라고? 결코 만족하지 못하셨다고? 그것은 모순되고 신성을 모독하는 것이다. 거짓된 아첨꾼들은 너희의 말을 더 이상 들으려고 하지 않을 것이다. 나는 하나님께서 말씀하신 모든 것이 이루어질 것이라 믿는다.

언제나 우리로 하여금 그리스도 안에서 승리하게 하시는 하나님께 감사하라. 그러므로 나의 입술과 주께서 구속하신 나의 영혼이 하나님을 찬양할 것이다. 하나님이 그의 말씀을 통해 나를 기쁘게 하셨으며, 내가 그의 손을 힘입어 승리할 것이기 때문이다. 나는 살아있는 동안 주님을 찬양할 것이다. 내가 존재하는 동안 나의 하나님께 찬미의 노래를 부를 것이다. 오, 나의 영혼이여, 네가 아무리 지치토록 수금을 치고 노래를 불러도 너는 결코 구속자를 충분히 찬미할 수 없을 것이다.

오, 나의 적들이여, 이제 너희의 신뢰가 어디에 있으며, 너희가 신뢰하고 있는 무기가 어디에 있는가? 나는 너희의 다수와 무장한 모든 힘과 악의와 정책에 대항하여 오직 그리스도만을 세울 것이다. 전쟁은 이미 이겼으며, 우리 구원의 대장은 적들을 십자가로 승리하셨고, 그들의 전리품을 가지고 돌아오셔서 공개적으로 보여주셨다. 우리 주 예수 그리스도를 통해 승리를 주신 하나님께 감사하리로다. 그렇다면 내가 누구를 두려워할 것인가? 보라, 나를 구속하신 이가 가까이 계신다. 그렇다면 누가 나를 송사할 것인가? 너 지옥의 권세들이여, 너희는 단지 사슬에 묶인 사로잡힌 자들에 불과하며, 우리는 지옥의 문이 우리를 이기지 못할 것이라는 확실한 말씀을 가지고 있다. 비록 세상이 우리를 대적하고, 그들의 머리에 있는 마귀를 챔피언으로 삼고, 살아계신 하나님의 군대를 무너뜨리려고 해도, 이 할례받지 못한 블레셋 사람은 누구인가? 보라, 나는 골리앗을 대적하여 싸운 소년처럼 칼과 창이 아니라 만군의 여호와의 이름으로 나아가며, 그의 힘으로 정복자보다 더 강하다.

오, 무덤이여, 지금 너의 승리가 어디에 있는가? 그리스도는 부활하셨으며 너의 감옥을 부서뜨리셨고 돌을 굴려내셔서 너의 모든 죄수가 탈출했다. 나의 대적이여, 나를 넘어뜨린 것으로 기뻐하지 말라. 비록 내가 넘어져도 나는 다시 일어날 것이다. 비록 내가 어둠 속에 있어도 주께서 나의 빛이 되실 것이다. 오, 지옥이여, 너의 열망을 확대하지 말고 너의 불타는 입을 닫으라. 이제 그리스도 예수 안에 있는 자들에게는 어떤 정죄도 없기 때문이다.

오, 사악한 세상이여, 너는 이미 정복되었다. 정복된 원수가 나의 종이 되었으며, 나는 죽임을 당한 사자의 시체에서 얻는 꿀로 배부르다. 나는 너의 위협도 나를 사로잡으려는 시끄러운 노래소리도 두려워하지 않는다. 너는 구원에 이르는 승리하는 믿음을 통해 하나님의 권세로 사로잡혀 있기 때문이다.

오, 나의 죄여, 너는 이미 매장되었으며, 결코 다시 부활할 수 없고, 너에 대한 기억은 더 이상 없을 것이다. 비록 그 생명이 잠시 연장되었지만, 나의 죄가 십자가에 못 박혔으며, 그 지배권은 제거되었다는 것을 본다. 그러므로 나의 영광이여, 깨어라. 시와 수금이여, 깨어나라. 승리로 구원자를 만나라. 그의 오른손과 그의 거룩한 팔이 우리에게 승리를 가져다주었다. 땅의 온 끝이 우리 하나님의 구원을 보았다.

"그러나 나의 무가치함이 나를 정면으로 응시하고 있다고 생각한다. 나는 '네 스스로 너의 큰 무가치함을 의식하면서 하나님과 영광에 대한 권리를 주장하는 것은 얼마나 거만한 추정인가'라고 비난하며 외치는 불신앙의 소리를 듣는다. 감히 흙이 전능자와 함께 나눌 수 있으며, 그의 끝이 없는 완벽한 성품들에 대해 그것들은 나의 권리라고 말할 수 있는가? 담대한 죄인이여, 물러서라. 너의 주제넘은 오만에 대해 떨라."

오, 나의 하나님, 내가 나의 입술로 나의 무가치함을 고백합니다. 나의 죄책과 수치는 감출 수 없는 것입니다. 하지만 당신은 할 수 있으시고 하십니다. 당신은 나의 벌거벗은 몸에 옷을 입히시고, 허물이 언급되지 않도록 하시고, 죄를 사해 주실 것이라고 약속하셨습니다. 내가 당신이 묻으신 것을 꺼낼 수 있겠습니까? 당신이 제공하신 용서를 받았을 때 당신을 나의 것으로 받거나, 나의 것으로 권리를 주장하는 것이 주제넘은 짓일까요? 나는 당신이 부르실 때를 제외하고 감히 당신에게 다가가지 못했습니다. 나는 당신이 권리를 인정하실 때를 제외하고 자격을 감히 주장하지 못했습니다. 나는 당신이 길을 보여주실 때를 제외하고 당신에 대한 권리를 주장하고, 당신의 자녀인 것을 주장하는 것을 마귀의 교만이라고 생각했습니다.

나의 영혼이여, 너는 하나님의 위대한 계획에 무지하지 않은가? 너는 값없는 은혜를 영화롭게 하는 것이 그의 목적이라는 것을 알지 못하는가? 대상에 어떤 가치가 있다면 어떻게 전적인 은혜라고 말할 수 있겠는가? 너의 무가치함은 단지 값없는 은혜와 자비의 아름다움과 풍성함을 드러내는 포장지에 불과하다.

　"그러나 나는 이 찔레를 흔들어 떨칠 수 없다. 아, 불신앙은 얼마나 정교하게 트집을 잡으면서도 그에 대해 답할 수 없는가! 약속이 아무리 확실한 기초라도, 너는 다른 사람의 터 위에 집을 짓지 않을 수 있다고 이제 나에게 말할 준비가 되어있다. 아무리 하나님의 은혜와 자비가 무한하더라도, 개들은 자녀의 떡을 먹을 수 없다. 너는 약속에 대한 아무런 권리도 자격도 가지고 있지 않다. 그러므로 너의 거짓된 주장을 멈추라."

　그러나 나의 영혼이여, 너는 왜 의심하는가? 너는 주 예수의 징표를 간직하고 있지 않은가? 나는 그에게 나의 이름을 주었으며 그의 언약을 붙잡았다. 그러므로 나는 권리를 주장할 수 있다. 나는 내용을 받아들였고, 중보자와 함께 마무리를 지었으며 언약의 조건에 서명하였다. 그러므로 나는 그것이 나의 것임을 의심할 수 없다. 주님은 나의 하나님이 되시겠다고 제안하셨고, 나는 그 제안을 받아들였다. 나는 그를 하나님으로 받아들였으며 그에게 지배권을 드렸다.

　오, 나의 영혼아, 하늘과 땅에서 네 주변을 바라보라. 네 안에 하나님과 비교할 만한 가치 있는 것이 있다고 생각하는가? 네가 하나님처럼 사랑하고, 그 안에 있는 것보다 더 만족하거나 행복해하는 것이 있는가? 너의 최고의 열망과 계획이 그를 영화롭게 하며 즐겁게 할 수 없지 않은가? 너는 그것이 진실로 그러하다는 것을 부인할 수 없다. 나는 하나님을 제외하고 어떤 것도 나를 만족시킬 수 없다고 확신한다. 나는 이 세상에서 그와 함께 있을 때가 가장 만족스럽다. 나의 영혼은 다른 무엇보다도 그를 찾고 나의 만족스러운 분깃으로 오직 그 안에서 안식한다. 그는 나를 자기 백성 중 한 명으로 받아들일 것을 제안하셨고, 나는 나 자신을 그에게 온전히 드렸다. 나의 내적이며 외적인 사람을 그의 통제 아래 두었으며, 모든 것을 그의 처분에 맡겼고, 나의 모든 것이 유일한 행복의 대상인 그와 함께 만족하기로 결심했다.

더욱이 나는 하나님이 나의 머리와 남편으로 주신 그리스도를 통해 하나님을 받아들였다. 나는 엄숙하고 신중하게 그를 받아들였다. 오, 나의 영혼아. 너는 너의 많은 논쟁을 기억하고 있지 않은가? 너는 그리스도와 모든 세상을 저울로 달아보지 않았는가? 너는 비용을 셈하고 십자가를 믿고 기꺼이 그리스도의 멍에를 메고 너의 구원을 오직 그리스도께 맡기고 그에게 너의 모든 행복과 너의 소망을 맡기지 않았는가? 너는 그를 받아들이고, 모든 것을 잃더라도 그분만으로 충분하다는 것을 받아들이기로 결심하지 않았는가? 너는 이것들이 그리스도와 너 사이에 맺어진 조치였다는 것을 안다. 그러므로 그는 너의 것이며, 모든 약속은 그를 통해 너에게 아멘이 된다.

나는 언약의 조건들을 사랑하고 좋아한다. 나의 영혼은 그것들을 끌어안는다. 나는 하나님을 향한 회개와 우리 주 예수 그리스도를 향한 믿음과 그의 복음에 대한 신실한 순종 이외에 다른 어떤 방법으로도 구원받기를 바라지 않는다. 나는 기꺼이 나의 육체에서 벗어나 의의 빛이신 예수를 바라보며, 나의 구원을 전적으로 이 기초에 맡긴다. 나는 다가올 천국을 소망하며 신뢰하고, 모든 것을 맡기며 내가 선호하는 것을 얻기 위해 다음 세상이 올 때까지 즐거이 기다릴 것이다. 나는 우리 주 예수 그리스도께서 오실 때까지 기꺼이 기다리며, 나의 행복을 하늘에 두었다.

비록 나의 죄가 많지만, 나의 죄가 지속적인 고통과 짐이 아니며, 내가 날마다 경계해야 하고 나의 영혼으로 하여금 아무런 평화를 가지지 못하게 하는 원수가 아니라 말한다면, 나는 나 자신을 속이고 있는 것이다. 나의 마음은 나의 죄를 미워하며 그들의 전적인 파멸을 열망하며, 나의 모든 죄에 대해 대적하기로 결심하고, 그것들을 죽이기 위해 하나님의 모든 수단을 기꺼이 사용한다는 것을 안다. 내가 종종 넘어지고 실패한다는 것은 사실이지만, 나의 양심은 이 사실을 고백하고 슬퍼하며 일상적이고 의도적으로 나 자신이 나의 지식에 반대해서 어떤 죄든 허락하지 않는다는 것을 증거한다.

비록 나의 순종이 비참하게 적더라도, 주여, 당신은 내가 당신의 모든 계명을 존중하며, 당신이 요구하시는 것에 이르려고 노력한다는 것을 아십니다. 성령이 증인이시며, 나의 양심 또한 내가 먼저 하나님의 나라와 그의 의를 구하며, 하나님을 기쁘시게 하고 죄에서 멀리하는 것이 나의 최고의 관심사라는 것을 증거하고 있습니다. 오, 나의 영혼이여, 말하라. 너는 거룩을 목말라하고 거룩을 따르고 있지 않은가? 너는 죄의 모든 쾌락과 즐거움보다 하나님의 거룩한 길을 더 선호하고 선택하고 있지 않은가? 그렇다는 것을 알고 있으므로 더 이상 논쟁하지 않을 것이다. 너는 신실하게 하나님의 언약을 붙잡고 있고, 그것은 너의 것이 확실하다.

오, 나의 하나님, 당신이 나의 영혼과 함께 일하고 계신 것을 봅니다. 나는 그 흔적을 찾고 그 발자국을 봅니다. 틀림없이 당신의 손길이 함께 하심도 봅니다. 주여, 나는 진실로 당신의 종입니다. 나의 영혼은 주님께 "당신은 나의 주님이십니다"라고 말합니다. 그것은 틀림없이 사실입니다. 당신은 지금까지 다른 사람의 물건에 당신의 표를 해두신 적이 있으십니까? 하나님이 자신의 소유를 포기하실 수 있습니까? 나의 이름은 하늘에 쓰여 있습니다. 당신은 당신의 이름을 나의 마음에 새기셨습니다. 그러므로 나는 당신의 마음에 나의 이름을 가지고 계신 것을 의심할 수 없습니다. 주여, 나는 당신을 나의 행복과 유산으로 선택하였습니다. 그러므로 나는 당신이 나를 선택하셨다는 것을 확신합니다. 당신이 나를 먼저 사랑하지 않으셨다면, 내가 당신을 사랑할 수 없었기 때문입니다. 오, 나의 주여, 이 도장과 목걸이와 지팡이가 누구의 것인지 식별하여 주옵소서. 나는 당신이 그것들을 알아보시리라는 것을 압니다.

이제 자신의 풍성한 자비로 나에게 다시 살아있는 소망을 주신 하나님과 우리 주 예수 그리스도의 아버지를 찬미합니다.

나의 영혼이여, 믿고 기다리며 창문을 통해 바라보고 격자를 통해 소리치고 하나님의 영광의 소망 가운데 즐거워하라. 환상은 정해진 시간이 있다. 그때를 기다리라. 그것은 결국 이루어질 것이며 지체하지 않을 것이다(합 2:3). 보라, 추수꾼은 값진 땅의 열매를 기다린다. 인내하라. 그는 오래 참는 반면, 조금도 참을 수 없는가? 그는 땅의 열매를 기다린다. 그러나 너는 하늘의 즐거움을 기다리고 있다. 그는 단순한 확률에 의지하여 기다리지만, 너는 오류가 없는 확실성에 기초하여 기다리고 있다. 그는 곡식을 기다리지만, 너는 영광의 면류관을 기다리고 있다. 만약 그가 곡식이 면류관이 될 것이라고 확신한다면, 얼마나 많이 씨를 뿌리고 얼마나 기쁘게 기다리겠는가! 그렇다면 왜 그것이 너의 추수에 적용될 수 없는가? 겨울의 혹독함이 지나면 어김없이 여름의 즐거움이 오는 것처럼, 수고하고 애써서 씨를 뿌리면 반드시 수확할 때가 오는 것처럼 너의 주님은 반드시 오실 것이다. 그가 오실 때 너에 대한 보상을 가지고 오실 것이다. 그러므로 나의 영혼아, 다가오는 희년을 사랑하고 열망하며, 나의 변화가 올 때까지 내가 정한 모든 날 동안 기다리라.

오, 나의 주님이 나에게 주신 복된 상태여! 그가 일으키신 행복한 변화여! 나는 낯선 자였으나, 그가 나를 받아들여서 상속자로 삼으셨으며, 나를 쓰레기더미에서 보좌로, 천하고 볼품없는 자에서 자기 법정에 참여하고 자기의 계획들을 알며 자신의 기쁨을 누리게 하셨다. 이 끝이 없는 위엄에 참여하도록 태어난 나는 얼마나 행복한가!

오, 나의 주님, 당신이 내게 주신 것은 결코 작지 않은 것입니다. 나는 이미 시온산과 살아계신 하나님의 성, 곧 하늘의 예루살렘과 셀 수 없는 천사들의 무리와 장자들의 총회와 교회와 모든 것의 재판장이신 하나님과 완전하게 된 의로운 자들의 영들과 새언약의 중보자이신 예수와 흘려진 피에 참여할 준비가 되었습니다. 나의 마음은 당신이 나에게 보내주신 증거들, 곧 양자의 영과 나의 죄에 대한 사함과 천국에 대한 나의 권리와 당신의 은혜의 사슬과 당신의 품에 있는 아들과 그의 피로 적신 새언약과 그의 사랑의 편지들을 볼 때 야곱의 마음처럼 소생합니다. 나의 주님은 나를 사랑하셔서 자신을 나에게 나타내실 것이며, 아버지도 나를 사랑하셔서 두 분 다 나에게 오시고 내 안에 머무시겠다고 말씀하셨습니다. 그러나 그것이 정말 사실입니까? 주님이 땅에 머무실 수 있습니까? 설령 그가 그렇게 하시더라도, 나의 마음과 같은 더러운 구유와 불결한 곳이 생명의 주님이 머무셔서 자신의 법정을 세우실 곳이 될 수 있습니까? 그가 정말 자신의 모든 은혜의 사슬과 함께 오셔서 내 안에서 사시고 행하실 수 있습니까? 어떻게 이런 일이 일어날 수 있습니까? 그러나 그는 그렇게 하신다고 말씀하셨고, 나는 그렇게 믿을 것입니다.

그러나 이 모든 것은 단지 앞으로 올 것에 대한 보증에 불과합니다. 오, 당신을 두려워하는 자들에게 주시는 당신의 선하심은 얼마나 큰지요! 그러나 잠시 후면 나의 전쟁이 끝나고, 모든 것이 회복될 때까지 천국이 틀림없이 나를 받아줄 것입니다. 내가 육신에, 이 흙으로 된 장막에 거하는 것은 단지 잠시뿐입니다. 나의 주님은 자신이 있는 곳에 자기 종도 있을 것임을 보여주셨습니다. 이제 살아있는 자가 죽은 자와 묶였으며, 나의 영혼은 투쟁의 무대이며 전쟁터입니다. 그러나 그것은 단지 잠시뿐이고 완벽한 거룩과 완벽한 평화와 평화로운 영원이 올 것입니다.

오, 나의 죄여, 나는 네가 올 수 없는 곳, 어떤 불결한 것도 들어갈 수 없는 곳, 오염시키는 어떤 것도 들어갈 수 없는 곳으로 가고 있다. 나의 모든 고통과 시험과 모든 불완전함과 부패가 엘리야가 하늘로 올라갈 때 떨어졌던 그의 옷처럼 떨어져 나가는 것을 보게 될 것이다.

오, 나의 영혼이여, 너를 데리러 오는 불병거와 불말을 보지 못하는가? 네가 비록 나사로처럼 비천할지라도, 하나님은 너를 집으로 데려오시려고 천사의 무리를 보내시는 것을 꺼리지 않으신다. 너를 담대히 자기 아버지 앞으로 인도하실 친구를 가지고 있음에도 어찌 그가 받아주실 준비가 되어있다는 것을 의심할 수 있는가? 바로의 궁전에 요셉의 형제들이 왔다는 소식이 들렸을 때 기뻐했던 것처럼 예수의 형제들이 왔다는 소식은 천국에서 즐거움의 소식이 될 것이다.

나의 영혼아, 비록 하나님이 공포와 위엄으로 옷을 입으셨더라도, 들어가는 것을 두려워하지 말라. 너의 구속주께서 너희를 위해 호의를 획득하시고 너의 권리를 주장하실 것이기 때문이다. 아버지께서 친히 나를 사랑하시기 때문에 나는 환영받을 것을 확신한다. 나는 그의 사랑을 맛보고 시험했다. 내가 악한 탕자였을 때에도 그는 나의 누더기를 경멸하지 않으시고, 나의 목을 끌어안고 입을 맞추셨을 뿐 아니라, 천국 그 자체가 나에 대해 즐거워했다. 더욱이 내가 그의 아들로 말미암아 그의 완벽한 형상으로, 영원히 즐거워하기에 적합한 대상으로 그에게 제시될 때 그는 나를 기쁘게 맞이하시고, 나에게 그의 사랑을 나타내실 것이다. 나의 영혼아, 마치 네가 낯선 곳에 가는 것처럼 두려워하지 말라. 왜 그런가? 천국은 너의 나라이며 너의 집이기 때문이다. 너는 너의 집에 들어갈 때 들어가야 할지 의심하고, 환영받을지 두려워하는가? 나의 영혼아, 너는 위로부터 태어났으며, 이곳은 너의 가족의 집이고 너의 아버지의 집이다. 그러므로 너는 반드시 받아들여질 것이다. 그런 다음 나는 영원한 사랑으로 영광스럽게 준비된 하늘의 주민들이 머무는 복된 집을 볼 것이다.

의심할 여지없이 그러할 것이다. 이것은 병든 사람의 꿈도, 어린이들의 소망도 아니다. 살아계신 하나님이 나를 속이실 수 없다. 그렇다면 하나님이 나에게 약속하신 것을 내가 확실하게 나 자신에게 약속할 수 없는가? 나는 살아계신 하나님이 나를 속이시거나 그의 불변하는 언약이 실패했다고 생각하기보다, 나의 모든 감각이 속았으며 내가 보고 느끼고 맛본 것은 단지 환상에 불과했다고 생각할 것이다. 이제 나는 하나님의 아들이며, 내가 어떻게 될지는 아직 나타나지 않았다. 하지만 나는 내가 그와 같을 것이며, 그가 있는 그대로 보게 될 것을 안다. 나는 그렇게 될 것을 안다.

왜 그런가? 내가 하나님께 어떤 안전보장을 달라고 요청해야 하는가? 그는 이미 나에게 자신의 말씀으로 모든 확신을 주셨다. 비록 하나님의 말씀이 충분하지만, 하나님은 약속의 자손들에게 자신의 작정의 불변함을 기꺼이 약속으로 확정함으로써 더 풍성히 보여주셨다. 하나님은 거짓말하실 수 없기 때문에, 이 두 가지 불변하는 것으로 말미암아 나는 강한 위로를 가질 수 있었다. 오, 비합리적인 불신앙이여! 무엇이라고 말하고 있는가? 하나님의 맹세가 너의 갈등을 끝낼 수 없다고 말하는가? 오, 나의 하나님, 나는 만족합니다. 그것으로 충분합니다. 이제 나는 추측하지 않고 들을 수 있고, 교만하지 않은 상태로 승리의 축배를 들 수 있습니다. 나는 나의 의무를 더 이상 거만한 것으로, 나의 믿음을 환상으로 부르지 않을 것입니다.

오, 나의 영혼이여, 너와 영광 사이에는 오직 짧은 삶만 있다. 그곳에는 거룩한 천사들과 영화롭게 된 성도들이 너의 동료가 될 것이며, 사랑과 찬미가 네가 하는 유일한 일일 것이다. 나는 이미 아침의 별들이 노래하는 소리를 듣고, 하나님의 모든 자녀가 즐거움으로 외치는 소리를 듣고 있다고 생각한다. 오, 내가 빨리 들어갈 수 있다면 얼마나 좋겠는가! 하지만 나는 잠시 머물러 있어 마지막 날 나의 몫을 받을 때까지 기다리라는 소리를 듣는다. 좋습니다. 주님, 당신의 말씀이면 충분합니다. 당신의 약속은 이미 받은 것과 같습니다. 성령은 나에게 생명과 영광이 내게 머물 것이며, 육체에서 벗어나는 날 천국에 이를 것이라고 말합니다. 그렇습니다. 내가 바라는 대로 이루어질 것입니다.

그러나 이것이 전부가 아니다. 나의 몸이 흙에서 잠시 잠을 자고 있을 때 그리스도께서 그곳에서 나오라고 부르실 것이다. 아, 진실로 함께 멍에를 진 친구여, 헤어지기 힘들겠지만, 그것은 환영받을 만남이다. 내가 그리스도와 함께 살지 않았다면 너를 떠날 수 없었을 것이다. 그러나 그가 너를 일으켜 거룩한 성전으로 삼으실 것이다. 그가 나타나셔서 나를 자신과 함께 영광 중에 데려가실 때 나는 다시 왕이 거하는 집이 된 너에게로 들어가게 될 것이며, 그곳에서 나는 주님과 영원히 거할 것이다. 우리가 구속주를 함께 섬겼으므로 함께 영광을 받을 것이다. 그리고 주님이 우리와 다시 함께 결혼하실 때 그가 우리 몸과 영혼 모두를 자신과 결혼시키실 것이다.

나는 나의 구속주가 살아계셔서 마지막 날 땅 위에 서실 것을 안다. 비록 벌레가 이 몸을 갉아 먹는다고 해도, 나는 나의 육체로 하나님을 볼 것이다. 비록 나의 장기가 내 안에서 다 부패했더라도, 나는 나의 눈으로 하나님을 볼 것이다. 나의 주님이 어떻게 그런 일이 일어날지 이미 나에게 말씀하셨다. 그가 시간을 정하셨으며, 내가 입고 쓰게 될 불멸의 옷과 생명의 면류관과 내가 앉게 될 영광의 보좌와 심판 자리를 나에게 보여주셨다. 그는 나에게 어디에 앉히실지, 내게 무엇이라고 말씀하실지, 그가 어떻게 나의 비천한 섬김을 인정하시고 내가 잊었던 것을 기억하실지 보여주셨다. 그는 내가 수치를 당했던 일을 어떻게 칭찬하시고, 내가 은밀하게 묻어두었던 것에 대해 어떻게 공개적으로 보답하시며, 내가 그의 이름을 위해 행했던 아무리 작은 구제라도 어떻게 잊지 않으실지 보여주셨다. 그런 다음 그는 자신의 아버지와 하나님의 천사들 앞에서 나를 고백하실 것이다. 참되고 신실하신 증인이 말씀하실 때 우리는 그의 증거가 사실이라는 것을 안다.

아, 나의 영혼이여, 네가 하나님을 거짓말쟁이로 만들고 있지는 않은지 살피라(요일 5:10). 오, 나의 하나님, 나는 당신의 보고를 믿고, 당신의 약속을 따라 이 모든 것을 구합니다. 나는 이 낮은 곳에 있는 동안 당신이 나를 생각하고 계신 것을 알고 있습니다. 이 세상은 단지 내가 순례하는 집일 뿐이며, 나의 영혼은 새장 안에 있는 새와 같습니다. 그러나 새장이 부서질 때 나의 영혼은 비둘기처럼 날개를 쳐서 당신에게 날아가서 안식을 취할 것입니다. 그러나 나는 비천한 흙속에 머물러 있는 동안 당신이 보호하신다는 것을 의심하지 않습니다. 나는 어떤 것도 잃지 않으리라는 것을 알고 있습니다. 나는 사람들이 나를 어디에 묻을지 모르지만, 당신은 깨어서 바라보고 계시며, 어떤 문을 두드려야 하는지, 어떤 무덤에서 나를 불러야 하는지 찾으실 필요가 없을 것입니다. 나는 당신의 손에서 달처럼 아름답고 해처럼 분명하며 영광과 존귀로 관을 쓴 영광스러운 작품으로 나오리라고 믿고 확신합니다. 나의 사면장이 읽히고 세상에 내 죄가 없음이 선포될 때 당신과 함께 머무르게 될 것입니다.

나의 주여, 흙과 같은 존재가 당신에게 이렇게 말하고 있다고 해서 노하지 마옵소서. 주여, 당신이 나의 기대를 일으키셨고, 당신에게서 이 모든 위대한 것을 찾게 하셨습니다. 내가 만약 이것들을 믿지 않는다면, 당신은 이 모든 것을 나에게 헛되이 쓰셨으며, 나의 불신앙은 당신의 진리에 대한 명예를 크게 손상시켰을 것입니다.

오, 주여, 나의 불신앙에 대해 회개합니다. 나의 질투에 대해, 당신에 대해 의심을 품었던 생각에 대해 회개합니다. 나는 당신이 겸손히 신뢰하는 것을 사랑하시고, 당신의 자녀들이 당신을 신뢰하는 것을 보기를 기뻐하신다는 것을 알고 있습니다. 나는 나의 소망의 건물이 당신의 약속의 기초를 머리카락 한 올의 폭조차 넘어서 세워질 수 없다는 것을 알고 있습니다. 오, 나의 하나님, 나의 마음이 안전하게 당신을 신뢰하고, 여기에서 당신이 사실이라고 도장을 찍습니다. 그리스도는 내가 세우는 건물의 모퉁이돌입니다. 그러므로 나의 건물이 바람과 홍수를 견딜 것입니다.

오, 주여, 이제 내가 무엇을 기다립니까? 나의 소망이 당신 안에 있습니다. 오, 나의 복이시여, 나로 하여금 당신을 즐거워하게 하옵소서. 오, 나의 생명이시여, 나로 하여금 당신을 소유하게 하옵소서. 오, 나의 열망이시여, 나로 하여금 당신의 얼굴을 보고, 당신의 소리를 듣게 하옵소서. 당신의 목소리는 달콤하고, 당신의 용모는 빼어나기 때문입니다. 나는 오직 당신이 약속하신 것만을 구합니다. 당신이 나에게 하나님을 볼 것이라고 당신의 명백한 목소리로 말씀하실 것이고, 나는 하나님의 형상을 볼 것입니다. 나의 지식이 완전해질 것이며, 접근할 수 없는 빛을 보고도 나의 부드러운 눈이 아프지 않을 것이며, 나의 눈은 부시지 않을 것입니다. 나는 의의 해를 곧장 바라보며, 그의 영광을 볼 것입니다. 그때 믿음은 열매로 소망은 소유로 바뀔 것이며, 사랑은 그 밝기가 보름달 같을 것이며 영원히 지속될 것입니다.

오, 나의 소망의 하나님이시여, 나는 당신이 약속하신 대로 새 하늘과 새 땅에 맞는 새 몸과 새 영혼을 찾고 있습니다. 그때 나의 모든 영혼은 전적으로 당신과 함께 머물러 있게 될 것이며, 나의 모든 감정은 가장 높은 상태를 유지할 것이고, 나의 능력의 바퀴는 당신을 향해 가장 힘차게 영원히 움직이며 계속해서 출입할 것입니다. 그러므로 당신에게서 즐거움과 영광이, 나에게서 사랑과 찬미가 서로 영원히 교류하게 될 것입니다.

오, 나의 영혼이여, 너는 사실 부요하며 재산이 늘고 있다. 너는 이 땅의 가장 강한 자들의 영광이나 위엄을 부러워할 이유가 없다. 그들의 영광은 이어지지 못할 것이다. 그들은 양처럼 그들의 무덤에 누울 것이며, 죽음이 그들을 삼킬 것이고, 그들의 모든 화려함과 영광은 영원히 끝날 것이다. 그러나 나의 나라는 영원한 나라이다. 나의 옷은 결코 헤어지지 않을 것이며, 나의 왕관은 결코 흔들리지 않을 것이고, 나의 보좌는 결코 공석이 되지 않을 것이며, 나의 발판은 결코 무너지지 않을 것이고, 나의 화관은 결코 시들지 않을 것이며, 나의 집은 결코 낡지 않을 것이고, 나의 포도주는 결코 변질되지 않을 것이며, 영원한 즐거움이 나의 머리에 있을 것이고, 슬픔과 탄식이 사라질 것이다.

오, 하나님, 당신이 나를 얼마나 행복하게 만드셨는지요! 나는 내가 바랄 수 있는 것보다 훨씬 더 낫습니다. 당신은 모든 것을 이루셨으며, 모든 것을 영원히 세우셨습니다. 온 세상은 그런 유산이나 권리를 보여줄 수 없습니다. 세상은 단지 몇 년 동안만 자신의 소유권을 주장할 수 있습지만, 세상은 사실 그런 권리조차 가지고 있지 않습니다. 그러나 나의 기업은 영원하며, 어느 누구도 소유권을 빼앗아 갈 수 없습니다. 이 일은 천국에 세워졌고, 책에 기록되어 있습니다. 나의 증거는 잃어버릴 수 없습니다. 그것은 위에 있는 법정에 기록되었고, 말씀의 거룩한 책에 등록되어 있으며, 나의 양심의 책에 새겨져 있습니다. 나는 그 안에서 행하고 즐거워할 것입니다.

나의 영혼이여, 너의 눈의 눈물을 닦고 한나처럼 더 이상 슬퍼하지 말라. 나의 집이 내가 바라는 것처럼 하나님과 함께 있지 못하고 행복하고 번창하지 못한다면 어떻게 해야 하는가? 나를 괴롭히는 자들이 늘어나고, 시험과 고통이 구름처럼 밀려와서 급하게 서로를 짓누를 때도 나의 영혼은 흔들리지 않는 바위 같을 것이며, 나의 몫의 안전함과 풍성함으로 만족한 채 앉아 있을 것이다. 하나님은 나에게 모든 것이 확실히 정돈된 영원한 언약을 맺으셨으며, 이곳에 나의 모든 구원과 나의 모든 열망이 있기 때문이다.

주여, 이제 내가 남은 생애 동안 당신을 사랑하고 찬미하며 경배하는 것 이외에 무엇이 남아있습니까? 내가 무엇을 가지고 주님 앞에 나가서 지극히 높으신 하나님께 경배하겠습니까? 비록 당신의 자비가 요구하지 않아도 내가 나의 감사를 표현하기 위해 무엇을 드릴 수 있겠습니까? 아, 나의 가련하고 작은 영혼이여! 아, 너는 얼마나 작은가! 너의 능력은 얼마나 작으며, 얼마나 균형을 잃었는가! 아, 나의 목소리는 얼마나 높이 올라가지 못하는가? 하지만 내가 모든 것을 할 수 없다고 해서 아무것도 하지 말아야 하는가?

주여, 내가 나의 모든 것을 당신께 드립니다. 가련한 과부처럼 나의 두 렙돈을, 나의 영혼과 육체를 당신께 드립니다. 나의 모든 힘으로 당신을 사랑하고 섬길 것입니다. 나의 모든 지체가 당신을 위한 의의 병기가 될 것입니다. 여기에 나의 선한 의지가 있습니다. 보시옵소서. 나의 재산은 당신의 것이며, 나의 관심은 당신을 섬기는 데 있습니다. 나는 모든 것을 당신 앞에 내려놓습니다. 나의 모든 것을 가지옵소서. 그것들은 당신의 것입니다. 나의 자녀들을 당신의 종으로 드립니다. 나의 소유를 당신 앞에 내놓습니다. 나는 당신 외에 어떤 것도 나의 것으로 부르지 않을 것이며, 나의 모든 것은 당신의 것입니다.

나는 나의 주, 나의 하나님이라고 말할 수 있습니다. 그것으로 충분합니다. 나는 감사하게도 다른 모든 것에 대한 나의 권리를 포기합니다. 나는 더 이상 나의 집은 나의 것이라거나, 나의 재산은 나의 것이라고 말하지 않을 것입니다. 나 자신 또한 나의 것이 아닙니다. 내 자신이 나의 것이 아니라 당신의 것이라는 것이 무한히 더 낫습니다. 내가 나의 하나님, 나의 아버지라고 부를 수 있는 것이 나의 행복입니다. 아, 당신은 나 대신에 얼마나 복되고 놀라운 것을 주셨는지요! 당신은 아무런 의미도 없는 나를 대신해서 무한한 가치가 있는 당신을 나의 것으로 주셨습니다.

주여, 이제 당신은 나의 권리 주장을 받아두십니다. 나는 당신의 것을 받을 자격도, 더욱이 당신을 소유할 아무런 자격도 없습니다. 그러나 나는 당신의 말씀을 손에 들고 담대히 소유권을 주장하는 행동을 합니다. 이 손을 모르십니까? 이 이름을 소유하지 않으셨습니까? 당신이 주신 것을 확증하지 않으시렵니까? 그것을 의심하는 것은 불신앙입니다. 나는 나의 주님의 신실하심을 의심하지 않을 것이며, 주님이 말씀하시고 맹세하신 것을 요구하는 것을 두려워하지 않을 것입니다. 당신이 나의 하나님이시라고 말씀하지 않으셨습니까? 그렇다면 내가 당신을 나의 원수인 것처럼 두려워할 수 있습니까? 당신이 나에게 나의 아버지라고 말씀하시지 않으셨습니까? 그런데 내가 마치 낯선 자인 것처럼 멀리 떨어져 서 있어야 하겠습니까?

　나는 믿을 것입니다. 주여, 나의 두려움을 제거해 주옵소서. 당신이 내게 자녀의 권리와 자격을 주신 것처럼 자녀라는 확신을 주옵소서. 나의 마음이 당신의 약속으로 날마다 살아있게 하시고, 이 지팡이로 요단강을 건너가게 하옵소서. 이 약속들로 하여금 나의 흔들리지 않는 친구와 위로자가 되게 하옵소서. 내가 갈 때 이 약속들이 나를 인도하게 하옵소서. 내가 잠잘 때 이 약속들이 나를 지키게 하옵소서. 내가 깨어있을 때 이 약속들이 나와 대화하게 하옵소서. 당신의 백성의 마음으로 생각할 때마다 영원토록 이 약속들을 지키시고, 그들의 마음을 당신께 준비시켜 주옵소서. 당신의 종의 마음이 당신의 언약궤가 되게 하옵소서. 그 안에서 당신과 나의 영혼 사이에 맺어진 것에 대한 거룩한 기록이 영원토록 보존되게 하옵소서. 아멘.

제 16 장
회심하지 않은 자들에게 하나님과 언약을 맺는 방식에 대해

오, 땅이여, 주님의 말씀을 들으라. 너 이 세상의 사람들이여, 너희는 감옥에 있으며, 죄악에 사로잡혀 있고, 이 세상의 임금 아래 있으며, 죽음과 언약을 맺고 있고, 지옥과 협정을 맺고 있으며, 그리스도가 없고, 이스라엘의 부요함과 거리가 먼 자들이다. 약속의 언약에 낯선 자들이고, 아무런 소망도 없으며, 세상에서 하나님도 없고, "우리는 이 사람을 우리를 다스릴 자로 삼지 않겠다. 우리가 그의 멍에를 풀고 그의 사슬에서 벗어나자"라고 말한다. 너희는 우상과 연합되어 있고, 다른 신들을 선택하여 따라간다. 이 세상의 풍조와 공중의 권세 잡은 자와 지금 불순종의 자녀들 안에서 역사하는 영을 따라 행하며, 육체의 정욕을 따라 말하고, 육체와 생각이 바라는 것을 성취하며, 본질상 진노의 자녀이고, 쓰디쓴 죄악 가운데 속박되어 있다.

너희 사망의 자녀들이여, 너희 밤과 어둠의 자녀들이여, 들으라. 그러면 너희의 영혼이 살 것이다. 너희에게 이 구원의 말씀이 보내졌다. 심지어 멀리 떨어져 있는 자들도 언약을 맺을 것이며, 하나님을 기쁘시게 하는 것을 택할 것이고, 아들과 딸의 영광스러운 이름을 가질 것이다. 하나님이 야곱에게 말씀을 보내셨으며, 그 말씀이 에돔과 아말렉과 할례받지 아니한 블레셋에 빛을 비출 것이며, 그들 중 많은 사람을 우리 주 하나님이 부르실 것이다(행 2:39).

땅에 기록되어 있고, 죽은 자들 가운데 있는 백성이여, 들으라. 와서 너희와 죽음과의 언약을 파기하고, 너희와 지옥과의 계약을 끊으라. 전능하신 분과 언약을 맺으라. 너희의 이름이 예루살렘에 있는 살아있는 자 중에 기록될 것이다. 하나님 앞에 서서 함께 변론하자. 너희는 어디에 서 있는가? 너희의 몫과 기업은 무엇인가? 너희는 저주받았다. 불과 유황과 무서운 폭풍이 너희의 몫이 될 것이다(시 11:6). 너희는 무엇을 찾고 있느냐? 너희는 어디로 가고 있느냐? 너희의 헛된 시절이 지나고 난 후 너희의 거처는 어디가 되겠느냐? 누가 삼키는 불과 함께 거할 수 있느냐? 누가 영원히 타는 것들과 함께 거할 수 있느냐?

네 앞을 보라. 너희를 삼키려고 하는 연기 나는 용광로와 불못과 바닥이 없는 구덩이를 보라. 그것들은 너희가 다음 발걸음을 내디딜 때 너희를 삼킬 것이다. 너희의 목숨을 위해 도망가라. 왜 죽으려 하느냐? 돌이키라. 그러면 살 것이다. 너희는 죽은 자의 부활과 다가올 심판과 보이지 않는 세상을 믿는가? 사람의 영혼이 짐승의 영혼처럼 될 것이라고 생각하는가? 사람의 영혼은 그의 몸과 함께 소멸되는 가? 사람은 개가 죽는 것처럼 죽는가? 지혜로운 사람은 어리석은 사람과 똑같이 죽는가? 의로운 자든 불의한 자든, 착한 사람이든 나쁜 사람이든 이생에서뿐 아니라 내생에도 모든 사람에게 모든 것이 똑같이 일어나는가?

당신은 성경을 믿는가? 성경은 단지 우화인가? 당신이 성경이 우화라고 믿는다면, 성경이 우화라고 확신하는가? 당신의 영혼을 당신이 믿는 것에 맡길 수 있는가? 성도들은 성경이 진리라는 데 모험을 거는 반면에, 당신은 성경이 거짓이라는 데 모험을 걸 수 있는가? 당신은 이것이 거짓이 아니라면, "나는 설령 그것이 마침내 단순히 위조되고 조작된 것이 아니라고 증명이 되더라도, 나는 영원히 정죄받아도 되고, 벌레가 영원히 내 심장을 갉아 먹고, 지옥의 불이 나의 살과 뼈와 영혼을 영원히 태워도 된다"라고 흔들리지 않고 말할 수 있는가?

당신은 성경이 진정 진리라고 믿는가? 만약 믿는다면, 성경은 당신에게 무엇이라고 설교하고 있는가? 성경이 다음과 같은 것을 말하고 있지 않다면 어떤 것을 말하고 있는가? 유한한 눈으로 볼 수 있는 것 이외에 또 다른 삶과 죽음이 있다. 또 다른 삶과 죽음은 영원하다. 당신이 하나님의 언약 안에 있는지 밖에 있는지에 따라 당신에 대한 사느냐 죽느냐의 영원한 심판이 달려 있다. 당신이 죽음과 언약을 맺고 죄악 가운데 살고 있다면, 당신은 하나님의 언약 밖에 있고, 언약을 통해 아무런 유익도 얻지 못한다. 당신이 죄 아래 있다면, 당신은 언약 밖에 있고, 당신이 언약 밖에 있다면, 당신은 그리스도 밖에 있다. 당신이 그리스도 밖에 있다면, 당신은 정죄 아래 있지 않은가?

당신이 진리라고 믿고, 하늘과 땅처럼 확실히 서 있다고 고백하는 것이 있는가? 성경보다 더 확실하게 말하고 있는 것이 있는가? 당신이 죄의 상태에 있어도 여전히 안전하다고 생각하는가? 하나님과 분리되어 있고, 모든 의의 원수라도 여전히 평안한 상태에 있다고 생각하는가? 당신은 시간을 위해 영원을, 죽음을 위해 생명을, 죄의 쾌락을 위해 영혼을 팔 결심을 했는가? 이것이 당신이 한 선택이며, 이것을 고수하기로 결심했는가?

"이 세상을 갖자. 이곳이 나의 분깃이다. 나의 선한 것들은 이곳에 있다. 다른 세상에서는 정죄를 받으리라. 이곳에서 죄를 짓고 이후에 고통을 받자. 이곳에서 웃고 이후에 탄식하자. 이곳에서 번성하고 번창하고 평안히 명예롭게 기쁘고 자유롭게 살자. 나의 감옥과 나의 고통과 나의 고뇌와 나의 역경을 버리자. 내가 잠시 이곳에서 부자가 되고 즐겁고 기뻐할 수 있다면, 그곳에서 찢기거나 불타거나 죽어도 좋다. 이 땅의 시간이 나의 천국이 되게 하고, 영원이 나의 지옥이 되게 하라!" 진심으로 말하라. 이것이 당신의 선택인가? 그렇지 않다면 새로운 선택을 하지 않아도 되도록 새로운 복음을 만들 것인가? 하나님이 결합하신 것을 나누려고 하고, 하나님이 나누신 것을 결합하려 하는가?

당신은 다음과 같은 것을 복음으로 쓰려 하는가? "거룩과 지옥, 죄와 영광, 그리스도와 저주, 마귀와 면류관이 함께 할 수 있다. 악한 자로 하여금 자기 길을 가게 하고, 불의한 자로 하여금 자신의 생각을 붙잡게 하라. 그로 하여금 하나님에게서 계속해서 달아나게 하라. 그러면 그가 자비를 얻을 것이다. 그로 하여금 하나님에게서 계속해서 달아나게 하라. 그러면 그가 풍성히 용서를 받을 것이다! 사망으로 인도하는 문은 작고 길은 좁다. 따라서 그것을 찾는 이가 적다. 그러나 생명으로 인도하는 문은 크고 길은 넓다. 온 세상이 그리로 들어가고 있다! 심령이 교만한 자는 복이 있나니 천국이 그들의 것이기 때문이다! 지금 웃는 자들은 복이 있다. 심술궂고 자비가 없고 마음으로 참지 못하고 의를 핍박하는 자들은 복이 있나니 하늘에서 그의 상급이 크기 때문이다! 개들과 음행을 행하는 자들과 점쟁이들과 술주정뱅이들과 악인들과 신성을 모독하는 자들과 우상을 숭배하는 자들과 거짓말을 사랑하고 거짓말을 하는 사람들은 누구나 천국에 있을 것이다. 하지만 어린양들과 거룩한 자들과 겸손한 자들과 온유한 자들과 자비를 베푸는 자들과 마음이 올바른 자들과 심령이 가난한 자들과 화평케 하는 자들과 의를 위해 핍박를 받는 자들과 진리를 사랑하고 하나님을 신뢰하는 모든 사람은 천국 밖에 있을 것이다. 그들은 영원한 불에 들어가지만, 악인들은 영생에 들어갈 것이다!"

이것들이 당신의 신조의 조항들인가? 이것이 당신의 복음인가? 그렇다면 당신의 천국은 무엇인가? 그렇지 않고 옛 복음이 서야 한다면, 당신의 영혼은 어디에 있는가? 당신의 영혼은 잃어버리고 회복될 가치가 없는가? 왜 죽으려고 하는가? 돌아서라. 그러면 살 것이다. 오! 언제 그런 일이 일어날 수 있는가?

화해의 말씀을 맡은 그리스도의 대사로서 나는 영원한 하나님의 이름으로 영원한 복음을 선포한다.

주 하나님은 첫 사람 아담과 그 자신과 그 안에 있는 모든 인류를 위해 생명의 언약을 맺으셨다. 하지만 이 언약은 깨어졌으며, 이로 말미암아 죄가 들어왔고, 죄로 말미암아 사망이 들어왔다. 모든 세상이 이제 하나님 앞에서 죄책이 있게 되었으며, 영원한 불의 심판을 받게 되었고, 그 언약이 할 수 있는 어떤 것으로도 회복이 전적으로 불가능한 상태에 놓이게 되었다. 그래서 하나님은 자신의 풍성한 은혜로 누구든지 그것을 붙잡는 사람은 사망과 저주의 상태에서 생명과 축복의 상태로 구원을 받는 새 언약을 만드셨다. 육체를 통해 연약하여 율법이 할 수 없는 것을 하나님이 자기 아들을 죄 있는 육체의 모양으로 보내셔서 성취하셨다. 그를 믿는 자는 누구든지 멸망하지 않고 영생을 얻도록 이런 은혜로운 승인을 하셨다(요 3:16). 이것이 당신에게 선포된 언약이다.

이 새 언약은 혼인 언약이다. "내가 네게 장가들어 영원히 살되 공의와 정의와 은총과 긍휼히 여김으로 네게 장가들며 진실함으로 장가들리니 네가 여호와를 알리라"(호 2:19-20). 하나님은 이 언약 안에서 당신에게 남편과 유산을 받도록 제안하시고 초청하신다. 곧 남편은 왕의 아들이신 주 예수 그리스도이시며, 그와 더불어 잃어버렸던 나라와 하나님의 나라에 속하는 모든 것이 유업으로 제시된다. 사로잡혔던 자들에게 자유를 주시고, 갇혔던 자들에게 옥문을 열어주시며, 가난한 자들을 부하게 하시고, 보지 못하던 자들을 보게 하시며, 걷지 못하던 자들을 걷게 하시고, 병든 자들을 치료하시며, 죽었던 자들이 생명을 얻게 하신다.

너희 중 율법 아래 있으며, 죄의 끈으로 묶여 있고, 영혼이 쇠사슬로 굳게 묶여 있는 사람 중 누구든지 사망과의 언약을 끊고, 지옥과의 계약을 파기하며, 주와 결합되고, 이 언약의 띠 안에 들어오기를 바라는 사람은 누구나 이 언약의 모든 축복을 확실히 받게 될 것이다. 승인이 났고 행동이 취해졌으며 인쳐졌다. 하나님은 자신의 인을 치셨다. 하나님은 너희를 받아들이시기로 인을 치셨다. 이제 너희의 인을 치라. 그러면 계약이 성립된다. 그리스도와 그와 더불어 모든 것이 너희의 것이며, 너희는 그의 것이다. 이것을 거절한다면 너희는 영원히 죽을 것이다.

그렇다면 죄인이여, 당신은 무엇을 말하고 있는가? 당신은 동의했는가? 당신은 받아들였는가? 혹은 라반이 리브가에게 말했던 것처럼 당신은 이 사람과 함께 가겠는가? 나로 하여금 당신을 이 한 분 남편에게 중매 서게 하라. 오직 나로 하여금 당신에게 먼저 말하게 하라. 이 문제는 엄중하다. 그러므로 당신도 엄중해야 한다. 이것은 생명의 문제이며, 영원의 문제이다. 그러므로 생각하라. 당신의 마음으로 전능하신 분께 나와 그 앞에 엎드리고, 내가 당신에게 그의 크고 두려운 이름으로 선포한 이 요구에 응답하라.

I. 예수님을 남편으로 받아들이는 것의 의미

당신은 예수님을 당신의 남편으로 받아들일 것인가? 대답하기 전에 그것이 무엇을 의미하는지 이해하라. 그리스도를 당신의 남편으로 받아들이는 것은 다음과 같은 것을 함축한다.

① 그를 당신의 것으로 선택하고 받아들이며, 당신 자신을 그의 소유로 드림으로써 그와 더불어 영원히 가장 사랑스러운 부부의 정을 가지고 사는 친밀한 연합.

② 당신이 모든 일에 순종하고 복종할 주로서 자유롭고 기쁘게 당신 자신을 그 아래 두는 순전한 복종. 아내는 남편에게 복종해야 하지만, 노예처럼 억지로 하지 않고 기쁨으로 동의해야 한다.

③ 그를 당신의 머리로 붙잡고, 그로부터 당신에게 온 것 이외에 아무것도 기대하거나 주장하지 않으며, 모든 일과 의무를 감당하며 사는 데 필요한 모든 측면에서 전적으로 그를 의지하는 것.

그렇다면 당신이 무엇이라고 말하고 있는지 생각하라. 당신의 마음은 그리스도를 선택하고, 받아들이며, 그리스도께 드리고 있는가? 당신은 그를 남편으로 선택하고 있는가? 당신은 그를 위험에서 숨겨줄 피난처로 선택할 수 있으며, 당신이 필요할 때 도와줄 친구로 선택할 수 있다. 하지만 당신은 그를 당신의 남편으로 선택하였는가? 당신은 그를 의지하고 사랑하며 존귀하게 여기고 그에게 복종하고 있는가? 당신은 그의 방법과 그의 집의 법과 가족의 질서와 규율을 이해하고 있는가? 당신은 그의 명령과 기대를 알고 있는가? 그는 당신의 모든 삶이 얼마나 거룩하고, 얼마나 영적이고, 얼마나 엄격하게 자기를 부인하고, 얼마나 겸손하고 순종적으로 되기를 기대하시는가? 당신은 그가 찾으시는 곳에 있는가? 당신은 필요한 모든 것에서 그를 바라보고, 그를 의지하고 있는가? 당신의 모든 열망이 그에게 있고 그를 의지하고 있는가?

당신은 속박되어 있다. 누가 당신을 구해줄 것인가? 당신은 악을 행했다. 누가 당신을 위해 의를 충족시켜 줄 것인가? 당신은 나환자이다. 당신이 어디에서 정결하게 될 수 있는가? 당신은 거지이다. 당신은 어디에서 유업을 기대하는가? 당신은 모든 일에서 사랑하는 자를 의지하는가? 그가 당신의 지혜와 의와 거룩과 구속과 유업이신가? 당신은 이 모든 일에서 그를 신뢰하고, 당신의 모든 짐과 염려와 두려움과 죄와 죄책과 소망을 그에게 맡기는 명예를 그에게 돌리고 있는가?

당신은 다음과 같이 말할 수 있는가? "오, 나의 하나님, 내가 죄를 지었습니다. 내가 당신의 율법을 어겼습니다. 내가 당신의 사랑을 경홀히 여겼습니다. 내가 당신을 버리고 당신의 원수에게로 달려갔습니다. 내가 당신의 불쾌함 아래 놓였습니다. 진노가 일어나고, 정의가 삼키고, 나의 영혼이 비참하게 되었습니다. 당신이 나와 논쟁하는 것은 얼마나 두려운지요! 나는 '나의 주님이 나를 위해 대답해 주실 것입니다'라는 것 이외에 대답할 것을 아무것도 가지고 있지 않습니다."

"오 나의 예수여, 당신은 죄인들을 당신에게 오도록 구애하고 초청하셨습니다. 당신은 당신의 전령들과 당신의 말씀을 거리와 울타리로, 세상의 감옥과 병원으로 보내셨습니다. 그리하여 가난한 자들과 눈먼 자들과 속박되어 있는 자들과 병든 자들과 빚지고 고통 가운데 있는 자들 중에서 당신의 아내를 취하시기를 원하십니다. 보시옵소서. 당신의 말씀은 사로잡힌 자들 중에서 당신을 배신하고, 다른 사랑하는 자들을 따랐으며, 도둑들과 강도들 사이에 떨어져 있었고, 찢기고 상처 나고, 완전히 실패하고, 내가 가진 모든 것을 탕자처럼 허비하고 낭비한 이 가련한 간음한 자요 가난한 음녀의 영혼을 찾으셨습니다."

"그러나 보시옵소서. 내가 당신의 말씀을 듣고 왔습니다. 설령 당신이 '내가 너를 기뻐하지 않는다'라고 말씀하시고, 설령 당신이 나를 발로 차시고, 나를 먼지 가운데서 밟으시거나 나를 감옥으로 돌려보내시고, 나로 하여금 죄에 대한 수치를 받게 하시더라도, 나는 침묵하고 말하지 않겠습니다."

"그러나 나를 받아주시겠지요? 나를 당신의 집으로 데려가시겠지요? 내가 당신의 이름으로 불림을 받겠지요? 나를 사랑하시고, 나와 연합되시겠지요? 당신의 종을 위한 보증인이 되어주시겠지요? 나의 빚을 당신 위에 두도록, 나의 사슬을 당신 위에 두도록, 나의 부족과 죄와 슬픔과 공포와 역경과 도움과 영혼을 당신 위에 두도록 하시겠지요? 주여, 그렇게 하시겠지요? 그렇다면 내가 어떻게 당신에게 아니라고 말할 수 있겠습니까? 당신이 이미 주셨는데 내가 어떻게 거절할 수 있겠습니까? 주여, 나는 동의합니다. 나는 당신에게 동의합니다. 나의 남편과 나의 조력자가 되어주십시오. 나를 사랑하여 주시고, 나에게서 이 죄책을 제거하여 주시고, 이 사슬을 풀어주시고, 더러운 것을 깨끗하게 씻어주시고, 그런 다음 당신이 원하시는 것을 요청하시고, 당신이 기뻐하시는 것은 무엇이든지 제게 명령하여 주시옵소서.

주를 사랑하라. 주를 경외하라. 주께 순종하라. 오, 당신은 나의 작은 사랑과 순종을 받아주시겠습니까? 내가 할 수 있는 것은 단지 작은 것에 불과합니다. 이 마음은 매우 그릇되고, 매우 연약해서 내가 이 작은 것조차 어떻게 할 수 있을지 두렵습니다. 나는 이 작은 것을 있는 그대로 당신께 가져옵니다. '나를 도와주시면 당신을 사랑할 것입니다. 나를 도와주시면 당신께 복종하고, 나의 모든 소망과 기대를 당신께 둘 것입니다'라는 약속과 더불어 이 작은 것조차 전적으로 당신께 돌립니다."

이제 영혼아, 네가 이것이 무엇을 의미하는지 알았으므로 그리스도를 너의 남편으로 받아들이겠는가?

II. 당신은 예수님을 받아들일 수 있는가?

당신은 더 나은 것을 위해서든, 더 나쁜 것을 위해서든, 더 부한 것을 위해서든, 더 가난한 것을 위해서든 그리스도를 받아들일 것인가? 비록 당신의 주는 왕이시지만, 그의 나라는 이 세상에 속해 있지 않다. 그는 섬김을 받기 위해 오신 것이 아니라 섬기려고 오셨다. 그는 섬기기 위해, 고난받기 위해 오셨으며, 그를 따르는 모든 사람은 그와 함께 고난을 받아야 한다. 그는 제자들 사이에서 땅과 전리품과 왕관과 이 땅에서 위엄과 명예가 아니라, 십자가와 감옥과 채찍과 궁핍을 나누기 위해 오셨다. 당신은 주와 함께 할 수 있지만, 그와 더불어 당신의 몫도 감당하겠는가? 당신은 그와 함께 살고 그와 함께 머물 수 있지만, 그가 어디에 거하시고, 그가 좋아하시는 것이 무엇인지 알고 있는가?

때때로 그는 빵을 가지고 계시지만, 때때로 배고프시다. 때때로 그는 옷을 가지고 계시지만, 때때로 옷이 없으시다. 때때로 그는 집을 가지고 계시지만, 때때로 집이 없으시다. 때때로 그는 친구가 있지만, 때때로 아무 친구도 없을 때도 있다. 때때로 그는 친절을 받으시지만, 때때로 무례하게 취급을 당하신다. 때때로 그는 호산나하고 찬송을 받으시지만, 때때로 십자가에 못 박으라는 소리를 들으신다. 때때로 그는 왕처럼 환영을 받으시지만, 때때로 마귀처럼 반대를 받으신다. 선생이 있는 곳에 학생이 있고, 스승이 있는 곳에 제자가 있어야 한다. 그가 있는 곳에 당신도 있어야 한다. 당신은 "주께서 가시는 곳에 나도 주와 함께 가고, 주께서 먹는 곳에서 나도 함께 먹고, 주께서 머무시는 곳이라면, 장막이든 동굴이든 감옥이든 광야든 주께서 어디에 머무시든지 나도 주와 함께 머물겠습니다"라고 말할 수 있는가? 당신이 무엇이라고 말할지 생각하고 서두르지 말라.

당신은 굶주림과 목마름과 헐벗음이 무엇을 의미하며, 사람의 진노와 그들의 비난과 침 뱉음과 채찍질과 결박이 무엇을 의미하는지 아직 모를 수 있다. 당신은 이것들이 멀리 떨어져 있고, 결코 닥치지 않을 것으로 생각했거나, 그것들이 얼마나 예리하고 고통스러울지 계산해 보지 못하고 생각 없이 결심했을 수 있다. 그러나 당신이 지금 막 이런 상태에 도달했다. 그리스도를 향한 당신의 첫걸음이 세상에서 소중했던 모든 것과 헤어지는 지점이 되었고, 천국을 향한 첫걸음이 불이나 물속에 들어가거나, 당신을 향한 분노로 가득 차 있는 블레셋 진영으로 들어가는 것과 같다.

당신은 위험에 처해 있는 영원한 고통에 대해 더 깊이 느끼고, 당신이 이 위험을 피하려면 그리스도가 절대적으로 필요하다는 확고한 믿음을 가져본 적이 있는가? 당신은 그리스도로 말미암아 받게 될 날카롭고 고통스러운 감각을 이겨낼 수 있게 하는 그리스도에 대한 사랑과 영원한 구원에 대해 크게 가치 있게 여겨 본 적이 있는가? 당신은 상상할 수 있는 모든 고통을 세어보고, 당신의 영혼으로 하여금 다음과 같은 결정을 해보게 한 적이 있는가?

"이제 무엇을 할지 결정하라. 그리스도를 택할 것인가, 그가 없는 것을 택할 것인가? 이것을 택할 것인가, 면류관이 없는 것을 택할 것인가? 이 십자가를 택할 것인가, 저주받는 것을 택할 것인가? 사람의 진노를 택할 것인가, 영원히 이를 갈고 슬피 울게 되는 하나님의 진노를 택할 것인가? 그리스도를 고백하라. 그리스도께서 인정하게 하라. 그리스도와 함께 고난을 받고, 그와 함께 다스리라. 그리스도와 함께 울고, 그와 함께 즐거워하라. 그리스도와 함께 죽으라. 그러면 영원히 살 것이다. 그리스도를 버리라. 그러면 영원히 멸망할 것이다."

당신 자신을 그리스도께 맡긴 적이 있는가? 가장 엄중히 논의를 한 후에 당신은 어떤 결론을 내렸는가? 그리스도를 선택하였는지, 그리스도가 없는 것을 선택하였는지 말해 보라. 당신은 더 나은 것을 위해서든 더 나쁜 것을 위해서든, 그가 어떤 비용을 당신에게 요구하시든 그리스도를 선택할 수 있는가?

III. 당신은 그리스도 이외에 다른 모든 것을 버릴 수 있는가?

당신은 다른 모든 것을 버릴 수 있는가? 당신은 당신에게 권리를 주장하는 세 남편, 곧 죄와 세상과 마귀를 가지고 있다. 당신은 이 모든 것을 버리고 그것들과 이혼할 수 있는가? 그리스도와 그것들을 동시에 가지는 것은 불가능하다. 그리스도를 버리든지 그것들을 버려야 한다.

1. 죄를 떠나보냄

죄를 버리는 것은 마음을 죄에서 떨어지게 하거나 잃어버리게 하는 것이다. 그것은 마음으로 죄를 기꺼이 떠나보내는 것이다. 그것은 우리가 죄와 기꺼이 헤어지는 것이며, 죄와 영혼 사이의 평화를 깨트리고 연대를 끊는 것이다. 죄인이 그리스도의 가치와 영혼의 소중함과 그리스도와 영혼을 향한 죄의 적대감과 무가치함을 생각하며, 그리스도와 함께 누리게 될 모든 기쁨과 유익을 분명히 확신하게 될 때 기꺼이 죄를 버리게 된다.

"죄 안에 무엇이 있는가? 죄가 나를 위해 무엇을 할 수 있는가? 죄는 얼마나 오랫동안 나에게 머물러 있으며, 나를 어디로 인도하는가? 오, 전갈의 꼬리여, 내가 꼬리에서 독침을 보고 있지 않은가! 그리스도 없이 살 수 있는가? 내가 그리스도께서 그런 이웃들과 함께 거하시기를 바랄 수 있는가? 내가 나의 영혼을 잃어버리는 것을 참을 수 있는가? 나의 영혼이 이런 것들을 피할 수 있는가? 나는 그리스도와 정욕 둘 다 붙들려고 하는 것은 헛된 일이며, 나의 죄와 나의 영혼 둘 다 구원하려고 생각하는 것은 헛된 일이라는 것을 보고 있다. 그것은 정죄를 받는 것과 구원을 받는 것을 하나로 만드는 것이다. 그것은 마치 천국과 지옥이 함께 있도록 만들려고 시도하는 어리석은 생각이다. 자, 죄와 정욕을 버리며 의와 평화를 유지하라. 죄가 더 이상 나의 즐거움이 되지 않게 하라. 영원히 나에게 낯선 자가 되게 하라. '내가 도무지 너를 모르겠다'라고 말하라."

마음으로 죄에 대해 저항하라. 이런 일은 마음이 죄를 견디기 힘들고 더 이상 함께 거하기 괴로워 이혼증서를 주고 결별할 때 일어난다. 이런 일은 마음이 죄에 대해 애굽 사람들이 이스라엘을 다루었던 것처럼 다룰 때 일어난다. 곧 처음에 그들은 이스라엘 사람들을 떠나도록 허락했지만, 결국 강제로 그들을 밀어내었다. 그들은 이스라엘을 남겨두면 자신들이 모두 죽게 됨을 알았기에 서둘러 애굽에서 내쫓았다.

마음은 "죄여, 떠나라. 그렇지 않으면 내가 죽게 될 것이다"라고 말한다. 마음은 죄를 더 이상 친구로 여기지 않고, 저주하고 미워하고, 마땅히 죽여야 할 원수로 여기며, 죄를 발견하고 파괴하기 위해 하나님의 모든 수단을 사용하기로 결심하게 된다.

죄를 발견하기 위해 하나님의 모든 수단을 사용해야 한다. 그것은 어둠의 숨겨진 일들을 밝히 드러내는 것이다. 죄는 가면을 쓰고 있다. 친구와 원수를 구별하는 것은 어렵기 때문에, 그들은 악을 구분할 수 있도록 감각이 살아있고 잘 훈련되어야 한다(히 5:14). "자기 허물을 능히 깨달을 자 누구리요"(시 19:12). 죄는 어둠 속에 있다. "사람의 마음은 심히 부패했다. 누가 능히 이를 알 수 있는가?"(렘 17:9). 죄는 악하고, 깊이 들어와 있어서 눈으로 식별할 수 없다. 죄를 간절히 내쫓기 원하는 사람은 먼저 자신의 죄악을 찾아야 한다. "우리가 스스로 우리의 행위를 조사하자"(애 3:40). 당신은 이 원수들이 누구이며, 얼마나 많으며, 어떻게 그들을 알 수 있으며, 그들이 어떻게 자신들을 은밀히 숨기는지 묘사하고 있는 성경을 탐구해야 한다. 당신은 항상 마음을 자세히 살펴서 죄가 발견되거나 탐색이 되지 않도록 숨기고 있지는 않은지 점검해야 한다.

당신은 스스로 죄를 원수라고 부르면서 죄를 찾아내려고 하지 않고, 더 나아가 죄가 드러나지 않도록 숨기고 있다면, 스스로 속이고 있는 죄인이다. 죄를 알려고 수고하지 않는 사람은 죄에 참여하고 있는 사람이다. "나는 마귀와 그의 모든 일을 미워하며 철저히 회개한다. 나는 나의 모든 죄를 버린다. 비록 내가 죄악을 범했지만, 앞으로는 하나님의 은혜로 더 이상 죄악 가운데 거하지 않을 것이다." 사람들은 죄에 대해 헛되게 말할 수 있지만 당신은 죄에 대해 무엇을 말하는지 알아야 한다. 죄는 무엇인가? 당신은 친구와 원수, 선과 악을 구별하고 있는가? 당신의 죄는 무엇인가? 당신은 무엇을 했는가? 당신은 어떤 일에서 죄를 지었는가? 당신에게 악을 행한 사람들은 누구인가? 그들의 이름은 무엇인가? 당신은 그들의 이름이 군대라고 말할 수 있다. 그들의 수가 많기 때문이다.

"나는 많은 일에서 죄악을 범했다." 하지만 구체적으로 어떤 일에서 죄악을 범했는가? 당신은 당신의 원수를 알고 있는가? 당신은 그를 알기 위해 찾거나 조사하고 있는가? 당신은 성경에서 교만한 마음에 대해 읽을 때 그가 바로 해를 끼쳤던 자라는 것을 탐욕스러운 마음에 대해 읽을 때 그가 바로 탐욕을 일으키는 자라는 것을, 질투하고 악의적이고 심술궂은 마음에 대해 읽을 때 그가 바로 악의 근원이라는 것을, 강퍅하고 위선적이고 무지하고 불신앙적인 마음에 대해 읽을 때 바로 그가 나의 큰 원수라고 말할 수 있는가? 말할 수 없다면, 당신은 그가 나의 원수가 맞는지 의심하고 있는가? 오, 내가 나의 잘못을 알 수 있다면 얼마나 좋을 것인가! 주여, 나로 하여금 나의 허물을 알게 하옵소서.

죄인들이여, 당신이 죄에 대해 짓지 않은 것이든 지은 것이든, 외적인 것이든 영적인 것이든, 공개적인 것이든 은밀한 것이든, 더 큰 것이든 더 작은 것이든, 모르고 지은 것이든 알고 지은 것이든, 결함이 있는 것이든 추정되는 것이든, 구체적으로 살펴볼 때까지 당신이 죄의 원수라고 스스로 믿지 말라. 당신이 사랑하고 가장 즐거워하는 죄와 가장 유익하게 여기는 정욕들을 어떤 것이든 부지런히 찾겠다고 결심을 할 때까지 버린 것이 아니다.

죄를 극복하고 파괴할 수 있는 모든 수단을 사용해야 한다. 자기 원수를 숨기고, 그를 찾을 때까지 방치하는 사람은 그를 원수가 아니라 친구로 여기고 있는 것이다. "내가 파괴할 것이다"라고 말하면서 자신의 무기를 사용하지 않는 사람은 자신이 하는 말이 무엇인지 모르는 사람이다. 당신은 모든 죄를 버리고 저항하겠다고 말하지만, 말이 아니라 진정으로 하나님의 길을 택하고 있는지 생각하라. 하나님은 당신이 듣고 믿고 기도하고 금식하고 애통하고 투쟁하고 깨어있을 것을 요구하신다. 당신은 그의 조언을 들을 것인가? 당신은 죄악이라는 질병에서 낫기 위해 의사이신 하나님의 권고와 그분께서 처방한 약을 먹을 것인가? 당신은 원수를 이길 수 있다. 당신은 영적 싸움에 승리하기 위해 그를 대적하며 매사에 주의하며 하나님께서 허락하신 도움을 적극적으로 받아들일 것인가? 당신은 영적 도움을 위해 하나님을 믿고 의지할 뿐 아니라, 하나님의 친히 도우시는 섭리의 손길을 위해 기도하겠는가? 당신은 죄를 거슬러 기도할 뿐 아니라, 죄를 지을 수 있는 경우와 죄의 시험에 대항하여 경계하겠는가? 당신은 모든 죄에 대항하여 하나님의 모든 수단을 사용하며, 죄를 하나라도 남겨두지 않겠다고 결심하는가? 당신은 죄의 뿌리와 가지에서 자라나는 모든 죄와 단절할 것인가?

당신은 원수들에게 복수하고, 당신의 대적자들과 다시는 함께하지 않겠다고 맹세하는가? 만약 당신의 죄가 당신에게 "영혼이여, 평안하지 않은가?"라고 묻는다면, 당신은 "네가 평안과 무슨 관계가 있는가? 물러가라"라고 대답할 것인가? 당신은 죄와 휴전을 하고, 협상을 하고, 평화조약을 맺지 않겠는가? 당신은 모든 원수가 당신의 발등상이 될 때까지 당신의 손을 빼고, 당신의 무기를 내려놓지 않으며, 경계를 풀지 않겠는가? 이 모든 것이 죄를 버리는 데 포함된다.

당신이 이와 같은 실수를 하지 않도록 조심하라. 이것이 세상이 정죄받는 이유이며, 회개에 대해 실수하고 있는 것이다. 그들은 쉽게 "나는 나의 죄에 대해 회개한다. 나는 마귀와 그의 모든 행위를 버린다"라고 말한다. 그들은 자신들이 말하는 대로 행동하고 있다고 쉽게 자신들을 설득시킨다. 그러나 그들은 이 회개 안에 자신들의 죄를 찾고, 자신들의 영혼을 그들과 구분시키며, 깨어서 죄를 버리고 저항하는 과정이 포함되어 있다는 것을 이해하고 있는가? 그들은 자신들의 구체적인 죄가 무엇인지, 그 죄가 자신들의 마음에 얼마나 가까이 있는지, 그것이 어떻게 자신들의 가슴 속에서 자라는지, 죄와 헤어지는 것이 얼마나 어려운지 알고 있는가? 곧 탐욕을 떠나보내야 하며, 죄로 인해 즐거웠던 감정들과 누렸던 유익들을 떠나보내야 한다. 더 이상 죄에 미련을 두지 말고 탐욕의 동료들을 하나도 남기지 말아야 한다. 그들은 이것을 이해하고 있는가? 그렇다면 그들은 자신들의 모든 선한 말이 어떤 가치를 가지는지 보게 될 것이다. 만약 이것이 회개라면, 회개하는 것은 그들이 자신들의 머리에서 눈을 빼고, 자신의 뼈에서 살을 발라내는 것과 같을 것이다. 그렇다면 이제 말하라. 회개하겠는가? 이제 죄를 버리겠는가?

2. 세상을 버림

세상이란 세상의 모든 물질과 집과 땅과 돈과 무엇이든지 세상에 속한 것과 세상의 모든 명예와 쾌락과 화려함과 모든 영광과 이 세상의 사람들과 세상의 우정과 모든 육적인 관계와 아버지와 어머니와 형제와 자매와 자녀와 모든 죄악된 동료들과 사회와 무엇이든 세상 안에 있고 세상에 속한 것을 의미한다.

우리는 이것들이 우리의 신들이 되지 않고, 우리를 시험하는 것들이 되지 않도록 결심할 때 버리게 된다.

(1) 세상은 우리의 신이 아니다

우리는 세상을 우리의 행복이나 목적으로 삼을 때, 세상에서 소유의 풍성함을 복되다고 여길 때, 우리가 세상에 몰두하고 세상을 삶의 큰 측복으로 여길 때 그것을 우리의 신으로 만든다. 세상에서 부족할 수 있지만 복되다고 여기고, 세상을 가지고 있지만 세상을 섬기지 않을 수 있는 사람은 세상을 버릴 수 있다. 비록 세상은 그의 것이지만, 그의 신은 아니다.

(2) 우리를 시험하는 것들

① **대상**: 무엇인가 열망할만한 것이 있어 마음을 유혹하고 끌어당기거나, 두렵게 함으로 우리의 길에서 벗어나도록 우리를 시험한다. 마치 맛있는 음식이 식욕을 북돋우고, 포도주가 술 마시는 사람을 미혹하고, 거리에 있는 사자가 겁쟁이를 떨게 하는 것과 같다.

② **도구**: 마귀가 불안정한 영혼을 미혹하고 속이는 도구나 선동자로서 사용하는 경우를 말한다. 전자의 의미에서 세상의 것들이, 후자의 의미에서 세상 사람들이 우리에게 시험하는 것이 된다. 세상에 의해 시험에 빠지지 않는 사람은 그리스도와 함께 교제하기를 기뻐하며, 세상의 이익에 미혹되거나 세속적인 사람들에게 동화되지 않고 세상을 버린다.

비록 모든 것들 잃고 온 세상이 싫어하더라도 그리스도 편에 서기를 결심한 사람은 세상을 버린다. 그리스도를 위해 가난해져도, 그리스도를 위해 조롱을 당해도, 그리스도와 함께 배고프고 헐벗어도, 그리스도와 함께 홀로 가야 해도, 심지어 그리스도에게서 돌아서기만 하면 부자가 되고, 명예를 얻을 수 있고, 바라는 만큼 충분한 친구를 얻을 수 있음에도 불구하고 그리스도를 따르는 길을 택하는 사람은 세상을 버린다.

그리스도를 버리든지, 그리스도를 위해 모든 것을 버리든지 둘 중의 하나를 선택해야 하는 기로에 있을 때, 그리스도를 위해 모든 것을 버리는 사람은 세상을 버린 사람이다. 영혼이여, 이제 무엇을 말하려는가?

당신은 그리스도를 소유하려고 할 수 있다. 하지만 당신이 모든 것을 포기해야 한다면 어떻게 하겠는가? 그가 당신에게 네가 가진 것을 다 팔고 나를 따르라고 말씀하시면 어떻게 하겠는가? 당신은 가난과 헐벗음을 감당할 수 있는가? 당신은 그리스도를 위해 굶주릴 수 있는가? 당신은 그리스도를 소유하려고 할 수 있다. 하지만 당신의 동료들을 떠나야 한다면 어떻게 하겠는가? 당신의 육적인 친구들이 "너는 바보다. 너는 미쳤다. 네가 제정신이냐?"라고 당신에게 말하는 소리를 감내할 수 있는가? 당신을 설득하고 애원하고 울고 당신의 목에 매달리거나 낙담하여 돌아서게 하려고 비방하고 욕하면서 그리스도를 따르는 것을 반대하는 당신의 아버지나 어머니나 아내를 감당할 수 있겠는가? 당신은 여전히 그리스도 편에 서 있는가? 당신은 당신의 길을 막아서는 이 모든 것을 버리고 포기할 수 있는가?

3. 마귀를 버림

당신이 죄와 세상을 버릴 때 마귀와 작별할 수 있다. 만약 당신이 죄에 미혹되지 않는다면, 만약 세상이 시험거리가 되지 않는다면, 마귀는 시험하는 자가 되지 못할 것이다. "나는 마귀에 저항한다"라고 말하면서 죄와 세상에는 저항하지 않는 사람이 많다. 아, 얼마나 꾀가 많은 사람인가! 그들은 마귀를 좋아하지 않지만, 기꺼이 그의 뜻을 따른다. 그들은 마귀를 미워하지만, 마귀의 사슬에 묶여 춤추는 것은 개의치 않는다. 마귀에게는 반항하지만, 죄는 사랑한다. 그런 저항은 마귀가 좋아하는 것이다. 죄에 저항하라. 세상을 경멸하라.

그러면 마귀를 이길 것이다.

IV. 지금 결단하라

결단하지 않으면 기회가 다시 오지않을 수도 있다. 당신은 죽음에 이른 후에 그리스도께 매달리려고 하는가? 당신은 그리스도를 소유하고자 하지만 언제 그리스도께 나오려 하는가? 오늘이 결혼식 날이 될 수 있는가? 당신은 나중에 주님의 소유가 되고자 하는가? 언제 그런 일이 일어날 것인가? 내일, 다음날, 내년 혹은 어떤 다른 때 일어날 것인가? 아니면 당신도 언제 그런 일이 일어날지 모른다고 할 것인가? 이스라엘 족속이 "그가 보는 묵시는 여러 날 후의 일이라 그가 멀리 있는 때에 대하여 예언하였다 하느니라"(겔 12:27)고 말한 것처럼 우리가 당신의 약속을 받아들여야 하는가? 당신이 내일이나 다음에 하겠다고 말하는 것은 아무것도 하지 않겠다고 말하는 것과 같다. 당신이 "아직 하지 않겠다"라는 것은 "결코 하지 않겠다"라는 것과 같다.

영혼이여, 말하라. 당신을 지금 하나님께 드리겠는가? 만약 드린다면, 얼마나 오랫동안 하나님과 함께 머물러 있을 것인가? 당신은 당신의 행동을 취소하지 않겠는가? 당신은 후회하면서 천국에서 땅으로 다시 돌아가지 않겠는가? 당신은 순결을 유지하고, 더 이상 음행을 하지 않겠는가? 당신은 죽을 때까지 신실하고, 죽을 때까지 순종하겠는가? "나는 입을 열어 주께 고백합니다. 나는 다시 예전으로 돌아갈 수 없습니다. 주님이 살아계시는 한 사망 이외에 어떤 것도, 아니 죽음조차도 당신과 나를 분리시킬 수 없습니다. 생명이나 사망이나 천사들이나 정사들이나 권세들이나 현재 일이나 장래 일이나 높음이나 깊음이나 다른 어떤 피조물이라도 나를 하나님의 사랑에서 끊을 수 없고, 나를 나의 주 예수 그리스도에게서 떼어놓을 수 없을 것이라고 나는 확신하고 결심하였습니다"라는 것이 당신의 목소리인가?

이제 영혼이여, 만왕의 주 앞에, 온 땅의 하나님 앞에 서라. 그리고 한 번 더 대답하라. 당신은 예수 그리스도를 당신의 남편으로 인정하겠는가? 당신은 그를 당신의 주로 선택하겠는가? 당신은 사랑으로 그에게 매달리겠는가? 당신은 의를 위해, 당신의 빚을 갚기 위해, 당신의 맹세를 지킬 수 있는 힘을 얻기 위해 그를 의지하는가? 당신은 계명들이 얼마나 거룩하고, 얼마나 엄격한지 알고 있다. 당신은 모든 일에서 계명들에 순종하겠는가? 당신은 경건하고 엄격하게 계명들을 지키겠는가? 당신은 철저한 제자가 되겠는가? 당신의 게으름으로 인해 이 시대의 정신이 요구하는 것처럼 종교에 무관심하고 적당히 신앙생활 하는 것에 만족할 것인가? 당신은 주님을 온전히 따르겠는가? 당신은 주어지는 환경과 상관없이 그리스도께 당신의 운명을 걸겠는가? 그의 아버지가 당신의 아버지가 되게 하고, 그의 유업이 당신의 유업이 되게 하고, 그의 고난이 당신의 고난이 되게 하고, 그의 채찍과 그의 결박과 그의 가난을 당신의 것이 되게 하겠는가?

당신은 그의 면류관뿐 아니라, 그의 십자가도 따르겠는가? 그가 어디로 가시든지 당신도 따르겠는가? 나의 주님이 어디에 계시든지 그의 종도 그곳에 있게 해달라고 말할 수 있는가? 당신은 모든 죄를 버리며 정결하게 되길 원하는가? 깨끗함을 받을 수 있도록 당신의 육체의 정욕을 포기하겠는가? 당신의 마음은 모든 죄에서 분리되어 있는가? 당신은 마음으로 "이 죄는 나와 함께 머물게 하자"라고 말하는 어느 특정한 죄악이 있지는 않은가? 당신의 마음과 삶을 부지런히 살펴서 죄를 찾으려고 노력하겠는가? 당신은 죄를 찾기 위해 당신의 가장 깊은 바닥까지 내려가겠는가? 당신은 알려진 죄에 당신 자신을 더 이상 허용하지 않으려고 신실하게 노력하겠는가? 당신은 모든 죄를 이기고 내쫓을 수 있는 하나님의 모든 수단을 사용하겠는가?

당신은 세상을 버리겠는가? 당신은 우상들을 버리겠는가? 당신의 맘몬이 더 이상 신이 되지 않게 하겠는가? 당신의 마음이 맘몬에게서 벗어나고 그와 함께 하지 않도록 하겠는가? 당신은 이 금신상에 절을 하고 섬기지 않으며, 이 탐욕스러운 욕구를 더 이상 섬기지 않겠는가? 이 탐욕이 당신의 마음을 당신의 주와 분리시키거나, 멀어지도록 부추기거나, 빼앗아 간다면 당신의 재산과 쾌락과 명예와 친구들을 버리겠는가? 당신은 그것들에게 떠날 것을 명하지만 후에 다시 당신을 유혹할 수 있음을 생각하는가? 당신은 마귀를 버리겠는가? 당신은 그의 시험을 두려워하고 도망치며, 더 이상 귀를 기울이지 않겠는가? 당신은 그의 약속들과 위협들과 아첨들과 찡그림을 더 이상 고려하지 않겠는가? 당신은 이 모든 장막을 벗어 버릴 것을 고백하고, 오늘부터 계속해서 주께 매달리며 영원히 그를 떠나지 않겠는가? 당신은 가는 길을 지키겠는가? 당신은 당신에게 주어진 좁은 길을 경주하며, 죽기까지 충성하겠는가? 당신은 예수 그리스도께서 나타나실 때 당신에게 주어질 은혜를 위해 끝까지 견디기를 바라는가?

만약 당신이 이 모든 것에 대해 아니라고 말한다면, 주님이 살아계시는 한 당신은 생명을 거슬러 이 말을 하고 있는 것이다. 만약 당신이 이 언약에 들어가는 것을 거절한다면, 당신은 "나는 주님의 것이 되지 않을 것이다. 나는 그에게 속해 있지 않다. 나는 살지 않을 것이다. 사망과 진노와 사슬과 역병이 영원히 나의 몫이 되게 하라. 나는 주의 것이 되지 않을 것이며, 나의 죄와 쾌락과 동료를 주님에 대한 사랑 때문에 버리지 않을 것이다. 나는 죽을 것이고 생명을 얻지 못할 것이다"라고 말하는 것이다.

스스로 속이지 말라. 이것은 당신 앞에 놓여있는 생명과 죽음의 문제이다. 그것은 천국인가 지옥인가, 하나님을 인정할 것인가 하나님을 부인할 것인가, 그리스도를 인정할 것인가 그리스도를 부인할 것인가, 영혼을 구원할 것인가 영혼을 잃어버릴 것인가, 영생인가 영벌인가를 당신이 결정해야 하는 문제이다. 신중하고 지혜로우라. 이것은 영원이 걸린 문제이다. 동의하라. 그러면 당신은 복을 받을 것이다. 동의하라. 그러면 그가 당신의 것이 될 것이며, 그와 함께 그의 나라가 당신의 것이 될 것이다. 당신의 주님은 이미 동의하셨다. 피로 인을 친 손으로 쓰신 새 언약을 보라. 그곳에서 당신은 모든 줄에서 "내가 할 것이다"라는 그의 표현을 볼 수 있다. 당신의 손으로 붙잡으라. 그러면 그것으로 끝이 날 것이다. 당신은 무엇이라고 말하겠는가? 당신은 동의하는가? 당신의 마음으로 손을 주관하게 하고, "내가 하겠습니다"라고 쓰게 하라. 그리고 나를 따라 다음과 같이 말하라.

사람이 하나님과 언약을 맺으면서 하는 말

오, 가장 두려우신 하나님, 당신의 아들로 인해 내가 당신께 간구합니다. 이제 당신의 문 앞에 엎드려 있는 가련한 탕자를 받아주시옵소서. 나는 죄악으로 당신에게서 떨어졌고, 본질상 사망의 자녀이며, 악한 행실로 말미암아 천배나 더 지옥의 자녀입니다. 그러나 내가 만약 전심으로 당신에게 돌아서기만 한다면, 당신은 무한한 은혜로 그리스도 안에서 자비를 약속하셨습니다. 그러므로 당신의 복음으로 부를 때 당신께 나옵니다. 나의 죄악들을 버리고 당신의 자비에 나를 복종시킵니다.

당신은 내가 우상들을 버리고 당신을 거슬러 악하게 대적했던 모든 적을 버릴 것을 평화의 조건으로 요구하셨습니다. 그러므로 나 자신을 죄에 허락하지 않으며, 당신이 나의 모든 부패를 죽이고 전적으로 파멸시키기 위해 정하신 모든 수단을 양심적으로 사용하기로 당신과 굳게 언약을 맺고, 나의 마음 깊은 곳에서 이 모든 죄악을 버림니다. 전에는 무질서하고 우상을 숭배하듯이 나의 감정을 세상에 방치했던 반면에, 이제부터는 마음을 만드신 당신에게 나의 마음을 드립니다. 당신의 위대한 위엄 앞에 겸손히 엎드려 은혜 주시기를 바랍니다. 당신이 부르실 때 죄의 길로 돌아가기보다 이 세상에서 소중히 여겼던 모든 것을 버리고, 나의 마음이 당신에게 늘 가까이 가도록, 번영이 오든 역경이 오든 모든 시험을 대항하여 깨어 있기를 굳게 결심합니다. 당신의 도움으로 이 결심을 실천할 수 있습니다. 또한, 사탄의 시험에 대항하여 나를 도와주실 것을 요청하면서, 당신의 은혜로 그의 사악한 제안들에 결코 나 자신을 굴복시키지 않을 것을 결심합니다. 나의 의는 단지 더러운 옷에 불과하기 때문에, 나의 의에 대한 모든 신뢰를 버리고, 의와 능력 없이는 소망이 없고 무기력하고 완전히 실패한 피조물에 불과하다는 것을 인정합니다.

만약 내가 당신을 받아들인다면, 당신을 주 나의 하나님으로 인정하겠다는 것을 하늘과 땅이 오늘 기록할 것을 엄숙하게 요청합니다. 당신은 비천한 죄인에게 한없는 자비를 베푸셨고, 가장 은혜로운 방식인 그리스도를 통해 다시 나의 하나님이 되시겠다고 제안하셨기 때문입니다. 당신의 가장 거룩한 위엄 아래 가능한 모든 존경으로 경배하며 나를 당신의 종으로 드립니다. 주 여호와이시며 아버지와 아들과 성령이신 당신을 나의 분깃과 최고선으로 받아들이며, 나 자신의 몸과 영혼이 온 생애 동안 거룩과 의로 당신을 섬길 것을 약속하고 맹세합니다.

당신이 주 예수 그리스도를 당신에게 오는 유일한 수단으로 임명하셨기 때문에 이제 나의 영혼이 무릎을 꿇은 채로 그를 죄인들이 당신에게 갈 수 있는 유일한 길로 받아들이고, 엄숙하게 그와의 결혼 언약에 참여합니다.

오, 복되신 예수여, 나는 배고프고 가난하고 사악하고 비참하고 눈멀고 헐벗고 가장 혐오스럽고 오염된 죄인으로, 주님의 종들의 발조차 씻을 자격이 없습니다. 더욱이 영광의 왕과 엄숙히 결혼을 할만한 자격조차 없는 죄책이 있고 정죄받은 악인으로 당신에게 나옵니다. 그러나 그것이 당신의 비교할 수 없는 사랑이기 때문에 나는 이제 전심으로 당신을 받아들이고, 나의 머리와 남편으로 받아들입니다. 그리하여 좋을 때나 나쁠 때나 부요할 때나 가난할 때나 어떤 상황에서도 죽을 때까지 다른 모든 것보다 당신을 사랑하고, 존경하며 당신께 순종하겠습니다. 나는 당신을 모든 직분에서 받아들입니다. 나는 나의 무가치함을 버리고, 당신을 주님으로, 나의 의로 받아들입니다. 나는 나의 지혜를 버리고, 당신을 나의 유일한 안내자로 받아들입니다. 나는 나 자신의 의지를 부인하고, 당신의 뜻을 나의 법으로 받아들입니다.

내가 책임을 감당하고자 한다면 고통도 함께 받아야 한다고 당신이 나에게 말씀하셨습니다. 그러므로 내가 이제 당신의 은혜로 당신과 함께 가는 길에서 모든 위험을 이길 수 있도록 도와주시고, 진실로 생명이나 죽음이 당신과 나 사이를 갈라놓지 못하리라는 것을 알고 당신과 더불어 가는 길에 어떤 일이 일어나더라도 나의 몫으로 받아들이겠다고 당신과 언약을 맺습니다. 당신은 내가 당신의 왕국에 들어갈 수 있도록 당신의 거룩한 법을 주시기를 기뻐하셨습니다. 그러므로 나는 이제 기꺼이 나의 목을 당신의 멍에 아래 내놓으며, 나의 어깨로 당신의 짐을 지고, 거룩하고 의롭고 선한 것으로 당신의 모든 법에 서명합니다. 나는 엄숙하게 그것들을 나의 말과 생각과 행동의 규칙으로 받아들입니다. 비록 나의 육체가 모순되고 반역하더라도 나의 전 생애를 당신의 지침에 따라 질서를 유지하고 다스리려고 노력하고, 나의 의무로 알고 있는 어떤 것이든 철저히 따르겠습니다.

나의 육체의 연약함으로 인해 많은 실수에 노출되어 있으므로, 당신이 이미 말씀하신 대로 겸손하고 담대하게 나의 마음의 변화된 성향과 결심에 반하여 일어나는 잘못된 행동들이 이 언약을 무효화시키지 않도록 저항할 것입니다.

전능하신 하나님이시며, 마음을 탐구하시는 분이신 당신은 내가 오늘 거짓 없이 순전한 마음으로 당신과 이 언약을 맺고 있는 것을 알고 계십니다. 만약 당신이 이 일에 어떤 흠이나 거짓이 있는 것을 보신다면, 나에게 알게 하시고 돌이켜 바른 길로 갈 수 있도록 도와주실 것을 간구합니다.

이제 내가 오늘부터 나의 하나님과 아버지로 담대히 인정하고, 소망 없는 죄인들을 위해 회복의 길을 찾아주신 하나님 아버지께 영광을 돌립니다. 나를 사랑하시고, 나의 죄를 자신의 피로 씻으시고, 나의 구원자요 구속주가 되어주신 성자 하나님께 영광을 돌립니다. 당신의 전능한 능력으로 나의 마음을 죄로부터 하나님께로 돌리신 성령 하나님께 영광을 돌립니다.

오, 두려우신 여호와, 전능하신 주 하나님, 성부와 성자와 성령이 시여. 당신은 이제 나의 언약의 친구가 되셨으며, 나는 당신의 무한한 은혜로 당신의 언약의 종이 되었습니다. 아멘. 진실로 그러하며, 내가 이 땅에서 맺은 언약이 하늘에서 비준되기를 바랍니다.

제 17 장
하나님의 언약의 백성에게

오라, 너 사랑받는 백성이여. 지극한 호의를 받은 자여. 주께서 너희와 함께 계신다. 너희는 사람들 중에 복이 있는 자들이다. 너희는 기쁨의 장소에 머물고 있으며, 선한 유산을 받았다. 와서 너의 몫에 참여하라. 너희의 마음을 기쁘게 하라. 너희의 영광을 즐기라. 하지만 너희의 기쁨이 충만하도록 다음과 같은 조언에 귀를 기울이라.

I. 언약에 참여하고 있다는 것을 확실히 하라

당신에게 속하지 않은 것으로 기뻐하지 말라. 모든 것이 이 언약에 달려 있다. 당신의 생명과 당신의 삶의 모든 위로와 관심이, 이후에 당신의 영원한 안전과 그리스도인으로서 삶의 성공이 이 언약에 참여하는지에 달려 있다. 만약 그리스도가 당신의 것이 아니라면, 당신은 무엇을 가지고 있는가? 만약 당신이 언약 안에 있지 않다면, 당신은 그리스도 안에서 무엇을 가지고 있는가? 당신의 소망은 마지막 때의 자비나 약속의 언약에서 오는가? 만약 당신의 이름이 그 안에 없다면, 당신은 그곳에서 무엇을 가지는가? 의심이 사라질 때까지 안식하지 말라. 당신이 어떤 의무들을 감당하고 있든지, 어떤 소망을 가지고 있든지, 당신의 마음에 어떤 감정을 가지고 있든지, 이 모든 것 가운데 "내가 언약 안에 있는가?"를 점검하라.

"내가 어떻게 그것을 알 수 있는가?"라고 당신은 말할 것이다. 왜 알 수 없는가? 이미 언급된 특별한 은혜들이 당신 안에 있는지 엄격하고 면밀하게 살펴보라. 일반적인 자비들도 언약의 자비들이지만, 성도들에게 온전한 언약의 증거가 되지는 못한다. 그러나 특별한 은혜들은 그것 자체가 증거가 될 것이다. 일반은혜는 모두에게 똑같이 주어진다. 어떤 사람도 자신에게 일어난 일들을 보면서 자신이 사랑을 받고 있는지 미움을 받고 있는지 알지 못한다(전 9:1). 당신은 이곳에서 즐거워할 수도 있고 고통을 받을 수 있다. 그것을 보고 당신이 아들인지 외인인지 알 수 없다. 하지만 특별은혜는 어느 한 가지도 자녀의 몫이 아닌 것이 없다.

자녀들과 낯선 자들을 구별하는 하나님의 표지는 마음에 있다. 당신이 진실로 주님을 알고 있는지, 한결같은 마음이나 부드러운 마음을 가지고 있는지 증명하라. 그러면 당신은 이를 통해 당신이 약속의 자녀임을 입증할 수 있을 것이다. 이런 은혜들에 대해 제시된 묘사들을 읽어보라. 일반은혜와 특별은혜 사이에 어떤 차이가 있는지 부지런히 관찰하라. 당신의 마음을 그것과 비교하라. 그러면 당신의 상태에 대해 판단을 내릴 수 있을 것이다. 아직 그런 증거가 있는지 의문이 든다면, 그런 증거를 얻을 때까지 가만히 있지 말고 침노하라.

당신은 평안을 가지고 있는가? 그것을 주의해서 유지하라. 한번 평안을 얻은 것으로 만족하지 말라. 한번 얻었다가 잃어버린다면 그 것은 더욱 비참한 것이다. 하나님이 당신의 것이라는 선한 증거들을 얻으라. 그리고 더 이상 그런 증거들이 필요하지 않을 때까지 간직하라. 은혜는 당신에게 최상의 증거이다. 그것을 소중히 여기고 간직하라. 눈으로 잘 살피고, 언제나 깨어 있으라. 순전한 마음을 가지고 있는가? 다시 분열되지 않도록 하라. 부드러운 마음을 가지고 있다면 늘 부드럽게 유지하라. 하나님에 대한 사랑과 경외함이 거룩한 순종으로 발휘되게 하라. 순종하고 은혜롭고 깨어 있고 활동적인 삶은 은혜를 마음에 유지시킬 것이다. 그 은혜가 번성하여 당신을 하나님께로 이끌 것이다. 하나님께서 당신이 부주의하게 육적인 상태로 떨어져 몰락하는 것을 용납하신다고 생각지 말라. 하나님은 죄를 조장하시는 분이 아니다. 당신의 은혜와 평안이, 당신의 의무와 위로가 함께 일어나기도 하고 떨어지기도 한다는 것을 기억하라. 사악함에 빠지도록 당신을 이끌기도 하고, 당신이 하나님을 버렸을 때도 당신을 버리지 않는 위로들을 의심하라. 당신의 심령을 유지하고, 머리를 들라. 당신의 길을 살피고, 어떤 사람도 당신에게서 즐거움을 빼앗지 못하게 하라.

1. 하나님을 가까이 하라

하나님의 선하심 아래 거하라. 당신의 은혜와 위로는 계속해서 하늘로부터 영양을 공급받아야 한다. 빛 가운데 거하라. 그렇지 않으면 어둠이 속히 임할 것이다. 당신의 눈이 항상 하늘을 향하게 하라. 하나님의 사랑이 당신의 삶의 기쁨이 되게 하라. 하나님의 사랑이 당신의 마음을 묶는 끈이 되게 하라. 그 끈으로 당신을 그에게 묶으라. 그는 자신에게 속한 자들을 사랑하신다. 당신의 귀가 천국 문턱에만 머물러 있게 하지 말고, 천국의 소리를 듣게 하라. 그곳에 당신의 친숙함을 두고 평안을 유지하라. 당신의 강퍅한 마음을 책망하라. "영혼이여, 너는 어디로 가고 있는가? 누가 영생의 말씀을 가지고 있는가?" 당신의 주와 당신 사이의 사랑의 대화가 지속되게 하라. 이 대화가 당신의 삶에서 지속적으로 풍성해지도록 하라. 하나님과 친밀히 동행하기를 힘쓰며, 그렇지 않은 삶을 멀리 하라. 의무를 잘 감당함으로써 하나님과 가까이 하라. 당신이 하나님과 함께 교제하는 것을 기쁨의 의무로 여기라. 하나님이 보지 않으시는 것처럼 죄를 짓는 것을 태만히 여기지 말라. 기도를 하거나 말씀을 듣거나 규례들에 참여하는 것이 하나님을 대신하는 것이 되게 하지 말라. 그렇게 기도하고 말씀을 듣는 많은 사람이 있다. 그러나 당신이 하나님을 만나지 못했다면 그 행위가 무엇이든 신앙과 상관없다는 것을 아는가?

하나님의 얼굴을 보라. 하지만 의로운 중에 주의 얼굴을 보라(시 17:15). 마음의 죄책은 빛을 가리우는 구름이다. 주의 빛 가운데서 행하라. 그가 빛 안에 계신 것처럼 빛 가운데 행하라. 당신은 당신의 거룩한 삶을 통해 그의 빛을 볼 것이다. 그의 빛 안에서 당신은 소망의 길 위에 있는 자신을 발견하게 되며, 당신의 길을 더 완벽하게 알게 될 것이다. "주의 얼굴을 주의 종에게 비추시고 주의 율례로 나를 가르치소서"(시 119:135). 하나님은 가르치시는 방법이 많다. 책으로 가르치시고, 자신의 손가락으로 가르치시고, 자신의 회초리로 가르치신다. 하지만 가장 평안하고 효과적인 가르침은 그의 눈빛으로 가르치시는 것이다. 당신의 빛과 당신의 진리를 보내옵소서. 그것들로 나를 이끄시옵소서. 그것들이 나를 당신의 거룩산 산으로 데려가게 하옵소서.

2. 그리스도를 계속해서 붙잡으라

그리스도는 당신의 평강이시다. 어린양의 피가 없이 하나님 앞에 서지 말라. 그로 하여금 당신의 의무들을 짊어지게 하라. 그의 손을 통해 주어지는 것으로 위로를 얻으라. 오직 그만이 아버지께로 나가는 길이 되게 하고, 아버지께서 당신에게 오는 길이 되게 하라. 그의 죽음과 충족에 대한 기억을 당신의 마음에 신선하게 유지하라. 그것이 당신의 생명과 소망이 되게 하라. 당신은 이 바위에 닻을 내렸는가? 당신이 붙잡고 있는 것을 놓지 말라. 재단 뿔에 매달리라. 그곳이 아니면 당신은 살 수 없다. 만약 당신이 죽어야 한다면, "이곳에서 내가 죽겠나이다"라고 말하라. 날마다 매시간 믿음에 순종하는 행동을 보이라. 믿고, 또 믿고, 믿으라. 그러면 당신이 세움을 받을 것이다. 불신앙에 빠지지 말라. 그러면 잃어버리게 될 것이고 살아계신 하나님에게서 떨어지게 될 것이다(히 3:12).

3. 성령을 소멸하지 말라

그의 인도하심을 따라 순종하라. 그가 움직이실 때 당신도 움직이라. 그가 머무르실 때 당신도 머물라. 성경과 일치하는지에 거룩한 영과 악한 영을 구분하라. 말씀 안에 있는 성령과 같지 않다면 그 영을 거절하라. 법과 증거에 따라 성령이 어디에서 오는지 시험해보고 점검하고 확증하라. 그것이 위로부터 왔다는 것을 알 때 닻줄을 끌어올리고 승선하라. 성령을 소멸하지 말라. 당신이 구속의 날까지 인침을 받은 하나님의 성령을 슬프게 하지 말라.

4. 양심을 지키라

당신의 증인을 당신의 적이 되게 하지 말라. 당신의 양심과 친밀함을 유지하라. 양심은 선을 악으로 말하라는 교훈을 받지 않을 것이다. 만약 당신이 양심으로 하여금 그렇게 하도록 강요한다면, 당신은 망할 것이다. 설령 남용된 양심이 평화를 말하더라도, 당신은 괴로운 상태를 벗어날 수 없을 것이다.

양심에 마땅한 존경을 표하라. 양심으로 하여금 당신 안에 평안과 능력으로 머물러 있게 하라. 하나님의 대리자로서 양심의 권위를 인정하라. 다음으로, 하나님의 다스리심 아래서 당신의 영혼이 양심에 맞게 행동하게 하라. 당신은 양심을 당신의 영혼 안의 감시자요, 모든 움직임과 행동의 재판관이요 선견자가 되게 해야 한다. 하나님께서 양심을 그렇게 만드셨다. 양심으로 하여금 당신에게 조언하고, 당신의 길을 알게 하라. 양심으로 하여금 당신을 깨우고 길에서 벗어나지 않도록 당신을 감시하게 하라. 양심으로 하여금 당신을 점검하고 당신의 길로 돌아가게 하라.

당신이 어디로 가든지 양심이 함께 가게 하라. 양심을 당신의 골방으로 데려가라. 양심으로 하여금 당신이 그곳에서 어떻게 행동하는지 지켜보게 하라. 양심을 당신의 가게로 데려가라. 양심으로 하여금 당신이 그곳에서 무엇을 하고 있는지 보게 하라. 양심을 당신의 밭으로, 당신의 시장으로, 당신의 친구들 사이로, 당신의 원수들 사이로 데려가라. 양심으로 하여금 당신이 그들 사이에서 어떻게 행동하는지 관찰하게 하라. 양심을 당신이 오락을 즐기는 곳과 당신의 침상과 당신의 식탁으로 데려가라. 당신이 어디에 있든지 당신의 양심과 함께 있지 않다면 그것은 슬픈 일이 될 것이다.

양심으로 하여금 당신이 맺은 언약을 지키게 하라. 양심으로 하여금 증거의 돌판들이 간직되어 있는 법궤가 되게 하라. 양심으로 하여금 당신이 언약을 맺은 것을 실행하는 자가 되게 하라. 양심은 언약으로 말미암아 죄에 대해 묶여 있다. 양심은 죄를 붙잡고 있다. 양심으로 하여금 당신을 붙잡고 있게 하라. 당신의 양심이 묶여 있다면 벗어나려고 하지 말라. 당신의 양심이 묶여 있다면, 양심으로 하여금 당신 전체를 묶도록 허락하라. 양심으로 하여금 당신의 생각을 묶게 하고, 의지를 묶게 하고, 당신의 혀와 모든 행동을 묶게 하라. 당신이 언약의 사람으로 산다는 것은 양심의 사람으로 산다는 것과 똑같은 것이다.

양심이 깨어질 때 언약에는 어떤 일이 일어날까? 양심이 없는 곳에서 언약은 어떤 가치가 있을까? 어떤 믿음이나 진리나 평강이 살아남을 수 있을까? 맹세들과 언약들과 약속들은 무슨 의미가 있을까? 하나님을 향해 어떤 양심도 없을 때 하나님께 대한 우리의 의무들과 우리가 사람들을 다루는 것은 무슨 의미가 있을까? 당신의 양심을 유지하라. 그러면 당신의 영혼을 지킬 수 있을 것이다. 당신의 양심을 지키라. 그러면 당신의 언약을 지킬 수 있을 것이다. 당신의 언약을 지키라. 그러면 당신의 평안을 지킬 수 있을 것이다. 양심으로 하여금 떠나게 하라. 그러면 모든 것을 잃을 것이다.

양심으로 하여금 하나님이 그 능력 아래 두신 것을 다스리게 하라. 양심으로 하여금 모든 적대적인 세력을 향해 저항하게 하라. 양심으로 하여금 시험들을 저항하게 하라. 사탄과 당신의 육체가 "네 자신을 불쌍히 여기라. 네 자신을 아껴라. 네 자신의 자유를 지키라. 너의 편안함을 택하라. 너의 즐거움을 택하라. 너의 안전을 위해 쓰라. 그렇게 특별하게 살아야 할 필요가 있느냐? 왜 너는 다른 사람들과 똑같이 자유를 누리고 똑같은 행동을 허락할 수 없느냐? 그들도 당신처럼 영혼을 가지고 있다. 그들도 당신처럼 위험을 가지고 있다. 그들도 당신처럼 소망을 가지고 있다. 그들도 당신처럼 자신들이 무엇을 해야 할지 아는 이성과 이해를 가지고 있다. 너는 왜 그들처럼 행동하는데 만족할 수 없는가?"라고 말하면서 당신을 시험할 때마다 이것이 당신의 대답이 되게 하라.

"그러나 어떤 양심으로 그렇게 말할 수 있는가? 내가 언약을 지킬 것이라고 말한 후에 어떤 양심으로 게으를 수 있는가? 내가 수고하겠다고 말한 후에 어떤 양심으로 나의 편안함을 택하겠는가? 내가 나의 육체를 십자가에 못 박겠다고 말한 후에 어떤 양심으로 육체를 섬길 수 있는가? 내가 이 세상을 버리겠다고 말한 후에 어떤 양심으로 이 세상을 사랑할 수 있는가? 내가 신중하게 행동하겠다고 말한 후에 어떤 양심으로 자유롭게 행동하겠다고 말할 수 있는가? 나는 나의 하나님을 섬기고 나의 영혼을 구원할 때까지 그것이 필요한 것 이상이라는 생각을 결코 가지지 않을 것이다. 나의 계약서에 그런 자유들이 들어있는가? 이런 저런 의무와 관련해서 어떤 예외가 있을 수 있는가?

'나는 여기까지만 가고 더 이상 가지 않을 것이다. 나는 이 작은 것만 하고 더 이상 하지 않을 것이다'라는 식으로 제한을 두는가? '나는 편안하고 안전하다면 주님을 섬길 것이다'라는 식의 어떤 조건이 있는가? 내가 모든 일에서 그에게 복종하고 그를 온전히 따르고 마음을 다하고 성품을 다하고 힘을 다하여서 하나님을 사랑하고 섬기며, 죽기까지 이렇게 하겠다고 엄숙히 하나님께 맹세하지 않았는가? 오, 내가 하나님께 거짓말할 수 있는가? 의롭고 나의 믿음을 지키는 것은 필요한 것 이상인가? 오라, 나의 영혼아. 너는 너의 입을 주께 열었고 돌아가서는 안된다." 진실하라. 정직하라. 비록 그것으로 말미암아 고난을 겪어야 하더라도 정직하라. 당신의 입으로 무엇이라고 말했는지 기억하고, 당신의 손으로 그것을 지키고 있는지 보라.

양심을 청결하게 유지하라. 양심은 당신의 기록들이 쓰여있는 책이다. 당신의 책에 어떤 얼룩도 지지 않게 하라. 양심을 거슬러 죄를 짓는 것을 조심하라. 양심을 거스르는 모든 죄는 양심에 얼룩이다. 양심에 있는 얼룩들은 당신의 언약의 증거에 있는 얼룩들이다. 그곳에 당신을 위해 기록된 어떤 것이든지 영구히 남을 것이다. 아, 어리석은 영혼이여, 너는 무엇을 하고 있는가? 너는 모든 소망을 너의 손으로 버리고 있다. 네가 죄로 얼룩진 증거들에 만족하고 있지 않은지 조심하라.

그리스도인들이여, 이 조언을 잊지 말라. 너희의 증거들을 깨끗하게 유지하라. 채권이나 문서에 자신의 모든 재산을 가지고 있는 사람은 얼마나 조심해서 그것들을 간직하겠는가! 만약 이것들이 찢어지거나 잃어버리거나 너무 얼룩이 져서 읽을 수 없게 된다면, 그는 망하는 것이다. 설령 그의 돈이 사라지거나 그의 물건을 잃어버리거나 집이 불에 타거나 다른 무엇을 잃어버리든지 그의 기록이 안전하게 보관되어 있다면, 염려하지 않을 것이다. 조심하라. 너희의 문서를 안전하게 보관하라. 하나님을 향한 너희의 자격을 분명히 하라. 그러면 결코 가난하게 되지도, 비참하게 되지도 않을 것이다. 땅이나 지옥이 아무리 너희를 대적해도, 그들이 하나님의 언약을 깨뜨리거나 너희의 이름을 지우게 할 수 없다. 그들은 심지어 너희에게 아무것도 남겨두지 않을 때조차도 하나님의 보호하심 가운데 충분히 풍부하게 남겨둘 수밖에 없다.

오, 우리가 양심을 부드럽게 하는 데 얼마나 관심을 가져야 하는가? 하지만 우리는 이 일에 얼마나 관심을 적게 가지고 있는가! 당신의 생각과 당신의 감정과 당신의 눈과 당신의 귀와 당신의 욕구와 혀가 재갈이 물려지지 않고 정복되지 않았을 때 양심의 권위는 어떻게 되는가? 모든 종이 주인이 되려고 하고, 당신 안에서 규칙을 정하려고 한다면, 당신의 양심은 어디에 있으며, 양심의 권위는 어떻게 되겠는가? 당신의 영혼이 잘 보전되지 않을 때 당신의 영혼은 얼마나 가난하고, 보잘 것 없는가! 은혜와 평안에 얼마나 굶주리게 되며, 정욕에 먹히고 허영에 날아가 버리며 감각에 빠지게 되고 멋지게 보이기는커녕 썩어 없어져 버릴 육체로 바뀌어 버리는가!

당신의 영혼이 잘 보전되지 않을 때 당신의 양심은 어디에 있는가? 당신의 언약이 더 이상 보전되지 않을 때, 당신이 행하기로 맹세한 의무들이 주의를 기울이지 않은 채 버려질 때, 당신의 기도 시간이 너무 짧아지고, 당신의 안식일이 겨울의 낮처럼 짧아지고 차가워질 때, 당신의 하나님이 수치스럽게 무시되고, 당신의 여가시간이 하나님께 거의 드려지지 않을 때, 당신이 버리기로 약속했던 이 땅과 당신의 소유물과 쾌락과 친구들이 다시 당신의 마음에 들어와서 하늘로부터 당신의 마음을 훔칠 때 당신의 양심은 어디에 있는가?

당신이 잠을 자고 있을 때, 원수가 당신의 밭에 와서 가라지를 뿌릴 때, 당신이 다른 사람들의 일에 바빠서 자신의 포도원을 가꾸지 못하고 게으름뱅이의 밭처럼 방치하여 황폐해진 땅에 가시와 엉겅퀴가 자랐을 때, 당신의 마음과 당신의 집이 모두 엉망이 되었을 때, 당신의 아내와 자녀들과 종들이 자신들 눈에 보기에 좋은 것을 하도록 함부로 내버려질 때, 당신의 아들들과 딸들보다 당신의 소유물에 더 많은 관심이 기울일 때, 당신의 집이 교훈과 선한 훈육이 부족해서 죽을 준비가 되어 있는 눈먼 자들과 저는 자들과 병든 영혼들의 병원이 되었을 때, 당신의 양심은 어디에 있는가? 만약 당신의 양심이 없다면, 당신의 언약은 어디에 있는가? 만약 당신의 언약이 없다면, 하나님과 당신의 평화는 어디에 있는가?

아, 양심이여, 너는 어디에 있는가? 너에게 맡겨진 선한 것은 어떻게 되었는가? 너에게 무슨 일이 일어났는가? 아, 영혼이여, 너의 평화는 어디에 있는가? 어떻게 너의 평화를 지키는 자가 낮아졌으며, 너의 평화의 언약이 깨어졌는가! 양심이 없는 곳에 평화가 있을 수 있는가? 평화가 없는 곳에 너에게 무엇이 남아있는가? 아, 주여, 당신의 반역자들이 얼마나 간사하게 당신을 다루었는지요! 당신의 자녀들이 당신을 잊었고, 당신의 종들이 당신에게서 달아났습니다. 당신은 우리의 아버지이십니다. 하지만 당신의 명예가 어디에 있습니까? 당신은 우리의 주인이십니다. 하지만 당신을 향한 경외가 어디에 있습니까? 우리는 당신의 종들입니다. 하지만 우리의 믿음이 어디에 있습니까? 오, 주여, 우리는 당신의 언약을 거짓되게 다루었습니다. 주여, 돌아오시옵소서. 돌아오시옵소서. 당신의 파수꾼을 바꾸시고 명예를 회복하시며 당신의 방황하는 자들을 다시 부르시고 양심을 회복하시며 우리의 평화를 소생시키시고 우리로 하여금 돌아오게 하시며 우리의 언약을 갱신시켜 주시옵소서. 기억하옵소서. 당신이 우리와 맺은 언약을 깨지 마옵소서.

그리스도인들이여, 우리의 잃어버린 양심에 대해 탄식하고 회복시키자. 우리의 죽음에 대해 울고 영혼이 다시 돌아오게 하자. 은혜를 받은 우리가 신실하고 깨어 있으며 온유하고 기뻐하며 주의를 기울이자. 서 있는 자여, 넘어지지 않도록 조심하자. 주의 이름으로 계속해서 행하라. 그의 조언들을 기억하라. 하나님께 가까이 가라. 그리스도를 붙잡으라. 성령을 소멸하지 말라. 양심을 지키라. 너희의 마음을 지키라. 너희의 옷을 입으라. 깨어 있으라. 계속해서 너희의 길을 가라. 너희의 길을 마치라. 믿음을 지키라. 당신의 평강이 강물처럼 당신에게 밀려오고, 바위처럼 견고하게 설 것이다. 당신은 사도의 말과 믿음으로 "이제 후로는 나를 위하여 의의 면류관이 예비되었으므로 주 곧 의로우신 재판장이 그날에 내게 주실 것이며 내게만 아니라 주의 나타나심을 사모하는 모든 자에도니라"(딤후 4:8)라고 말할 수 있을 것이다.

III. 언약에 제사를 더하라

"나의 성도들을 내 앞에 모으라 그들은 제사로 나와 언약한 이들이니라"(시 50:5). 하나님은 당신과 함께 언약을 맺으셨고, 당신이 자신과 함께 제사로 언약을 지키기를 기대하신다. 제사는 언약에 인치는 것이다. 언약에 대한 하나님의 부분이 인쳐진 것처럼, 우리의 부분도 또한 인쳐져야 하고 하나님과 함께 인쳐져야 한다. 그의 부분이 그의 아들의 피로써 인쳐진 것처럼 우리의 부분은 우리의 죄에 대한 피로써 인쳐져야 한다. "그러므로 형제들아 내가 하나님의 모든 자비하심으로 너희를 권하노니 너희 몸을 하나님이 기뻐하시는 산 제물로 드리라 이는 너희가 드릴 영적 예배니라"(롬 12:1). 우리 자신을 하나님께 제사로 드리는 것은 분리[5], 헌신, 드림이라는 세 가지를 포함하고 있다.

1. 분리: 우리 자신을 우리에게서 떠나보내는 것

"너희는 너희 자신의 것이 아니라 값으로 산 것이 되었으니"(고전 6:19, 20). 그가 그렇게 말씀하셨고, 우리가 또한 "진실로 그러합니다. 나는 나의 것이 아닙니다"라고 말하기를 기대하신다.

2. 헌신: 우리 자신을 하나님께 드리는 것

"너희가 이제 스스로 몸을 깨끗하게 하여 여호와께 드렸으니"(대하 29:31). 우리는 값으로 사서 그의 것이 되었다. 하지만 그는 우리 자신을 드림으로써 그의 것이 되기를 기대하신다. 우리는 정복을 당해 그의 것이 되었다. 하지만 그는 우리가 동의로 그의 것이 되기를 바라신다. 비록 그는 자신의 권리로 우리에게 도전하실 수 있지만, 가장 바람직한 것은 그가 우리를 선물로 가지시는 것이다. 우리의 마음이 "주여, 나는 당신의 것입니다"라고 말할 때, 그의 마음은 "영혼아, 너는 나의 것이다"라고 말씀하실 것이다.

---

5 역자 주) 영어로는 "alienation"으로 되어있으며, 이 단어는 보통 소외(疏外)로 번역이 된다. 소외는 "어떤 무리에서 꺼리며 따돌리거나 멀리하는 것"으로 해석된다. 하지만 여기에서 이 단어는 제사에 사용되는 용어이기 때문에 "분리"라는 의미에 가깝다고 여겨진다.

3. 드림: 하나님께 실질적으로 항복하는 것

이렇게 제물로 드리는 것에는 제물을 죽이는 것이 포함되어 있다. 우리는 우리 자신을 죽여야 한다. 우리는 영적인 의미에서 자신을 죽여야 하고, 그리스도와 함께 십자가에 못 박아서 그에게 제물로 드려야 한다. 그렇다면 우리 자신을 어떻게 산 제물로 드릴 수 있는가? 우리가 죽을 때까지는 결코 실제로 살아있지 않을 것이다. "이는 너희가 죽었고 너희 생명이 그리스도와 함께 하나님 안에 감추어졌음이라"(골 3:3). "또 그리스도께서 너희 안에 계시면 몸은 죄로 말미암아 죽은 것이나 영은 의로 말미암아 살아있는 것이니라"(롬 8:10). 사도는 "네가 뿌리는 씨가 죽지 않으면 살아나지 못하겠고"라고 말한다 (고전 15:36). 산 제물은 오직 죽은 그리스도인이다.

그리스도인들이여, 와서 너희를 주께 제사로 드리라. 와서 제물을 죽여서 그것을 드리라. 너희의 육적인 자아가, 너희의 "옛" 사람이 그리스도와 함께 십자가에 못 박히고, 죄의 몸이 파괴될 때(롬 6:6 참조), 육체의 지혜가 십자가에 못 박혀서 하나님의 지혜 앞에서 사라지게 될 때, 육체의 뜻이 정복되어 하나님의 뜻에 삼켜질 때, 육체의 정욕이 정복되어 하나님의 법에 사로잡힐 때 너희의 제물이 죽은 것이다.

그리스도인들이여, 당신은 기꺼이 하나님의 언약에 호소하려고 할 수 있다. 하지만 당신은 하나님과 언약을 맺었는가? 당신은 하나님과 언약에 들어갔지만, 당신의 언약을 제사로 확증했는가? 당신은 자신을 하나님께 제물로 드리려고 하지만, 당신의 제물은 죽임을 당했는가? 육체의 지혜가 어리석은 것이 되었는가? 당신의 육적인 의지들은 어떻게 되었는가? 육신의 뜻은 부서지고 굴복당하고 하나님께 순종하고 있는가? 오, 의지들은 비워져 하나님의 뜻이 되었는가? 당신은 무엇을 하고자 하며 무엇을 가지려는가? 당신은 "하나님이 원하시는 것 이외에 아무것도 아니다. 하나님이 나에게 하라고 하는 것이나 피하라고 하는 것에 대해 나는 더 이상 불순종 하지 않을 것이다. 나의 성화가 하나님의 뜻인가? 그렇다면 그것은 나의 뜻이다. 나의 겸손이 하나님의 뜻인가? 그렇다면 그것은 나의 뜻이다. 나의 시련이 하나님의 뜻인가? 그렇다면 그것은 나의 뜻이다. 하나님은 거룩하기 원하시는가? 나도 은혜로 거룩하게 되기 원한다. 하나님이 자신의 뜻대로 행하시는가? 나도 그의 뜻대로 행하기 원한다. 하나님의 뜻이 나의 뜻이 되고, 그의 뜻이 나에게 모든 것이 되고, 나로부터 나오는 모든 것이 되고, 내 안에서 다스리는 모든 것이 되고, 내가 관심을 가지는 모든 것이 그의 뜻이 되는 것이 내가 바라는 모든 것이라고 대답할 수 있는가?

당신의 육적인 정욕들과 감정들은 어떻게 되었는가? 이것들은 죽임을 당했는가? 당신의 탐욕과 감각과 교만과 질투와 육적인 즐거움과 두려움과 세상적인 염려는 파괴되었는가? 들끓어 오르는 당신의 감정의 들불과 분노와 격분은 꺼졌는가? 자, 이런 모든 것의 목에 칼을 대라. 그런 다음 하나님께 제사를 드리라. 자발적인 제사와 감사의 제사를 드리라.

(1) 자발적인 제사

당신 자신을 기꺼이 하나님께 드리라. "주의 권능의 날에 주의 백성이 즐거이 헌신하니"(시 110:3). 오, 저 영광스러운 날이 우리에게 밝아오기를 바란다! 하나님은 기쁘게 드리는 자를 사랑하신다. 당신의 마음을 전심으로 드리라. 율법이 요구하는 것에 대해 불평하지 말고, 그가 제사를 받아주시는 것에 대해 하나님을 송축하라. 이것은 우리에게 위로를 준다. 하나님이 우리를 파멸시키고자 하셨다면 우리 손으로 드리는 제사를 받아주지 않으셨을 것이다(삿 13:23).

(2) 감사로 드리는 제사

하나님께 감사를 드리고 지존자에게 당신이 한 맹세를 지키라. 당신이 하나님께 감사하고 있다는 증거로 자신을 드리라. 제사장과 제사를 위한 어린양 둘 다가 되라. 하나님의 약속이 유효하며, 그리스도께서 헛되이 죽지 않으셨다는 것을 공개적으로 보여줄 수 있도록 그의 언약의 성취로, 구속주의 죽음의 열매로, 그의 승리의 트로피로, 그가 사망과 지옥에서 회복시키신 전리품으로 당신 자신을 하나님께 드리라. 당신의 주 예수로 하여금 그가 자신이 피 흘리신 동산으로 내려가실 때 그가 기뻐하시는 열매를 수확하시고, 당신의 정결케 된 영혼을 그의 영광스러운 업적의 상징으로 가져가시게 하라. 스랍들이 부르는 노래보다 자신을 죽게한 영혼에게서 받으시는 영광이 더 크다. 당신의 의무들을 하나님께 드리고 당신의 순종을 제사로 드리라. 순종이 제사보다, 수천 마리 양과 수만 개의 기름의 강물보다 낫다. 당신의 전체의 삶이 이런 제사가 되게 하라. 매일이 안식일이 되게 하고, 모든 의무가 성체가 되게 하고, 모든 지체가 하나님을 찬양하는 소리를 내는 악기가 되게 하라. 당신의 입술의 제물을 하나님께 드리라. 오, 당신의 영혼을 두려움으로, 당신의 입을 찬송으로 가득 차게 하라.

엘리사벳은 "내 주의 어머니가 내게 나아오니 이 어찌 된 일인가"라고 말했다(눅 1:43). 오, 우리 주 아버지께서 우리에게 이토록 가까이 나아오시니 이 어찌 된 일인가? 오, 전능하신 하나님이 죄인인 인간과 계약서를 쓰시고 언약을 맺으시니 이 어찌 된 일인가? 모든 사람에게서 자유로우신 그가 스스로 어떤 사람에게 빚쟁이가 되시다니 이 어찌된 일인가? 영원히 거하시는 지극히 높으신 분이 진흙집에 거하시고 먼지 가운데 자기 장막을 치시다니 이 어찌된 일인가? 자신을 낮추셔서 하늘에 있는 것들을 보시는 분이 땅까지 내려오시고, 땅까지 내려오신 것도 부족해서 사람과 같은 피조물이 되시다니 이 어찌된 일인가? 그가 들의 짐승들과 기어다니는 것들과 더불어 땅의 돌들과 동맹을 맺으시다니 이 어찌된 일인가? 먼지와 재를 용납 하시고, 더러운 벌레들을 자신의 가슴에 모으시다니 이 어찌된 일인가? 자신의 마음을 그늘에 두시고, 땅이 거부한 것을 자신의 아들들과 딸들로 삼으시다니 이 어찌된 일인가? 가난한 자들을 먼지에서 불러일으키시며, 거지들을 오물통에서 건져내시다니 이 어찌된 일인가? 어리석고 연약하고 비천하고 경멸을 받고 있는 자들을 택하시고, 그들에게 온 세상 가운데서 이런 존귀한 명예를 부여하시다니 이 어찌된 일인가? 세상이 만물의 찌꺼기로 삼은 자들을 머리와 존경할 자로 삼으시다니 이 어찌된 일인가? 자신을 분깃으로, 자기 아들을 대속물로, 자기 나라를 파산한 자들과 죄수들과 사로잡힌 자들의 유산으로 주시다니 이 어찌된 일인가? 주여, 사람이 무엇이기에 이렇게 그를 생각하시나이까? 영혼이여, 하나님이 무엇이기에 너는 이렇게 그를 생각하지 않는가? 어찌하여 말 못하는 자들의 혀가 아직 풀리지 않았으며, 저는 자들의 발이 사슴처럼 뛰지 않는가?

오, 이 위대한 일을 행하시는 저 사랑은 무엇인가? 이것은 당신을 품고 있는 태이다. 여기에서 당신의 의가 솟아 나왔다. 여기에서 당신의 위엄과 놀라운 소망과 즐거움이 나온다. 이것은 당신을 사망에서 건져 내주고, 당신을 어둠에서 구원하며, 당신을 불타고 있는 데서 구조해주고, 당신을 용서하며, 당신을 화해시키고, 원수이며 반역자이고 배신자인 당신을 영광의 하나님과 평화의 언약을 맺게 하는 것이다. 오, 경멸을 당해야 마땅한 먼지여! 오, 이토록 긍휼을 베푸는 계획을 보라! 영원한 신성이 비천한 존재를 향해 이토록 놀랍게 낮아진 적이 있었는가!

오, 모든 성도들이여, 주님을 사랑하라. 오, 너 사랑받는 백성들이여, 주님을 송축하고 주님께 가까이 가라. 오, 우리의 마음이 너무 좁고 우리가 아직 놀라움으로 가득 차 있지 아니한가! 우리가 아직 우리의 입술을 찬양으로 가득 채우지 않았다면 어떤 마음을 가지고 있는가? 나의 영혼이여, 당신의 모든 샘을 열라. 그것들로 하여금 사랑과 즐거움의 샘물이 흐르게 하라. 모든 기능이 최고로 발휘되게 하라. 마음과 손과 혀와 눈이 소리를 높이게 하라. 하늘에 있는 것들이여, 놀라워하라. 너 땅의 강한 기초들이여, 감동하라. 너 장로들이여, 엎드리라. 너 하늘의 성가대여, 노래를 부르라. 가련한 유한한 존재들이여, 하늘 높은 곳에 거하시며, 그리스도 예수 안에서 은혜의 지극히 풍성함을 보이셔서 우리로 하여금 하늘의 높은 곳에 함께 거하게 하시는 하나님을 찬미하는 노래를 부르라.

깨어라, 나의 영광이여. 깨어라, 비파와 수금이여! 내가 새벽에 일어날 것이다. 나의 영혼이 주를 높이며, 내 영혼이 나의 구주 하나님을 즐거워하리로다. 전능하신 분이 나를 위해 위대한 일을 행하셨으며, 그의 이름은 거룩하시도다. 자기 백성을 찾아오시고 구속하시며, 자기 종 다윗의 집에서 우리를 위해 구원의 뿔을 드시고, 택함을 입은 자에게 도움을 주시며, 사람 중에 택함을 받은 자를 높이시며, 그를 그들에게 언약으로 주신 이스라엘의 주 하나님을 찬미하라. 오, 나의 영혼아, 주를 찬송하라. 내 안에 있는 모든 것들아, 너의 생명을 파멸에서 구원하시며, 너를 인애와 온유한 자비로 관을 씌우신 그의 거룩한 이름을 찬미하라. 보좌에 앉으신 우리 하나님과 어린양께 구원이 있도다. 주의 구속받은 자들로 하여금 그렇게 말하게 하라. 죽임을 당한 어린양께 권세와 부와 지혜와 힘과 영광과 존귀와 찬미를 돌릴지어다. 그는 살아계시며, 죽으셨다가 부활하심으로 영원히 살아계시도다. 그가 우리를 모든 족속과 언어와 사람과 민족 가운데 그의 피로 하나님께 구속시키시고, 우리를 영원히 우리 하나님께 왕과 제사장이 되게 하셨도다. 할렐루야, 할렐루야!